恩平年鉴

EnPing YEARBOOK

2016

恩平年鉴编纂委员会　编

方志出版社
Publishing House of Local Records

图书在版编目（CIP）数据

恩平年鉴. 2016 / 恩平年鉴编纂委员会编. — 北京：方志出版社，2017.3

ISBN 978-7-5144-2392-1

Ⅰ. ①恩… Ⅱ. ①恩… Ⅲ. ①恩平—2016—年鉴 Ⅳ. ①Z526.54

中国版本图书馆CIP数据核字(2017)第055325号

恩平年鉴(2016)

编　　者：恩平年鉴编纂委员会
责任编辑：顾　洁

出 版 人：冀祥德
出 版 者：方志出版社
地址　北京市朝阳区潘家园东里 9 号（国家方志馆 4 层）
邮编　100021
网址　http://www.fzph.org
发　　行：方志出版社发行中心
电话（010）67110500
经　　销：各地新华书店
印　　刷：江门市江海区艺朗彩色印艺有限公司

开　　本：889×1194　　1/16
印　　张：20.4
字　　数：414 千
版　　次：2017 年 3 月第 1 版　　2017 年 3 月第 1 次印刷
印　　数：0001～1500 册

ISBN 978-7-5144-2392-1　　定价：120.00元

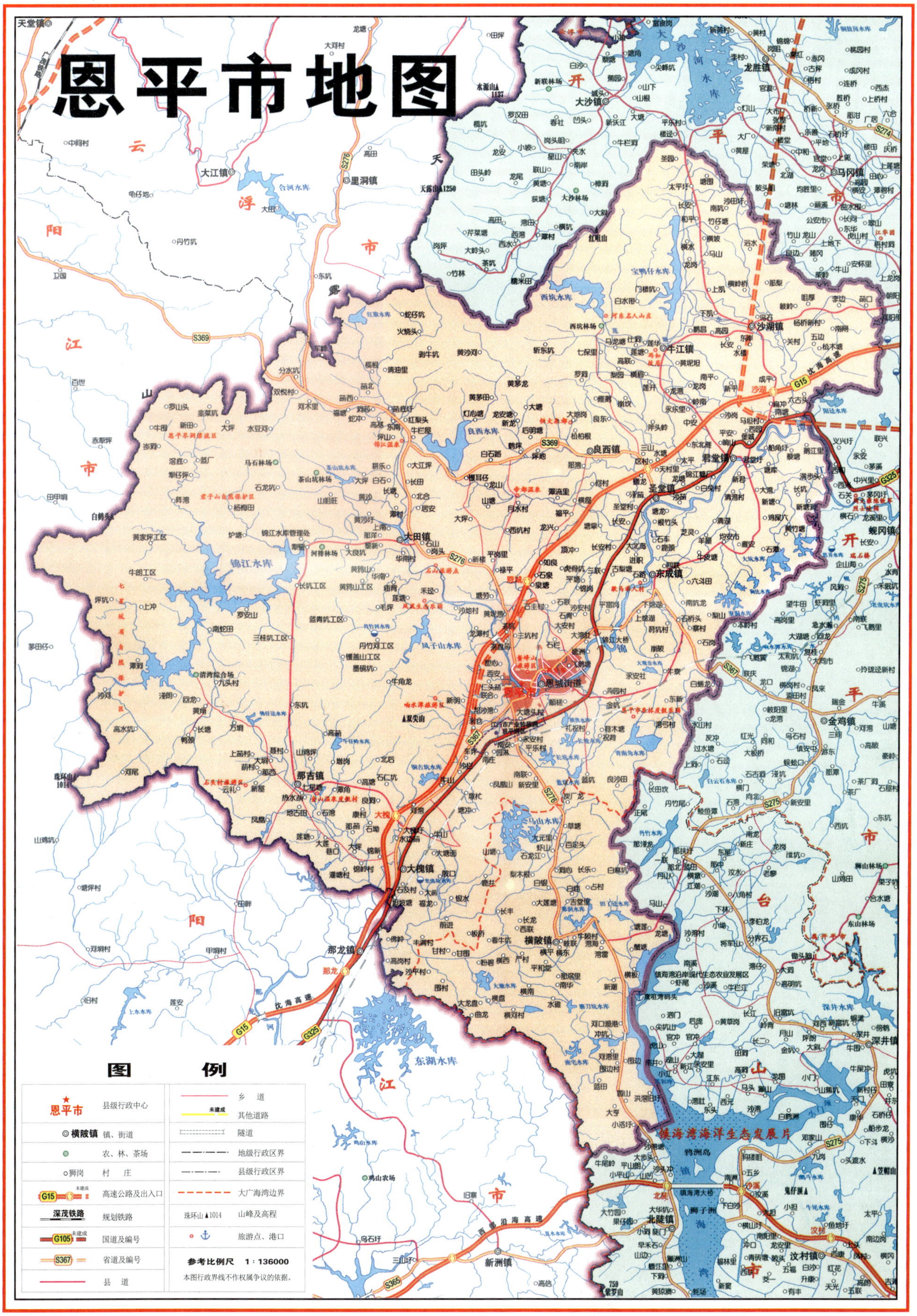
恩平市地图
图 例
恩平市 县级行政中心
横陂镇 镇、街道
农、林、茶场
狮岗 村 庄
G15 高速公路及出入口
深茂铁路 规划铁路
G105 国道及编号
S367 省道及编号
县 道
乡 道
未建成 其他道路
隧道
地级行政区界
县级行政区界
大广海湾边界
珠环山▲1014 山峰及高程
旅游点、港口
参考比例尺 1：136000
本图行政界线不作权属争议的依据。
恩城街道
大田镇
良西镇
牛江镇
沙湖镇
君堂镇
圣堂镇
东成镇
那吉镇
大槐镇
横陂镇
大江镇
里洞镇
大沙镇
龙胜镇
马冈镇
金鸡镇
蚬冈镇
深井镇
北陡镇
汶村镇
那龙镇
新洲镇
锦江水库
东湖水库
大沙河水库
镇海湾海洋生态发展片

(恩平市国土资源局 供稿)

《恩平年鉴》撰稿人员

（排名不分先后）

王秋华	张杜超	张震扬	蒋蔚昱	胡英武	叶原辉	梁国凡	梁其彪
张进才	郑飞雁	黄文兴	梁劲锋	郑伟稂	冯毅炽	吴志雄	郑健安
李子良	李小毅	黄显飞	岑艺华	张晓燕	袁旭彬	赵　婷	甄毅婷
左海艳	谭英朗	张嘉瑜	吴晓宇	岑小瑜	李立强	岑建毅	孔仕文
梁洪健	吴云仙	何冠伟	何小燕	钟晓敏	林红梅	郑礼聘	梁少芬
张文超	何友迎	陈丽燕	张　霞	张炼林	黄永潮	甄　迪	谭钟乐
梁燕丹	岑伟明	梁雪丹	卢维凡	刘惠琴	冯和锦	汪兰芳	陈仲文
卢慕超	何佩谊	冯妙群	黄迎方	梁伯儒	苏劲俊	吴浩军	吴红玥
叶超杰	吴国辉	张朝华	冯春华	冼晓甜	郑防想	吴丽娜	郑丁莹
赵婷婷	黎梁军	李健霞	陈均明	陈敏婷	吴坚艺	黄银青	王海浪
陈艳芬	薛永凡	吴焕新	甄艳宜	胡梅娇	何晓汶	郑素华	吴欣燕
谭炜欣	许芳芳	梁　冲	唐岳云	冯健超	吴少芬	陈娟娣	梁泽康
罗吉芳	罗月好	黄其辉	郑燕燕	王衍行	黄艳彩	李金桂	林伟平
岑慧雯	文耀伟	聂瑞如	岑焕伦	郭云雁	郑伟杰	郑彩嫦	苏润娟
陈日晖	苏健庭	伍慧岚	李　昀	许金远	吴云东		

数字恩平（2015年）

行政区域土地面积	1693.60平方公里
年末户籍人口	48.94万人
年末常住人口	49.9万人
年末总户数（户籍）	153132户
国内生产总值	150.53亿元
人均国内生产总值	30139.3元
规模以上工业增加值	31.14亿元
固定资产投资	107.35亿元
社会消费品零售总额	80.39亿元
外贸进口总额	6.01亿美元
外贸出口总额	22.57亿元
实际利用外资总额	6010万美元
市地方财政一般公共预算收入	9.889亿元
市地方财政一般公共预算支出	24.6116亿元
城镇常住居民人均可支配收入	18348.7元
农村常住居民人均可支配收入	10716.1元
住户储蓄存款余额	156.3212亿元
高速公路里程	51公里
公路通车里程	1605公里
航运通航里程	44.5公里
发电装机容量	7.65万千瓦时

恩平名片

- “中国航空之父”冯如故里
- 中国航空第一乡——恩平市
- 中国首个温泉之乡
- 全国唯一地热国家地质公园
- 中国麦克风行业产业基地
- 中国纳米碳酸钙产业基地
- 全国科技进步考核先进县（市）
- 全国农技推广示范优秀县
- 全国义务教育基本均衡县
- 全国法治县（市、区）创建活动先进县
- 全国“一事一议”规范管理县
- 全国法治先进市
- 全国首届集约节约用地模范县（市）
- 蓝海农业航空育种示范基地
- 国家级万亩粮食高产创建示范片建设市
- 全国粮食生产先进单位
- 全国农田保护先进单位
- 全国巾帼现代农业科技示范基地
- 国家农业部耕作标准化生产示范园
- 全国农民专业合作示范社
- 中国首个航空育种院士工作站
- 中国航空科普教育江门基地
- 全国青少年宇航技师江门培训基地
- 全国电子商务百佳县
- 中国青年电商创业基地

2015年8月6日，副省长温国辉（左三）到圣堂镇三山村调研卫生民生工作

2015年7月22日，省人大常委会主任黄龙云（左二）到三山村检查底线民生保障工作

2015年8月6日，副省长温国辉（前中）率调研组到恩平市大槐镇中心卫生院和大朗村委会调研卫生计生工作

2015年1月12日，市委书记李灼冰、市长薛卫东、常务副市长祸缵灵等市领导带队开展安全生产大检查

2015年1月29日，广东省地税局副局长杨朝峰一行到大槐税务分局调研

2015年4月20日，市长薛卫东、副市长郑成博以及市水务局、规划局、城管局等有关负责人一行，到东成镇万泉湖潮人径施工现场调研

2015年12月7日，江门市委统战部副部长、民族宗教事务局局长杜振飞（右一）到佛恩寺施工现场调研

2015年4月13日，江门市国税局林家庆局长到恩平国税开展工作调研

2015年5月21日，省国税局局领导到恩平市国税局调研

2015年6月26日，国家土地督察广州局局长吴海洋（前中）率队到恩平歇马村参访暨开展“三严三实”主题党日活动。

江门市委常委吴晓谋（左一）到恩平市调研环保工作

2015年11月，省纪委宣传部副部长王景喜到歇马廉政教育基地指导工作

2015年10月27日，市委书记李灼冰、市长薛卫东率市委办、市府办、发改、财政、交通、国土、规划、环保、产业转移园区等有关部门主要领导到城市快速路建设工地和规划中的站场快速路现场，进行调研指导

2015年9月17日，江门市委副书记、市长邓伟根（右一）到良西镇松柏根村委会、龙安塘村委会新龙村、海咀村进行“公共服务”“精准扶贫”两个重点课题的调研，市委书记李灼冰等陪同

2015年5月4日，江门市政协党组成员邓浓乐（前右三）率专题调研组到牛江镇冯如故居、冯如文史馆、冯如纪念中学及蓝海公司参观考察

广东省气象局刘锦銮副局长到恩平新气象探测基地调研指导

市长薛卫东率队调研督办恩平市邑家园社会服务综合平台建设，副市长董照杰及相关部门和镇街负责同志陪同调研

2015年1月28日，省侨办领导到大槐镇调研及新春慰问

2015年6月24日，市党员先锋岗推进会和揭牌仪式举行

2015年5月15至19日，在市委党校多媒体室举办入党积极分子、发展对象培训班

2015年6月26日，市直机关庆祝建党94周年登山比赛活动在鳌峰山举行

2015年6月26日，市直机关新党员入党宣誓仪式在鳌峰山烈士纪念碑前举行

2015年11月，全市50名新任科级领导干部接受集体廉政谈话教育

2015年11月，恩平市8名“一把手”现场“三述”，推动主体责任落实

市人大代表视察东成镇敬老院

2015年5月29日，市第十五届人大常委会举行第25次会议

冯如图片展

纪念抗战胜利70周年图片展览

2015年9月6日，市纪念抗战胜利70周年文艺晚会在飞马广场举行

2015年11月21日，第三届中国侨都（江门）健康马拉松大赛，恩平赛场，在市体育中心起步，恩平社会各界近万名选手参赛

2015年8月25日，恩平市部署开展个体劳协群组化党建工作

2015年12月29日，恩平市党政领导班子召开“三严三实”专题民主生活会

2015年12月30日，恩平市基层党（工）委书记抓基层党建工作述职评议会议召开

2015年1月，市委委员参加恩平市党外人士座谈会

2015年5月4日，恩城地区524名新团员代表在鳌峰公园烈士纪念碑举行“传承五四薪火，展现青春风采”新团员入团宣誓仪式

2015年11月13日，2014—2015年恩平少先队工作优秀个人评选比赛在市青少宫举行

2015年6月29日，恩平市纪念中国共产党成立94周年座谈会召开

2015年12月1日，“淘金创谷”“产学研”项目签约仪式举行

2015年10月23日，市2015年投资推介会暨小微双创基地启动仪式举行

2015年10月23日，2015年江门市引资引智创业创新推介会在恩平市小微企业双创基地举行

促进江门产业转移工业园恩平园区中小企业融资联席会议

2015年6月19日，顺德农商银行恩平支行恩平侨星国际离行式ATM自助银行开业

2015年7月22日，恩平园区广东元星工业新材料有限公司赴新三板上市签约仪式举行

2015年1月14日，广州市工商联、广州市外商投资企业商会一行到恩平锦兴纺织公司参观考察

2015年9月16日，广东省工商联一行到恩平市工商联调研“五好”县级工商联建设工作

2015年11月23日，牛江镇首家农村淘宝服务站开业庆典

2015年7月10日，恩平市平安办授予中国银行恩平支行“创建平安金融示范点”揭牌

2015年9月中下旬，建成的青云社区公园

牛江莲开村村民在村文化楼观看高清电信电视

电信局工作人员在牛江进行光纤入户施工

2015年4月，市投入150多万元购买社会服务，农村生活垃圾处理试点工作顺利推进

君堂镇的雅鸿尚城，共有住房243套，商铺67间

恩平籍三级人大代表到深茂铁路恩平段建设工地视察

建设中的大亨水闸

2015年援建的单亲特困母亲“安居房”竣工验收

副市长郑将统与市环保局纪检组长冯天阳参与义工活动

2015年6月26日，恩平市禁毒委员会在冯如广场销毁毒品活动，现场销毁毒品一批

2015年4月13日，恩平市检察院检察长黄文带领纪检、预防等部门干警深入到牛江镇方寿林中学和群英小学，调研法治文化、检察文化和预防职务犯罪文化进校园工作，推动教育系统廉政建设

2015年6月9日，市人民法院对两起职务犯罪案件进行集中公开宣判，中国人民银行恩平市支行组织20多位党员干部参加了旁听，现场接受反腐倡廉警示教育

2015年7月15日，公安民警作为证人出庭作证，这是市法院探索推进以审判为中心诉讼制度改革的一项重要举措

2015年12月10日，恩平市法官协会与江门市律师协会恩平市工作小组共同召开构建法官与律师良性互动关系座谈会

2015年6月16日，举办恩平市2015年食品安全宣传周启动仪式

2015年8月12日，圣堂镇民兵到射击场过军事日活动

2015年9月8日，省军区司令员宫波（右三）带工作组一行到恩平市武装部调查了解民兵武器装备仓库建设情况

2015年9月11日，市人武部举行2015年新兵入伍欢送仪式

环保局与公安部门开展环保联合执法行动

市环保局与市交警部门开展黄标车整治工作

市公安消防大队在市福利院开展消防演练

2015年12月17日，锦江水库工程管理处组织开展防洪抢险及安全事故应急救援演练

2015年6月10日，恩平市创建平安交通示范点揭牌仪式在恩平汽车总站举行

2015年6月26日下午，恩平汽车总站在站场举行2015年防人员恐慌拥挤事件应急演练

省民主法治创建核查组，到恩平圣堂镇区村村委会核查区村创建全国民主法治示范村居活动开展情况

2015年9月2日，省依法治省办到圣堂镇区村村委会检查督导扶贫双到和法治文化建设工作

2015年11月19日，恩平市森林防火演练

市供销社农产品种植示范基地优质水稻一派丰收景象

市供销社农资组织各种化肥、农药2.8万吨投放市场，确保全市农业生产需要

2015年10月24日，省农业厅副厅长程萍（前排中）在恩平市委副书记杨建平等陪同下到江门市名特优新农产品公共展区恩平展区视察

2015年10月24日，恩平市委副书记杨建平到江门市名特优新农产品公共展区恩平展区视察

2015年10月24日，恩平市农业局局长余汉忠到江门市名特优新农产品公共展区恩平展区检查布展工作

2015年11月18日，江门市农业局局长郑少强（前中）到恩平蓝海农业科技有限公司种植基地调研

恩平蓝海农业科技有限公司种植基地一角

恩平勒菜等6个产品获得江门市名特优新农产品称号

蓝海农业科技公司农业气象自动观测站建成启用

2015年9月22日，省妇联副主席许红等为“全国巾帼现代农业科技示范基地”揭牌

2015年6月15日，“端午情暖困境儿童”大型慈善包粽活动在锦江国际新城联合举办

2015年12月28日，“品味乡韵·唱响文明”2016年元旦文艺晚会在冯如广场精彩上演

2015年1月28日，东成镇开展“幸福春联进万家”义务挥春活动

2015年10月23日，东成镇塘洲队勇夺江门市第四届千村居篮球赛第一名

2015年9月10日上午，恩城街道办事处举行庆祝2015年教师节大会

2015年2月7日，市妇联在那吉镇举办“同享暖冬”巾帼义工爱心集市活动

2015年3月18日，恩平市首届家庭文化节启动仪式暨金婚银婚祝福活动盛大举行

横陂镇2015年扶困助学金发放大会在镇中心小学举行

“六五”世界环境日宣传活动

市环保局义工到凤山社区开展义工活动

2015年3月13日，“携手共治，畅享消费”“3·15”国际消费者权益日宣传咨询活动在恩城中山公园开展

2015年12月1日，广东省“中国流动科技馆巡展”恩平站活动启动

广州大学与恩宝电子公司、海天电子科技公司签订产学研项目合作协议

市领导和嘉宾为智能精密加工中心和智能柔性大型复合加工中心揭牌

恩平市产学研创新示范基地和中国青年电商创业基地揭牌

2015年6月30日，2015年慈善公益活动启动仪式在市委市政府会堂隆重举行

2015年9月30日，烈士公祭日，李灼冰、薛卫东代表市四套领导班子向革命烈士敬献花篮

2015年12月3日，恩城街道居家养老助残综合服务中心举行揭牌仪式

2015年5月4日“我的青春我的梦”“五四”青年节文艺晚会在冯如广场上演

2015年6月24日，省文化厅厅长方健宏（左二）到恩平调研创文工作

纪念吴有恒诞辰100周年晚会节目

抗战纪念活动现场表演

吴有恒故居维修竣工剪彩仪式

2015年3月11日，大学生村官联谊会义务植树活动开展

2015年11月18日，恩平市广东道氏技术有限公司博士后科研工作站揭牌仪式举行

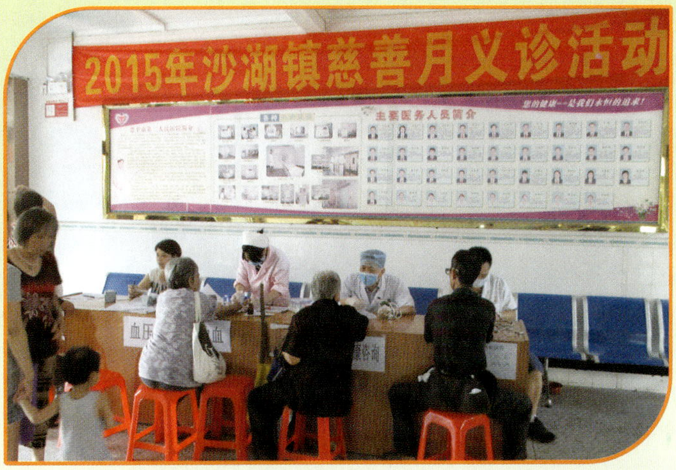

2015年沙湖镇慈善月义诊活动，为高血压、糖尿病和65岁以上老年人免费体检

2015年3月19日，恩城街道办事处召开人口计生工作专题会

2015年2月6日，“爱我妇幼 共创未来”春节晚会在妇幼保健院举行

2015年7月9日上午，“恩平市农村妇女‘两癌’检查活动”于上南村委会启动

2015年8月25日，广东省妇幼保健协会副会长曾广辉、江门市妇幼保健院院长李玉萍，到恩平妇幼保健院指导工作

2015年 1月 16日，传染病防控工作指导和传染病防控知识宣传图片在年乐夫人学校开展

2015年2月13日，市卫计局、市疾控中心、市人民医院联合开展H7N9禽流感防控应急处置综合模拟演练

2015年4月1日，江门市卫计局党委副书记、副局长赖建生（右三）率江门疾控专家组一行到恩平市开展艾滋病防治工作督导、调研

2015年5月15日，第22个“防治碘缺乏病日”主题日宣传活动在恩城中山公园举行

2015年7月15日，省艾防所副所长杨放（左四）率专家组到市，对恩平开展第三轮艾滋病综合防治示范区工作督导

2015年1月至5月，对全市的禽类市场环境及禽流感病毒污染开展整治和应急监测

2015年8月14日，江门市人民医院对口支援恩平市人民医院启动仪式举行

2015年10月21日，恩平市人民医院举办重阳敬老义诊活动

2015年4月7日，恩平市人口与计划生育整改工作动员会议召开

2015年4月23日，省卫生计生委主任陈元胜（前右）到恩平调研人口和计划生育整改工作

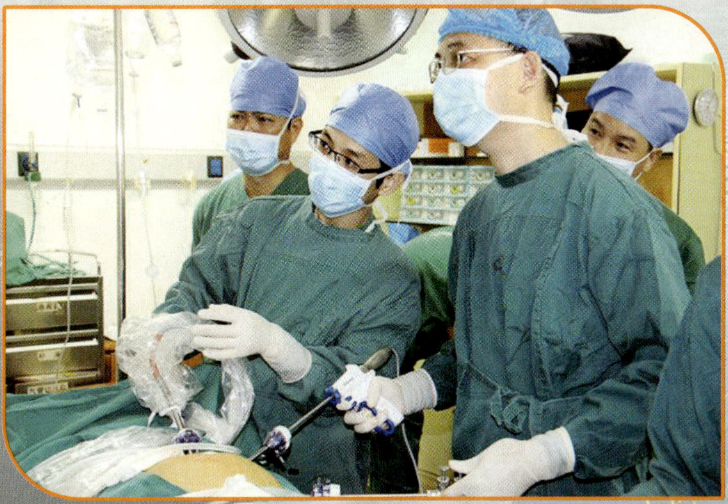

2015年2月10日，五邑中医院恩平分院外科率先在恩平地区开展腹腔镜手术

2015年9月25日，“增彩文明，美在恩平”2015天姿国色小姐大赛总决赛在百乐门喜宴厅举行

河排森林公园美如画

1月，恩平市老干部大学、市老干部活动中心联合举办迎新春联欢会

2015年9月，恩平市老干部合唱团参加广东省老干部群众歌唱大赛江门赛区复赛

良西镇府举行2015年春节游园活动，群众踊跃参加

2015年7月14日，恩平市2015年文艺下乡巡演活动在良西镇举行

2015年1月10日，恩平市圣堂镇首届萝卜文化美食节

2015年4月17日，恩平市举办首届簕菜文化美食节

2015年4月17日，恩平市首届簕菜文化美食节开幕式在恩平泉林度假区举行

2015年6月22日，恩平市旅游局、江门市旅游局联合在恩平市举办“30城联动江门游”福建系列团之乐游恩平活动，首发仪式在锦江温泉举行

2015年11月12日，市委书记李灼冰率调研组到良西镇开展旅游调研

2015年11月27日，恩平温泉欢乐节暨乡村旅游美食嘉年华在恩平泉林黄金小镇那金谷开幕

2015年11月27日，首届恩平烧饼美食节在山泉湾温泉城举办

2015年12月26日，恩平市被授予广东省县（市）域旅游综合竞争力“十强”称号。图为恩平市旅游局局长郑素红（中）接受主办单位广州大学领导颁发《十强》牌匾

2015年12月26日，那吉镇成功举办“大番薯遇上腊鸭节”，上图为美食街一角

那吉镇“大番薯遇上腊鸭节”之“千人特色农家宴”

2015年1月9日，中央电视台中文国际频道《记住乡愁》栏目组开进歇马举人村，拍摄《古今励学》篇

2015年9月16日至17日，中央电视台第一、第九频道《人才》纪录片栏目组走进歇马举人村，拍摄《开笔礼》节目

2015年12月26日，圣堂镇第二届萝卜文化美食节在歇马举人村隆重举办

2015年7月6日，市委副书记、政法委书记杨健平到佛恩寺调研

编辑说明

一、《恩平年鉴》是根据《地方志工作条例》和《广东省地方志工作规定》的相关规定，由恩平市人民政府主管，恩平市地方志编纂委员会办公室组织编纂的地方综合年鉴。年鉴的编辑以马克思列宁主义、毛泽东思想、邓小平理论、“三个代表”重要思想、科学发展观为指导。深入贯彻习近平系列重要讲话精神。

二、《恩平年鉴》2004年创刊，至2013年，先后出版2001—2003、2004—2006、2007—2010、2011—2013卷，为3或4年1鉴；自2014年始，改为1年1鉴，每年出版1卷。

三、《恩平年鉴（2016）》主要记载2015年恩平市发生的大事、要事及基本情况，力求全面、系统、翔实记述全市经济社会建设和各行各业的发展历程，为各级领导、社会各界及广大人民群众提供地情服务，为续修地方志积累基本历史资料，同时也为国内外人士了解、研究恩平提供基本资料。

四、《恩平年鉴（2016）》采用篇、章、节、目的层次结构形式，以条目为主要表述形式。

五、《恩平年鉴（2016）》的编纂，力求创新，在卷首增加撰稿人员名录、数字恩平、恩平名片等内容，在概貌篇，增加历史文化、传统美食、组织机构及领导班子成员名录以及经济建设、政治建设、文化建设、社会建设、生态建设等内容，旨在用简短篇幅，概括地介绍恩平，彰显恩平新形象。

六、附录记述的表彰授荣名录，是江门市、省和国家政府机构授荣的集体和个人，县级市以下政府机构或民间团体授予的不收录。

《恩平年鉴》编辑部

2016年10月20日

目录

法 治

经 济

文化事业

卫生 · 教育

体育 · 旅游

社会民生

镇（街）· 场（库）

附 录

特载

TE ZAI

在中共恩平市委十二届五次全会上的工作报告

中共恩平市委书记　李灼冰　（2015年1月23日）

一、2014年工作成效

2014年，市委团结带领全市各级党组织和广大干部群众，坚持以科学发展观为指导，锐意进取，攻坚克难，经济社会保持平稳较快发展。其中，全年地区生产总值预测增长6.5%，规模以上工业增加值增长17%，地方公共财政预算收入增长13.1%，固定资产投资增长22.9%，社会消费品零售总额增长9.7%。

（一）党的建设不断加强。强化党建主业意识，切实加强各级领导班子建设，党委领导核心作用得到充分发挥。严格按照上级部署，扎实开展党的群众路线教育实践活动。认真学习习近平总书记系列重要讲话精神，深化理论武装工作，全市党员干部的政治意识、大局意识和宗旨意识明显增强，一批“四风”问题和群众反映强烈的突出问题得到有效整改，市委班子专题民主生活会得到省委督导组及江门市委实践办的充分肯定。坚持好干部“二十字标准”①，选优配强各级领导班子。顺利完成村（社区）“两委”换届选举工作，选聘48名高校毕业生到农村任职，出台了《恩平市农村工作绩效考评实施意见（试行）》，全面实施农村党员“暖心工程”，大力整顿软弱涣散党组织，基层组织建设得到加强。强化干部教育培训和日常监管工作，领导干部的干事创业热情和能力不断提升。全面落实党风廉政建设责任制，认真贯彻执行中央“八项规定”，坚决纠治“四风”，深入开展机关作风建设活动，干部队伍作风进一步转变，执行力不断提高。

（二）经济实力稳步提升。园区建设成效显著。市产业转移园实现工业总产值42.97亿元，增长20%，连续三年获省考核优秀等次。新增投产项目23个，合同投资额达8亿元。总投资47亿元的机械组团38个项目中，进场动工31个，其中已投产项目3个，已进入设备安装阶段项目7个。锦兴、道氏、利兴强增资扩产卓有成效，道氏公司成功上市。华新水泥顺利投产。第三产业发展兴旺。恒大泉都、泉林等重点旅游项目建设步伐加快，全市旅游总收入22.47亿元，增长16.36%，连续两年被评为广东省县（市）域旅游综合竞争力“十强”。锦江国际新城、金沙时代广场、御景湾等城市综合体项目建设如火如荼。江门融和农村商业银行和新会农村商业银行入驻恩平，金融环境进一步优化。三农基础逐步夯实。全市共投入“双到”帮扶资金6000多万元，开展帮扶项目363个，有效增加村集体经济收入，省级贫困户人均纯收入7861元，增长75.8%。以“五个十大”为抓手，创建一批农业品牌，农业经济效益明显提高。

（三）改革工作开局良好。推进政府职能转变，重新组建市食品药品监督管理局，组建市卫生和计划生育局和市科工商务局，成立市公共资源交易中心。深化行政审批制度改革，调整行政审批事项448项，改革率为55%，率先完成省提出“2015年前必须压减40%的行政审批事项”的任务。成立“马上办”，网上办事大厅实

现与省、江门的互联互通，并联审批、工程建设项目竣工联合验收等工作加快推进，营商环境明显改善。商事登记制度改革初见成效，全市新发展市场主体2242户，增长65.95%。

（四）社会事业全面发展。民生工作深得人心，水厂至黄冈实验中学段长堤、圣堂大桥、牛良线（良西段）建成通车，滨江公园一、二期工程基本完成，农村生活垃圾收集点、农田水利等工程建设顺利推进。创建省文明城市、公共交通等工作起步较好。成功创建省教育强市，通过国家义务教育发展基本均衡县的督导验收。住房保障工作连续三年被省评为优秀。人口计生工作通过省和江门市的考核。扎实推进“六个一”工程和“一事一议”财政奖补工作，推进美丽乡村试点建设工作，农村面貌发生新变化。良西镇获得江门市文明镇和江门市宜居城镇称号，东成横岗头村和恩城石青村潭冲自然村获得江门市宜居村庄称号，恩城新塘社区获得省级宜居社区称号。“大民政”工作有新进步，承办了全省农村重度残疾人家居康复服务工作现场会，完成了养老床位、社会组织建设等年内目标任务。逐步完善三级公共服务平台建设，成立民意信息处理中心，深入开展“一村（居）一法律顾问”工作，民意收集和诉求表达处理机制不断完善。加强食品药品安全监管，严厉打击制假售假违法行为，市场秩序进一步规范。全力抓好综治信访维稳工作，积极开展“社会矛盾化解年”活动，深入推进平安恩平建设，严密构筑社会治安防控体系，社会大局和谐稳定。各级人大依法行使职权，市政协充分发挥政治协商、民主监督、参政议政职能作用，为全市经济社会发展作出积极的贡献，宣传思想、党管武装、统战、侨务工作不断加强，工青妇等人民团体发挥桥梁纽带作用成效显著。

我们也清醒地看到工作中存在的一些不足和问题。如，经济发展方式比较粗放，创新能力不强，应对风险变化的能力不强，部分既定目标任务未能完成；产业结构不够合理，可持续发展能力弱，资源开发与环境保护的矛盾还比较突出；一些部门服务意识不够强，办事效率不够高，基层党组织的战斗力、干部队伍的活力有待增强等。我们必须高度重视和认真加以解决这些问题。

二、2015年工作意见

今年是“十二五”规划的收官之年，是“十三五”规划的谋划之年，也是全面深化改革关键之年。全市工作的总体要求是：深入贯彻党的十八大，十八届三中、四中全会，中央经济工作会议，省委十一届四次全会和江门市委十二届五次全会精神，适应新常态，把握新机遇，以全面加强党的建设为总揽，坚持三大经济发展思路，突出抓好深化改革、实体经济、全域旅游、民生事业四项工作，全力推动和谐幸福新恩平建设。

今年我市经济预期目标是：地区生产总值增长1%，地方公共财政预算收入增长3%。为此，要明确工作主攻方向，具体做到“四个推进”：

（一）推进改革工作。认真贯彻上级关于全面深化改革的决策部署，扎实抓好改革任务要点的落实，向改革要动力，增强我市经济社会发展的内生动力和活力。今年改革工作要突出三个重点：深入推进行政体制改革。制定政府部门权责清单，厘清事权边界与职责分工，推行权力清单式管理。加大简政放权力度，把更多审批权限下放到镇（街）、到园区。加快完善网上办事大厅建设，完善“马上办”工作机制，优化审批流程，大力推进政府信息公开和行政运行机制流程公开、程序标准化，实现行政提效。加快三大平台建设。加快推进市属国有资产资源深度有效整合，构建新型国有资本运营、监管平台，推广运用政府和社会资本合作模式，拓宽城市建设和园区建设融资渠道；完善公共资源交易平台，规范公共资源交易行为，保障公共权力阳光公开、透明运行；加快推进涉税信息交换与共享平台建设，加强税收征收管理，建立部门协作、信息共享的协税护税机制。深化农村综合改革。在总结试点经验的基础上，全面、稳步铺开农村土地承包经营权确权登记工作，引导和规范土地经营权有序流转。此外，协调推进公车改革、财政体制、医药卫生、教育文化等各个领域的改革。

（二）推进实体经济。树立发展是恩平最大的政治的思想，发展必须转到实体经济特别是制造业上来。紧紧抓住省打造珠江西岸先进装备制造产业带和江门市出台《江门市发展先进（装备）制造业工作纲要（2014-2020年）》的契机，以市产业转移园区为平台，以创新驱动为引领，以加快推进机械装备产业为突破口，夯实我市实体经济发展的基础。做好机械区。用好用足各级政策，争取将我市先进机械装备制造业列入上级“十三五”规划。加快园区基础设施、产业配套及生活配套建设，进一步提升服务水平，千方百计解决劳动力配套问题，力促机械组团项目早日投产达产。继续围绕园区定位开展产业招商、专业招商、联合招商，全力打造产业链条完整的先进机械装备制造产业基地。发展集聚区。加快大槐片集聚区申报工作及基础设施建设，启动东成片区规划。积极盘活全市闲置低效用地尤其是废旧厂房地块，将用地指标、环保容量等资源重点向集聚区和机械装备制造项目倾斜。做实电子区。坚持品牌带动、产学研联动、科技创新驱动，广泛开展与大专院校、科研机构的科技合作，积极引进一批产业关联度高、辐射能力强的电子电声项目，大力培育本土优势企业，努力打造一批“国”字号和“省”字号的优质品牌企业，带动整个行业发展壮大。注重技术研发，积极推动省质量监督电声产品检验站的升级并发挥效益。抓好增资扩产。利用上级惠企政策，强化创新驱动，鼓励企业通过实施用地少、能耗低的技改项目实现增资扩产。同时，抓好固定资产投资，加快亿元以上项目建设，加大龙头企业支持力度，扶持和培育更多优秀企业上市。此外，以坚决的态度，非常的措施，推动我市陶瓷产业转型升级。

（三）推进全域旅游。加强资源整合，以温泉旅游为龙头，积极探索航空题材旅游，把恩平当作一个大旅游景区来打造，实施全域旅游。坚持规划先行。进一步完善切合恩平实际的旅游发展规划，注重旅游规划与土地利用规划、城市及镇的总体规划相衔接，积极做好旅游配套设施和公共服务体系建设。构建立体交通。按照“外联内通”的思路，重点推进“一铁、两高、一航道、一机场”②建设，并以中心城区为核心，打通连接高速公路、高铁、港口的快速路以及连接各镇的小区域县乡道，为全域旅游发展提供支撑。加强项目建设。积极盘活整合潜力旅游资源，坚持大招商、招大商，着力引进实力强、信誉好的中央企业和品牌大企业发展旅游综合体项目。推进恒大泉都、泉林、山泉湾等重点项目建设，引导现有景区升级提

档，配套发展中小型的农家乐旅游休闲、现代农业旅游观光和文化旅游项目，形成功能完善、内涵丰富的旅游产业链条，撬动旅游消费。创新营销方式。采取多样化的营销手段，深层次、多渠道开展宣传推介工作，逐步扩大客源市场。加强与省、港、澳和台开恩旅游产业联动，协力打造精品旅游线路，推动区域协同发展。加强项目品牌包装，探索旅游品牌国际化管理，积极培育打造一批具有恩平特色、影响力大的品牌旅游企业。注重跨界融合。加强旅游、自然生态与商业、文化有机结合，引导各镇（街）根据自身的资源特点，通过把景点与历史文化、农业观光、商贸服务等资源串联起来，实行错位发展；引导温泉旅游与商住娱乐、保健养生、生态农业、旅游地产等多行业融合发展，积极推动恩平土特产和旅游纪念品的研发、包装和销售，提升我市旅游核心竞争力。

（四）推进民生事业。要拿出更多的精力和财力，把与群众息息相关的每一件事情办实办好，让发展成果更多更公平惠及人民群众。办好十件民生实事，不断完善民生基础设施建设，提高社会保障水平。深入推进“大民政”工作，加快“养老助残”公益创投项目及市社会福利院扩建工程建设，建立多元化养老、助残服务体系。稳妥铺开农村生活垃圾整治工作，创建宜居城乡。深入推进创文工作，争创“省创建文明城市工作先进城市”。开展创建广东省推进教育现代化先进市工作。深入推进扶贫开发“双到”工作，扎实开展精准扶贫，带动贫困村和贫困家庭实现脱贫致富。实施全国小型农田水利重点县项目，继续抓好高标准基本农田建设，改善生产条件，确保粮食增收。利用“一事一议”财政奖补政策、“六个一”工程及各种惠农措施，着力解决农村安全饮水问题，完成美丽乡村试点村建设。发挥农业龙头企业及合作社的带动作用，大力实施科技兴农战略，继续推进农业“五个十大”建设，培育一批带动力强的基地、企业和示范家庭农场，推进农业产业化、现代化。进一步加大投入，推进市污水处理厂等市政基础设施建设，加快发展公共交通，加快恩平汽车站搬迁工作。继续抓好鳌峰公园升级改造、城市亮化美化绿化工作，启动大松岭公园建设，优化城市环境。

做好今年工作，关键在于强化党委的领导核心作用，坚持党要管党，从严治党，充分调动各方面积极因素，打造干事创业良好环境。

第一，必须突出党建主业意识。落实党委书记抓党建工作第一责任。按照习近平总书记提出的“始终做到心中有党、心中有民、心中有责、心中有戒”的要求，正确处理抓党建与抓发展的关系，建立健全党建工作考核和结果运用机制，落实工作经费保障，推动工作重心和资源向基层下沉。以群众路线教育实践活动为新起点，坚持整顿软弱涣散党组织工作常态化，严格党内组织生活制度，全力抓好突出问题的整改落实和建章立制工作。强化党员队伍建设。大力实施“五强书记”③建设工程，建立书记后备干部库，组织参加学历提高班，着力解决“两委”干部老龄化、学历低的问题。加强服务型党组织建设。建立完善联系服务群众长效工作机制，深入开展镇（街）领导干部驻点普遍直接联系群众工作，解决好联系服务群众“最后一公里”问题。继续推进“六大暖心工程”，巩固和扩大农村党员发展生产信贷基金，打造我市党建工作新名片。加强党风廉政建设。严格落实党风廉政建设责任制，强化党委主体责任、纪委监督责任，推进“一把手”履行党风廉政建设责任制情况报告制度，制定完善责任追究制度。进一步推进惩防体系建设，加强农村集体“三资”监管，从源头上预防和遏制腐败。继续开展机关作风建设活动，突出纠治行业不正之风，建设廉洁恩平。

第二，必须抓住经济建设这条主线。坚持发展第一要务，坚定不移、坚持不懈地加快经济建设。为此，要在产业规划上下功夫。各镇（街）、市有关职能部门要充分利用谋划“十三五”规划的机会，进一步深化江门市委“三边”④战略以及“东提西进，同城共融”⑤发展战略的认识，理清发展思路，明确发展定位，结合自身资源禀赋研究制定更切合实际的产业规划，调整产业布局，推动全市经济可持续发展。要在结构调整上下功夫。坚持以质量效益为中心，大力调结构转方式，通过实施创新驱动发展战略，把产业结构调整与推进新型工业化、农业现代化、新型城镇化紧密结合，以经济结构调整推动产业集群式发展，培育优势产业，力促传统产业转型升级。大力发展现代服务业，在科技信息、现代物流、电子商务、金融保险等生产性服务业领域寻求新发展。要在产业扶持上下功夫。加强与上级有关部门的联系，积极争取上级的政策、资金和技术支持，结合我市实际谋划、储备、开发一批项目，加快实体经济发展。落实好“统建平台、产业定位，各级招商”的机制，进一步建立健全镇级经济社会发展目标责任制考核制度。充分利用鼓励增资扩产、扶持中小微企业发展的有关政策，推动企业做强做大。继续实施市领导联系重大项目制度，狠抓重点项目建设，务求各项重点工作落实到位。

第三，必须凝聚改革合力。要加强统筹协调。市改革工作领导小组要发挥统筹作用，根据上级的改革部署做好相关改革工作的总体设计，确保政令畅通，整体推进；六个改革专项小组、市委改革办要尽快完善各种工作制度，协调推进各项改革工作。要加强部门协作。各改革专项小组要提高责任意识，加强指导和协调，切实抓好改革任务要点的落实。各职能部门要树立“全市一盘棋”的大局意识，敢于打破陈规，“自动奶酪”克服部门利益掣肘，推进各项改革任务取得实质性进展。要凝聚各方力量。最大限度地汇集各方智慧，推动各项改革工作的落实。要支持人大及其常委会依法行使职权，发挥人民政协作为协商民主重要渠道的作用，督促各项改革工作的落实，为进一步改革创新建言献策。充分发挥各民主党派、工商联及无党派代表人士凝聚人心、汇聚力量的积极作用，主动聚合民意，反映民声，为改革提供广泛的民意支持。进一步加强党对工青妇等人民团体和各类社会组织的领导，支持他们把切实维护各自所代表群体的合法权益作为基本职责，为全面深化改革注入新鲜活力。

第四，必须推进依法治市。党的十八届四中全会吹响了建设社会主义法治国家、法治政府和法治社会的新号角。要坚持依法行政。严格依照法定权限和法定程序行使权利、履行职责，加强决策法制化和制度化建设，努力实现依法决策、科学决策、民主决策。发挥市人大常委会的作用，进一步规范行政执法行为，完善行政执法程序，规范行政权力运行，优化政务环境。要促进公正司法。严格以事实为根据，以法律为准绳，坚持严格执法，文明执法，努力实现司法高效，树立司法权威，促进社会公平正义。要加强法治社会建设。坚持用

法治思维和法治方式推进社会建设，进一步深化法治恩平创建活动，深化多层次、多领域依法治理工作。尤其要创新方式、方法，抓好基层民主法治建设，深入开展民主法治镇（街）创建活动，推进社区和镇村自治体系建设，深化法律顾问或律师进村（居）工作，完善三级公共服务平台建设，引导群众合法、理性表达利益诉求，创新社会治理。同时，加强社会治安综合治理，大力整治超载超限、非法采矿问题，狠抓安全生产不放松。加强对信访维稳工作的领导，深入推进平安恩平创建活动，严厉打击各类违法犯罪活动，确保社会大局稳定。

第五，必须保持干部队伍良好的精神状态。良好的精神状态是不断激发自身潜能、攻坚克难、做好工作、成就事业的前提。今年的工作任务重、难度大。因此，思想要再解放。要主动适应工作环境新常态，坚决克服“为官不易”、“为官不利”、“为官不为”、“求稳怕乱”的思想和倾向。广大党员干部要坚定信念、坚守纪律、勇于实践、勇于探索，适应在依法行政中干事业，在严明纪律中干事业，在各种监督中干事业。精神要再振奋。困难孕育着机遇。在风险和挑战面前，各级党员干部要有一种胆气、豪气、志气，我们的力量才能凝聚，我们的工作才能落实，才能突破，才能创新。责任要勇担当。“为官避事平生耻”，领导干部在其位就要谋其政，任其职就要尽其责，不能缩手缩脚、患得患失。对认准的事、决定的事和已经部署的工作，雷厉风行，敢抓敢管，敢于负责。同时，要旗帜鲜明地支持干事者，保护改革者，追究诬告者，激发干事创业热情。作风要更扎实。坚持一切从实际出发，推进“一线工作法”，少些文来文往，多些现场办公，把工作的着力点真正放到研究解决问题、化解矛盾上，放到研究解决群众生产生活中的紧迫问题上，放到研究解决党的建设中的突出问题上，以良好的党风带政风、促民风，以务实的作风促进各项工作落实。

同志们，在经济发展新常态下，挑战与机遇并存，压力与动力同在。我们要凝心聚力抓改革，一心一意谋发展，兢兢业业，奋力拼搏，不断开创恩平经济社会发展新局面！

名词解释：

①好干部“二十字标准”：信念坚定、为民服务、勤政务实、敢于担当、清正廉洁。

②“一铁、两高、一航道、一机场”：“一铁”指的是深茂铁路恩平段；“两高”指的是鹤开高速恩平段和中开高速恩平段；“一航道”指的是恩平港升级改造和镇海湾航道疏浚工程；“一机场”即加快通用航空机场规划申报。

③“五强书记”：即党性观念强、服务本领强、致富能力强、化解矛盾能力强、廉洁自律意识强的党委书记。

④“三边”：指路边、江边、海边。

⑤“东提西进、同城共融”：即是深化“三边”发展战略、促进区域协调发展的总体部署。“东提”是指东部三区一市（蓬江、江海、新会、鹤山）实施融合提质；“西进”是指西部台开恩（台山、开平、恩平）实施协同共进。按照“东部一体、西部协同”区域错位发展的原则，以东西板块统筹制订发展政策，促进资源优化整合，推进区域交通一体、产业同兴、环境共治、民生共享，实现同城共融、产城振兴的发展目标。

政府工作报告

——在恩平市第十五届人民代表大会第五次会议上

恩平市人民政府市长 薛卫东 （2015年1月29日）

2014年工作回顾

2014年，市政府在市委的正确领导下，在人大和政协的监督支持下，全市发展“三大经济”，实施“四项工程”，经济社会较快发展。实现生产总值140.26亿元，比2013年（下同）增长6.5%；规模以上工业增加值33.67亿元，增长9%；地方公共财政预算收入9.53亿元，增长13%；固定资产投资90.1亿元，增长22.9%；社会消费品零售总额79.1亿元，增长9.7%；外贸进出口总额4.4亿美元，增长8.1%。

一、经济实力稳步上升

“统建平台、产业定位、各级招商”，市产业转移工业园引进先进机械装备组团项目38个，投资总额47亿元，31个进场动工；镇（街）异地招商项目16个；新增投产项目23个；连续3年获省考核优秀等次。全市立项项目484个，投资额47.6亿元。33个重点项目完成投资36.2亿元。华新水泥顺利投产。实际利用民资63亿元，外资7220万美元，合同利用外资1亿美元。落实工业企业增资扩产扶持政策，增资扩产项目61个，投入14.7亿元，锦兴纺织、广东道氏、奕马公司等项目完成增资扩产。新增规模以上工业企业11家、限额以上商贸企业8家。争取上级专项扶持资金5000多万元。创新能力增强，专利申请282件，广东道氏科研项目获省科技奖二等奖。金融生态持续改善，江门融和、新会农商银行进驻恩平；广东道氏成功上市，实现零突破；金融机构存款余额209亿元，贷款余额51亿元，存贷比25%，创1998年以来新高。

二、城乡环境逐步优化

投入1.4亿元推动交通设施建设。深茂铁路、中开高速、鹤开高速和恩平港升级改造前期工作积极推进。通用机场列入省布局规划。马稔线、区龙线、君黄线建设按计划推进。新增公交线路2条。大力整治超限超载违法行为，完成大田卸货场建设。投入3000多万元，完成南华街、飞鹅东路、英贤街等一批市政工程，水厂至黄冈实验中学段长堤建成通车。投入超1亿元完善供电线路，开展城市光纤网络改造。积极创建省园林城市，深入开展“森林围城，树林进城”绿色行动，完成锦江湿地公园二期建设，加快鳌峰公园升级改造，建设西门、青云社区公园。完成碳汇造林8250亩，绿化美化乡村32条，建成森林家园4个。良西、东成横岗头村委会、恩城潭冲村被评为江门市宜居镇村。恩城新塘社区被评为省宜居社区。推进“三旧”①改造，锦江国际新城、金沙时代广场、御景湾、御锦珑湾等项目加快建设。盘活闲置土地409亩。完成13个控制性详细规划。开展沙湖、横陂陶瓷集聚区环境整治。完成节能减排任务。市产业转移工业园获省环保专项检查优秀等次。创建省和江门市卫生村7条，完成125条行政村整治规划编制和112条村的整治。地热国家公园牌坊动工建设。山泉湾温泉被评为国家4A级旅游景区。全年旅游总收入22.47亿元，增长16.36%，连续两年被评为省旅游综合竞争力十强县。

三、民生事业不断进步

全年改善民生投入7.44亿元。加强锦江水资源保护，24家水污染企业达标排放。完成牛良线（良西段）、圣堂大桥建设，城市快速路（一期）动工建设，自然村垃圾收集点实现全覆盖。完成山塘水库除险加固17宗，洪滘海堤加固工程建设顺利。推进“六个一”②工程，修建村道169公里，修建水渠441公里，解决饮水安全3176户，农业结构调整17229亩，培训转移劳动力7588人。实施“一事一议”财政奖补项目151个。推进扶贫开发工作，落实帮扶资金6006万元。住房保障工作连续三年被省评为优秀。城镇登记失业率2.31%。完成社会保险参保任务，成功争取调剂金1.68亿元。开展美丽乡村试点建设，创建名村示范村6条。完成国家农业综合开发项目和高标准基本农田建设，成为中央财政小型农田水利建设重点县。创建“三品一标”③农产品30个，合作社16家。农资农产品交易中心初具规模。蓝海农业成为全省唯一的太空育种栽培基地。连续5年被国家发改委评为优秀农村经济动态监测点。完成粮油储备任务。教育事业发展取得新成效，成功创建省教育强市，顺利通过国家义务教育发展均衡县督导验收，职业教育成效明显。推进“大民政”工作，恩城家庭服务中心投入使用，开展家庭病床服务，建立社区康复站3个。举办“慈善公益文艺晚会”、“扶贫济困日”等慈善活动，筹得善款1100多万元。市福利院扩建工程加快建设。开展文明宣传教育活动和“文明交通、文明卫生”专项行动，完善基础建设，创建省文明城市扎实推进。完成文化室、农家书屋建设和农村公益电影放映等工作任务。创作一批优秀文艺作品。完成城乡有线数字电视整转。创办市老干部大学。成功举办市第七届运动会，参加省第五届少数民族传统运动会获得优异成绩，建成牛江、圣堂全民健身广场。强化计生优质服务，人口出生率9.56‰，自然增长率2.8‰。建设博爱卫生站4个。有效防治H7N9禽流感、登革热等疫情。加强食品药品安全监管，严厉打击制假售假行为。推进镇级统计机构建设，完成第三次全国经济普查。完成应急指挥平台（一期）工程。武装、外事侨务、民族、宗教、档案、气象、打私、人防、对台、老龄、残疾人、红十字会等工作取得新进步。

四、深化改革全面启动

深化行政审批制度改革，调整行政审批事项448项。推进行政服务中心二期建设，完成政府服务热线系统升级改造。建立“马上办”工作机制，工程建设项目并联审批、竣工联合验收等工作有效推进。成立市公共资源交易中心。推进商事登记改革，新发展市场主体2763户。完成食品药品、卫生计生、科工商务等机构改革和职能转变。加快投融资体制改革，推进涉税信息交换平台建设。国有企业和水管单位体制改革稳步推进。加强信访维稳工作，强化社会治安综合治理，完成第五期社会治安视频监控系统建设，严厉打击各类违法犯罪活动，“平安恩平”建设扎实推进。加强企业安全生产标准化体系建设，有效开展火灾防控工作，全市安全生产形势持续稳定。全年财政安排资金2990万元，购买社会服务41项。完善农村集体“三资”④管理。建立基层联谊会50个。发展社会组织123个。坚持向人大及其常委会报告工作，向政协通报情况。积极听取各民主党派、无党派人士、工商联和工青妇等人民团体意见。办理各级人大代表建议62件、政协提案116件。落实中央八项规定，反对“四风”，大力整治庸懒散奢行为。清查违规用车，严控“三公”⑤经费支出。开展党的群众路线教育实践活动，加强机关作风建设。加强行政监察和审计监督，开展领导干部“三述”⑥活动，廉政建设和反腐败工作有效开展。

各位代表，过去一年的成绩，是全市上下齐心协力、真抓实干的成果。在此，我代表市人民政府，向关心、支持和参与恩平经济社会发展的乡亲们、投资者、各界人士，表示衷心的感谢！

在肯定成绩的同时，我们认识到，当前经济社会发展存在不少问题和困难，主要是：实体经济总量小，工业新增项目不多，镇级经济实力薄弱；资金、用地及环保等制约发展的瓶颈因素有待解决；社会保障、基础设施、医疗卫生、教育等方面历史欠账较多；政府改革需要进一步深化，服务效率和水平有待提高等。对此，我们将高度重视，采取有力措施加以解决。

2015年工作重点

今年是“十二五”规划收官之年，是深化改革、推进落实之年。

经济目标：地区生产总值增长1%；地方公共财政预算收入增长3%；规模以上工业增加值负增长18%；固定资产投资增长10%；外贸进出口总额增长2%；社会消费品零售总额增长9%；城镇居民人均可支配收入增长12%；农村居民人均纯收入增长13%。

重点做好以下几方面工作。

一、加快先进制造业集聚

（一）坚持不懈办好园区。围绕产能扩大、效率提升的目标，把园区存量资源用足用好。抓好闲置土地清理，处置闲置厂房。抓好大槐、东成7036亩拓展区规划建设，申报产业集聚区。加快大槐片区平土、道路、污水管网等基础设施建设，东成片区启动规划建设。按照“以产促城，以城兴产，产城融合”的原则，完善产业转移工业园总体规划，加快配套设施建设。开通工业五路，完善园区与主城区路网对接。推进医疗、交通、学校、员工村、金融、文化体育等功能配套建设。加快钢贸市场、城市综合体等项目建设。大力发展电子商务。建设机械制造、电子信息专业市场。加快广东宝索、华南重工等38个机械组团项目落地投产。深化校企对接，推进产学研合作。全市各部门要转变观念，改进作风，完善服务企业职能，营造文明和谐的园区环境。

（二）扣紧项目招商不放松。乘省推进珠江西岸先进装备制造产业带发展的东风，建立市、镇两级高效招商协作机制，组建专业招商队伍，开展精准招商。实施“走出去”战略，园区、各镇（街）党政“一把手”亲自抓招商，到招商第一线开展招商活动。加强产业招商，以先进机械装备制造、电子信息产业为导向，紧盯项目产出率，积极引进优质企业、龙头企业，完善产业链条。争取每年至少引进1个投资超5亿元的大项目。加强与中国电子音响工业协会、广东演艺设备行业商会的合作，引导电子麦克风企业向舞台音响、演艺设备方向发展，拓展产业容量和前景。坚持异地招商，各镇（街）要行动起来，积极作为，根据园区功能及产业定位，引进项目落地园区。

（三）促进产业升级改造。加快培育龙头企业，以发展机械装备和电子信息产业为重点，筛选3—5家重点骨干企业，采取“一企一策”的方式，坚持科技创新驱动，扶持转型升级、做大做强。电子信息产业力争今年培育2—3家亿元企业。开展低效企业专项排查，鼓励企业增资扩产。通过引导现有企业增资扩产、引入品牌企业等方式，力促22家低效电子企业优化提升。推进广东道氏、华新水泥、锦兴纺织等企业增资扩产。2015年争取实现工业技改投资5亿元，落实重点技改项目2个。深入推进环保专项整治行动，加快陶瓷产业集聚区升级改造，督促企业采用清洁燃气生产。优化外贸出口结构，提高利用外资水平。推行“诚信企业绿卡计划”⑦，促进企业诚信经营。

二、加快交通建设

恩平区位较偏远，经济较落后，要实现大发展，必须交通先行，必须不甘人后，必须奋起直追，要积极参与江门交通大会战，外联内通，加快交通建设步伐。

（一）外联方面。重点谋划和推进“一铁、三高、一航道、一机场”建设，力争让恩平区位条件有一个全方位的改善，有一个质的飞跃，拉近与珠三角核心区的时空距离，为经济社会发展蓄势。“一铁”就是积极推进深茂铁路恩平段征地拆迁，加快项目进场建设。“三高”就是积极争取，尽早谋划，加快开展中开、鹤开和台恩三条高速公路前期工作，争取早日动工。“一航道”就是加快推进镇海湾航道疏浚和恩平港升级改造，打通出海口。“一机场”就是加快通用航空机场规划申报，努力建设以航空旅游和飞行培训为主的综合性机场。同时，推进省道367冲恩线东成段公路改造，加快台开恩交通一体化步伐。

（二）内通方面。以中心城区为核心，通过打通连接高速公路、高铁、港口的快速路，以及连接各镇的县乡道，进一步增强中心城区的凝聚力和辐射力，做强、做大中心城区，做大城市经济蛋糕，为产城融合打基础。完成国道325线大槐段路面改造，推进省道276腰那线恩城绕越线一级公路建设，完成省道276腰那线大田段和省道367冲恩线大槐圩段路面改造。加快区龙线、圣六线、恩堡线、马稔线、杨金线等县乡公路升级改造，启动大槐至横陂疏港公路规划建设，完善城乡一体化路网。同时，推进市汽车客运站迁建项目，发展城市公交。大力整治超限超载行为，提高道路养护水平。

三、开展美丽城乡大行动

（一）开展公园城市建设。实施公园化战略，以锦江河为纽带、鳌峰山为支点，作为构建城市的核心元素，打造山水交融、具有岭南文化底蕴、以人为本的生态园林城市。突出得天独厚的山水优势，顺应地脉自然风貌，延伸地域精神文脉，完善城市总体规划和控制性详细规划。开展种树绿化活动，推进锦江湿地公园、鳌峰公园升级改造。启动大松岭公园建设。完善中心城区、工业园区绿化，兴建一批城市绿地、体育公园和社区公园。推进青南湖、响水龙潭郊野公园规划建设，让百姓能够20分钟进入到有山泉、花香、鸟鸣的环境中；让穿城而过的锦江可以游泳、捉鱼。加快锦江国际新城、御景湾、金沙时代广场、御锦珑湾等城市综合体建设。建设南堤西路、沿江西路等一批市政工程。推进农村光纤网络和孟槐输变电工程建设。

（二）加强生态环境保护。保留乡村风

貌，留住青山绿水。加强自然保护区、绿道、森林公园和沿海防护林建设。落实最严格的水资源管理制度，加强锦江水资源保护，推进库区第一重山生态林改造。加强中心城区山体、水源地和水源涵养林地保护。加强生态公益林保护和商品林建设。年内植树38万株，完成碳汇造林8250亩。建设生态园林示范镇（村），绿化美化乡村24条。严格执行新环保法，排查整治重点领域和行业企业，抓好大气污染防治，严厉打击环境违法行为。严格执行环保准入和污染物排放标准，落实节能减排任务。把那吉、大田、良西三个镇584平方公里作为农业生态保护区，尽快公布准入清单，禁止上工业项目。健全养殖业准入机制，合理划定禁养区，推进农业污染源减排和废弃物综合利用。加快市镇污水处理设施建设。完善城乡垃圾收运和处理体系。严守土地开发利用底线和生态保护红线。加强矿产、林木资源监管及地质灾害防治，严厉打击非法采矿行为。

四、打造区域旅游品牌

（一）做好全域规划。把恩平作为一个综合旅游景区，依托温泉、人文、生态资源，加强旅游策划，注重跨界融合，构建全域旅游格局，建设旅游强市。以地热国家公园为平台，注重旅游规划、土地利用规划和城市总体规划相衔接，制定完善旅游发展总体规划和地热国家公园总体规划。以航空为主题，包装宣传冯如故里，积极争取航空题材的旅游综合项目落户恩平。

（二）加快项目建设。推进恒大泉都、泉林度假乐园、山泉湾畔等重大旅游项目建设。充分利用温泉资源优势，加强招商引资，引进和盘活建设优质大项目。引导金山、帝都、锦江等温泉景区升级改造，提高品质和档次。保护开发歇马举人村、石头村、玉带天池等景点。发展良西花海世界、古树茶花、沉香等民间文化观赏旅游。加快地热国家公园标识建设，丰富旅游景区内涵。完成大合线、圣贵线、腰那线等主要旅游道路亮化工程，打造省道369线旅游产业带。

（三）打好组合拳。加强资源整合，把温泉旅游景点与自然风光、历史文化、农业观光等旅游资源串联起来，形成功能完善、内涵丰富、互动发展的旅游产业链，提升旅游综合竞争力。出台农家乐休闲旅游发展奖励办法，大力发展农家乐，推动乡村旅游发展。积极开发簕菜茶、“四薯”等特色旅游食品，规划建设旅游特产、美食一条街。完善旅游配套和公共服务体系建设。加大宣传促销力度，办好“中国旅游日”和温泉欢乐节旅游主题活动。加强与周边地区的合作，与开平碉楼、台山上下川岛、阳江滨海等旅游资源联合发展。

五、办好民生实事

坚持以“十件民生实事”（详见附件）为切入点，市财政计划投入民生支出8.05亿元，切实保障和改善民生。

（一）支农惠农。落实各项支农惠农政策，大力发展农村公共事业。抓好美丽乡村试点建设，推进村庄整治，创建名村示范村，建设一批宜居镇村。大力培育农业“五个十大”⑧，抓好优质水稻、马铃薯、簕菜茶、辣椒等特色农业生产，推进农业产业化、现代化，争创农业品牌。加强农业科研和科技推广，发展农民专业合作社。实施农业综合开发项目，建设高标准基本农田。加强农业面源污染治理。抓好重大动植物疫病防控。完成地方粮油储备任务。推进洪滘海堤、山塘除险加固工程，实

施全国小型农田水利重点县项目。抓好“新网工程”⑨建设，改善农产品流通环境。引导各镇（街）因地制宜发展特色产业，错位发展，促进镇村经济发展。完成农村财务监管平台建设，深化农村集体“三资”管理，推进农村土地承包经营权确权登记工作。抓好大槐华侨农场危房改造。

（二）精准扶贫。深入开展城乡扶贫开发，试行资源激励型财政奖励政策，鼓励农村积极保护基本农田、公益林和水源地等自然资源，力争年内全面消灭贫困村。利用“六个一”工程和“一事一议”财政奖补政策，着力解决农村安全饮水问题。统筹帮扶城乡困难群众，对城市低收入家庭进行帮扶。创新扶贫方式，充分发动社会力量积极参与，实施基础设施、产业、就业、教育、医疗等全方位帮扶，努力实现扶贫全覆盖、常态化。利用村（居）委公共服务站，将基本公共服务延伸到农村（社区），努力实现服务就在“家门口”。

（三）改善民生。围绕养老服务和残疾人保障等底线民生，推进基本公共服务均等化。提高城乡低保、五保、贫困残疾人、优抚对象的救助水平。完善社会保障体系建设，推进社会保险“全员、足额”参保。推进“大民政”工作，加快精神康复中心、老人妇女儿童康乐中心、西门居家养老助残项目和市应急救灾物资储备仓库建设，完成福利院服务大楼扩建工程，升级改造农村敬老院，完善残疾人社区康复站建设。推进镇（街）公益性骨灰存放设施建设。完成年度保障房建设任务。

（四）积极创文。继续深入开展“文明交通、文明卫生”两大专项行动，广泛开展文明宣传，抓好重点基础建设项目和重点测评指标的落实，确保成为“创建省文明城市先进单位”。年内新增社会组织17个。加快社工服务和义工事业发展。开展形式多样的慈善活动。完善市文化艺术中心（文化馆）、图书馆建设，加快筹建新博物馆。开展送戏下乡等群众文化活动，完成农村电影放映和文化站、文化室、农家书屋建设任务。大力支持文艺精品创作。努力解决农村边远山区看电视难问题。开展省教育现代化先进市创建工作，促进教育优质均衡发展。推进沙湖、君堂教育创强工作。加强师资队伍建设。抓好校车安全管理。启动妇幼保健院综合大楼建设。抓好免费孕前优生健康检查，提高人口整体素质。开展爱国卫生运动，创建省市卫生镇（村）。完成大槐、君堂全民健身广场建设。

（五）建设平安恩平。深化社区警务建设，拓展社区警务综合服务功能。推进大巡防工作，健全社会治安防控体系。做好综治信访维稳工作，完善突发事件应急处置体系，提高应急管理能力。健全政府购买社会服务体系。规范市场经营秩序，稳定市场物价。强化食品药品安全监管。抓好安全生产基础建设和企业主体责任落实，坚决遏制较大以上事故发生。加强消防安全和森林防火工作。建设农村联谊会22个。做好第七届海外联谊会换届工作。加强国防动员和武装建设，做好“双拥”工作。完善新气象探测基地建设。做好对华侨新生代社团的联络工作。做好民族、宗教、对台、统计、档案史志、人防、红十字会等工作。

六、加快政府简政提效

（一）深化改革。以行政审批制度改革为突破口，着力提升政府执行力。实行“清单管理、阳光行政、社会监督”的运行机制，公布

"1+3"清单⑩，构建透明公平的政府。尽快推出市场准入负面清单，坚持"非禁即可"。列明行政审批清单，压减审批自由裁量权，公布涉企收费目录清单。制定政府监管清单，严格规范公正文明执法。推进公共资源交易和涉税信息交换平台建设。创新投融资机制，推动市直国资整合。开展公务用车制度改革，深化事业单位改革，稳妥推进行政体制、医疗卫生、教育文化等领域改革。

（二）依法行政。认真执行人大及其常委会的决议决定，自觉接受政协的民主监督。提高人大代表议案、建议和政协提案的办理质量。深入开展"六五"普法工作，推进依法治市。坚持民主决策和科学决策，广泛听取各民主党派、工商联、无党派人士意见，办好政府服务热线，加强政务网站、微博群和微信公众号建设。支持工会、共青团和妇联等人民团体有效开展工作。落实廉政建设责任制，严格执行中央"八项规定"，做好政府预算及"三公"经费公开，加强对政府性资金和投资项目的审计监督，严肃查处违法违纪案件，营造风清气正的政务环境。

（三）优化服务。充分发挥市行政服务中心的作用，加快市行政服务中心二期建设，完善网上办事大厅功能。加快便民利民服务平台建设，推行限时办结，提高政府服务智能化和行政效能。通过"马上办"和并联审批，建立完善各部门工作运行机制，减少中间环节，解决投资项目落地难问题，优化营商环境。加强机关作风和公务员队伍建设，大力整治机关工作人员"不作为、慢作为、乱作为"现象。大力精简会议，压减文件数量。完善重点项目和工作倒逼机制，加强督查督办，推动各项工作落实。

各位代表！幸福恩平需要我们携手共建。让我们在市委的正确领导下，振奋精神，拼字当头，狠抓落实，为恩平又好又快发展而努力工作！

名词解释：

①"三旧"：旧城镇、旧厂房、旧村庄。

②"六个一"工程：建设一个扶贫产业园区，修建一千公里村道，修建一千公里水渠，解决一万户群众安全饮水问题，每年调整一万亩农业产业结构，每年转移一万名农村富余劳动力。

③"三品一标"：无公害农产品、绿色食品、有机食品，农产品地理标志产品。

④农村集体"三资"：农村集体的资金、资产、资源。

⑤"三公"经费：因公出国（境）经费、公务车购置及运行费、公务招待费。

⑥"三述"：述责、述德、述廉。

⑦"诚信企业绿卡计划"：免费为企业开展信用评级，对诚信企业特别是主营业务收入达到10亿元或以上的骨干企业，给予政策支持和主动服务。

⑧农业"五个十大"：十大农业龙头企业、十大农业专业合作社、十大农业品牌、十大种植基地、十大养殖基地。

⑨"新网工程"："新农村现代流通服务网络工程"的简称。

⑩"1+3"清单：权责清单，负面清单、审批清单、监管清单。

恩平市2015年十件民生实事

序号	内　容
1	加强水源保护，强化锦江水资源常规环境监测
2	加快农村改水工程，解决30000人饮水难题
3	推进农村生活垃圾收运和处理体系建设
4	完成开阳高速恩城出口地方立交连接线快速路工程
5	推进区龙线、圣六线、恩堡线（横槎段）公路建设
6	完成市福利院扩建工程
7	完成洪滘海堤加固达标工程
8	加快创建省园林城市工作，推进鳌峰公园升级改造和锦江湿地公园建设
9	完成市中等职业技术学校实训中心建设
10	提高底线民生保障水平

大事记

DA SHI JI

2015年恩平

2015年恩平大事记

1月

7日至9日 江门日报报联合北京梦图映画广告有限公司、恩平广播电视台开展航拍“恩平十大美景”活动，让更多人领略恩平独特的山水自然风光和人文资源。

9日 恩平一中代表队荣获江门市第一届高中学生辩论赛冠军。该届辩论赛在五邑大学吕志和礼堂举行，参赛队伍有培英中学、棠下中学、鹤山鹤华中学和恩平一中。

▲ 市第七批市管拔尖人才座谈会召开，来自全市各行各业的第七批市管拔尖人才齐聚一堂，汇报成绩、交流思想、畅谈发展。市委常委、组织部部长赵晓斌出席会议，并为新当选的第七批10位市管拔尖人才颁发证书。

▲ 央视中文国际频道《记住乡愁》纪录片摄制组到圣堂镇歇马村采拍一集《记住乡愁》。百集大型纪录片《记住乡愁》，主要讲述我国一些传统村落的生活故事和文化传承。

11日 澳门恩平同乡会到良西镇良西中学开展助学活动，为贫困学生发放助学金。

14日 市电声行业协会二届二次会员大会召开，总结去年工作，谋划2015年发展蓝图。

23日 恩平市委十二届五次全会召开。市委书记李灼冰代表市委常委会作工作报告，市委副书记、市长薛卫东传达了省委十一届四次全会、江门市委十二届五次全会精神。会议总结了2014年工作，并部署2015年工作任务，对2015年工作提出的总体要求是深入贯彻中共十八大、十八届三中、四中全会，中央经济工作会议、省委十一届四次全会和江门市委十二届五次全会精神，适应新常态，把握新机遇，以全面加强党的建设为总揽，坚持三大经济发展思路，突出抓好深化改革、实体经济、全域旅游、民生事业四项工作，全力推动和谐幸福新恩平建设。

28日至29日 恩平市政协九届五次会议召开。来自各界的政协委员欢聚一堂，以饱满的政治热情，积极履行职责，为推动恩平经济社会持续健康发展建言献策。会议审议通过卢国壮代表市政协第九届委员会常务委员会所作的工作报告，审议通过市政协九届四次会议以来提案工作办理情况报告，通过了《中国人民政治协商会议恩平市第九届委员会第五次会议决议》。经过全体与会政协委员无记名投票，冯文峰当选恩平市政协副主席，吴永红当选恩平市政协秘书长，伍国勇、何广坚、郑安庭、彭锦铜当选恩平市政协九届常务委员。

29日—30日　恩平市十五届人大五次会议召开。市领导李灼冰、薛卫东、卢国壮、郑少强、李健忠等参加会议。市委书记、市人大常委会主任李灼冰代表市人大常委会作工作报告，市长薛卫东作政府工作报告。会议以无记名投票的方式，选举李健忠、徐兆赞为市第十五届人民代表大会常务委员会副主任，选举孔景章、梁迪儒、梁素贞为市第十届人民代表大会常务委员会委员。

2月

8日　恩平市自行车运动协会成立揭牌仪式在工业园区邦华电子公司举行。

9日　2015年第一批保障性住房摇珠暨租配售仪式在市住建局举行，27户经适房申请户和65户廉租住房申请户，通过公开、公平、公正的方式，配售、配租到自己申请的住房。

10日　恩平市人武部班子成员调整宣布命令大会召开。恩平市人武部原政委曹振已到服役最高年限退出服役，吴凤祥接替任恩平市人武部政委。江门市委常委、江门军分区政委张耀斌，恩平市领导李灼冰、何焕仍、梁斌、董照杰等出席大会。

10—11日　在春节来临之际，市委书记李灼冰率队到困难党员梁溢相、陈均常，困难劳模梁根来，特困职工谭锡剑家中，送上慰问金和慰问品，送上党和政府的温暖和新春的祝福。

18—24日　春节黄金周期间，恩平温泉旅游市场火爆，全市共接待游客39.86万人次，同比增长12%，实现旅游总收入14835万元，增长15.7%。

27日　市委书记李灼冰主持召开市领导干部务虚会议，各镇（街）以及市发改、科工商务、国土、住建、旅游、规划、行政服务中心等部门单位主要负责人，围绕省委、江门市委和恩平市委全会提出的工作思路，联系自身的实际作了发言。市领导卢国壮、李健忠、禤缵灵、赵晓斌、吴月波、周解波、郑成博等，从自身分管工作的实际出发，着重围绕发展经济、推动社会发展、加强党的建设等作了发言，提出各自的看法和建议。市长薛卫东就今年政府工作作了讲话，市委书记李灼冰作总结发言。

3月

6日　市委副书记、市长薛卫东主持召开市政府全体会议，研究部署2015年工作。薛卫东在讲话强调，恩平正处在转型发展的关键时期，希望大家勇于担当，拼字当头，攻坚克难，廉洁从政，确保顺利完成各项工作目标任务。

▲ 2015年市残疾人工作会议召开。会议提出，继续提高残疾人专项津贴标准，低保残疾人生活津贴从600元/年提高到1200元/年，重度残疾人护理补贴从1200元/年提高到1800元/年。

9日 市四套班子领导率领市直机关党员干部开展义务植树活动，为美化、绿化恩平贡献力量。

▲ 东成镇政府微信公众号上线运营。这是恩平市首个镇级微信公众号。

11日 市委常委、宣传部部长李润娇主持召开市宣传思想工作会议。会议提出今年宣传思想工作要着力实施文明创建工程、文化惠民工程、理念引领工程、舆论引导工程、队伍建设工程，不断推动宣传思想工作实现新发展，为加快经济社会发展、和谐幸福恩平建设提供坚强思想保证、强大精神动力、有力舆论支持和良好文化条件。

▲ 中航通用飞机有限公司与江门市政府在北京钓鱼台国宾馆签订《战略合作协议》，双方约定将联合在恩平冯如故里建设“爱飞客镇”航空综合体，标志着“爱飞客镇”航空综合体将落户恩平。

13日上午 由市委宣传部、市“两建”办公室、市精神文明建设委员会办公室、市消费者委员会联合主办的“3·15”国际消费者权益日大型宣传咨询服务活动在恩城中山公园举行，吸引了众多市民前往参与。

19日 下午，恩城街道办人口计生工作整改动员会召开，市领导李灼冰、李润娇、何焕仍、吴彩堂、吴运作等出席会议。市委书记李灼冰在讲话中要求恩城街道办各级干部要面对现实，深挖问题根源，痛下决心，知耻后勇，攻坚克难，扭转计生工作被动局面。

22日 珠江西岸（恩平）装备制造发展论坛在恩平举行。广东省科协副主席、广东省机械工程学会理事长、中国工程院院士瞿金平，广东省科协副主席、广东省机械工程学会副理事长、广东工业大学校长陈新，中国机械工业联合会原执行副会长、中国机械工业联合会特别顾问、中国机械工程学会副理事长蔡惟慈，佛山市委统战部副部长、佛山市工商联党组书记朱卫华，恩平市委书记李灼冰，恩平市市长薛卫东等出席论坛。与会专家、客商汇集智慧，共谋恩平先进装备制造业新发展。

23日 《恩平市农家乐休闲旅游发展奖励办法》出台施行。办法规定，2015年后3年，市政府设立专项资金扶持农家乐休闲旅游发展。

24日 东成镇社区康园中心正式启用。这是恩平市第五个社区康园中心，主要功能是为轻度智力残疾和精神残疾康复者提供就业、医疗、康复、娱乐等公益性服务项目。

是月，全市11个镇（街）先后召开计生整改动员会，市委书记李灼冰、市长薛卫东以及市分管领导亲自参加考核样本镇以及挂钩联系镇的计生整改动员会，与基层领导干部一同剖析、一同研究、一同部署、一同作战，迅速扭转恩平计生工作被动落后局面。

4月

2日　江门市委宣传部副部长、文明局局长李纯率领调研组到恩平市调研指导创文工作。恩平市委常委、宣传部部长李润娇等陪同调研。李纯充分肯定恩平市创文工作所取得的成绩，希望恩平市创文工作按照创文要求扎实开展，力争取得明显成效。

5—7日　恩平市参加广西边防保卫战的老兵代表和烈属80多人赴广西扫墓，告慰恩平籍烈士在天之灵。

7日　委内瑞拉全国华侨华人联合会总会主席李瑞华、副主席吴月棠等6名侨领受众多侨胞委托，到恩平市外侨局召开座谈会，针对委内瑞拉目前的形势与侨务部门共同商议良策。座谈会结束后，李灼冰、薛卫东等恩平市领导热情接见李瑞华等侨领。李灼冰表示，恩平市委、市政府将积极采取相应措施，制订好应急预案，想方设法帮助旅委侨胞，并为回乡的侨胞提供工作、生活和再创业等方面的便利，为回乡侨胞带来更多的安全感和温暖。

8日　恩平市首个名师工作室和名班主任工作室在恩平一中挂牌成立，旨在以名教师和名班主任为引领，为当地教师队伍打造一个交流实践，共同成长的平台，培养一批年轻的教育教学新星。

▲ 从4月1日开始的第十届中国（恩平）麦克风电声器材国际展览会在广州琶洲展馆落幕。本届展览会全市共有217家企业参展。展销期间，吸引客商17.3万多人次，签订意向订单2823单，达成意向贸易金额11.7亿元。

9日　江门市副市长钟军率队到江门产业转移工业园恩平园区调研，重点了解园区科技型企业、科研基地和相关园区建设发展情况。

▲ 市委组织部组织全体干部参加市法院举办的开放日活动，旁听了职务犯罪案件庭审的全过程。

10日　省政协副主席唐豪率调研组到恩平专题调研市县政协外事侨务和港澳台工作情况。江门市政协副主席赵翠玲、恩平市政协副主席吴运作等陪同调研。

13日　市十五届人大常委会第24次会议召开，决定任命禤缵灵为恩平市副市长，任命何权照为恩平市人大常委会财经城建环保工作委员会副主任，免去李海的恩平市法院副院长、审判委员会委员、审判员的职务。

15日　恩平市职业技术教育中心与泉林度假区签订开办“泉林班”协议，为泉林度假区培养旅游人才。

16日　市委、市人大、市政府、市政协联合召开建议提案办理工作会议，总结市十五届人大四次会议人大代表建议和市政协九届四次会议政协委员提案办理情况，部署办理市十五届人大五次会议和政协九届五次会议建议提案工作。市人大常委会副主任徐兆赞、副市长董照杰、政协副主席吴运作等参加会议。

17日 2015年恩平簕菜文化美食节开幕式在恩平泉林度假区举行。江门市旅游局副局长邝积康，恩平市副市长郑将统，恩平市旅游局、东成镇政府，以及来自省内、港澳地区共100多家重点旅行社、旅游企业的领导嘉宾和10多家省、江门市主流媒体的记者出席开幕式。

18日 恩城街道办、市关工委、市浩华房地产公司联合在凯旋花园楼盘举办第一届邻里文化节大型游园活动暨凯旋爱心扶孤助学活动。活动期间，向来自恩城地区的18名困难孤儿学生发放300－1000元不等的助学金。

22－24日 恩平市设立分会场，组织收看收听江门市县处级干部专题研讨会视频直播。恩平市四套班子成员、法院院长、检察院检察长、副处级以上干部，各镇（街）党政班子成员、村（社区）党组织书记、主任，市直各部门单位班子成员等收看收听了研讨会实况。

23日 世界银行贷款广东省农业面源污染治理项目督查团到恩城街道实地检查，对恩平市在实施农业面源污染治理项目所做的大量卓有成效的工作给予了充分肯定。恩平市委副书记杨建平，恩平市委常委、市委办主任何焕仍陪同参加活动。

▲ 市侨情调查工作推进会议召开，传达贯彻江门市侨情调查工作会议精神，部署恩平侨情调查的具体工作任务。这次侨情调查的重点是“三新四有”人士：即新华侨华人、华裔新生代、社团新力量，以及政治上有影响、社会上有地位、经济上有实力、专业上有造诣的华侨华人等。会议要求工作人员从5月份起进村入户，对恩平全市侨情信息进行一次地毯式的调查。

▲ 市政协主席卢国壮率市政协常委前往珠海斗门区考察学习当地乡村旅游发展经验。通过考察学习，形成《关于整合资源发展乡村旅游的建议案》。

25日 由恩平市社工委、民政局、恩城街道办主办的“我心目中的社工”恩平市首届社工主题论坛暨恩平市社会工作协会成立筹备会议在恩城街道家庭服务中心举行。来自全市各社工机构的社工，持有社工证的人员，及对社工事业感兴趣的社会团体代表20多人参加了活动。

27日 市委书记李灼冰主持召开市第一季度经济形势分析会。李灼冰在讲话中指出，恩平市第一季度经济形势已到“冰点”，十分严峻，全市13项重要的经济指标，其中有7项指标排在江门四市三区的最后。李灼冰要求全市上下，要坚定信心、抓住关键、加强统筹，推动全市经济“融冰回暖”。

5月

6日　市2015年综治和平安创建工作会议召开，传达江门市政法委书记座谈会精神，贯彻落实中央、省、江门市综治和平安创建工作的会议精神，总结、分析目前恩平综治和平安创建工作情况，部署2015年创建综治平安工作，市委副书记杨健平参加会议。

▲ 副市长、公安局局长陈百浓主持召开市社会工作会议，传达贯彻落实省和江门市社会工作会议精神，总结去年社会建设工作，研究部署下一阶段工作重点，市委副书记、政法委书记杨健平，副市长董照杰等参加会议。

8日　2015年“三防”工作会议召开，市领导杨健平、何焕仍、梁斌、罗帜雄参加会议。

▲ 恩城街头发生一起命案，一名拾荒妇女被一名疑似精神病患者用水果刀刺死。

9日　由香港商工总会捐资450万元兴建的恩平一中运动场落成揭幕仪式举行，标志着恩平一中校园基础建设迈上一个新台阶。

13日　市创建广东省文明城市工作领导小组第五次会议召开，对目前恩平市创文测评重点工作及重点督办事项存在的主要问题进行查摆分析，强化责任、落实整改、加强督办，全力推进创文各项工作。市委书记李灼冰出席会议并讲话。

▲ 恩城街道顶冲村博爱家园项目签约暨顶冲村红十字会成立仪式举行。顶冲村红十字会是恩平市首个村级红十字会组织。

15日　恩平市“恒大杯”首届校园足球联赛圆满落幕。本届比赛有45支队伍参赛，恩平一中获高中组冠军，恩城二中获初中组冠军，小学组冠军被海外联谊学校获得。

16日　恩平普降大雨到暴雨，导致城区富源西路、东门路、美华路、新平北路、锦江大道、根塘街、西门路等多处低洼地段出现水浸，水深约0.8米，近百间商铺受到影响。

18日　恩平市人武部与金山温泉军民共建活动揭牌仪式在金山温泉会议室举行，市人武部政委吴凤祥出席并致词。

19日　市“三严三实”专题教育工作会议召开，市委常委、组织部部长赵晓斌对“三严三实”专题教育作出具体部署。市委书记李灼冰主讲党课。赵晓斌要求全市各级要认真学习领会“三严三实”的意义和内涵，深刻认清当前存在的“不严不实”的突出问题，从我做起，深入践行“三严三实”。

22日　市“建安杯”中小学生现场书法比赛举行，57名中小学生现场挥毫，用笔墨书写文明，传承文化。

25日　市人大常委会组成人员及机关

党员干部会议召开。市人大常委会党组副书记、常务副主任李健忠主讲了《自觉践行“三严三实”要求，推动人大工作创新发展》的专题党课。

▲ 市政协 “三严三实”专题学习会举行，市政协主席卢国壮主讲《从我做起，自我改起，深入践行“三严三实”》的专题党课。市政协领导班子成员、政协常委、专委会正副主任、联络组正副组长、政协机关全体人员出席。

27日 市召开阿里巴巴农村淘宝项目对接座谈会，市长薛卫东，市委常委周解波以及各镇（街）领导、相关部门负责人和27条贫困村驻村组长参加会议。标志着江门市首个全域性农村淘宝平台试点即将落户恩平。

28日 2015年恩平市高考、中考工作联席会议在恩平一中召开，研究和部署高考、中考工作，确保各项招生考试工作安全平稳顺利进行。

▲ 广东省教科文卫工会主席陈昭庆一行到访，先后出席横陂中学和大槐中心小学“广东省乡村教职工活动示范基地”和“广东省乡村教职工茶艺文化示范基地”揭牌仪式。横陂中学和大槐中心小学分别是广东省第19个和第20个教职工活动示范基地，也是广东省教科文卫工会首次在农村中小学挂牌成立示范基地。

29日 市老区建设促进会第四届理事会召开。市委副书记杨健平出席会议并讲话。

▲ 市农村生活垃圾处理工作会议召开，部署推进农村生活垃圾整治工作。副市长郑成博出席并讲话，郑成博强调，农村生活垃圾处理工作要真正取得实效，贵在持之以恒，贵在长效管理。会议要求各镇（街）要积极探索，大胆创新，找准切合自身实际的农村生活垃圾处理长效机制。

▲ 江门市侨联、江门侨界青年联合会、恩平市侨联以及恩城街道办新塘社区共同举办“爱的抱抱”爱心慰问活动，关注洋留守儿童。

6月

3日 恩平市人民政府、恩平市机械行业协会和沈阳机床股份有限公司三方战略合作框架协议签订仪式在沈阳机床公司举行。恩平市市长薛卫东，恩平市机械行业协会会长何广坚，沈阳机床股份有限公司总裁赵彪分别在战略合作框架协议上签字。根据协议，沈阳机床公司在恩平市内开设办事机构，全力支持恩平市先进机械装备制造业的发展，并将立足恩平，面向广东；恩平市人民政府、恩平市机械行业协会将全力协助，积极为其提供场所和运作的便利条件。

5日 由恩平市妇联举办的主题为“职业女性形象塑造与礼仪修养”的女性素质大讲堂活动在市政府大礼堂举行。各镇

（街）、市直有关部门单位的妇女工作者出席活动，广东女子职业技术学院副教授林艳应邀出席，主讲妇女礼仪修养课。

6—7日 澳门江门青年会会长郑安庭率会员一行40多人先后到牛江、良西、大田、那吉、横陂等镇开展扶贫助学活动，为贫困户及农村学生等送上慰问金和礼品。

8日下午 市人民政府“三严三实”专题教育活动举行，市政府党组成员、市政府组成部门主要领导、市政府办公室中层以上干部出席。市委副书记、市长薛卫东以“践行‘三严三实’，强化责任担当，推动恩平经济社会加快发展”为题，主讲“三严三实”专题党课。

9日下午 市依法治市工作领导小组（扩大）暨按法治框架解决基层矛盾试点推进会召开。市委书记、依法治市工作领导小组组长李灼冰出席会议并讲话。李灼冰强调，要突出推进法治政府建设、推进按法治框架解决基层矛盾试点工作、推进司法公正和严明执法这三个重点，着力打造良好的法治环境，促进经济社会和谐发展。

10日上午 市“平安校园”“平安交通”“平安村居”创建示范点揭牌暨授牌仪式举行。市委副书记、政法委书记杨健平先后为年乐夫人学校“恩平市平安校园创建示范点”、恩平汽车总站“恩平市平安交通创建示范点”、恩城街道西门社区“恩平市平安村居创建示范点”揭牌、授牌。

▲ 锦隆农庄“砂陈白玉伴翡翠”和“碧玉鲜”两款凉瓜菜式分别获江门凉瓜菜式烹饪交流比赛“特金奖”和“最具地方风味奖”。

11日 市交警大队在中心城区重点路段开展整治三轮车交通违法行为统一清查行动。

15日 由市妇女联合会、恩平广播电视台主办，市红十字会、市创文办协办的恩平市2015年“端午情暖困境儿童”大型慈善包粽活动在锦江国际新城隆重举行。通过包粽能手包粽子的方式现场募捐得善款76450元，用于帮助困境儿童。

▲ 恩平市公安局交警大队在执勤中查获一辆运输毒品的小汽车，缴获冰毒6.5克和枪支、刀具一批。

18日 市委书记李灼冰主持召开全面深化改革领导小组会议，传达上级有关指示精神，总结去年全面深化改革工作情况，提出今年改革工作意见。李灼冰在讲话中要求全市各级要强化改革意识，突出改革重点，主动作为，落实责任，力求深化改革工作取得新突破。

▲市委召开“三严三实”专题研讨会，以“从计生黄牌警告看严和实”为题，认真反思计生工作中存在的“不严不实”问题，强调要知耻而后勇，以坚定的决心，从严从实抓好计生整改工作。

▲ 2015年慈善公益捐款活动在市直机关拉开序幕，市四套领导班子成员带头捐款，现场募集善款1.96万元。

19日 市2015年“文明餐桌行动”主题活动启动仪式举行，旨在倡导“文明用餐、节俭惜福”理念，提高市民文明素质和城市文明程度。

26日 市农业局与中国电信恩平分公司“农技宝”项目建设与应用推广合作协议签订，标志着该项目的推广工作正式启动。“农技宝”将为广大农民搭建一个多元化的农技分享平台，促进现代信息技术在恩平市农业领域更广泛深入应用。

29日 市委书记李灼冰主持召开以“践行‘三严三实’，争做好党员”为主题的座谈会，纪念中国共产党成立94周年。各镇（街）党（工）委书记、组织委员，市直属机关工委、企业党工委、园区党工委、锦江水库等单位的主要负责人，以及来自各阶层、各战线的党员代表等出席，一起缅怀党的光辉历史，讴歌党的丰功伟绩。

30日 恩平市2015年“慈善公益活动月”启动仪式举行，当天募集善款1949万元。

是月，恩平2015年高考打出漂亮一仗，全市参加普通高考2341人，入围1936人，比2014年增加80人，总入围率比去年提高2.7个百分点。其中第一批入围97人，比2014年增加42人，增幅76.4%；第二批548人，第三批1291人。重点本科入围人数与2014年相比增加42人，增幅达76.4%，增幅居江门地区第一。

7月

1日 市四套班子领导带领市直机关党员干部到锦江市场开展清扫活动，以实际行动践行志愿服务精神，号召广大群众投身到创文中来。

▲ “甲午海祭”展览在恩平市博物馆开展，纪念甲午战争120周年。此次展览共展出文物21件（套），历史展板76块，为观众展示甲午战争的详细过程，提醒我们勿忘国耻，时刻警惕；缅怀英烈，祈望和平。

▲ 位于恩城纺织路的恩平市中泰农副产品批发市场开业典礼举行，将打造成为辐射粤西的农副产品集散地。

2日 中国著名农业专家、中国航天辣木专家科研攻关组首席科学家李宇博士到东成镇辣木种植基地参观调研。

8日上午 恩城冯如广场上空被一大片白云所笼罩，但在恩城其他地方的天空却是万里无云，一片蔚蓝，蓝天和白云界线明显，壮观的景象让人叹为观止。

10日 江门市中小学师德教育暨教工之家建设现场会在恩平召开。来自江门各市（区）基层教育工会及有关学校工会代表齐聚恩平，交流学习先进经验，探讨师德教育和教工之家建设。

12日　由市自行车运动协会举办的恩平市首届自行车爬坡赛，在鳌峰公园鳌峰山环山路举行，共有69名自行车运动爱好者参加比赛。

13日　市委书记李灼冰率队到市纪委监察局调研，强调各级纪检监察部门要认清形势，明确职责定位，围绕监督执纪问责，深化转职能、转方式、转作风，推动党风廉政建设和反腐败工作深入开展，为恩平的发展提供坚强的纪律保障。市领导杨健平、何焕仍等陪同调研。

15日　晚7点左右，在西门湿地公园附近的锦江河段，两名中学生在游泳时遇溺，周围近30名市民参与营救，成功救起一人，一人溺亡。

22日　省人大常委会主任黄龙云率由茂名选出的部分省人大代表组成的检查组到恩平检查底线民生保障资金安排及项目推进情况，赴圣堂镇三山村实地视察乡村“家庭病床”服务站，走访被保障对象，了解其生产生活以及领取有关保障资金情况。

▲ 落户江门产业转移工业园恩平园区的广东元星工业新材料有限公司（简称元星公司）与川财证券签约仪式举行，标志着元星公司将在“新三板”上市。

是月，圣堂镇区村村委会被司法部、民政部评为第六批“全国民主法治示范村（社区）”称号，是恩平首个获此殊荣的村委会。

28日　市残联2015年扶持贫困残疾人暨残疾人危房改造项目资金发放仪式举行，共有83户贫困残疾人获得了相应的扶持资金。江门市残联副调研员廖秋涛、恩平市残联理事长梁健盼等为贫困残疾人代表发放扶持资金。

▲ 市委书记李灼冰率队到江门军分区开展慰问活动，共叙军民鱼水深情。

29日　省政协常委、社会和法制委员会主任罗东凯率省政协加强基层食品安全监管调研组成员到市调研食品安全监管工作。恩平市委常委、常务副市长禤缵灵，市政协副主席颜裕昌等参加了调研座谈会。

30日　市法学会成立大会召开，选举产生第一届理事会，市委副书记、政法委书记杨健平当选为会长。江门市人大常委会党组成员、江门市法学会会长黎兆元参加成立大会。

31日　2015年恩平市大型公益性招聘会在恩城小岛文化广场举行，吸引106家企业进场设摊招聘，提供工种337个，招工人数达1300多人。

8月

5—6日　市委工作会议召开，传达江门市委工作会议精神，总结上半年工作，部署下一阶段工作任务。会议分两段进行。5日，与会70多名领导干部赴蓬江、新会两地参观考察，学习两地先进经验；6日，集中开会，部署工作。

5日 市存善堂辣木科技有限公司与中国热带农业科技学院广州实验站、开平市庆辉食品有限公司合作协议签约暨实验基地挂牌仪式举行。

6日 阻挠城市快速路项目施工的5名带头闹事村民被市公安局实施治安扣留。

10日 恩平市政府与阿里巴巴集团农村电子商务合作意向协议签订仪式举行。这是阿里巴巴集团在江门的第一个农村淘宝项目，将推进恩平市“互联网+县域经济”电子商务产业的发展。

▲ 市委书记李灼冰到圣堂镇和大田镇调研扶贫开发“双到”工作，强调要着手探索建立整合全市各方资源的扶贫平台，结合不同帮扶对象的实际情况，精准帮扶，长效帮扶。

14日 市图书馆、博物馆拆除围墙，“还馆于民”，实行全年免费开放，免费参观，免费借阅图书。围墙拆除后，将利用馆外空地建立原点公园，与两馆交相辉映，成为恩平的城市新坐标。

17—21日 恩平供电局举行2015年技能人员“大比武”活动，12个供电所及配电运维中心、部门班组共340多名员工参加了本次“武林大会”。本次活动分为配电、营业两个专业，每个专业分为理论和实操考核共11个项目，以实操为主。

20日 市长薛卫东率队开展易燃易爆物品安全生产大检查，推动全国全省安全生产电视电话会议精神的贯彻落实，吸取天津港“8·12”特别重大火灾爆炸事故教训，全面加强全市危险化学品和易燃易爆物品安全生产工作。

▲ 市妇联、市创文办联合主办“锦绣嘉园杯”艺术插花比赛，来自各镇（街）、市直单位共35支队伍现场进行插花技艺比拼。

▲ 市金港、康盛高考奖励金颁发仪式举行，2015年恩平高考理科头名戚文杰接过“金钥匙”，成为该奖励金设立后获得首套“状元房”的考生。这是金港、康盛高考奖励金成立后首次颁奖，除理科头名获得价值56万元的“状元房”外，文科头名获奖励金10万元，1名被“985工程”大学录取的考生获奖励金5万元，18名被“211工程”大学录取的考生每人获奖励金3万元，42名重点线入围的考生每人获2万元奖励金，优秀教师团队获奖金50万元。

25—28日 市长薛卫东率市电子商务考察团，赴杭州市拜访阿里巴巴集团总部，探索恩平电子商务发展之路。

28日 广州养老服务产业协会率会员及会员企业代表一行20多人，到东成镇存善堂辣木科技有限公司辣木种植基地参观、考察，与存善堂辣木科技有限公司就筹备建设辣木养老服务产业基地达成初步协议。

29日 2015年“牵手贫困学子，让爱一路相伴”爱心助学活动在泉林酒店举行，现场有40名贫困学生每人获1000元的助学金。爱心人士和受助对象展开了面对面的交流，深入了解学生生活、学习情况，不少爱心人士还表达了长期资助的意愿。

圣堂镇三山农村联谊会举办第二届奖学助学孝善表彰和慈善捐款活动。当天共发放助学金和奖金2.6万元，筹集善款5.5万元。

30日 梁氏五邑宗亲会恩平分会举行一场别开生面的励志会，对考取第一批本科的15名梁姓学子给予精神鼓励和物质奖励。2015年高考，恩平梁姓学子共有295人考上大学，其中第一批本科录取15人，第二批本科录取71人，第三批专科录取174人。

9月

1日 恩平市首张“五证合一、一照一码”新版营业执照发出，标志着恩平市正式全面推进“五证合一、一照一码”登记制度改革。

2日 省依法治省办公室常务副主任陈岸明带队到恩平调研按法治框架解决基层矛盾试点工作。李灼冰、李健忠等市领导及有关单位主要负责人陪同调研。

▲ 市委宣传部、老干局、档案局联合举办主题为“铭记历史、缅怀先烈、珍爱和平、开创未来”的纪念抗战胜利70周年活动。市领导李润娇、白云梅、董照杰、梁水长以及离退休干部共200多人参加活动。

▲ 恩平市市场监督管理局挂牌成立，梁春光任局长。市长薛卫东，市委常委吴月波出席了相关活动。市场监督管理局由工商局、质监局合并组建。

3日 北京举行纪念中国人民抗日战争暨世界反法西斯战争胜利70周年大阅兵。当天，有10位恩平籍旅外侨胞受邀到京现场参观了阅兵。10位侨胞分别是委内瑞拉的李瑞华、冯永贤、陈坚辉、郑海燕、龙涛、吴兰芳、聂国常，墨西哥的梁权暖，荷兰属阿鲁巴的何爵豪，哥斯达黎加的甄伟森等侨领或有关团体负责人。

6日下午 创建广东省推进教育现代化先进市动员会暨庆祝2015年教师节大会举行，表彰一批教书育人先进集体和先进个人，部署全面启动恩平创建广东省推进教育现代化先进市工作。

▲ 市纪念抗战胜利70周年文艺晚会在飞马广场举行。晚会主题是“铭记历史，圆梦中华”。恩平籍抗日老战士代表莫士钦，市领导李润娇、吴雅静、董照杰、梁水长，以及老干部代表、各界群众观看了演出。

8日 据《江门日报》报道，省委宣传部、省妇联、省文明办、广东家庭文化研究会联合举办的第十届“十大优秀书香之家”评选活动，圣堂歇马举人村村民梁富源、潘秀珍家庭被评为省“优秀书香家庭”。这是江门市唯一入选者。

10日上午 市2015年环境大整治工作会议召开，传达贯彻江门市2015年环境大整治工作会议精神，部署市环境大整治工作。市长薛卫东，市委常委、市委办主任何焕仍，副市长郑将统、郑成博等出席会议。

▲ 市国税局、地税局联合举办2014年度A级纳税信用企业授匾仪式。会上，为市35户2014年A级纳税信用企业（其中有3年及以上的3A企业5户）授匾。

11日 市妇联举办主题为“交流创业经验，增进合作共赢”的女性创业交流会，市女性创业就业代表、农村致富带头人、女大学生“村官”及待业女性代表等共50多人与会，交流女性创业就业心得。

12日 以“弘扬传统文化，建设文明侨乡”为主题的2015年江门市小学生“开笔礼”恩平分会场在歇马举人村举行。当天，近50名小学生参加活动，领略中华民族勤奋学习、尊师孝亲、仁爱处世等文化。

16日上午 江门、茂名、阳江三地全国人大代表组成联合调研组，到恩平市调研现代科技农业发展及落实“政银保”情况，对恩平市从资金、政策等方面大力支持现代科技农业发展所取得的成果给予一致好评。江门市人大常委会副主任宋波，恩平市领导李健忠、何焕仍、徐兆赞等陪同参加调研。

16日下午 江门市市长邓伟根到恩平调研“公共服务”“精准扶贫”工作。邓伟根强调，要将公共服务终端下移到村委会甚至有条件的自然村，最近距离、最大限度地便民利民。

16—20日 中央电视台第一、第九频道《人才》纪录片摄制组，分别到圣堂镇歇马举人村拍摄专题片，从不同角度展示歇马举人村独特的兴文重教等文化传统，并重点拍摄了歇马村的开笔礼。

20日 市二月花休闲农业生态乐园正式动工建设。该乐园坐落于良西镇，占地面积约90亩，总投资1000万元，分三期建设，预计3年内完成建设。该项目主打休闲农业，规划设计科普展示区、特色品种展示区、精品展示区、种植体验区（开心农场、特色果蔬认购、微型农庄）、生产作业区、休闲度假村等区域。

23日下午 市委、市政府2015年精准扶贫助学金发放仪式举行，向412名家庭困难学生发放总额近50万元的助学金。

25日 市公务用车制度改革工作会议召开。会议提出市直部门单位的车改工作在9月底前完成，在10月份随工资正式发放公务交通补贴（标准分为4个档次：厅级每人每月1690元，处级每人每月1040元，科级每人每月650元，科员及以下人员每人每月600元）。

10月

1日 座落于冯如广场的华美达酒店盛

大开业，填补了恩平国际品牌商务酒店的空白，进一步提升恩平旅游行业、酒店行业的接待档次和能力，助力恩平旅游业发展。

5日 恩平供电局派出101名“供电卫士”、31辆抢修车奔赴湛江东海岛，支援抢修因台风“彩虹”导致破坏的供电设施。

8日 下午，恩平市电子商务协会成立大会暨第一次会员大会召开，选举产生协会第一届领导班子，包括会长1名、副会长6名、秘书长1名、理事11名和监事1名，首批入会会员55人。广东康盛投资有限公司总经理何宁海当选市电子商务协会首届会长。

10日 市首批37间农村淘宝村级服务站同时正式开业。开业第一天，全市农村淘宝村级服务站共下单4500多单，交易额达45万元，创下广东农村淘宝县域开业最高的订单纪录。

▲ 市长薛卫东，市委常委周解波，市政府党组成员、市府办主任方瑞明等到横陂镇横东村委会，调研村级“邑家园”社会服务综合平台（暂名）的建设情况。

13—16日 第35届香港秋季电子产品展在香港会展中心举行，恩平市莱茵电子、帮华电子等9家企业参展。

19日 上午，市2015年年初任公务员培训班在市委党校举办，全市160多名今年新录用的公务员参加培训，分别由市委组织部、市委党校、检察院、发改局等部门的领导或讲师授课。

21日 按照中共广东省委的统一部署，省委第七巡视组从2015年10月21日起至12月上旬，对恩平市开展巡视监督。

▲ 据10月21日《江门日报》报道，至2015年恩平有百岁以上老人26人，其中男9人、女17人，最老寿星106岁。

23日 恩平市2015年投资推介会暨小微企业创业创新基地启动仪式举行，共有12个项目在现场签约，涉及工业、农业、旅游、文化以及商务平台等，总投资额达44.5亿元。

▲ 恩平市农村淘宝合伙人第二期招募大会举行，有300多人在网上报名，争当农村淘宝合伙人。

▲ 恩平市妇联、市总工会联合举办恩平市首届妇女厨艺展示活动在市职业技术教育中心举行，来自各镇（街）、部门共26支代表队、100多名选手现场精心烹制美食，展示厨艺。

24日 恩平市政协暨深港恩平商会助学帮困活动举行，向恩平一批贫困孤儿和单亲特困家庭学生发放助学金。恩平市领导李润娇、吴运作、颜裕昌，恩平市政协常委、深港恩平联合商会会长梁健强，恩平市政协常委陈耀强、陈卫安、何宁海等出席活动。

24—26日 江门市名特优新农产品展销活动在蓬江区京湖广场举行，恩平携20种名特优新农产品参展，获得众多市民青睐。通过网络投票、专家评比、现场评比等环节，恩平簕菜、恩平红茶、恩平大米、恩平濑粉、恩平菜心、基龙凤山鸡6种农产品被授予“江门市名特优新农产品”称号，其中恩平簕菜排名前10位。

26日 市庆祝广东省第22届环卫工人节座谈会在市城管局举行，向环卫工人致以节日祝贺和崇高敬意。

恩城环卫处有环卫工人400多人，负责中心城区18平方公里、136条街的清洁、保洁和产业园区10平方公里的清扫、清运工作，清扫街道总面积247.5万平方米，日均处理和清运生活垃圾达200多吨。

27日 恩平市委书记李灼冰、市长薛卫东率队到续建开阳高速公路恩城立交地方连接线工程建设工地以及深茂铁路恩平段施工现场办公，要求市有关部门以及建设施工单位，站在全市战略发展的高度，狠抓质量和工程进度，打造大交通网络，促进恩平地方经济又好又快发展。

▲ 恩平市簕菜开发利用研讨会召开。广东工业大学、五邑大学等高校的10多名专家应邀出席，研讨会从科学严谨的学术研究成果和长远的战略角度，为恩平展示了一幅簕菜产业发展的宏伟蓝图。

28日 恩平市电子商务协会牌匾揭幕及授牌仪式举行。市委常委周解波出席活动，并为市电子商务协会第一届会长何宁海授牌。

▲ 恩平市农村淘宝服务中心正式开业。江门市政协主席赵基耀到该中心参观调研，听取项目情况介绍。

29日 君堂镇、沙湖镇创建广东省教育强镇顺利通过专家组的鉴定验收。

▲ 市电声行业协会会员企业代表座谈会举行。市委书记李灼冰、市长薛卫东及有关部门负责人出席，与企业代表坦诚对话、思想碰撞、共谋良策，力促恩平麦克风及电声行业再出发、再创业。

▲ 省人大常委会副秘书长黄创强率领省人大常委会执法检查深化解析工作组到东成镇开展《广东省信访条例》（以下简称为《条例》）执法检查，深入了解恩平对《条例》的落实情况，剖析存在问题，提出工作意见。恩平市人大常委会副主任冯国暖等陪同检查。

30日 恩城街道办沙地村供水工程竣工，128户村民用上自来水，从此告别到几公里外挑水吃的生活。

31日 大田镇“美丽乡村，大田如画”首届摄影比赛开镜仪式暨首场摄影创作活动在锦江温泉举行。

▲ “同饮一江水”2015年广东打工者歌唱大赛年度总决赛在东莞举行，恩平选手阮楚婷代表江门参赛，勇夺冠军。

11月

1日 恩平一中建校97周年庆典活动隆重举行。市领导李润娇、白云梅、董照杰、冯文锋，恩平一中杰出校友代表，全体师生共3000多人参加庆典活动。

4日 恩平市市场监督管理局联合市场行业协会、个体私营企业协会举办《江门市小微企业创业创新扶持政策》宣讲活动，帮助中小微企业用好、用足各项扶持政策，增强创业创新信心。有300多家企业代表参加宣讲活动。

5日 市长薛卫东率队调研督办恩平市“邑家园”社会服务综合平台建设。副市长董照杰，市府办、市委组织部、民政局、教育局、社工委、相关镇（街）负责人陪同调研。

▲ 市政协调研组会同市府办、环保局、城管局调研工业垃圾处置情况，深入了解全市工业垃圾分布和处置现状，当前存在的问题与困难，为做好工业垃圾处置工作建言献策。

6日 市教育局举办少先队辅导员“如何践行社会主义核心价值观”专题讲座暨道德讲堂示范课在市青少宫举行。曾获评“广东省十佳少先队辅导员”“全国优秀少先队辅导员”的广州市海珠区少先队副总辅导员刘康文，及曾获评“广东省十佳少先队辅导员”“广东省南粤优秀教师”的广州市海珠区菩提路小学德育主任、少先队大队辅导员张琳应邀授课。

11—12日 市委书记李灼冰率领市四套领导班子成员到相关镇街开展旅游调研。李灼冰在调研中指出，恩平的旅游发展具有很大潜力，大力推进全域旅游正当其时。

12日 市十五届人大常委会第二十八次会议召开。受市人大常委会主任李灼冰委托，市人大常委会常务副主任李健忠主持会议。会议听取和审议了市政府《关于推进我市旅游产业发展的情况报告》。市人大常委会副主任白云梅、吴雅静、冯国暖、罗帜雄、徐兆赞，党组成员、办公室主任刘博熙等出席会议，市委常委、常务副市长禤缵灵及有关部门的主要领导列席会议。

13日 市2015年冬春大灾防控工作暨基层镇街消防安全网络化运作管理推进会召开。副市长、市消防安全委员会主任、公安局局长陈百浓出席会议并讲话。

山泉湾温泉酒店获授“江门市平安创建示范点”，泉林旅游开发股份有限公司获授恩平市“创建平安景区示范点”，是日，授牌仪式分别在两景区举行。

16日 市委书记李灼冰到市卫计局调研，督促市镇（街）两级又快又好地完成所有计生迎检工作，确保市计生工作顺利通过省检。

17日 市人大常委会常务副主任李健忠主持举行人大代表约见市长活动，市领导薛卫东、禤缵灵、李润娇、郑将统、陈百浓等参加活动。参加约见活动的江门市及恩平市人大代表纷纷围绕“让出行更便捷”这一主题，就恩平市道路交通基础设施建设提问题、献良策。

18日 广东道氏技术股份有限公司博士后科研工作站揭牌仪式举行，宣告恩平市拥有首个博士后科研工作站。恩平市领导薛卫东、禤缵灵、赵晓斌等出席仪式。

▲ 市首届农村消防技能大比拼在恩城冯如广场举行。来自全市11个镇（街）33支代表队参加比拼。副市长、市公安局局长陈百浓出席开幕式并讲话。

21日 第三届中国侨都（江门）健康马拉松大赛恩平赛场在恩平市体育中心足球场拉开帷幕。恩平市委书记李灼冰等恩平市四套班子领导以及全市党政机关、社会各界近万名选手参赛。恩平市副市长董照杰为活动鸣枪起步。

24日 江门市委举行“三严三实”专题教育先进事迹宣讲报告会。李灼冰、薛卫东、杨健平、叶仕钦等恩平市领导在恩平分会场收看收听会议。

26日 市科工商务局、市电声行业协会、中创研究院共同举办“技术直通车——电声行业的瓶颈与机遇”研讨活动，邀请相关方面有资深经验的嘉宾演讲，让与会电声行业代表对行业现状及发展有更深层次的了解。

27日 2015恩平温泉欢乐节暨乡村旅游美食嘉年华在市泉林黄金小镇那金谷举行。市委书记李灼冰，江门市旅游局副局长邝积康，江门各市（区）旅游局、恩平市各镇（街）以及有关单位负责人，相关协会、旅游企业代表和10多家省、市主流媒体记者等共200多人参加了开幕式。

▲ 恩平市首届烧饼美食节在山泉湾酒店开幕，吸引了众多当地市民和外地游客参与，现场人气爆棚，烧饼卖到断货。

▲ 恩平簕菜、濑粉、牛大力、基龙凤山鸡、辣木和莲雾入选广东省名特优新农产品。广东省名特优新农产品评选活动由省农业厅、科技厅、林业厅、商务厅等共同发起和组织。

▲ 为期3天的2015年恩平市中小学生田径运动会在恩平一中圆满落幕。来自全市各中小学42支代表队共600多人参加此次盛会。

29日 2015恩平车房文化节在冯如广场圆满闭幕。

30日 广东江门航空育种示范基地正式落户“中国航空之父”冯如故里。是日，在牛江镇的恩平市蓝海农业科技有限公司院士专家工作站揭牌成立。中国工程院院士梁思礼、张履谦、龙乐豪已加盟专家团队，携手推进航天育种技术产业化发展。

▲ 截至11月30日止，恩平市21个省级贫困村委会共投入资金14984万元，实施各类扶贫项目共925个，这21个贫困村委会、467户贫困户实现了稳定脱贫。21个贫困村委会村集体经济可支配收入由帮扶前的24295元增加到152492元，增幅528%；467户贫困户的年人均纯收入由2675元增加到9826元，增幅267%。

12月

1日 恩平淘金创谷中国青年电商创业

基地在恩平市中小企业孵化基地揭牌成立。恩平市政府与广州大学合作的产学研创新示范基地揭牌仪式同时举行。中国电子商务协会副会长卢建新、中国电子商务协会青年电商创业委员会副会长、淘金集团副总经理葛小飞及广州大学和恩平市相关领导等100多人参加了仪式。

3日

▲ 恩城街道居家养老助残综合服务中心揭牌仪式举行。标志着恩城街道社会养老助残服务体系建设又迈一个新台阶。

▲ 市“三防”指挥部和市水务局联合举办2015年防风抢险应急演练在横陂镇马山水库举行。马山水库抢险队及群众40多人参加演练活动。

▲ 广东省“中国流动科技馆巡展”恩平站正式启动，广东省科协、科技厅，江门市以及恩平市有关领导和群众、师生代表共300多人参加启动仪式。

4日　江门市阳光慈善会副会长胡锡荣一行到恩平实地了解农业特色生计发展体验园，慰问大田镇困难学生，有32名困难学生共获1.7多万元的助学金。

6日　据《南方日报》报道，恩城街道顶冲村村民梁凤燕（女）获2015年第三季度广东好人“孝老爱亲好人”称号。

7日　农业部授予恩平簕菜“农产品地理标志登记证书”。这是恩平获得首个国家级农产品地理标志，将对恩平簕菜产业发展产生深远影响。

▲ 恩平市老促会荣获“全国减贫贡献奖”，这是江门市唯一获奖单位。

14—15日　省住建厅专家组到市，对恩平创建“广东省园林城市”成果进行验收。

15日　市发改局召开建立居民用水价格阶梯制度和水价与水资源联动制度听证会，拟定在2016年起，恩平市民生活用水实行阶梯价格制度和建立水价与水资源联动制度。

▲ 市政协围绕恩城地区小学学位紧缺问题开展调研活动。

16日　市领导李灼冰、薛卫东、何焕仍率队开展教育专题调研活动，旨在加快推进教育现代化先进市步伐，迎接省督导验收组的全面检验和评估。

18—20日　首届冯如文化暨濑粉美食节在牛江镇文化广场举行，3天共接待6.5万人次。

18日　恩平供电局联合公安机关查处了恩城街道竹山村附近一工厂的窃电案件，严厉惩治窃电行为，为国家和企业挽回经济损失。据查，该厂核实偷电16000多度共14000多元，按有关规定，追缴电度电费和3倍违约电费共5万多元。

22日　大槐镇公共租赁住房摇珠配租仪式在大槐镇政府举行，现场66户大槐华侨农场危房改造户通过公平、公正、公开的摇珠方式，成功租到了公租房。

23日　市政协主席卢国壮率领驻牛江镇马龙塘扶贫工作组成员单位负责人，验收三年来扶贫开发“双创”工作成果。据验收，马龙塘村集体经济年收入从2012年的3.1万元增加到2015年的11.77万元，增幅279%；4户贫困户人平均年纯收入由帮扶前的2300元增加到9900元，增幅330%，全面完成了江门市的脱贫任务。

26日 广东旅游竞争力评价研究中心、广东智慧旅游发展中心课题组向社会发布《广东省县（市）域旅游综合竞争力研究报告（2014—2015）》，恩平连续三年跻身广东省县（市）域旅游综合竞争力十强，旅游品牌形象再度获得肯定和提升。

▲ 圣堂镇第二届萝卜文化节在歇马举人村开幕，吸引上千名来自各地的游客到场助兴。市委常委梁斌出席了活动。

▲ “大番薯遇上腊鸭节”在那吉镇开幕，吸引众多游客前往参加，在美食、土特产一条街，购买番薯、腊鸭、芋头、烧饼、蜂蜜等土特产的游客人如潮涌，一波接一波。

30日 市基层党（工）委书记抓基层党建工作述职评议会召开，总结基层党建工作的开展情况和经验做法。市委、市人大、政协主要负责人，基层党务工作负责人及市级“两代表一委员”，基层党员干部和群众代表参加会议。

▲ 中央文明办在海南海口市举行全国道德模范与身边好人现场交流活动，隆重揭晓2015年12月“中国好人榜”名单。恩城街道顶冲村长期悉心照料患病邻居的外来媳妇梁凤燕光荣上榜，成为继彭玉芝后，恩平第二位荣登“中国好人榜”的恩平好人。

概貌

GAI MAO

恩平概貌

【地理位置·面积】 恩平地处广东省南部、珠江三角洲的西南端，地跨北纬21°54′31″—22°29′44″、东经111°59′51″—112°31′23″之间；地境周界线265.5公里。东至开平、台山，南接阳江，西邻阳春，北接新兴；全市总面积1698.37平方公里。其中，耕地面积占18.7%，山地和丘陵面积占58%，水域面积占5.96%，城乡居民点、工矿和交通用地占3.68%，其他占13.73%；全市农业人口人均耕地1亩左右，略低于全省的平均水平；境地南北长而东西峡，南北长62.47公里，东西宽50.24公里。

【人口·民族·语言】 2015年年末，全市户籍总人口489427人，每平方公里人口密度295人。年末户藉总户数153132户，年末常住人口49.9万人，其中城镇人口25.41万人，城镇化率50.92%；据全市第六次全国人口普查数据显示，汉族人口占全市总人口99.52%，没有少数民族自然村，少数民族多是工作、经商、游耕、婚姻关系者，计有：蒙古族、回族、藏族、苗族、彝族、壮族、布依族、满族、侗族、瑶族、白族、土家族、黎族、傣族、傈族、畲族、纳西族、土族、达斡尔族、仫佬族、羌族、布朗族、毛南族、仡佬族、鄂温克族、京族、独龙族、珞巴族29个，人口共有1500多人。在恩平的少数民族人口排在前8位的依次是壮族、苗族、瑶族、土家族、侗族、黎族、彝族、布依族，占少数民族人口的96.83%，其中壮族人口占67.67%。恩平地方方言属于汉语粤方言中的四邑话，与广府（广州）话基本相通，但恩平话与台山、开平、鹤山、新会话在语音、声调、词汇等方面有一定差异。在恩平方言中，也不是全市同一声调，沙湖镇杨桥片、南坑片，横陂镇洪滘片等地的语言就各有不同特点。随着经济发展，人员交流增多，广州话、普通话已在广播、电视等领域通用。

【旅外侨胞及港、澳、治同胞】 据2015年的侨情普查数据显示，恩平市籍旅外华侨（华人）39万多人，港、澳、台同胞11万多人，分布全球60个国家和地区，其中委内瑞拉国18万多人，占全市华侨（华人）总数45%，美国3万多人，哥斯达黎加3.2万多人、巴拿马2.1万多人、多米尼加2万多人、墨西哥1.3万多人、南非1万多人以及中国香港8万多人，澳门2.8万多人。

【建置沿革】 恩平历史悠久，秦汉已入版图。朝代更替，境地归属无常。唐代至德二年（757年），原齐安县改为恩平县，至1958年，与开平合县，称开恩县，后改称开平县。1961年恩开分治，恢复恩平县建制。1994年2月，经国务院批准，撤县设市，称恩平市，归江门市管辖。撤县设市后，辖区行政区域不变，市委、市政府驻地恩城街道办事处。

【行政区划】 历史上，恩平行政区域多变。新中国建立初期，县以下实行区、乡建制，1958年“公社化”，区改称公社，乡改称

大队；1983年下半年，撤社设区，恢复区、乡建制，1986年起，区易名为镇，乡改称管区；2002年，原恩城镇、东安镇、平石镇、江南镇改称街道办事处。2004年4月后，江南、平石街道办事处先后并入恩城街道办事处；2006年8月，东安街道办事处并入东成镇；2015年，全市辖恩城街道办事处及沙湖、牛江、君堂、圣堂、良西、东成、大田、横陂、大槐、那吉等11个镇（街），共174个村（居）委会。

【气候】 恩平地处北回归线以南，属亚热带季风气候，由于地势西高东低，近海的东南部95%的地区在海拔10米左右，而西北部山区地势相对较高，形成向南开口的喇叭形山势，对来自东南边海洋的暖湿气流被逐步抬升、冷却，雨量充沛，加上台风的影响，成为全国的暴雨中心之一。累年平均降雨量2613.1毫米，最多年份为3751.0毫米，最少年份为1272.4毫米，北部为少雨区，累年平均降雨量约2200毫米，中部、西部为多雨区，累年平均降雨量约2600毫米，东部、南部为适雨量区，累年平均降雨量在2200－2600毫米之间。累年平均气温为22.2摄氏度，最热月份为7月，月平均气温为28.1摄氏度，极端最高气温为39.2摄氏度；最冷月份为1月，平均气温为14.2摄氏度，极端最低气温为-0.5摄氏度；年平均 低温日数（指最低气温≤5.0℃的日数）为4天，累年平均霜期1.2天，最长8天，部分年份无霜期出现。2015年，恩平气候属一般年景（详见136页气象）。

【河流】 主要河流有流入潭江水系的锦江河、沙湖河；流入阳江漠阳江水系的倒流河和那吉河；流入南海的小江海水系，形成21公里长的海岸线。

【森林资源】 2015年，市辖区共有林业用地面积141.48万亩，其中11个镇（街）共有林业用地97.32万亩（不含河排、西坑林场、七星坑省级自然保护区）。全市森林覆盖率47.04%。全市活立木总蓄积量250.90万立方米。全市生态公益林面积55.4万亩（其中河排林场15.02万亩，西坑林场6.37万亩）；商品林（用材林、经济林）面积86.1万亩，分别占林业用地面积的39.5%和60.5%；主要树种有桉类10多种、杉类5种、相思类5种和其他红树种数十种。

【动植物资源】 野生的禽类有山鸡、毛鸡、水鸭等约30种，兽类有羊、山猪、猪仔狸、乌脚狸等20种。鳞甲类35种，虫类33种，蛇类30种。植物资源种类达1000多种，有13种植物被列为国家级和省级珍稀濒危保护植物。国家一级保护植物有刺沙椤、国家三级保护植物有乌檀、白桂木、红春木、巴戟、圆仔荷、吊皮锥、野生茶、猪血木等。

【水资源】 那吉黄角、大田、朗底、良西一带的山脉，年均降雨量达2600毫米，蕴藏丰富水能，可供发电。全市水能理论蕴藏量153377千瓦，为小水电建设提供得天独厚资源。

【矿产资源】 石灰石分布于市内10个镇，总储量10亿吨以上；钾长石、石英石、水晶、重晶石、青刀石、墨砚石、陶瓷泥、煤炭非金属矿等储量也很丰富。金属矿有钨、锡、铜等。

【温泉资源】 境内温泉资源蕴藏量较大的地区有：良西的热水村、黑泥村，朗底的牛栏屋村、那吉的热水朗村。每处泉眼5－8个，流量10－20立方米／秒，温度有的高达70－

80摄氏度，每处温泉分别有多种有益于人体健康的矿物元素。2003年，恩平市被国家矿业联合会授予“中国温泉之乡”。至2015年，已开发并正常经营的温泉企业有良西的帝都温泉、恒大泉都，那吉的金山温泉、温泉乐园，大田的锦江温泉、山泉湾温泉，东成的水禾田温泉。

【历史文化】 恩平历史文化源远流长，明、清时期，民间诗社等民间文化团体遍布城乡，文人墨客聚会时，喜欢吟诗作对，按照拟定的题目，各自寻章觅句，其乐融融。此风，一直延续至民国；明、清时期的文艺创作十分活跃，以群众创作的口头文学居多，如民歌、童谣、传说、风俗歌等。其中，民歌流传至今，是恩平特色的历史传统文化之一。2012年，成功申报为省级非物质文化遗产。

历史上，恩平有识之士注重办报。民国时期，先后办起了《真理报》《恩平日报》《动员报》《民强日报》《锦江报》《恩平公报》，抗日战争时期，还有外地多家报社迁入恩平，办有《前锋简报》《光华报》《希望报》以及《正气报》等。

恩平自古兴教之风昌盛。明朝复建恩平后，县城设有书院，乡村则有社学。清乾隆年间，南平书院创建，继而在城乡建书院7所，培养了一批进士、举人。圣堂歇马村在明清时期，培养出670多位功名人士，监生、贡生和举人以上科学功名者280多人，二品官员以上者6人，成了远近闻名的“举人村”和“中国历史文化名村”。近代以来，恩平更是涌现出“中国航空之父——冯如”，新中国第一任联合国副秘书长唐明照，将军、作家吴有恒，中国航空惯性导航领域学术带头人、中国工程院院士冯培德，博士生导师、心理学专家林仲贤，大学教授、水稻育种专家吴灼年，国家级书法家、硕士研究生导师梁鼎光，国际级运动健将梁秋仲、国家级运动健将何宝栋，美国核能、航天数学双博士郑鸿法等名人。

恩平建制1700多年，留下了非常丰富的历史文化遗产。至2015年，全市有恩平民歌和茶坑石雕刻技艺等非物质文化遗产项目江门市级4个、省级2个。（市志办）

【传统美食】 恩平地处粤中低孤山区，西部山多、林多，东部濒临南海，有21公里海岸线，物产丰富，食材多种多样，各种时尚美食应运而生。为传承传统美食，促进旅游业发展，2003年以来，市连续举办多届全市性特色美食评选活动和举办美食嘉年华活动。2015年11月，恩平温泉欢乐节暨乡村旅游美食嘉年华系列活动隆重举行，恩平市烧饼美食节、恩平濑粉美食节、圣堂镇萝卜文化美食节、那吉镇大番薯遇上腊鸭节等活动，吸引了全国各地游客50多万人次。

恩平烧饼。创建于明朝年间，因其风味独特而著称。当年恩平烧饼在肇庆知府举办的制饼大赛中脱颖而出，得到知府大人的高度评价：“边脆心软，香甜可口，好饼！好饼！”后来，恩平烧饼成为清明扫墓的必备祭品，流传至今。每年到清明时节，全市各圩镇制饼摊档成行成市，门庭若市。

恩平裹粽。农历“五月节”、端午节（又称龙舟节）（五月初一、初五）包裹粽、吃裹粽由来已久。每年的端午节，人们吃粽子，竞龙舟，成为风行恩平民俗活动。近代，恩平竞龙舟活动逐步淡出，但粽子却成为恩平传统美食之一。恩平裹粽分甜粽（碱水粽）和咸粽两类。咸粽配料、制作十分讲究，有“糯而不

黏、油而不腻、香而不俗”的独特风味。裹粽原为“五月节”（端午节）的拜神祭品。由于风味独特，已成为城镇居民常年早餐的早点之一。近年，市妇联等相关部门每年举办一次“端午情暖困境儿童”大型包粽子竞赛活动。通过包粽子能手包粽子比赛的方式 ，募集善款，帮助困境儿童。这项活动已发展成为恩平一项传统的慈善活动。

恩平濑粉。中秋节，恩平城乡有吃濑粉的习俗，并演变为传统美食，历史悠久，但始于何时，无从考究。恩平濑粉之所以成为风味独特的传统美食，是因为制作粉条功夫到家，配上靓汤，达到“软、韧、爽、滑”的口感，深受食客好评。

恩平黄鳝饭。具有“饭香、味鲜、滋补”的特点，久负盛名。新中国成立初期，在恩城万兴路有两间专营黄鳝饭的小食店，饭市一开，顾客盈门，座无虚席。传统的黄鳝饭，主要是选用野生的生猛黄鳝和选取上等丝苗等优质大米，加上佐料，用瓦锅煮制而成。

恩城廖氏绿豆沙。是祖籍台山的廖氏家族在恩城经营廖氏甜品店的主营美食之一，曾获广东名小吃和恩平首届美食节金奖等殊荣。正宗、传统的廖氏绿豆沙，制作精良，选用东北绿豆，除去“豆公”、豆尾及其他杂质，浸水脱壳，加上新会陈皮，放入瓦煲加水慢火煲至成糊状，配上适量生鲜猪油、纯正砂糖等料。这样炮制的绿豆沙，香甜嫩滑，吸引不少回头客。

恩平汤圆。源于元宵节、冬至等民间传统节日祭品。由于美味可口，逐步演变为一种传统美食。恩平汤圆有甜、咸两种，按习惯口味以咸为主，圆仔是糯米粉制品，汤水分滋补型和大众型两种。滋补型汤料是用猪大骨、尾龙骨或老母鸭、老母鸡，加上滋补药材煲成老火汤；大众型汤料大多用猪肝、瘦肉、腊鸭、鱼丸，加上萝卜、菜果等煲成。汤水煲好后，放入糯米圆仔，煮至圆仔浮起，即可食用。

恩平圆仔与外地不同，其特点是小而无馅，与汤水同煮过程中，充分吸收汤中的原汁原味。圆仔融入汤水味道，口感咸香软滑，别具风味。

恩平簕菜美食。簕菜原生长于山坡、沟谷林边，叶多色绿，味道甘醇，芳香浓郁。传统上，民间大多是用簕菜煮汤，有清热解毒、消滞之功效。由于有独特口味和清热解毒、消暑解渴、解烟酒、降胆固醇等诸多功效，簕菜逐步成为外地游客来恩平食饭必点的一道特色美食，特别是“本地鲫鱼簕菜汤”“豆豉蒜子簕菜汤”“鲮鱼丸窝簕菜”等更是受到各方食客的青睐。近年又陆续开发了簕菜糕点及簕菜茶等品种。原侨联大酒店制作的“碧绿簕菜卷”、京湖大酒店制作的“簕菜千层糕”荣获2003年恩平首届美食评选竞赛金奖；山泉湾温泉酒店研制的簕菜椰汁糕，被评为2013年恩平市十大特色美食之一。

恩平牛杂。所谓牛杂，包括牛肠、牛肚、牛血、牛咀、牛肺、牛耳、牛脚皮等劏牛的下脚料。早在20世纪五、六十年代，恩城就有专门经营牛杂的小食档或流动摊档。牛杂经过秘制，美味可口，特别是牛脚皮，经过用八角、茴香、萝卜等辅料慢火焖煮，香气四溢，爽口弹牙，口感极佳，令你欲罢不能。

以上所列，是恩平传统美食之一。2003年，恩平举办首届特色美食评选活动，参赛品种达170多款，各具特色，彰显恩平特色传统美食文化源远流长。

组织机构及领导班子成员

市四套班子（含办公室）纪委和两院

中国共产党恩平市委员会

书记：李灼冰

副书记：薛卫东　郑少强（—2015.4）
　　杨健平（2015.4—）

常委：李润娇（女）　叶仕钦　赵晓斌
　　李灼冰　薛卫东　郑少强　杨健平
　　禤缵灵　何焕仍　吴月波　梁　斌
　　周解波（挂职）

恩平人大常委会

主任：李灼冰

常务副主任：李健忠

副主任：吴润富　白云梅（女）　吴雅静
　　冯国暖　罗帜雄

恩平市人民政府

市长：薛卫东

常务副市长：禤缵灵（2015.4—）

副市长：董照杰　陈百浓　吴彩堂（女）
　　郑将统　郑成博

政协恩平市委员会

主席：卢国壮

副主席：吴运作　冯锡培　叶婵娟（女）
　　颜裕昌　梁水长　冯文锋

秘书长：孙泽庆（—2015.1）
　　吴永红（2015.1—）

副秘书长：吴诗国（2015.4—）
　　梁健文（2015.4—）

中共恩平市纪律检查委员会

书记：叶仕钦

副书记：梁新庭　戚艳芬（女）

常委：周海文　郑海源　伍洽康（2015.8—）
　　吴浩坚(2015.8—)
　　谢妙慈（女，—2015.8）

监察局局长：梁新庭

副局长：伍洽康（2015.8—）
　　谢妙慈（女，—2015.8）

中共恩平市委办公室

主任：何焕仍

副主任：冯春猷　余春萍（女）
　　高超云（—2015.10）　张永成
　　张国惠（2015.2—）
　　吴一斌（2015.2—）

市人大常委会办公室

主任：刘博熙

选举联络任免工委主任：梁迪儒

法工委主任：吴少林

财经城建环保工委主任：梁现参（—2015.8）

农村农业工委主任：孔景章

科教文卫工委主任：吴高潮

华侨外事工委主任：梁荣辉

研究室主任：吴锡池（—2015.9）
　　吴明德（2015.9—）

依法治市办公室主任：冯煜森

市人民政府办公室

主任：方瑞明

副主任（含党组成员）：

吴学筠　范清活　吴柳娟（女）　郑伟峰
侯劲标　张儒相　李水相（—2015.8）
郑前进　黄瑞明（2015.2—）

恩平市政协办公室

主任：吴诗国

副主任：冯玉娉

恩平市人民法院

院长：李敬华
副院长：何华明　熊华滚　李海（—2015.2）
　　　　张英军
纪检组长：吴子湘
恩平市人民检察院
检察长：黄文
副检察长：吴光明　郑健添　黄志勇
纪检组长：岑卓文

市委工作部门、军事武装负责人

恩平市委组织部
部长：赵晓斌
副部长：钟传业　余婉奈（女）　吴先进
　　　　许坚武　余达明
恩平市委宣传部
部长：李润娇（女）
副部长：梁朝贺　郑坚伟
　　　　苏锦凡（—2015.10）
恩平市委统战部
部长：冯文锋
副部长：伍国勇　吴锐品　李小聪
恩平市民宗局局长：李小聪
中共恩平市委政法委员会
书记：郑少强（—2015.4）
　　　杨健平（2015.4—）
副书记：陈百浓　李敬华　黄文　莫礼调
　　　　冯万钿　李水相（2015.8—）
恩平市社会工作委员会
主任：郑少强（—2015.4）
　　　杨健平（2015.4—）
副主任：何焕仍　陈百浓　董照杰　张国惠
　　　　李水相（2015.8—）
专职副主任：何丹平
恩平市编制委员会
主任：薛卫东
副主任：郑少强（—2015.5）
　　　　杨健平（2015.5—）
　　　　禤缵灵　赵晓斌　何焕仍
　　　　吴月波（—2015.5）
恩平市编委办公室
主任：吴文广
副主任：吴玉棠
恩平市直属机关工委
书记：李倩瑚（女，2015.11—）
　　　钟传业（—2015.11）
副书记：吴洪阳　谢卓锋（2015.4—）
恩平市老干部局
局长：余婉奈（女）
副局长：吴劲毅　何春梅（女）
恩平市信访局
局长：张国惠
副局长：李秀珠（女）
恩平市法制局
局长：李水相
副局长：吴炳琼
恩平市保密局
局长：岑树明
中国人民解放军恩平市武装部
部长：梁斌
政委：吴凤祥
副部长：汪康明（—2015.1）
　　　　柏磊森（2015.2—）

市政府组成部门

恩平市公安局
局长：陈百浓

政委：丁医绘
纪委书记：吴德福
督察长：陈百浓（兼）
副局长：陈健雄　岑润谋　杨桂多
　　　　岑力明（—2015.4）

恩平市发展和改革局

局长：陈健宁
副局长：梁宇亮　孔健　冯君酿　赖清锐

恩平市科工商务局

局长：岑洪方
党组书记：李倩瑚（女，—2015.12）
副局长：唐立伟（—2015.12）
　　　　岑华锋（—2015.12）
　　　　岑焯荣（—2015.11）
　　　　罗可禄　冯剑锋　张琼芳（女）
纪检组长：吴杰华

恩平市教育局

局长：梁国光
副局长：莫平福（2015.12—）　冯焕培
　　　　吴素娜（女）
纪委书记：郑伟强

恩平市民政局

局长：梁裕良
副局长：陈铁永　何辉荣
纪检组长：陈卫权（—2015.1）
　　　　　吴清燕（2015.1—）
市老龄办主任：黎富家（2015.2—）

恩平市司法局

局长：冯万钿
副局长：梁丽云（女）　董得顺　张悦平

恩平市财政局

局长：岑儒确
副局长：林河芬　吴伟锋　吕玉洁
　　　　冯庭芳（—2015.3）
　　　　吴皓洁（2015.8—）
纪检组长：许忠耀

恩平市人力资源和社会保障局

局长：吴先进
副局长：何国强　陈丽华（女）
纪检组长：吴剑彪（2015.8—）

恩平市国土资源管理局

局长：张红艺
副局长：吴庭富　黎坚宁
　　　　江磊（女，2015.12—）
纪检组长：冯惠坤

恩平市住房和城乡建设局

局长：任卫康
副局长：岑金远　梁奇锋　班延麒　梁永恒
纪检组长：邝悦巨

恩平市交通运输局

局长:朱明君
副局长：吴群辉（—2015.8）　黎宝胜
　　　　徐天养　吴雪锋（2015.8—）
纪检组长：岑悦强

恩平市水务局

局长：冯振恒
副局长：刘能富　吴博熙　冯国兵
纪委书记：吴荣让

恩平市农业局

局长：余汉忠
副局长：冯浪其　张剑锋　梁锦桥
　　　　岑锡潮（2015.2—）
　　　　梁欣荣（2015.8—）
纪检组长：何文豪

恩平市文化广电新闻出版局

局长：梁绮玲（女）

副局长：吴一斌　莫丽婵（女）

恩平市卫生和计划生育局

局长:何玉清（女）

副局长：陈俊杰（—2015.12）　刘晓荣
　　　　梁锦俊　莫肖军　刘笑云（女）

纪委书记：冯天阳（—2015.04）
　　　　　吴昭文（2015.04—）

恩平市审计局

局长：余超群（女）

副局长：甄明佐　岑勇强

纪检组长：余雪峰

恩平市统计局

局长：谭坚强

副局长：吴云东　黄玲珠（女）

纪检组长：冯艺兵

恩平市环保局

局长：冯华杰

副局长：袁保民　陈永超

纪检组长：吴昭文（—2015.4）
　　　　　冯天阳（2015.4—）

环境监察分局局长：徐炎水

恩平市林业局

局长：岑仲平

副局长：黎来润　吴高升
　　　　郑欣桓（2015.8—）

纪检组长：陈卫权

恩平市公安局森林分局

局长：冯述宁

副局长：温新桥

恩平市城乡规划局

局长：张帆

副局长：陈德耀

纪检组长：李丹华

恩平市城市综合管理局

局长：何辉明

副局长：吴福湛　吴学�　冯权锋

恩平市安全生产监督局

局长：钟东成

副局长：黎欢明　郑丹明（女）

纪检组长：莫忠想

恩平市食品药品监督局

局长：郑选宏

副局长：吴能发　吴思杨

纪检组长：冯文健

恩平市工商行政管理局（2015年9月撤销）

局长：梁春光（—2015.09）

副局长：梁智颖（—2015.9）　胡杰辉（—2015.9）　胡锦超（—2015.9）

恩平市质量技术监督局（2015年9月撤销）

局长：黄溢湖（—2015.9）

副局长：梁金荣（—2015.9）

恩平市市场监督管理局（2015年9月成立）

局长：梁春光（2015.09）

副局长：谢妙慈（女，2015.9—）
　　　　胡杰辉（2015.9—）
　　　　梁金荣（2015.9—）
　　　　胡锦超（2015.9—）
　　　　梁智颖（2015.9—）

市直属事业单位

市人民政府行政服务中心

主任：郑前进

副主任：吴集威

恩平市公共资源交易中心

主任：郑前进

副主任：卢土庆

江门产业转移工业园恩平园区

主任：吴月波

副主任：何伟劲　冯伟权（－2015.8）
吴结强　叶植相
吴颂安（2015.4－）
伍永波（2015.4－）

党工委书记：何伟劲

纪工委书记：梁泽新

恩平市资产管理委员会办公室（市资产办）

主任：张儒相

副主任：黄达亮　黎欣凡
黎坚宁（－2015.11）

中共恩平市企业工委书记：张儒相

纪工委书记：梁祥波（－2015.2）

恩平市粮食局

局长：陈炳权

副局长：郑月湛　唐英坚（2015.2－）
郑锐文

纪检组长：许泽宁

恩平市档案局（馆）

局（馆）长：梁玉树

副局（馆）长：梁芬芳（女）　岑瑞锋
林晓玲（女）

纪检组长：卢建国

恩平广播电视台

台长：苏锦凡

副台长：李晓亮　梁瑞明　秦　双（女）

纪委书记：周国强

恩平市体育局

局长：何惠湛

副局长：梁立新

纪检组长：梁健才

恩平市旅游局

局长：郑素红（女）

副局长：沈智慧　黎奕辉

纪检组长：郑伟锋

恩平市社保基金管理局

局长：吴先进

副局长：李泽民　徐乐庭

恩平市外事侨务局

局长：吴炎稂

副局长：余卫江　张洪溢

纪检组长：林彩萍（女）

恩平市供销合作社

副主任：吴卓灵

纪检组长：吴雁林

恩平市气象局

局长：管勇

副局长：黄值钦　莫小飞（女）

中共恩平市委党校

校长：越晓斌

常务副校长：岑卫强

副校长：吴雪芳（－2015.11）

恩平市职业技术教育中心

主任：莫平福

党委书记：刘伯泮

副主任：余丽明　梁卫华　吴利侦

纪委书记：吴利侦（兼）

民主党派、人民团体及供水、市直医疗单位

中国民主同盟恩平市委员会

主委：董照杰

副主委：梁水长　唐思明

中国农工党恩平市委员会

主委：颜裕昌

专职副主委：梁雪丹（女）

副主委：吴国健

恩平市总工会

主席：徐兆赞

常务副主席：黄溢湖

副主席：李永慈　杨丽雅（女）

共青团恩平市委员会

书记：吴子健

副书记：冯丽琴（女）　岑梅娟（女）

恩平市妇女联合会

主席：梁素贞（女）

副主席：卢翠兰（女）　吴雪丹（女）

恩平市工商联合会

主席：谭文超

常务副主席：伍国勇

专职副主席：莫小君（女）

副主席：

何振光　郑坚明　黄月群（女）　吴虹云

吴永能　黄广流　何欢潮　冯元光

张均华　冯活灵　陈忠发　梁健强

林广九　黄一鸣　陈裕坤　叶荣崧

何康茂　荣继华　梁伟权　陈　榕

冯活晓　何宁海　郑金桓　何耀良

张佳尧　郑广扬　冯永贤　吴中活

杨书伟　吴德铭　郑　源　何思洪

刘少萍（女）　谢顺锡

恩平市文学艺术界联合会

主席：冯儒发

恩平市残疾人联合会

理事长：陈俊杰（2015.12—）

　　　　梁健盼（—2015.12）

副理事长：梁淑清（女）

纪检组长：谢治和（2015.8—）

　　　　　梁年娣（女，—2015.8）

恩平市红十字会

常务副会长：吴小华（女）

恩平市归国华侨联合会

主席：吴炎粮

副主席：袁东平

恩平市科学技术协会

专职副主席：何玉持（2015.11—）

　　　　　　余达爵（—2015.11）

恩平供水有限公司

董事长、总经理：何振光

董事、常务副总经理：梁伟锋

董事、副总经理：陈财源　梁槐叶　吴植煦

恩平市人民医院

院长：张坚洪

副院长：郑仲贤　吴国健　甄妙平（女）

恩平市第二人民医院

院长：曾庆平

副院长：梁卫权　肖志衡

恩平市妇幼保健院

院长：吴健嫦（女）

副院长：杨小珍（女）　梁景云（2015.8）

恩平市疾病预防控制中心

主任：吴仲聘

副主任：杨治文　陈亮

税务与金融单位

恩平市国家税务局

局长：寇子杰

副局长：李家驹　吴健平　冯杰文

　　　　吴叶青　梁炎明

纪检组长：李明标

恩平市地方税务局

局长：梁朝晖

副局长：何卓良　梁健洪　梁耀洪
纪检组长：岑树林

中国人民银行恩平支行
行长：黄鸿钧
副行长：郑悦安　陈富臻

中国银行恩平支行
行长：邝卫山
副行长：刘盼健　朱军杰　陈海丹（女）
纪检监察员：钟群幸（—2015.5）
　　　　　　黄家联（2015.6—）

中国工商银行恩平支行
行长：傅建相
副行长：吴均能　李卫东　邱小燕（女）

中国建设银行恩平支行
行长：李峰（—2015.12）　詹喜（2015.12—）
副行长：陈瑞权（—2015.8）
　　　　李小利（2015.10—）
　　　　陈标凡（2015.10—）

中国农业银行恩平支行
行长：韩德仁
副行长：叶水龙
　　　　陈文强（2015.3—，兼纪检组长）

中国农业发展银行恩平支行
行长：黄健城
副行长：容万斌

顺德农商银行恩平支行
行长：黄继军
副行长：刘俊枫

恩平汇丰村镇银行
行长：王朝晖

新会农商银行恩平支行
行长：文荣炜

江门融和农商银行恩平支行
行长：吴永康

中国邮政储蓄银行恩平支行
行长：马玉玲（女）
副行长：刘锦海　周　涛

中国人民财产保险有限公司恩平支公司
经理：郑坚凡
副经理：梁伟洪　谢民恩

中国人寿保险公司恩平支公司
经理：罗双年
副经理：陈哲

华林证券公司恩平营业部
总经理：郑日高

省、江门市垂直管理单位

恩平供电局
局长：欧阳永坚
副局长：周强兴（—2015.2）
　　　　梁棪绸（2015.7—）
　　　　袁国声（—2015.5）
　　　　戴军政　郑坚军（2015.2—）
　　　　彭勤建（—2015.7）
纪委书记：梁勤浩（—2015.5）
　　　　　袁国声（2015.5—）

恩平市邮政局
局长：彭金富
副局长：陈文波

中国电信恩平分公司
总经理：邹健
副总经理：岑伟恩　麦振荣（—2015.5）
　　　　　李振毅（2015.5—2015.7）
　　　　　甄灼雄（2015.12—）

中国移动通讯恩平分公司
总经理：李伟健

副总经理：陈栋富

中国联合网络通信恩平分公司

总经理：古康奕

副总经理：潘毅斌

恩平市烟草专卖局（分公司）

局长：温世禄

副局长：陈欣洪

副经理：莫少华

江门市恩平公路局

局长：钟毅文

副局长：梁春利　林良端

党组副书记：郑仲伸

江门市汽运集团恩平汽车总站

总站长：叶柏儒

党总支书记：岑能斌

副总站长：何树吾　赵健伟　陈惠强

河排林场

场长：吴劲清

副场长：吴添强　刘均成　吴宏胜

锦江水库工程管理处

主任：黄乐

副主任：麦秋萍（女）　曾裕泉

西坑林场

场长：冯诚泽

副场长：李健军　余锦艺

江门出入境检验检疫局恩平办事处

主任：罗卫红

副主任：余添荣

江门边防检查站恩平办事处

主任：胡波

恩平海关

关长：吴锦添

副关长：曾宁波　梁振坤

恩平海事处

主任：李栋良

镇、街道办事处

恩城街道办事处

党工委书记：禤活源

党工委副书记：吴树强　侯惠琴（女）

纪工委书记：吴惠廉

办事处主任：吴树强

办事处副主任：梁艺超　吴小云　吴奕湛
陈锦珠（女）

沙湖镇

镇委书记：吴永芳（女）

镇委副书记：陈育存　吴活抗　陈永超
张捷兴

镇纪委书记：吴健能

镇人大主席：吴永芳（女）

镇长：陈育存

副镇长：李石林　伍少华（女）　黎艺宁

牛江镇

镇委书记：周荣嘉

镇委副书记：梁活麟　梁欣荣

镇纪委书记：冯灼威

镇人大主席：周荣嘉

镇长：梁活麟

副镇长：岑鲁宁　何建立　张凤兰（女）

君堂镇

镇委书记：李立新

镇委副书记：唐俊稂　郑伟潮

镇纪委书记：陈添法

镇人大主席：李立新

镇长：唐俊稂

副镇长：陈坚韧　周文彪　冯卫群（女）

圣堂镇
镇委书记：侯光裔
镇委副书记：谢树浓　吴活良
镇纪委书记：唐超勇
镇人大主席：侯光裔
镇长：谢树浓
副镇长：张如永　冯超明（2015.4—）

良西镇
镇委书记：冯锡谋
镇委副书记：冯亮稂　方赤
镇纪委书记：王超强
镇人大主席：冯锡谋
镇长：冯亮稂
副镇长：侯康平（—2015.2）
　　　　冯冰锋（2015.2—）
　　　　谢卓锋（—2015.4）
　　　　李雄鹰（2015.4—）
　　　　孔伟文（—2015.9）
　　　　梁伟峰（2015.9—）

东成镇
镇委书记：岑仲纯
镇委副书记：黎晓辉　余广洽
镇纪委书记：王润忠
镇人大主席：岑仲纯
镇长：黎晓辉
副镇长：吴兆东　陈丽红（女，—2015.2）
　　　　黄奇锋　吕栋筹（2015.2—）

大田镇
镇委书记：梁少云
镇委副书记：张玉婷（女）
　　　　　　伍洽康（—2015.8）
　　　　　　孔伟文（2015.8—）
镇纪委书记：冯玉和
镇人大主席：梁少云
镇长：张玉婷
副镇长：李军宁　冯亮宜

横陂镇
镇委书记：何坚培
镇委副书记：郑欣桓（—2015.7）　陈明裕
莫健辉（2015.8—）
镇纪委书记：吴润良
镇人大主席：何坚培
镇长：郑欣桓（—2015.7）
　　　陈明裕（2015.9—）
副镇长：谢治和　莫健辉（—2015.7）

大槐镇
镇委书记：岑安林
镇委副书记：莫蔼谋　岑荣欣
镇纪委书记：侯康平
镇人大主席：岑安林
镇长：莫蔼谋
副镇长：何毅华　莫卫国
　　　　张雁慈（女，2015.2—）

那吉镇
镇委书记：赖坚锋
镇委副书记：吴雪锋（—2015.8）
　　　　　　吴悦锋　黄展明（2015.8—）
镇纪委书记：岑伟亮
镇人大主席：赖坚锋
镇长：吴悦锋（2015.9—）
副镇长：吴国义　吴春普　冯杰能

经济建设

【经济建设概况】 2015年，面对错综复杂的宏观经济形势以及陶瓷行业集聚区环保整治和计划生育工作整改压力，市委、市政府主动适应经济新常态，发展“三大经济”，实施“四项工程”，经济社会实现平稳较快发展。全年全市实现地区生产总值150.53亿元，同比增长4.8%；规模以上工业增加值33.05亿元，增长2.1%；地方公共财政预算收入9.89亿元，增长2%；固定资产投资107.35亿元，增长19.1%；社会消费品零售总额80.39亿元，增长11%；进出口总额4.58亿美元，增长3.8%；实际利用外资6010万美元，完成江门市下达任务数的100.17%，同比下降16.76%。

【园区经济】 2015年，恩平园区机械组团落地建设项目42个，试投产14个。全年引进规模以上企业项目10个，合同投资18亿元。启动工业城小微企业创业创新基地建设，电声行业转型升级、创建广东省绿色示范工业园区和产业集聚区申报工作有序推进。广东道氏成立博士后科研工作站，创新驱动能力增强。园区全年实现规模以上工业增加值8.78亿元，增长21.2%。连续两年获省环保考评优秀等次，连续4年获省产业园区管理考评优秀等次，连续两年被评为广东省五星级服务园区。与沈阳机床股份有限公司合作，联合恩平市机械行业协会共同打造先进智能装备制造中心和全国最大的智能化精密仪器制造中心。

【城市经济】 总投资53亿元的10个“三旧”改造项目扎实推进，侨星国际、鳌峰世纪广场、金沙时代广场相继开业，一批名店陆续进驻，城市实体经济实力有新提升。大力推进公园城市建设，成功通过“广东省园林城市”考核验收，城市营商环境明显改善。

【旅游经济】 2015年，恩平市荣登“2015旅游业最美中国榜”；连续三年被评为广东省“旅游综合竞争力十强县（市、区）”；田野农家乐等5家乡村旅游单位入选“中国乡村旅游金牌农家乐。锦江温泉、山泉湾旅游景区、温泉乐园、泉林度假区被国家旅游局评为“全国旅游价格信得过景区”。积极举办各种旅游推介活动，进一步活跃旅游市场，旅游业知名度明显提升。全年旅游业总收入26.52亿元，同比增长18.04%。

【电子商务】 2015年10月8日，恩平市电子商务协会成立；10月10日，37家农村淘宝村级服务站同时开张，开业首日订单达4500多单，创广东省农村淘宝县域开业最高订单记录；10月28日，农村淘宝恩平县级服务中心正式开业；12月1日，“淘宝创谷”“产学研”项目签约暨中国电子商务协会青年电商创业委员会恩平分会、广州大学产学研创新示范基地揭牌。市委、市政府大力实施“互联网+县域经济”行动计划，推进县域经济和社会民生等各项事业发展。“互联网+县域经济”公共平台以全市27条贫困村为试点，在线销售本地特色农产品。

【交通基础设施建设】 2015年，交通基础设施建设项目12项，总投资1.06亿元；深茂铁路恩平段征地拆迁和建设工作步伐加快，完成交地比例98.86%；中开、高恩高速的先行段工程顺利开展，镇海湾航道疏浚工程进入招投标阶段，城市快速路第一期工程建设稳步推进。

政治建设

【改革工作的推进】 2015年，积极开展机构改革，组建市市场监督管理局。全面公布“1+3”清单项目，完成非行政许可事项清理工作。深化商事登记制度，全市新登记市场主体共5660户，比改革前增长49.58%；全市企业新增注册资本共17亿元，增长114.22%；全面启动“五证合一、一照一码”改革，全市共发出“五证合一”营业执照452张。加快推进“邑门式”行政服务改革，以良西镇和恩平工业园区为试点开展“邑门式”服务。创新投融资机制，成立市城市投资开发建设有限公司、市产业园区建设公司、市公有资产经营公司等3家国资运营公司。创新监管手段，探索开展专项巡查工作，得到上级的充分肯定。完成市直部门公务用车改革。教育、卫生等领域改革取得新突破。

【农村综合改革】 全市实行会计业务镇代记和农村财务管理电算化的经联社151个，经济社1916个，完成率100%。2015年，全市进入镇、村两级资产交易中心交易的集体资产161宗，交易总额8970万元，比交易底价增加771万元。规范农村合同管理，登记经济合同203份。出台《恩平市农村土地承包经营权确权登记颁证实施方案》，牛江镇高联村、黄泥坦村，那吉镇七星坑村确权登记颁证试点工作顺利推进。牛江镇、那吉镇3个试点村25个经济社基本完成土地承包经营权确权试点工作。

【三严三实专题教育扎实开展】 2015年5月21日，市委“三严三实”教育工作会议召开，部署在5—12月开展专题教育工作。市委宣传部门着力抓好“三严三实”专题宣传、专题研讨，市委中心组（扩大）集中学习辅导会，检查市委中心组成员学习笔记和心得体会、成立市宣讲小组，上“三严三实”专题党课。市委于6月18日、7月16日、9月2日、9月30日，分别召开计生工作、严以修身、严以律已和严以用权等专题研讨会。市四套班子围绕“修身不严，用权不严，律己不严，谋事不实，创业不实，做人不实”深入查找自身存在问题，列入“不严不实”清单24项、57条，针对性制定整改措施加以整改，整改效果显著。全市党员干部的群众意识、服务意识、规矩意识不断增强，履职能力和水平明显提升。

【法治恩平建设】 2015年，恩城街道办和圣堂镇区村村委会按法治框架解决基层矛盾试点工作顺利推进，设立社会管理工作站、建设法治广场公园、举办农民法治论坛等创新做法，获省依法治省办的充分肯定。深入推进“平安恩平”创建工作，严密编织社会治安立体化防控网，全面推进网络化服务管理，实现一村（社区）一法律顾问目标，公共法律服务均等化100%全覆盖。圣堂镇区村获“全国民生法治示范村”称号。恩城街道办、沙湖镇、良西镇、东成镇被评为“江门市首批法治镇（街）创建活动先进单位”。

【领导班子建设】 出台《恩平市市管干部选拔任用工作实施意见》和《恩平市市管干部选拔任用工作操作规程》，坚持20字“好干部”标准，选优配强各级领导班子，干部选拔任用工作流程进一步规范。市委常委全年讨论提拔调整市管干部6次，对市直部门单位及部分镇（街）领导班子进行调整和补缺，共涉及市管干部136人次。其中提拔干部48人（提为正科级领导干部5人、副科级领导干部39人，提为主任科员4人，交流轮岗75人，理顺任职13人）。

【基层党建工作】 出台《恩平市基层党建工作绩效考核实施方案（试行）》；实施基层党建“常委项目”，深化农村党员暖心工程和“五强书记建设工程”，17个村（社区）软弱涣散基层党组织完成整顿。认真贯彻执行中央“八项规定”，大力整治庸懒散奢行为，推进机关作风建设，干部队伍作风明显好转。

文化建设

【核心价值观教育实践活动】 不断拓展宣传载体，推进社会主义核心价值观教育实践活动深入开展，举办主题文艺宣传、演讲，征文比赛，在市区主干道设置统一的核心价值观宣传灯箱、标识，在电子显示屏滚动播出核心价值观公益广告和宣传视频。在社区、公园、公共汽车上落站、办公窗口等各类公共场所镶嵌宣传牌，让社会主义核心价值的宣传融入周边宣传环境。深入开展“身边好人”评选和道德讲堂志愿服务活动。梁凤燕分别入选“中国好人榜”和“广东好人榜”；陈亮河、岑楚华、梁凤燕、蔡礼迎、岑素萍5人入选“江门好人榜”；谭乾开、梁潮捷、蔡礼迎、岑素萍、冯杰坤、马彩菊、叶琼仙、胡英武、吴发仔、叶连灯等10人入选“恩平好人榜”。在鳌峰公园北门建设了核心价值观主题公园，建立了善行义举榜和“好人”长廊，树立了道德标杆。

【省文明城市创建】 开展“创文”推进年活动，围绕创建目标，按照测评体系要求，全力推进“创文”各项工作，全面完成2015年的项目指标。在中山公园分别举办以“营造人文环境，建设文明家园”为主题的社科普及暨“创文”宣传活动和全民读书启动仪式暨“创文”宣传活动。市委常委、宣传部部长李润娇等市领导出席活动。利用“文明恩平”、江门日报、广播电视台微信公众号和恩平信息网等媒体宣传“创文”动态，恩平广播电视台播出“创文”公益广告超15万次。全年编发“创文”工作简报110多期，被江门市以上媒体采用40篇。编印图文并茂的《市民文明礼仪手册》。

【城乡精神文明创建】 以“创文”为龙头，以点带面，点面结合，城乡联动，深入推进文明单位、文明窗口、文明镇村、生态村、名村和青年文明号、巾帼文明示范岗、文明家庭等群众性精神文明创建活动。一批集体和个人获得全国、省和江门市级的荣誉称号。沙湖镇成平村委会被授予“全国文明村”、上凯岗村委会被评为“广东省文明村”，两个家庭分别被评为江门市“最美家庭”和“十大最美家庭”。沙湖镇南平村委会新平村等12条自然村被评为恩平市文明村，市委办等15个单位被评为恩平市文明单位。

【志愿服务迈上新台阶】 印发《关于开展2015年恩平市党员志愿服务工作的通知》和《恩平市志愿服务回馈激励办法》，市领导及各级机关单位组织党员（义工）服务队，以“菜单”项目的形式，持续深入挂钩联系社区和社会机构开展各类志愿服务活动50多场次，100个党组织1000多名党员共同参与，形成党员志愿服务常态化机制。全市党员、青年、妇女等阶层和交通、卫生、环保、治安、宣传、文化等行业志愿服务活动广泛开展，带动城区各社区参加各类志愿服务人员达10000多人次。

【诚信制度化建设】 2015年，将社会信用体系建设宣传内容，制成宣传横幅标语和街报，在公共场所显眼位置悬挂、张贴，营造氛围。发挥广播、电视、网络等各种媒体的传播优势，广泛宣传社会信用体系建设政策和活动成果，引导经营者树立“守信受益、失信惩戒”意识。启动恩新街“诚信示范街、示范店”创建活动。在恩新街设置5个宣传栏，上墙公示《商品质量管理责任与诚信承诺书》，各商家根据《恩平市“百城万店无假货诚信示范街、示范店”创建工作方案》要求，开展诚信创建活动。2015年1月和7月，分别评出恩平市第1批和第2批“诚信示范店”，举行授匾仪式，开展“守合同重信用”企业创建活动，建立诚信企业“红黑榜”发布和报送制度，营造“倡导诚信、惩戒失信”的良好氛围。市莱茵电子新科技有限公司被国家工商总局公示为国家级“守合同重信用”企业；市二建集团有限公司等81家内、外资企业被公示为广东省“守重”企业。锦江温泉、山泉湾旅游景区、温泉乐园、泉林度假区被国家旅游局评为“全国旅游价格信得过景区”。

【未成年人思想道德建设】 争取上级拨付10多万元资金支持，乡村学校少年宫配套设施进一步完善，市镇两级公益性文化设施增设少儿活动室和儿童文体设施，并免费开放。围绕培育未成年人“心向党、爱劳动、有礼貌”的目标，突出以德树人，组织开展清明节“网上祭英烈”“六一”网上签名寄语，“七一”童心向党歌咏活动、“十一”网上向国旗敬礼等活动，提高青少年的道德素质。

【群众文化活动】 2015年，组织开展电影下农村、进工厂、社区活动，全年深入农村放映数字电影1812场，送电影进工厂222场，送电影进社区126场，开展文化下乡、进社区活动48场（次）。成功举办春节系列文化活动、2015年“活力恩平”贺新春歌唱比赛、全民读书活动、“幸福我来秀”、社区文化节和庆“五一”、“七一”、“十一”、元旦文艺晚会等大型节庆文化活动。

社会建设

【社会建设概况】 2015年，以构建“2+2+N”社会工作格局为重点，继续推动“大民政”工作；第一、二届“养老•助残”公益创投和西门康乐服务中心建设顺利推进。十件民生实事全面落实，福利院扩建工程、洪滘海堤加固达标工程、保障性住房建设工程按计划完成；农村生活垃圾收集和处理工作顺利推进；农村低保标准、农村“五保”供养标准、孤儿供养水平进一步提高，底线民生保障能力不断提高。深化社会管理体制改革，出台《关于加强民意收集处理工作的意见》，建立以热线办为主的民意收集处理平台，整合“12345”政府服务热线、市党员服务中心、民情志愿服务队、舆情办、信访局、110指挥中心等信息收集渠道，加大问题解决与反馈的力度，开创了社会建设工作新局面。（市社工委）

【社会组织规范发展】 重点培育和发展行业协会、慈善公益类协会和社工机构，通过深化社会组织体制改革、建立政府购买服务制

度、健全社会组织监管机制等措施，促进社会组织规范健康发展。至2015年12月底，全市已注册登记的社会组织419个，其中社会团体379个，民办非企业单位40个，扶持发展社工机构9个，全市平均每万人拥有社会组织8.38个。按照市《推进社工人才队伍建设的实施意见》，加强社会工作人才队伍建设，至2015年12月，全市有156人通过全国社工资格考试，专职从事社工工作的人员已达50多人。“社工+志愿者”联动工作顺利推进，至2015年12月，全市社工机构自建义工队7支，队员180多人；由市社工委、市委组织部、市民政局、市妇联、团市委等部门共同投入27.96万元建设社会组织孵化基地，引入恩平市唯真社会工作服务中心负责日常管理，已入壳孵化社会组织17个，年内新增进驻社会组织8个。社会管理模式不断创新，社会组织作用日益显现。

【“精准扶贫”】 2013年6月，恩平市列入省考核的21个重点贫困村委会、467户贫困户，由江门市48个市直单位及新会区11个镇（街）组成的21个驻村工作组进行帮扶，实行“精准扶贫”。至2015年11月30日，恩平市21个省级贫困村委会共投入资金14984万元，实施各类扶贫项目925个，成效显著，21个贫困村委会、467户贫困户实现了稳定脱贫。21个贫困村委会集体经济可支配收入由帮扶前的24295万元，增加到152492万元，增幅达到508%；467户贫困户的年人均纯收入由2675元增加到9826元，增幅267%。圣堂镇区村委会集体经济收入由帮扶前的1.48万元，增加到20.258万元，提高了近13倍，村民的年人均经济收入从2012年的5121元提高到11730元，有劳动能力的扶贫户从2012年的2894元，提高到9120元，增长近3倍。由江门市司法局、江门监狱、强戒所组成的扶贫工作组帮扶圣堂镇区村村委会，“法治”成为了响亮的名片。2015年，区村荣获“全国民主法治示范村”称号，村党支部书记荣获“全省先进基层党支部书记”称号。

【教育事业】 继2014年成功创建“广东省教育强市”和顺利通过“全国义务教育发展基本均衡县”国家督导验收后，2015年，又顺利通过“创建广东省推进教育现代化先进市”督导验收，恩平教育事业发展见底回升。2015年，全市参加普通高考共2341人，入围总人数1936人，同比增加80人，总入围率同比提高2.7个百分点，全市重本入围人数97人，同比增42人，增幅76.4%，重本增幅居江门市第一。

生态建设

【生态林建设】 2015年，市全面推进林业重点生态工程建设，完成森林碳汇重点生态工程33000亩，对2012年、2013年种植的49.5公里生态景观带进行全程抚育管理。市规划2014-2017乡村绿化美化工程任务96条村，已完成60条村的绿化工作，占计划任务62.5%。至2015年，全市有生态公益林面积55.4万亩（其中河排林场15.02万亩、西坑林场6.37万亩），占林业总面积39.5%；全市四大自然保护区总面积34.9万亩，其中七星坑自然保护区12.1万亩，君子山自然保护区10.5万亩，镇海湾红树林自然保护区1万亩、河排锦江源江门市级自然保护区1103万亩。

【森林公园建设】 2015年，完成扩建完善鳌峰山义务植树基地、鳌峰山沟谷林改造和鳌峰山防火公路建设；完成锦江湿地公园的收尾工程和创建审批工作；启动恩城大人山响水龙潭郊野公园建设。全市已建有森林公园6个、湿地公园1个，分别是鳌峰山县级森林公园、牛江冯如镇级森林公园、沙湖宝鸭仔镇级森林公园、大槐铜古坑镇级森林公园、东成青南角镇级森林公园、恩城大人山镇级森林公园和锦江湿地公园。

【饮用水源商品林调整】 市政府出台《恩平市饮用水源水库第一重山商品林调整为生态公益林工作实施方案》，将西坑水库、宝鸭仔水库和横陂南宅水库、大槐铜鼓坑水库、大田茶山坑水库等5个水库第一重山的商品林共1.43万亩回收调整为生态公益林。至2015年年末，已签订回收协议0.28万亩。七星坑省级自然保护区投入530万元，回收商品林地1861亩。

【陶瓷产业集聚区污染治理】 市陶瓷产业集聚区有陶瓷企业19家、96条陶瓷生产线。2015年前，已通过环评审批生产线有25条。2015年，有11家陶瓷企业、13条生产线实施“煤改天然气”改造，已通过江门市环保局环评审批。各陶瓷企业加大投入，推进脱硫、脱硝、除尘设施的升级改造，增加21套脱硝系统，21套脱硫设施，24套压机除尘、19个除尘布袋，耗煤量减少10%。至2015年年末，市陶瓷产业集聚区有38条生产线通过环评审批。经过整治，沙湖、横陂两大陶瓷产业集聚区周边的空气环境质量明显改善。（市环保局）

【农业面源污染治理】 恩平市2013年列入全省6个世界银行贷款农业面源污染治理项目试点县。2015年，全市农业面源污染治理项目实施面积18829.01亩（其中稻一稻模式14742.55亩；稻一稻—薯模式4086.46亩），牛江镇和恩城街道共18个行政村参与实施，参与农户4336户。项目计划投资518.18万元，项目顺利开展，取得阶段性成果，农业面源污染得到有效治理，农民环保意识得到进一步增强。（市农业局）

政治

ZHENG ZHI

中共恩平市委员会

【市委十二届五次全会】 于2015年1月23日召开，主题是深入贯彻中共十八大、十八届三中、四中全会，省委十一届四次全会和江门市委十二届五次全会精神，审议通过《中国共产党恩平市第十二届委员会第五次全体会议决议》（草案），总结2014年工作成效，研究部署2015年工作任务。市委书记李灼冰代表市委常委会向全会作工作报告。会议号召全市各级党组织、全体党员干部要适应新常态，把握新机遇，以全面加强党的建设为总揽，坚持三大经济发展思路，突出抓好深化改革、实体经济、全域旅游、民生事业事项工作，全力推动和谐幸福新恩平建设。

【市委重要决策】 补缺调整部份领导干部职位 2015年，共召开6次十二届市委常委会议，专题讨论部分领导干部职位补缺和调整。这6次常委会议讨论决定各职位任免人选，涉及任免干部达136人次。其中一次专题讨论市公安局中层领导干部职位调整和补缺，涉及干部共35名。2015年11月27日召开的十二届市委常委会议，讨论通过《恩平市市管干部选拔任用工作操作规程》，进一步深化干部人事制度改革。

全面深化改革 2015年6月18日，市委全面深化改革领导小组会议召开，总结2014年全面深化改革工作取得的成效和存在问题，部署2015年全面深化改革工作。出台《恩平市全面深化改革2015年工作要点》，审议通过深化社会体制改革、加强党的建设制度改革和党的纪律检查体制改革等一系列重要改革文件。各级各部门认真落实改革主体责任，加大改革力度，各领域改革稳步推进，重点领域和关键环节加快推进，306项改革任务基本完成，经济体制、民主法制、社会体制、文化体制、生态文明体制、党的建设制度和纪律检查体制改革有序开展，创新社会治理体制、推进行政审批制度改革等多个领域取得一定成效。建立改革督察工作机制，对重要改革事项进行重点督办，促进改革任务落实。土地承包经营权确权登记颁证试点工作和开展按法治框架解决基层矛盾试点工作成效明显，取得阶段性进展；商事制度改革深入推进，新登记各类市场主体共6149户，新增注册资本31.4亿元，发放“五证合一”营业执照505张，并启动电子营业执照发放业务；农村淘宝项目发展势头良好，共下订单6万多单，总交易额达700多万元，有力推动市“互联网+”电子商务产业的发展，开创了农村“互联网+”发展新局面；参照《中国共产党巡视工作条例》和省委巡视的做法，结合本地实际，，创新监督方式，积极探索开展专项巡查工作，受到省委第七巡视组和江门市纪委的充分肯定；积极创新公务员考核机制，建立健全主体明确、权责统一、层级清晰、奖惩分明的岗位责任体系，增加公务员平时考核和“一级考核一级”的领导实绩考评环节，切实发挥考核“促学习、省自身、干实绩”的积极作用。

2015年9月25日召开市党政领导班子联席会议，讨论通过《恩平市全面推进公务用车制度改革总体方案》和《恩平市党政机关公务用车制度改革实施方案》，顺利完成公务用车制度改革。

制订全市主要经济指标预期目标 2015年1月14日、2月9日和7月13日，分别召开市党政领导班子联席会议，讨论研究2015年全市主要经济指标预期目标；通过实施《恩平市构建投融资和国资运营主体方案》、市2015年度财政预算方案和《恩平市发展村级集体经济考核办法》，出台《恩平市小微企业创业创新工作方案》。2015年，市经济社会实现平稳健康发展。

【市委重要工作】 党建工作不断加强。突出抓好“两个责任”落实。扎实开展“三严三实”专题教育，全市党员干部的群众意识、服务意识、规矩意识不断增强，履职能力和水平明显提升。制订出台《恩平市管干部选拔任用工作实施意见》，推动从严选拔、教育、管理干部工作常态化。积极落实驻点普遍直接联系群众工作制度，一年来累计走访群众14万多户，收集意见建议8000多条，现场解决问题3000多个。制订出台《恩平市基层党建工作绩效考核实施方案（试行）》。实施基层党建“常委项目”，深化农村党员暖心工程和“五强书记建设工程”，17个村（社区）软弱涣散基层党组织完成整顿。认真贯彻执行中央“八项规定”，大力整治慵懒散奢行为，深入开展机关作风建设，干部队伍作风明显好转。

“三农”工作全面推进。紧紧依靠江门市直和新会区帮扶单位，齐心协力推进新一轮扶贫“双到”工作。21个省级贫困村共投入资金1.49亿元，实施各类扶贫项目925个；贫困村集体经济可支配收入达15万元，增幅528%；467户贫困户人均纯收入9800多元，增幅267%，全面完成省、江门市的脱贫任务。大力开展农业品牌培育工作，恩平簕菜成为国家农产品地理标志产品，并获“岭南十大养生特产”称号，与恩平簕粉、牛大力等6种农产品入选省名特优新农产品；蓝海农业成为全国巾帼现代化农业科技示范基地、全省唯一的航天育种示范基地。统筹整合新农村建设、“一事一议”财政奖补政策和“六个一”工程的建设资金，加快推进农村基础设施建设，农村村容村貌不断改善。成功创建江门市宜居村庄2条，美丽乡村3条，名村示范村5条，生态村3条。建成江门市首个全域性农村淘宝试点平台，40家发展农村淘宝村级服务站，有效畅通“工业品下乡、农产品进城”渠道。

计划生育工作整改成效显著。2015年4月2日，市党政领导班子联席会议召开，通报市计生工作情况，讨论通过《恩平市人口和计划生育工作总体整改方案》和《关于省计生考核抽样点的处理建议》；6月18日，市委书记李灼冰主持召开“三严三实”教育计生工作专题研讨会，提高全市各级从严从实抓好计生整改的自觉性。市计生服务水平明显提升，流动人口监测工作获全省第一名。

【市委重要活动】 万人健步马拉松大赛。2015年11月21日，第三届中国侨都（江门）健走马拉松大赛恩平赛场起跑仪式在市体育中心足球场举行。李灼冰、李健忠、卢国壮等市领导及全市党政机关、社会各界近万名选手参赛。恩平赛场突出“万人健步走，创文齐参与”的主题，让所有参赛队员体验时尚健走，活出健康人生；欣赏城市美景，共享创文成果。

慈善捐款活动。2015年6月18日，市四套领导班子成员带头为2015年慈善公益活动捐款。当天早上，现场共捐出善款1.96万元，以实际行动动员社会各界为慈善公益出力。6月30日，恩平市2015年“慈善公益活动月”启动仪式举行，当天募集善款1949万元。

温泉欢乐节。11月27日，2015恩平温泉欢乐节暨乡村旅游美食嘉年华在泉林黄金小镇那金谷举行。市委书记李灼冰，江门市旅游局副局长邝积康，江门市各市（区）旅游局，恩平市各镇（街）、市直单位、相关协会、旅游企业代表和10多家省、市主流媒体记者共200多人参加了开幕式。

【市委工作要点基本完成】 （参见236页《附录》）

市委办公室工作

【市委办工作概况】 内设秘书股、综合股、信息新闻室、调研室、督查室、保密局和改革办，挂靠管理单位市信访局。2015年，深入开展“三严三实”教育和开展“守规矩、敢担当、正风气、促发展”为主题的作风建设活动，机关作风建设取得明显成效，机关综合协调服务水平有新提升，机关各项工作取得新成绩。

【办文与会务】 2015年，文山会海进一步精简。秘书股全年发文201份，会议通知80次，筹备各类会议80多次，协调组织省、江门市等上级领导的各类调研活动10多次。办文、办会数量同比分别减少0.4%、4.7%。

【文稿工作】 2015年，综合股共草拟文稿170篇，整理10位市领导讲话录音稿以及一批会议纪要、会议记录。重要文稿有：第一季度市委工作会议讲话；恩平市工作情况报告、关于学习贯彻毛荣楷在恩平调研重要讲话精神的情况报告；在恩平市计生整改工作动员会上的讲话；在三严三实专题教育工作会议上的讲话；在全市纪念中国共产党成立94周年座谈会上的讲话；在全市信访维稳工作会议上的讲话；在全市领导干部“三纪”培训班上的讲话；向省委巡视组的专题汇报材料；在江门市委工作会议上的汇报材料及《对江门市国民经济与社会发展第十三个五年规划建议》等。

【信息新闻工作】 2015年，上报江门市委办《恩平信息》111篇，获采用16篇，获上级领导批示或被省采用4篇，首次夺得江门党委系统信息工作第一名。《个人金融借贷风险增大需防范》以及《基层反映私设宗教活动场所亟需引起重视》等稿件被省委办公厅采用。全年共编发《信息快报》21期，收集并报送领导阅示的《网络舆情专报》12期，在各级媒体刊发涉及恩平的新闻稿件107篇。

【调研工作】 2015年，调研室共撰写调研报告12篇。《推进公共资源交易平台改革的调研》《治理县级城乡生活垃圾的探索》被中共广东省委政研室采用，分别刊登在《广东调研》第459期、466期；《实施全域旅游 推动恩平旅游产业加快发展》《关于推进公共资源交易平台改革的调研报告》《抢抓机遇 加快推进机械装备制造业发展》《恩平加快融入大广海湾经济区建设初探》被中共江门市委政研室采用，分别在《江门调研》第1、第2、第6、第8期发表；《恩平市关于建立和巩固农村生活垃圾治理长效机制的调研报告》被中共江门市委办公室采用，在《工作研究》第6期上发表。一些调研成果转化为领导决策，《关于推动旅游产业加快发展的调研报告》，为市委市政府发展全域旅游提供了重要参考依据。一些经过论证的重要调研成果，为市委全会报告等重要会议文稿提供重要素材。

【督查工作】 2015年，督查室有计划地开展对《市委市政府2015年重点督办事项》和“重点重”督办事项的督促检查，推进项目落实，129项重点督办事项完成率97.6%，26项“重点重”工作基本完成年度目标任务。与市府办、卫计局组成联合督查组，开展计生专项督查，全面了解计生工作的开展情况及存在问题，将督查情况向全市通报。与市府办、农业局联合开展扶贫“双到”工作专项督查，深入全市21个省重点帮扶村，找出存在问题督促整改。两项工作均顺利通过省考核。另外，开展三防、创文、黄标车淘汰等多个专项督查。通过深入实地考察，听取部门单位意见，提出了《关于加强环城快速路周边一带绿化建设》和《关于各大景点至中心城区之间道路绿化美化》的建议，为市领导决策提供参考。对工业园区机械项目建设、财税征管、大槐集聚区建设等8项领导交办的重点工作立项督查，每月2次收集整理进展情况，向市主要领导汇报反馈。配合江门市对恩平开展10多次飞行暗访督查，全程跟踪项目的整改落实，有效推动相关项目的建设。

【保密工作】 2015年，出台《恩平市保密工作考评办法》，考核内容细化量化，全市各单位保密意识有新提升。对市发改局、环保局、外事侨务局、林业局、市委统战部等30多个部门单位开展常态化检查，共抽查涉密计算机12台、联网计算机200多台、U盘15个，共发出整改通知书8份。对市委政法委、市农业局海洋渔业部门、国土资源局、信访局，国有银行、三大通讯公司，恩城街道办、公安局、民政局、君堂镇等开展专项检查；对30多个单位门户网站开展信息检查和互联网计算机专项保密检查。印发《恩平市涉密办公设备维修维护指南》，定点集中销毁各单位清退的涉密和内部文件共5吨，收缴各单位报毁计算机硬盘共67个。全年累计向全市机关单位工作人员发送保密警示短讯4万条（次）；印制保密宣传鼠标垫2500块、《保密宣传手册》2500本；在市区主要街道悬挂宣传横幅15条；组织各单位播放保密宣传光碟60多场（次）。对全市14名新任保密员进行任前审查，岗前培训；组织市13名保密员参加省举办的保密研修课，对9名离岗保密员开展离岗保密法制教育。《“十三五”时期恩平市保密事业发展规划》编制有序推进。

【改革办工作】 2015年，积极推动全面深化改革工作顺利开展。草拟《恩平市全面深化改革2015年工作要点（征求意见稿）》《李灼冰在市委全面深化改革领导小组会议上的讲话》和《恩平市2015年全面深化改革工作总结暨2016年工作计划》等重要文稿。总结推广市全面深化改革工作经验，掌握改革信息，制订《改革信息报送情况统计表》，全年报省委改革办重要改革信息17篇；报江门市委改革办重要改革信息18篇，其中3篇信息被采用；编发《恩平改革工作简报》20期。

【信访工作】 2015年，市信访局受理群众来信58件次，同比下降52.5%；受理群众来访85批178人次，批次同比上升7.6%，人次上升34.8%；接听市长专线电话26宗，同比持平；律师接待群众上访12宗，同比持平。在全市开通网上信访系统，实现地、市、镇三级联网接访，群众足不出户反映诉求。继续开展市镇两级领导干部基层接访、上门探访、带案下访和基层巡访“四访”活动。全市开展基层“四访”活动共380批502人次，解决问题346宗，化解率91.1%。制订《恩平市关于开展“社会矛盾化解年”活动的实施方案》，全市共排查出49宗社会矛盾纠纷，办结 42宗（其中走司法程序2宗）按照“属地管理、分级负责”“谁主管、谁负责”的原则进行交办，限期化解，办结率85.7%。加大依处置非正常上访人员力度，全年共处置非正常上访4批11人次。全市信访形势总体平稳，没有发生大规模集体上访和群体性事件，社会大局保持和谐稳定，被评为2015年江门市信访工作一等奖。

组织工作

【组织概况】 市委组织部加挂“中国共产党恩平市非公有制经济组织和社会组织工作委员会”牌子，内设机构有办公室、组织股、干部股、党代表联络办公室、干部教育股、干部监督股、人才股（加挂市人才工作领导小组办公室牌子）、“两新”党建股。机关行政编制21名，雇员编制4名，实有在职在编人员共21人，其中公务员编制18名，雇员编制3名。2015年，全市设28个党委、4个工委、97个党总支、1215个党支部、41个党组，党员24277名，其中女党员5485名，占党员总数（下同）22.59%；农村党员7797名，占32.11%。全市党员平均年龄50岁，农村党员平均年龄55岁。35岁及以下党员3764人，占15.5%，36岁至59岁党员11535人，占47.5%，60岁以上党员8978人，占36.98%；研究生学历党员33人，占0.13%，大学本科学历党员2958人，占12.18%，大学专科学历党员4549人，占18.73%，高中<中专、中技>学历党员5629人，占23.18%，初中及以下学历党员8991人，占37.03%。

【“三严三实”专题教育活动】 2015年，按照中央和省委的安排部署，市在领导干部中开展“三严三实”（严以修身、严以用权、严以律己，谋事要实、创业要实、做人要实）专题教育活动。市四套领导班子党员领导干部特别是主要负责同志做到“六个带头”，即带头讲党课、带头开展自学、带头参加中心组专题学、带头参加轮训、带头撰写心得体会、带头参加组织生活会。创设“四联系四落实”自选动作。在江门“四联系”基础上，增设“四落实”内容，即每人落实开展每年不少于10小时的志愿服务活动、落实开展每年不少于60天的下基层走访活动、落实一名孤残儿童或贫困儿童助学活动、落实帮扶一户贫困户脱贫。6月，聚焦去年人口计生目标管理责任制考核不达标受到省黄牌警告问题，开展一次以“从计生黄牌警告看严和实”为主题的专题研讨会，反思自身“不严不实”问题，推进计生工作整改措施的落实。市四套班子围绕“修身不严、用权不严、律己不严，谋事不实、创业不实、做人不实”，深入查摆自身存在的问题，列入“不严不实”清单24项、57条，针对性地制定整改措施进行整改，整改效果显著。

【各级领导班子进一步优化】 坚持20字“好干部”标准，选优配强各级领导班子。全年共讨论提拔调整市管干部6次，对市直部门单位及部分镇（街）领导班子进行了调整和补缺，共涉及市管干部136人次。其中：提拔干部48人（提为正科级领导干部5人、副科级领导干部39人，提为主任科员的4名），交流轮岗75人，理顺任职13人。顺利完成市人大常委会副主任、委员和市政协副主席、常委的增补选工作。开展党组（党委）清理规范工作、超职数配备干部专项整治工作、全市干部人事档案专项审核工作、领导干部个人有关事项报告和干部档案“双核查”工作及配合中组部、省巡视组做好选人用人专项检查以及开展违规办理和持有因私出国（境）证件专项治理；坚持干部工作月记制度，领导干部日常管理进一步规范。

【扎实推进干部人事制度改革】 出台《恩平市市管干部选拔任用工作实施意见》和《恩平市市管干部选拔任用工作操作规程》，进一步规范干部选拔任用工作流程。完善选人用人工作机制。

【基层组织建设】 全年发展党员302名，其中35岁及以下204名，大专及以上学历160名，年龄结构合理。继续开设“基础党课”和“形势党课”两门课堂，以恩城街道和大田镇为试点，推进规范党员档案管理工作；推进“五强书记建设工程”，确定131名村党组织书记后备干部，有189名在职村党组织书记和后备干部参加第三期基层干部学历提高班。出台《恩平市基层党建工作绩效考核实施方案（试行）》，构建责任明确、考核规范、评价科学、奖惩分明的党建工作绩效考评体系。落实市领导挂钩、从机关选派第一书记、组建整顿工作组等措施，对17个软弱涣散村（社区）党组织进行“一村一策”整顿。为80条重点贫困村和23个社区分别增加5万元和3万元的工作经费。援建了11间暖心“安居屋”，为1000多人次农村党员发放了暖心“养老金”和“补助款”，为27名困难党员子女发放了暖心“助学金”，评选出10名农村党员“创业先锋”，为所有新增农村党员发放了“党员之家”牌匾。分别给10名农村党员提供了3万元无息借款。组织开展新一轮机关党建带“两新”党建活动，有9个“两新”组织党组织与江门市机关单位党组织进行一对一结对，17个非公有制企业由江门市和恩平市有关党员领导干部挂钩联系。全市已建立“两新”党组织96个，其中2015年新建3个，“两新”党组织共有党员1349人。落实“两代表一委员”全年工作日接待群众轮值制度，组织400多名“两代表一委员”进驻各级工作室接待党员群众1000多人次，现场解答各类疑难问题400多条，收集意见建议350多条。

【组工队伍建设】 开展组工干部人事档案核查。通过制定审核工作方案、举办培训班、合理分组核查和以干代训等措施，按时按质做好组工干部档案核查工作。已审核管档单位73个，应审核的组工干部档案数136本，已审核136本，核查率100%。组织组工干部到陕西省延安市红色教育基地开展党性修养专题培训，提高政治素养。在全市组织系统开展“我为组织部门献一策”活动，共收集到意见建议50多条。

【党员服务中心工作】 全年共组织16批900多人次参加党史展览活动，承办摄影培训讲座、组工课堂、大学生村官联谊会、大学生联合会招新大会、团市委业务知识培训等专场活动。以东成镇、大槐镇为试点，推行镇级党代会年会制。继续组织开展“两代表一委员”全年工作日轮值接待和约谈党员群众活动，并结合每周四各镇（街）领导干部驻点普遍直接联系群众工作，开展党代表轮值走访，重点对各村（社区）进行巡视监督，推进驻点联系工作的深入开展。继续组织开展市直副科以上党代表助学活动，全年共对74名贫困学生提供了资助。全市各级党代表工作室共有640多名“两代表一委员”接待党员群众1370多人次，现场解答各类疑难问题1000多条，收集意见建议460多条。

宣传工作

【宣传概况】 市委宣传部内设办公室、理论股、宣传股（加挂市企政职评办牌子）、市文明办（加挂市国防教育办公室、市创建省文明城市办公室牌子），网络舆情股（新设），行政编制15人（含市委常委1人、雇员2人）。2015年，组织恩平学习论坛、市委中心组（扩大）学习会共12场，组织市委宣传团下基层宣讲50场。组织开展“学党史、强党性、明责任”主题教育活动和全民读书活动，推进学习型党组织建设。恩平国税局被评定江门市学习型党组织建设示范点。对外宣传力度加大，各级主流媒体采用恩平新闻稿件300篇；年内有40家国内外主流媒体应邀到市开展集中采访活动。中央电视台国际频道《记住乡愁第二季》栏目组到市采拍片长28分钟的专题纪录片《歇马村——古今励学一脉承》播出后受到广泛关注。全年编发舆情信息简报8期，向上级有关部门报送舆情信息19篇，组织参与重要网评100多次，妥善处置涉及恩平市的网络舆情31件，有效消除负面影响，营造良好的网络舆论环境，维护了社会和谐稳定。市社科研讨和基地建设取得新成果，有20篇理论文章获得江门和省级奖励或在相关理论刊物发表。冯如爱国主义教育基地创建为省级人文社科普及基地。恩平市荣获江门市社科普及活动优秀组织奖。

【党的十八届五中全会学习宣传】 10月29日，中共十八届五中全会闭幕，市委第一时间组织全市党员领导干部进行传达学习五中全会精神，市委宣传部编发《党的十八届五中全会精神学习资料汇编》。11月2日、11月10日、12月4日，市委在恩平分会场组织收看收听全省传达学习贯彻十八届五中全会精神会议、中央宣讲团十八届五中全会精神报告会、省委宣讲团十八届五中全会精神报告会。市委根据中央和省关于学习贯彻十八届五中全会精神的要求，召开专题会议，对学习贯彻落实五中全会精神作出部署，结合恩平实际，提出编制恩平“十三五”规划的思路。12月30日，市委举行党的十八届五中全会精神宣讲报告会，江门市委宣讲团成员、五邑大学政法学院院长王继远应邀到会作辅导报告。市委常委、宣传部部长李润娇主持报告会。

【纪念抗战胜利70周年系列活动】 2015年8月，市举办以“铭记历史、缅怀先烈、珍视和平、共筑梦想”为主题，开展征文活动。9月，在市老干部活动中心召开纪念大会和举办图片展览、书画展览，在飞马广场举行文艺晚会。书画展览以约稿方式征稿，入展作品120幅。10月，在市艺术中心举办庆祝建国66周年暨纪念抗战争胜利70周年书画摄影作品展览。展览以“铭记历史、圆梦中华”为主题，展出作品170多件。

统战工作

【统战工作概况】市委统战部内设机构有办公室、党派民族宗教股（对外挂市民族宗教事务局牌子）、联络工商股、台湾工作办公室（对外挂市政府台湾事务局牌子），机关工作人员14人，其中公务员10人，雇员4人。2015年，市委统战工作牢牢把握大团结、大联合的主题，政党关系、民族关系、宗教关系、阶层关系、海内外同胞关系与时俱进，呈现一派和谐新气象、新局面；各民主党派、无党派人士参政议政有新作为。在年初召开的“两会”期间，民主党派成员以支部或个人联署等方式共提出提案、议案39件，有3件获评优秀，为市经济社会发展建言献策。

【海外及港澳台统战工作】 市海外联谊

会第七届理事会就职典礼成功举办，来自世界25个国家（地区）400多位海内外理事、嘉宾，应邀出席活动。新一届理事会276人，其中海外理事200人，占72.46%。参与香港五邑总会筹备成立和举办国庆慈善晚会相关活动，增加互动、互信；组队参加香港五邑总会、香港青年会、江港青年交流促进会、香港五邑青年会、侨港恩平同乡会、侨港岑氏宗亲会、澳门江门同乡会、澳门青年会、深港联合商会等社团活动，主动“走出去”联系老朋友，结交新朋友；年内，先后有委内瑞拉、巴拿马、哥斯达黎加、美国、英国、新加坡、多米尼加以及中国香港、澳门、台湾等国家（地区）的访问团和代表人士70余批次、2000多人次，到市考察交流，通过做好接待工作，增进彼此情谊，促进互相交流。

【台湾事务工作】 2015年，深入台资企业开展调研活动9次，走访台商24人次。年内，办理因公赴台2批8人次，因私赴台15批18人次；协助台胞台属解决困难问题5件；化解涉台信访问题1件。6月，派员赴台参加文化交流；7月，接待台湾嘉义县义竹乡基层民众参访团，推动恩台两地农业合作；10月，组织恩平台商代表参加香港、江门、台中经贸合作交流会，宣传推介恩平投资环境，促进两地经贸交流合作。年内，共编印《台务信息》6期，向江门台办报送信息6篇，被《粤台视窗网》采纳报道6篇。

【民族宗教工作】 深入开展“民族团结进步社区”和“平安宗教活动场所”创建活动，恩城街道办新塘社区成功创建广东省民族团结进步模范社区，5所宗教活动场所全部通过“平安宗教活动场所”检查验收。年内，举办全市宗教政策法规学习报告会4场，有150多人次参加培训辅导，发放宣传学习资料300多份，在政务信息网等平台发布信息20条。组织开展民族宗教领域专项检查10多次，依法取缔1间非法宗教活动场所。信教群众捐资赠物合计价值达11万多元，支持慈善公益事业；佛恩寺建设扎实推进。至2015年年底，寺内的观音殿、地藏殿、钟楼、鼓楼已竣工，大雄宝殿、天王殿、六祖殿、山门等已完成主体工程，开始装修；2015年12月下旬，财神殿落成暨财神菩萨开光大典仪式举行。

【民主党派及党外人士主要活动】 2015年，在广东省社会主义学院举办恩平市党外人士骨干培训班，来自市20多个行政事业单位、担任股级以上或中级以上技术职称的32名党外代表人士参加学习培训；市九届政协委员届中调整，新增党外政协委员13名。年内，市委、市政府召开党外代表人士通报会、座谈会5场、64人次，民主党派开展“送科技、送爱心、送知识、送健康、送法律”活动13次，开展专题调研7次。

老干部工作

【老干部概况】 市委老干部局内设办公室、综合业务股和市关心下一代工作委员会办公室，行政编制9名，工勤1名，下辖事业单位市老干部活动中心（市老干部大学），编制7名。至2015年年底，全市有离休干部123人，其中财政拨款供养的离休干部78人，社保供养的离休干部有31人，单位自筹1人，省、江门垂直管理的有9人，易地安置到恩平定居的有4人。离休干部平均年龄87岁，年龄最大的99岁，年龄最小的79岁。在老干部中，有副处级以上离退休干部共有92人，其中原任市五套班子领导职务的离退休干部39人。2015年，深入贯彻全国和全省离退休干部“双先”表彰大会精神，认真落实老干部政治待遇、生活待遇，推进老干部教育活动阵地建设，老干部发挥正能量有新作为，老干部服务管理水平有新提升，开创了全市老干部工作新局面。

【落实政治生活待遇】 在纪念抗日战争70周年和建党94周年活动期间，开展慰问老干部、老党员活动。全年走访慰问老干部506人次，其中探望住院老干部67人次。9月份，组织原市（县）五套班子老干部参观考察深茂铁路恩平段施工现场和泉林黄金小镇项目。全年召开多次全市离退休干部党支部书记会议，集中学习《为党的事业增添正能量活动宣传提纲》等文件，为全市62个离退休干部党支部订阅《离退休干部党支部学习参考》《广东省老干部政治理论读本》及《秋光》杂志等学习资料。《秋光》杂志达每人一份，丰富了老干部“精神食粮”。省财政转移支付企业离休干部医疗费专项补助资金29万到位，全市14名生活不能自理离休干部的护理费得到及时报销。

【关工委工作】 2015年，市关工委的老干部身体力行，积极开展扶困助学活动，共资助了270名贫困生，发放助学金近22万多元；在青少年中开展一系列培育和践行社会主义核心价值观的主题教育活动，着力推进市蓝海农业科技有限公司的青少年素质教育实践基地建设，成功定为江门市青少年社会实践基地。

【老干部文体活动】 以市老干部活动中心为阵地，组织老干部开展各项有益身心健康的文体活动。老干部活动中心每天有上百人次老干部参与门球、唱歌、象棋、书画、扑克、健身、跳舞、麻将、门球、乒乓球、读书看报等活动；市老年书画研究会、老干部合唱团、老干部青常曲艺社等社团年内在重大节庆日分别举办各项文体活动15次，参加活动的老干部450人次。老干部参与江门市离退休干部“纪念抗战胜利70周年”征文活动获一等奖、三等奖、优秀奖各1名。

【老干部大学老有所学】 2015年，市老干部大学新增学习活动场所近400平方米，有教师11名，设7个教学班，原有音乐班、书法班、舞蹈班、保健养生班，新增电脑班、太极班和曲艺班，新增学员172名，全年参加坚持参加学习的老干部达341人次。

机构编制工作

【机构编制概况】 市机构编制委员会办公室（市编办）内设机构有人秘综合股（加挂监督检查股牌子）、机构编制管理股和市事业单位登记管理局（直属行政机构），工作人员行政编制12名、行政执法专项编制3名，雇员额1名。2015年，开展大型机构编制数据核对工作6次，全市机构编制保持稳定、增减平衡。政法专项编制比2014年增加3名（由江门市增加下达），事业编制比2014年减少38名，行政编制、行政执法专项编制和机关事业编制总体数不变。

【市机构变动情况】

2015年恩平市机构变动情况表

单位名称	变动类型	变动事项	时间
市民政局	设立	设立“恩平市救助申请家庭经济状况核对中心”，在局下属公益一类事业单位“恩平市社会救助站”加挂牌子，实行“一个机构，两块牌子”的管理模式	1月
市行政服务中心	设立	设立“恩平市民意信息处理中心”，在内设机构“热线管理股”加挂牌子，实行“一个机构，两块牌子”的管理模式	1月
市委办	加挂	加挂“中共恩平市委全面深化改革领导小组办公室”牌子，实行“一个机构，两块牌子”的管理模式	2月
	增设	增设“改革股”，为内设机构	2月
恩平园区管委会	设立	设立“恩平园区管委会安全生产监管股”，在内设机构“规划建设股”加挂牌子，实行“一个机构，两块牌子”的管理模式	4月
	加挂	在内设机构“招商股”加挂“恩平市招商办公室”牌子，实行“一个机构，两块牌子”的管理模式	4月
	设立	设立“江门产业转移工业园恩平园区商务协调中心”，在下属事业单位“江门产业转移工业园恩平园区招商服务中心”加挂牌子，实行“一个机构，两块牌子”的管理模式	4月
市科工商务局	撤销	撤销内设机构“招商股”	4月
市财政局、市资产办	调整	原委托市财政局管理的市人民政府直属公益一类事业单位“恩平市市直行政事业资产管理中心”调整为委托市资产管理委员会办公室（市金融工作办公室）管理	4月
市国土资源局	设立	设立“恩平市国土资源局地质环境股”，在内设机构“地质矿产管理股（广东恩平地热国家地质公园管理办公室）”加挂牌子，实行“一个机构，三块牌子”的管理模式	4月
市城市综合管理局	升格	下属公益一类事业单位“恩平市城市监察大队”的机构规格由正股级调整为副科级	5月
市社工委	设立	设立镇级社会工作办公室，在各镇（街）“党政办公室”加挂牌子，实行“一个机构，两块牌子”的管理模式	7月
市公安局	设立	“恩平市公安局指挥中心宣传股”，为局“指挥中心”下设机构，级别为正股级	7月
	撤销	撤销“恩平市公安局交通警察大队宣传股”	7月
市卫生和计划生育局	调整	原市疾病预防控制中心内设机构“免疫规划管理股”调整为在内设机构“传染病预防控制股”加挂牌子	7月
	设立	设立“健康教育股”，为市疾病预防控制中心内设机构	7月

续表

单位名称	变动类型	变动事项	时间
市纪委（监察局）	更名	原内设机构“调研教育室”更名为“宣传教育室”	7月
	撤销	撤销原内设机构“执法和效能监督室（电子监察室）”	7月
	设立	设立“第四纪检监察室”，为内设机构	7月
	撤销	撤销内设机构“党风政风监督室（市党廉办公室、市纠风办公室）”加挂的“市小汽车定编办公室”牌子	7月
市财政局	加挂	原在市纪委（监察局）内设机构“党风政风监督室（市党廉办公室、市纠风办公室）”挂牌的“市小汽车定编办公室”更名为“公务用车管理股”，在内设机构“行政事业资产管理股”加挂牌子	7月
市国土资源局	设立	设立“恩平市不动产登记局”，为内设机构	9月
	调整	原内设机构“地籍管理股”调整在“恩平市不动产登记局”加挂牌子，实行“一个机构，两块牌子”的管理模式	9月
市人力资源和社会保障局	更名	“劳动监察股”更名为“劳动保障监察综合执法大队”，为内设机构（撤销恩平市劳动监察大队）	9月
市农业局	更名	“政策法规股”更名为“综合行政执法股”，为内设机构	9月
市卫生和计划生育局	整合	下属公益一类事业单位“恩平市计划生育服务站”与公益二类事业单位“恩平市妇幼保健院”进行整合，组建“恩平市妇幼保健计划生育服务中心”（加挂“恩平市妇幼保健院”、“恩平市儿童医院”、“恩平市妇产医院”牌子），为下属公益二类事业单位	11月
	设立	设“计划生育服务股”，为“恩平市妇幼保健计划生育服务中心（恩平市妇幼保健院、恩平市儿童医院、恩平市妇产医院）”内设机构	11月
	加挂	除“恩平市君堂镇江洲卫生院”暂不作调整外，在各镇（街）社区卫生服务中心、卫生院（含中心卫生院）加挂“妇幼保健计划生育服务站”牌子	11月
	撤销	撤销原各镇（街）下属公益一类事业单位“人口和计划生育服务中心”	11月
市教育局	设立	设立“恩平市社区学院”，在属下公益一类事业单位“恩平市职业技术教育中心”加挂牌子，实行“一个机构，多块牌子”的管理模式	11月
市国土资源局、市住房和城乡建设局	更名调整	原市住房和城乡建设局下属公益三类事业单位“恩平市房地产交易登记中心”更名为“恩平市不动产交易登记中心”，并调整为市国土资源局下属正股级、公益三类事业单位	11月

市直机关党建工作

【市直属机关党组织概况】 市直属机关工委内设机构有办公室、组织宣传股及市直属武装部，在编人员7名，其中工勤人员1名。至2015年年末，市直属机关基层党组织290个，其中党委9个，总支13个，支部268个，共有党员5769名，其中女党员1466名，35岁以下党员929名，大专以上学历党员3640名。2015年，市直机关党组织深入开展创建“共产党员先锋岗”活动，市直机关党的建设，党风廉政建设，机关作风建设向前推进，有8个市直属机关党支部被命名为“共产党先锋岗”。

【市直机关党务】 2015年，82个市直机关党组织按“双直选”要求，顺利完成换届选举工作，64个部门单位召开领导干部民主生活会，参加人数322人。民主评议党员活动顺利开展，党员参评率达98%以上，评为优秀党员519人，处置不合格党员16人。举办入党积极分子和预备党员培训班，有175人参加培训，年内，吸收新党员85名。举办党务干部和党员轮训培训班，党员培训率达97%以上。10月12日至16日，在中共肇庆市委党校举办培训班，有55名市直基层党组织书记参加培训。市直属机关机关党务干部的政治素质、工作能力和业务水平有新提升。

【市直机关党工委重要活动】 2015年，组织开展创建“共产党员先锋岗”活动和开展党内关爱活动，慰问困难党员及群众300多人次。6月下旬，举办登山比赛活动，纪念中国共产党建党94周年，市直单位350多名党员参加了登山比赛活动；在鳌峰公园革命烈士纪念碑前举行新党员入党宣誓仪式，有78名新党员宣誓加入中国共产党；为新增的24名党龄50年以上党员颁发了“南粤七一”纪念章。挂钩大田镇黄沙村委会，帮扶党组织整顿“软弱涣散”和计划生育整改。经过一年的帮扶，黄沙村各项工作取得明显进步。

【市直武装部工作】 2015年，完成市直机关单位的民兵整组、预备役、兵役登记和夏、秋季征兵任务。征兵工作被评为市“全优单位”。

党校教育工作

【党校工作概况】 中共恩平市委党校内设行政股、教务股、教研室。在编在岗干部职工10人，包括公务员9人，行政工勤1人，具有中级职称3人，大学本科学历8人。2015年，市委党校坚持多种形式、多个层面、长短结合的办学格局，干部教育培训质量和实效有新提升。4月22日至24日，协助市委组织部举办全市县（处）领导干部贯彻市委十二届五次全会精神专题研讨班，参训人员643人；6月8日至6月19日，协助市委组织部举办市科级干部培训班，培训科级干部103人；7月下旬至8月上旬，举办村（社区）党组织书记培训班，培训镇村（社区）党组织书记174名；8月24日至29日，在肇庆市委党校举办大学生村官培训班二期，培训大学生村官138人；8月25日至29日，在江苏省委党校昆山分校举办中青干部培训班，培训中青后备干部55人。9月7日至21日，与市人社局联合举办恩平市公务员全员培训班11期，培训公务员2363人；10月19日至10月30日，举办市初任公务员培训班，培训初任公务员162人。配合市直机关工委举办市直机关预备党员、入党积极分子培训班，培训预备党员、入党积极分子180人。举办“两新”党组织书记培训班以及配合市药监局、住建局等有关职能部门举办各类业务骨干培训班等。

【培训模式创新】 坚持本地培训与异地培训相结合，集中专题辅导与分片培训相结合，课堂辅导与实地观摩学习相结合的“三结合”模式。培训内容突出抓好党的理论教育和党性教育。建立一个校外师资库，邀请上级党校的学者、高校教授、社会专家、政府官员等到校授课，构建了一支多元化干部培训师资队伍。

【市委党校教学科研工作】 市委党校坚持科研为党校教学服务，扎实推进教学科研一体化。2015年，共完成优质论文12篇。其中李华的《要治天下，当从吏始》发表于《南方》杂志2015年第10期；《“治党”，既要“全面”更要“从严”》发表于2015年7月4日《南方日报》“笔谈”专栏；《“严”体现在哪里？——以基层全面从严治党为题》发表于2015年7月7日《求是网理论网》原创频道“策论杂谈”专栏。

恩平市人民代表大会

【市人大常委会机构设置】 市人大常委会内设机构有办公室、研究室、选举联络任免工委、法制工委、财经城建环保工委、教科文卫工委、农村工委、华侨工委，市委依法治市办由市人大常委会党组代管。市人大常委会设主任1人、副主任6名。

【恩平市第十五届人民代表大会第五次全体会议】 市十五届人大五次会议于2015年1月28日至30日在市委市政府礼堂举行。会议听取、审议和批准恩平市人民政府工作报告；审查、批准恩平市2014年国民经济和社会发展计划执行情况与2015年计划草案的报告、批准恩平市2015年国民经济和社会发展计划、审查恩平市2014年财政预算执行情况和2015年预算草案的报告和批准恩平市2015年市本级预算；听取、审议和批准恩平市人大常委会工作报告、恩平市人民法院工作报告、听取和审议恩平市人民检察院工作报告。会议选举李健忠、徐兆赞为恩平市第十五届人民代表大会常务委员会副主任；孔景章、梁迪儒、梁素贞为恩平市第十五届人民代表大会常务委员会委员。

【人大监督工作实施】 2015年，市十五届人大常委会分别召开第23－29次会议，实施人大监督工作。第23次会议1月23日召开，听取市政府2015年国民经济和社会发展计划编制的情况汇报；听取市政府对2015年公共财政、基金、国有资本经营等3套预算编制的情况汇报；听取和审议市政府《关于追加农村边远地区义务教育学校教师岗位津贴资金财政预算的议案》。第24次会议1月23日召开，听取和审议市政府关于贯彻落实底线民生保障工作的情况汇报。第25次会议5月29日召开，听取市政府关于市陶瓷产业开展环境治理的专项情况汇报；听取和审议市政府贯彻实施《中华人民共和国道路交通安全法》的情况汇报。第26次会议8月3日召开，听取和审议市政府《关于恩平市2014年度本级财政预算执行和其他财政收支情况的审计工作报告》；听取和审议市政府《关于恩平市2014年财政决算草案的报告》和《恩平市2015年上半年财政预算执行情况报告》；听取和审议市政府关于《恩平市2015年上半年国民经济和社会发展计划执行情况的报告》以及人事任免事项。第27次会议9月23日召开，听取和审议市政府关于推进行政审批制度改革的情况报告。第28次会议11月12日召开，听取和审议市政府《关于推进市旅游产业发展的情况报告》；听取和审议市政府《关于恩平市2015年本级财政预算调整情况的报告》。第29次会议12月29日召开，听取和审议市政府《关于恩平市“十三五”规划编制情况的报告》；听取市政府《关于市十五届人大会五次会议代表建议意见办理情况的报告》。全年受理人民群众来信48件，接待来访32人次，办理省及江门市人大机关转办信访件42件。

【审议决定重大事项】 市第十五届人大常委会第23次会议讨论决定市第十五人民代表大会第五次会议有关事项。市第十五届人大常委会第27次会议，听取市发改局局长陈健宁代表市政府作关于调整“十二五”规划部分指标预期目标和重大项目的报告。会议同意调整“十二五”规划部分指标及删除一些重大项目。

【依法人事任免】 2015年，市人大常委会依法任命干部5名。其中，人大系列3名、政府系列2名；免职干部9名，其中人大系列3名、法院系列6名。任命干部包括何权照任市人大常委会财经城建环保工作委员会副主任，吴明德任市人大常委会研究室主任、梁雪丹任市人大常委会法工委副主任；禤缵灵任市人民政府副市长，梁春光任市市场监督管理局局长。

【人大代表工作开展】 1月28日下午,组织出席市十五届人大五次会议的代表集中培训，学习如何推进改革与法治知识，提高履职能力。年内，先后组织市人大代表和部分江门市人大代表，就市养老事业、水利三防、市政建设、全域旅游发展、深茂铁路恩平段建设和锦江河水资源保护开展调研视察活动，为推进相关工作建言献策。市人大代表约见市长活动11月17日下午举行，围绕解决市道路交通基础设施不足的热点问题，献良策。约见活动由市人大常委会常务副主任李健忠主持。市长薛卫东率禤缵灵、李润娇、郑将统、陈百浓等市领导参加约见活动。

【依法治市工作】 市2015年法治市工作领导小组（扩大）暨按法治框架解决基层矛盾推进会议6月9日在恩城街道办事处召开，市依法治市工作领导小组全体成员，各镇（街）党（工）委书记及分管法治工作的领导，司法所所长等共70多人参加会议。市委、市政府批复同意方寿林中学和群英学校改建为恩平市方寿林中小学综合实践基地，并成立由市委常委、宣传部部长任组长，市人大常委会分管法治工作的副主任任副组长的领导小组，牵头相关部门开展基地建设工作。省依法治省办常务副主任陈岸明9月2日带队到市调研按法治框架解决基层矛盾试点工作，深入恩城街道办事处和圣堂镇区村村委会调研，充分肯定恩平设立社会管理工作站、建设法治广场公园、举办农民法治论坛等创新做法。“12·4”全国法制宣传日暨“法治恩平宣传教育周”宣传咨询活动在中山公园举行，通过摆展板、发资料、举办有奖问答、解答群众咨询等方式，向群众宣传法制知识。市人大常委会、市司法局、市普法办等单位联合在全市11个镇（街）分别举办恩平市村（居）农民法治论坛。论坛融入演唱、舞蹈、乐器演奏、魔术、小品、有奖问答等文艺元素，深受广大群众的欢迎和好评。2015年，“依法治市”工作取得明显成效，圣堂镇区村村委会被民政部、司法部评为“全国民主法治示范村（社区）”，恩城街道办事处、沙湖镇、东成镇、良西镇等被评为“江门市首批法治镇（街）创建活动先进单位”。

恩平市十五届人大五次会议代表建议情况

序号	代表团	领衔代表	类别	内容	备注
1	恩城	吴玩康	财政经济	关于加大财政奖补“一事一议”投入力度的建议	
2	沙湖	聂健明	财政经济	关于在沙湖镇杨桥圩设立银行网点的建议	
3	圣堂	谢树浓	财政经济	关于将镇属资产纳入市融资平台的建议	
4	恩城	黄远逢	城建环保	关于将锦江河中心城区段长堤打造成一道亮丽风景的建议	重点
5	东成	郑丽雅	城建环保	关于农村生活垃圾处理的建议	重点
6	恩城	黄远逢	城建环保	关于解决公仔水河长期污染严重的建议	
7	恩城	李炳培	城建环保	关于修筑部份河堤和道路，改善人居环境的建议	
8	恩城	伍均晃	城建环保	关于解决城中村行路难和水浸街的建议	
9	恩城	余汉耀	城建环保	关于将石青大道路灯纳入城管管理的建议	
10	恩城	钟健盼	城建环保	关于解决双桥到飞马大桥路段破烂不堪的建议	
11	恩城	吴国坚	城建环保	关于修建小岛新村至厂前五区的未名道路以缓解鳌峰大桥交通压力的建议	
12	恩城	伍均晃	城建环保	关于认真整治西门稔岗路脏乱差问题建议	
13	恩城	钟健盼	城建环保	关于市创文工作的若干建议	
14	横陂	岑运洪	城建环保	关于加快恩城电站双桥至省道大桥长堤建设工程进度的建议	
15	大田	梁金明	道路交通	关于加快揭制S276线大田公路的建议	
16	东成	周春莲	道路交通	关于完善各镇到各旅游景点公交车线路的建议	
17	恩城	吴才明	道路交通	关于改善锦电双桥交通拥堵状况的建议	
18	恩城	张雪雁	道路交通	关于解决小岛农贸市场至东安社区新安西路交通瓶颈的建议	
19	横陂	梁政军	道路交通	关于修建横陂镇连接深茂高铁大槐货运站和恩城客运站公路的建议	
20	牛江	吴端作	道路交通	关于加快推进区龙线公路升级改造工程的建议	
21	沙湖	谢顺锡	道路交通	关于改造沙湖煤矿至沙湖圩镇道路的建议	
22	沙湖	张国权	道路交通	关于开通沙湖圩镇至圣园村委会公共汽车的建议	
23	沙湖	刘伯昆	道路交通	关于开通沙湖园区公交线路的建议	
24	沙湖	谢顺锡	道路交通	关于完善马稔线第二期工程的建议	
25	圣堂	梁仕莲	道路交通	关于将公交线路延长到圣堂圩镇的建议	
26	恩城	吴才明	农林水利	关于免收农田水利费的建议	重点
27	大槐	苏维芳	农林水利	关于对大槐“刀流河”堤围除险加固的建议	
28	东成	胡明创	农林水利	关于解决村民饮水难问题的建议	
29	恩城	冯振凡	农林水利	关于疏通和锹朗河床的建议	
30	恩城	吴才明	农林水利	关于增加江南渠放水天数的建议	
31	恩城	陈润泉	农林水利	关于加大农业主灌渠投入力度的建议	
32	横陂	吴炎洪	农林水利	关于加强基层农技推广机构建设 提高技术服务能力的建议	
33	横陂	梁文楚	农林水利	关于解决横陂圩镇和周边农村居民饮用水困难的建议	
34	横陂	梁文楚	农林水利	关于尽快维修河排灌渠的建议	
35	良西	吴锡稳	农林水利	关于修建良西水库三面不见土南北主干渠的建议	
36	那吉	黎祥晃	农林水利	关于新建那吉镇制水厂的建议	
37	牛江	梁梅芳	农林水利	关于加强西坑水库饮用水源水质保护的建议	
38	大田	吴醒师	国土资源	关于进一步加大力度打击非法采矿行为的建议	
39	东成	陈小英	教育卫生	关于实施校车接送制度的建议	重点
40	沙湖	伍锦兴	教育卫生	关于加强沙湖镇教育创强的建议	
41	市直	杨小珍	教育卫生	关于加快恩平妇幼保健院新院建设进程的建议	
42	君堂	郑元益	社会治安	关于解决“事实居民”落户相关问题的建议	
43	恩城	梁艺兴	社会保障	关于给予村级干部每年免费体检的建议	
44	恩城	祝惠英	其他方面	关于搬迁河南生猪屠宰场，还师生居民良好环境的建议	
45	恩城	钟健盼	其他方面	关于解决恩平人在委内瑞拉子女户口和教育问题的建议	
46	横陂	温怡欢	其他方面	关于加大当前农村普法力度的建议	
47	市直	陈德耀	其他方面	关于提高公务员津贴补贴水平的建议	

分类：1.财政经济；2.城建环保；3.道路交通；4.农林水利；5.国土资源；
6.教育卫生；7.社会治安；8.社会保障；9.其他方面

恩平市人民政府

政府重要决策

【推进园区经济发展】 2015年，恩平市政府制定系列决策，推进园区经济发展。3月18日，市政府十五届51次常务会议（以下简称市政府常务会议）讨论同意市产业园区开发建设有限公司与江门融盛投资有限公司依法签订《增资协议》；7月13日，市政府常务会议，讨论通过《恩平园区产业集聚发展大槐片区、东成片区污水处理建设方案》；9月10日，市政府常务会议讨论同意恩平工业园区招商引资奖励实施方案；10月16日，市政府常务会议讨论同意产业转移工业园大槐片区房屋及附着物拆迁补偿标准、市工业园区公司与江门融盛公司签订基金合同和专项资金监管协议，同意拨款支持沙湖新型建材工业城（基地）基础设施建设。年内，分别于1月21日、5月29日和9月10日召开市长办公会议，专门讨论决策园区建设相关问题，决定实施恩平园区机械区视频监控系统工程，安排拨款支持恩平园区商贸五路建设、规划四路建设用地补偿款和完善大槐片区基础设施建设。

【推进交通基础设施建设】 3月18日，市政府常务会议讨论同意安排款项兑付城市快速干线及周边土地项目征地补偿款；5月12日，市政府常务会议讨论同意调减续建开阳高速公路恩城立交地方连接线工程及周边区城城市基础设施建设工程BT项目履约保函金额；5月29日，市长常务会议讨论同意增拨深茂铁路恩平改线段工程地质勘查工程费用；12月8日，市政府常务会议研究确定恩平市高铁站场快速路新建工程建设方案。

【推进环保与饮用水源保护】 2015年，市政府制订系列决策推进饮用水源保护，确保饮用水安全。5月10日，市政府常务会议讨论通过《关于划定恩平市畜牧养殖禁养区、限养区和适养区的通告》；8月19日，市政府常务会议讨论通过《恩平市饮用水源水库第一重山商品林调整为生态公益林工作实施方案》；10月16日，市政府常务会议讨论通过《市城区生活污水处理厂及配套管网（二期）工程使用污水一期工程设施有关问题的协议》，加快城区污水处理二期建设步伐；11月19日，市政府常务会议讨论通过市城区生活污水处理厂及配套管网（二期）工程和东成、大田、良西、圣堂、牛江镇生活污水收集处理工程PPP项目招标文件；4月16日，市长办公会议讨论同意关闭4家落后产能纸厂，减少造纸厂污水排放。

市政府重要会议

【政府常务会议】 2015年，第十五届市政府召开50次至63次共14次常务会议。召开时间分别是：1月21日、3月18日、3月26日、4月16日、5月12日、5月29日、6月24日、7月13日、8月19日、9月10日、10月16日、11月4日、11月19日、12月8日，讨论有关事项106项。主要内容包括：审议通过《政府工作报告（讨论稿）》《关于调整新建民用建筑修建防空地下室范围的通知》《恩平市土地整治规划（2011－2015年）》等文件，同意安排资金缴交恩平市2014年第八、九批次建设用地征地预存款和养老保障费用，同意缴交2013年第五、九、十、十二批次新增建设用地有偿使用费和征地管理费，同意收回恩平园区三区D1号、D2号地块的土地使用权，同意核拨市住建局

2014年的多项全市性非常规监督执法工作经费，同意拨付各镇（街）2014年第二批（7—9月份）强村富民“六个一”工程村道建设财政补助资金，同意实施《恩平市乡镇卫生院医务人员岗位津贴实施方案》，同意恩平市精细化工业园区项目合作经营解除协议，同意提高恩平市公务员津贴补贴标准，同意关于违规公务用车公开转让所得款项的处置，确定第二期经济适用住房B幢基准销售价格。同意划拨2014年完成社保扩面目标任务考核工作经费，同意划拨公共租赁住房建设用地，同意回收恩平市鸿基房地产开发有限公司位于燕华广场E区3号土地使用权，同意安排资金缴交恩平市2015年第一批次建设用地征地预存款和养老保障费用，同意缴交2014年第五、第七批次新增建设用地有偿使用费，同意由市产业园区开发建设有限公司与江门市融盛投资有限公司依法签订《增资协议》，同意下拨大人山响水龙潭郊野公园租赁费及明确移交接收单位，研究解决恩城竹排村征地遗留问题建设资金，确定2015年上半年享受优惠政策普通住房成交价格。通过《恩平市中长期动物疫病防治规划（2012－2020年）》《恩平市气象灾害应急预案》《恩平市粮食应急预案》、《恩平市道路交通事故社会救助基金管理暂行规定》《恩平市道路交通事故社会救助基金管理工作规范》《恩平市推进县级公立医院综合改革实施方案》《恩平市党政机关和事业单位培训费管理办法》《恩平市党政机关和事业单位会议费管理办法》及2015年度恩平市政府规范性文件、制订计划等文件，同意对清理规范税收等优惠政策工作做好最终确认和上报材料报表，同意收回恩平园区一区G2号地块，同意挂牌出让那吉镇岭仔凹建筑用花岗岩矿采矿权，同意简化申报建设用地报批费用支出审批程序。通过《关于全市计生整治工作进展情况的通报》《关于对提高2015年五保供养标准意见的复函》等文件，同意支付（恩城）005499号土地有关补偿款，同意出让建筑用花岗岩矿和东安板岩矿两个采矿权，同意调整市卫计局下属事业单位“三大”节日补贴标准，确定市城区污水处理厂及配套管网二期工程投资方式。《关于建立我市重性精神病患者救助、治疗、康复、管控体系的实施意见》《恩平市2015年公共卫生和基层医疗卫生单位实行收支两条线管理方案》《2015年市政公用设施建设方案》等文件，同意拨付资金用于完善良西镇基础设施建设及相关征地拆迁补偿等支出，同意盘活处置圣堂粮食管理所旧仓库土地，同意安排款项解决江门市近岸海域环境功能区划调整可行性研究及修编资金。通过《恩平市2014年度高标准基本农田建设实施方案》《恩平市2015年度高标准基本农田建设实施方案》《恩平市“三旧改造规划2015年实施计划”》等文件，同意拨付各镇（街）2014年第三批（10－12月份）强村富民“六个一”工程村道建设财政补助资金，同意增拨农村卫生站规范化建设配套资金，同意协议出让那吉镇白马坑陶瓷用正长岩矿新增储量采矿权，同意2015年市财政预算安排美丽乡村建设资金的分配方案，同意2015年恩平园区建设项目投资计划，确定2015年下半年享受优惠政策普通住房成交价格。通过《恩平市“1+3”清单（送审稿）》《恩平市2015年度土地储备供应计划》《恩平园区产业集聚发展大槐片区、东成片区污水处理建设方案研究——东成片区污水处理建设方案研究》《恩平园区产业集聚发展大槐片区、东成片区污水处理建设方案研究——大槐片区污水处理建设方案研究》《恩平市档案馆收集档案资料范围实施细则》等文件，同意出让恩平市东成镇东新村地热水矿探矿权，同意安排款项解决2015年统筹城乡扶贫开发工作专项资金。通过《恩平市公园城市建设行动方案（2015－2020年）》《恩平市饮用水源水库第一重山商品林调整为生态公益林工作实施方案》《恩平市阿里巴巴农村电子商务合作协议》《恩平市公共租赁住房管理暂行办法》等文件，同意由市财政预借圣堂镇工伤死亡补偿款项，同意安排资金支持市北晟建设开发有限公司缴纳土地使用税，同意增拨三室两库、后勤综合仓库和应急分队器材库建设及相关物资器材采购经费，同意增拨2015年农村卫生站医生额外补贴配套资金。审议通过《恩平市加快建设现代农业强市工作方案》、《恩平市2015年农村生活垃圾处理资金使用计划方案》、恩平工业园招商引资奖励实施方案等文件，同意划拨社会治安立体化防控体系建设示范点创建经费，同意调整“十二五”规划部分指标预期目标和重大项目，同意征用圣堂镇长安村委会圣堂村民小组牛扼曲（土名）一带土地，同意安排资金用于圣堂镇长安村委会牛扼曲（土名）地块开发建设等支出，审定上报国家广东省和江门市“十三五”规划重大项目计划，研究解决广东华宸光电科技有限公司公共租赁住房空置问题。通过《恩平市引进民营医疗机构建设精神病医院的实施意见（送审稿）》同意支持恩平检验检疫大楼消防管、机箱配套及门卫室内电气、外线安装工程资金，同意拨款支持用于完善大田镇基础设施等支出，研究落实新增地方储备粮规模有关问题。通过《恩平市人民政府与江门日报恩平站关于“恩平发布”微信公众号合作运营方案》《2015年恩平市收回财政存量资金使用方案》等文件，同意安排恩平市县级公立医院综合改革补偿费用，同意安排资金专项用于阿里巴巴农村淘宝项目建设，同意将《2015年恩平市本级财政预算调整方案》提请市人大常委会审议。通过《恩平市公共交通一体化发展行动方案（2015－2020年）》，同意安排资金支持恩平市村村通自来水工程（东成片区）建设，同意由市财政借款给市恒顺公司购买新的公交车。同意拨付“邑门式”行政服务改革经费，同意安排资金用于支付七星坑保护区回收林地（面积1821亩）补偿金，同意增拨2015年度信访维稳统筹金，同意恩平市推进教育现代化采购项目。

【市长办公会议】 2015年，市政府共召开9次市长办公会议，召开时间分别是1月21日、3月18日、4月16日、5月12日、5月29日、6月24日、9月10日、11月19日和12月8日。讨论审议有关22项。主要包括审议并同意收回原东安镇二区三角38号地块用于市政道路建设，增加退休环卫工人退休金，对省级文物保护单位恩平县公立图书馆旧址（大钟楼）进行全面维修；拨款支持实施恩城街道西门康乐服务中心建设项目，妥善处置圣堂镇水暖器材厂土地及厂房。通过2015年恩平市地方储备粮轮换有关问题的安排，同意安排资金解决恩国用（恩城）字第003664号地块征地费用，拨付横陂镇政府困难补助经费。安排恩平市土地利用总体规划调整完善及永久基本农田划定工作经费，实施续建开阳高速公路恩城立交地方连接线沿线供电线路改迁工程；安排资金支持城镇供水管网建设，增拨迁改锦江新城南区110千伏平东线金坑—塘洲段架空线路（N5—N8）段调整工程款。研究解决恩平市锦州汽车检测站诉讼案结案资金问题。通过《恩平市2015年外贸稳增长方案》，解决市恒顺公共汽车运输有限公司2015年下半年的运营经费问题，拨款支持横陂镇自来水厂经营权及资产回赎。同意2015年度恩平市科技计划项目安排方案。

【市政府工作会议】 2015年，市政府工作会议共召开20次，研究专项工作20项。主要议题是研究陶瓷产业集聚区煤改气；研究进一步理顺原劳动保障事务所人员管理有关问题；研究人感染H7N9禽流感防控和禽流感疫情防控工作；研究恩城沿江西路长堤水厂段工程办理施工许可证有关问题；研究全市机关事业单位临聘人员管理工作有关问题；协调市工商局与市食品药品监管局关于食品流通环节安全监督管理职责移交有关问题；研究加强追缴相关规费的有关工作；研究解决华新水泥（恩平）有限公司及恩平市基隆实业有限公司合作中遇到的有关问题；研究进一步加快市公共资源交易中心组建工作有关问题。；研究供销社回赎农行抵押资产有关问题；研究解决深茂铁路恩平段征地拆迁有关工作问题；研究饮用水源水库第一重山商品林调整为生态公益林工作；研究君堂镇污水处理厂填土工程（含挡土墙）招标投标有关问题；研究森林城市建设的有关工作；研究工业园区“煤改气”建站报建有关工作；市新华书店改革重组工作；开阳高速公路大槐服务区升级扩建项目；研究深茂铁路恩平大槐段征地拆迁有关工作问题；研究进一步加快恩平工业园开发建设及企业报建验收等有关问题；研究东成镇中心幼儿园等11所幼儿园的性质界定问题；研究恩平市恒顺汽车运输有限公司经营管理有关工作会议。

市政府重点工作

【市政府重点工作进展概况】（参见第236页《附录》《恩平市委市政府2015年工作要点完成情况表》）

【重要政事活动】 2015年，恩平市领导接待、陪同上级党政领导（含部门）及境外政要到市调研考察活动共12次。主要有：2月22日，香港教育局局长吴克俭到访，先后到恩城一小、年乐夫人学校、恩平一中参观指导。3月16日，团省委副书记梁均达率调研组到市开展“参与基层社会治理 承接政府职能服务青少年”专题调研。3月17日，古巴驻广东总领事伊萨贝尔佩雷斯、领事胡里奥，香港孔教学院名誉院长、哥斯达黎加世界儒商会会长甄国财一行，到江门产业转移工业园恩平园区参观。3月19日，省产业园建设管理年度考核评价工作组到江门产业转移工业园恩平园区开展实地核查工作。3月30日，省台办主任陈国兴、秘书处处长梁传辉，江门市台办主任伍星旗及有关领导一行到市实地考察调研台商台资企业。4月16日，省质监局到市调研质量技术监督技术机构能力建设。4月23日，世界银行贷款广东省农业面源污染治理项目督查团到恩城街道实地检查农业面源污染治理项目。6月24日，省农业厅副厅长牛宝俊带领省农机购置补贴督查工作组第一组到市开展农机购置补贴督查工作。6月24日，省文化厅厅长方健宏一行来到市调研指导基层公共文化服务建设、文物保护及文化市场工作。7月22日，省人大常委会主任黄龙云率交叉检查组到市检查底线民生保障资金落实及项目推进情况。8月6日，副省长温国辉率调研组一行到大槐镇中心卫生院和大朗村委会调研卫生计生工作。9月2日，省依法治省办常务副主任陈岸明带队到市调研按法治框架解决基层矛盾试点工作。

2015年，市政府领导出席相关庆典活动共9次。主要有：1月9日，市森林消防大队挂牌成立仪式；恩城街道办平安创建示范点揭牌仪式；大槐镇大朗村委会交通劝导站揭牌仪式。5月18日，牛江镇创建“光网示范镇”启动仪式。7月1日，市公共资源交易中心揭牌仪式。7月8日，应邀参加在浙江省桐庐县举行的第二届中国县域电子商务峰会。8月10日，市政府与阿里巴巴（中国）软件有限公司农村电子商务合作意向协议签订仪式。9月2日，恩平市市场监督管理局成立仪式。

人民政府办公室工作

【市政府办工作概况】 内设秘书股、综合一股、综合二股（加挂市打击走私综合治理办公室牌子）、综合三股、调研督查室、行政股、市应急管理办公室，挂靠单位有市法制局、市委市府接待办公室和人民防空办公室。2015年，市政府办充分发挥市政府“参谋部”、“后勤部”的职能作用，办文、办会、机关事务管理、政务督查、应急管理等各项工作有新进步，推进市政府各项决策，主要目标任务的落实，成效显著。

【秘书工作】 2015年，印发文件1000多号，处理会议事务400多次（包括上级会议及电视电话会议），每天更新市政府官方微博、微信发布信息不少于6条。

【协调工作】 2015年，办会100余次，印发会议纪要51件，协调推进市重点工作22项。主要有：恩平市饮用水源水库第一重山商品林调整为生态公益林工作、小型农田水利重点县项目、洪滘海堤加固达标工程、省园林城市创建、广东省文明城市创建、农村生活垃圾治理、农村危房改造、高标准基本农田建设、新一轮扶贫开发双到、台开恩联城高快铁路网建设、“邑家园”社会服务综合平台建设、2015年“双引双创”推介会后继工作、农村淘宝项目、“爱飞客”航空综合体及通用机场等通用航空产业项目、深茂铁路恩平段建设工作、公车改革、“邑门式”行政服务改革、人口与计划生育整改工作、创建广东省推进教育现代化先进市有关工作、全面推进县级公立医院改革、社保“全员足额”参保工作、市三大投融资平台组建运行等。

【调研督查工作】 2015年，全年主持或参与开展调查研究9项，独立完成各类重要讲话材料26份，修改其他股室或部门文字材料12份。主要有《政府工作报告》、全市经济工作会议、全市经济形势分析会议、市政府全体会议、廉政工作会议等大型综合会议发言材料及“创文”工作会议、“台开恩”联席会议、人口计生工作会议、统筹城乡扶贫开发工作会议、“三严三实”专题教育工作会议等专项工作会议的领导发言材料。办理人大代表建议、政协委员提案180多件，上报江门信息80多条，编发《政府工作》6期，《信息快报》80期，草拟工作简讯8篇。

【接待工作】 2015年，接待国内外来宾383批次、5079人次，同比减少37批次、731人次，接待经费支出下降15%。

【机关事务管理】 2015年，党政机关和领导干部公务用车调度和维修管理工作进一步规范化，确保公务用车需要和安全。完成机关大院的机关食堂、市政府附属楼、纪委4号楼、政协2号楼、市府金山温泉接待楼维修，完善1号楼及地下车库的消防设施，增设消防应急照明灯、指示标志、消防栓和防火门。全市性工作会议会场布置750次，培植花木盘景约400盆，办理市政府机关大院部门单位订阅报纸刊物50种、发放报纸刊物80600份（本）、收发信函83250封、寄出信件23050封。

【突发事件应急管理】 2015年，落实24小时专人应急值守制度和信息报送制度，市应急管理能力和水平有新提升。全年共收集、处置各镇（街）和各部门上报的突发事件信息207条，向江门市报送突发事件信息48条，编辑印发恩平应急简报9期，印刷应急宣传资料25000份。年内妥善处置的突发事件有：沙湖镇正德陶瓷厂工人追讨欠薪堵塞公路、环城快速路施工现场村民闹事、学生溺水事故、圣堂镇综治信访维稳中心工作人员被刺身亡、维修工人高空坠落事故、君堂镇大亨水库养鸭场临时工溺水事故以及多次妥善处置参战退役军人上访及建筑工地劳资纠纷问题，维护社会大局的稳定。

外事侨务及港澳台务工作

【外事侨务及港澳台务概况】 市外事侨务局内设人秘股、侨政股、外事管理股、联络接待股、侨联会综合股，挂靠单位有恩平市归国华侨联合会，工作人员共21人，其中在编18人。2015年，认真贯彻落实中央、省、江门市各项外事侨务政策，准确把握地方侨务工作定位，积极发挥外事侨务部门作用，建立海内外侨情联系网，开展招商引资、以侨引商活动，助推市经济社会发展取得新成就，开创了外事侨务工作新局面。顺利完成侨情调查，摸清侨情。至2015年11月30日，恩平市籍华侨（华人）总数约39万人。分布全球60个国家和地区。委内瑞拉国有恩平籍华侨（华人）约21万人，占委国华侨（华人）总数约80%，占恩平旅外华侨（华人）总数（不含港澳台地区）的53.8%。

【关注委国侨情】 2015年年初，市侨务工作会议召开，对调查摸清旅委华侨情况作出部署。2015年7月30日，委内瑞拉发生哄抢超市的骚乱事件，市外侨局代表市委市政府向委内瑞拉各会馆发出《至恩平籍委内瑞拉华侨华人的一封信》，表达市委市政府对骚乱事件的关切和对受害者的慰问。积极应对恩平籍委内瑞拉乡亲“返乡潮”，争取恩平泉林度假区支持，成立“归委华侨创业基地”，由泉林度假区提供土地，减免租金等形式，为回归创业的华侨提供创业支持。争取了新会农商银行恩平支行支持，推出归侨创业贷款，以最优惠利息为创业归侨提供创业资金，助力委归华侨创业基地的发展。

【侨资企业发展】 2015年，恩平泉林度假区（泉林黄金小镇）、侨星国际、聚福酒店、锦州假日酒店、御景湾等侨资企业发展势头良好。联合上级侨务部门先后组织海外侨团、江门五邑青年华侨企业家、世青会恩平籍代表团等重要侨团对侨星国际项目侨资“众筹”模式进行调研，总结推广桥星国际项目的经验，推进市侨资企业转型升级和可持续发展。

【海外及港澳联谊活动与“侨智库”建立】 2015年，全市各级侨务部门先后接待华侨共1900多人次。到访的重要社团有荷兰广东总会、国际杰人会澳门总会、澳门建造业商会、法国世界青年联合会等，其中首次接待圣堡丁半岛、多米尼加共和国侨领到访。到访的侨团除了与市领导和侨务部门座谈交流外，还先后参观了侨星国际项目、锦江国际新城、泉林度假乐园、江门产业转移工业园恩平园区园区、聚泉农业有限公司等，恩平市优良的创业投资环境，给客人留下深刻因象。

“侨智库”不断完善，国际人才交流平台建设向前推进。至2015年12月10日，纳入恩平市“侨智库”的海外及港澳重点人士79人，是旅居地政治、法律、进出口贸易、建筑、餐饮业、零售业、物流等领域的拔尖人才。其中香港30人，美国14人，加拿大8人，澳门5人，委内瑞拉6人，巴拿马4人，多米尼加3人，英国2人，澳大利亚3人，墨西哥1人，雅鲁亚图1人，法国1人。委内瑞拉驻中国大使私人秘书也是恩平“侨智库”一员。

【侨务及港澳同胞事务慈善事业】 2015年，全市接受华侨和港澳同胞慈善公益事业捐款总额共1600多万港元，兴办的公益性项目涵盖文化、教育、卫生、体育等方面。旅港同胞吴年乐先生与市教育局、市年乐夫人学校、市年乐学校签订“吴年乐奖教助学基金”协议，正式设立吴年乐奖教助学基金。

【维护侨胞权益】 2015年，市外侨局接办群众来信、来访、来电共158件次，其中来信19封，来访18人次，来电121次数，办结率98%以上，维护了侨胞合法权益。开展调查，摸清贫困归侨及困难归侨子女的情况，向78位贫困归侨或归侨子女发放救助金共50多万元。大槐华侨农场危房改造顺利推进，总投资1500万元的大槐公共租赁住房大楼主体工程已基本完成，可解决100户（每户面积约50平方米），大槐华侨农场危房改造困难户的安居问题。至2015年年底，大槐华侨农场危房改造任务全面完成。

【弘扬侨乡文化】 加强与集贤中西文学校、海外联谊学校、恩平一中、恩城一小等侨界留守儿童比较集中的学校联系、沟通。协助留守儿童解决签证问题，关心留守儿童在学学生的身心健康和学习情况。圣马丁群岛（荷属）恩平会馆到访，向市表达申请选派优秀教师到当地开展华文教育的意愿，市有关领导给予积极回应。大力协助暨南大学、江门五邑大学的开展恩平侨乡历史文化课题研究；侨乡文化史迹保护有新举措，市外侨局协调市博物馆对全市重点侨乡文化史迹加强保护，对上世纪初的碉楼建筑进行“不可移动文物”认证。

中国人民政治协商会议恩平市委员会

【市政协概况】 市政协机关设办公室、秘书科、文史科和联络科以及提案、财经、社会和法制、民营经济、科教卫体、学习和文史、农业环境资源等7个工作委员会，人员编制17人。香港、澳门特区设立联络组和分片设立的镇（街）联络组3个。市政协九届共有社会各界别政协委员245名。2015年，市政协贯彻落实中共十八大，十八届三中、四中和五中全会精神，紧紧围绕中共恩平市委、市政府提出的适应新常态，突出抓好深化改革、实体经济、全域旅游、民生事业四项中心工作，与时俱进，紧紧围绕团结与民主两大主题，以新的思维、新的形式，多渠道、多方面地开展政治协商、民主监督、参政议政，完满完成市政协九届五次会议提出的各项任务，为推动和谐幸福新恩平建设发挥了应有的作用。

【市政协九届五次会议】 2015年1月28日至29日在市政府大礼堂召开。出席会议的委员254人，特邀人员16人，历届政协委员联谊会会长20人列席会议。

会议议程：听取并审议卢国壮主席代表九届政协常委会所作的工作报告；审议常委会提案工作书面报告。表彰先进（优秀）单位和个人，对7个政协工作先进单位、37名优秀政协委员、2名政协机关先进工作者、6件2014年度优秀提案、1件“直通车”重要建议和7个提案承办先进单位进行表彰奖励。有12位政协委员在会议上对市经济社会发展提出了建议意见。列席市十五届人大五次会议，听取和讨论市政府工作报告及其他报告。会议增选冯文锋为政协副主席，吴永红为政协秘书长（常委），伍国勇、何广坚、郑安庭、彭锦铜为政协常委。审议并通过政协恩平市九届五次会议决议。

会议审查立案的政协常委会建议案1件，政协各专委会、联络组、民主党派和政协委员提案65件，“直通车”重要建议1件。

【市政协常委九次会议】 2015年1月6日召开。主要内容：约请市政府领导通报2014年度政协常委会建议案和委员提案办理情况；协商和审议通过召开市政协九届五次全体会议有关事项；会议决定任命：莫礼调为市政协社会和法制委员会主任；李小聪为市政协科教卫体委员会主任；吴素娜为市政协科教卫体委员会副主任；伍国勇为市政协民营经济委员会副主任；方思平为市政协恩城联络组组长；吴运盖为市政协君堂联络组组长；谢卓锋为市政协良西联络组组长；莫卫国为市政协大槐联络组组长；岑巧霞为市政协圣堂联络组组长。免去：何丹平市政协社会和法制委员会主任职务、卢荣燮市政协科教卫体委员会主任职务、李小聪市政协科教卫体委员会副主任职务、吴锐品市政协民营经济委员会副主任职务、张海霞市政协恩城联络组组长职务、黎炳权市政协君堂联络组组长职务、侯康平市政协良西联络组组长职务、杨书伟市政协大槐联络组组长职务、黄开志市政协圣堂联络组组长职务。

【政协助推社会建设系列履职活动】 2015年7月，促成阿里巴巴集团与市政府签订《恩平市阿里巴巴农村电子商务合作协议》，推进市“互联网+县域经济”电子商务产业发展。2015年4月23日，市政协主席卢国壮率政协常委一行前往珠海市斗门区实地考察，撰写了《关于整合资源发展乡村旅游的调研报告》，为市发展“全域旅游”提出了建设性的建议意见。牵头市农业局、水务局、环保局、国土资源局、供水公司和大田镇、那吉镇等单位有关人员组成联合调研小组，深入锦江库区饮用水源头的大田镇岑洞、炉塘，那吉镇黄角、沙河，以及饮用水取水口江南灌渠上游流域等处，对禽畜养殖场情况开展专项调研，向市委、市政府提供《关于锦江水库饮用水源头禽畜养殖场处理的建议》。11月5日，市政协调研组会同市府办、环保局、城管局调研工业垃圾处置情况，了解全市工业垃圾现状，为市政府做好工业垃圾处置工作建言献策。

政协九届五次会议收到提案65件，经审查

立案64件，所有提案已全部办复，办复率100%，促进了市经济社会的发展。

【政协慈善公益事业】 2015年，鼓励和组织政协委员大力支持市公益事业。政协委员全年捐款捐物价值达2000多万元，资助项目包括教育、宗教、医疗卫生、社会民生等方面。济困扶孤助学工作力度加大，市政协将扶困助学楼年收益资助全市100名贫困学生。深港恩平联合商会、政协常委梁健强、陈耀强、黄广流、何宁海、陈卫安等，为全市56名孤儿、单亲特困孩子发放助学金，并落实今后就读初中、高中全程助学金，还为特困家庭发放了慰问金。委员、侨港恩平同乡会理事长冯元光率领理事会成员为圣堂镇贫困家庭、贫困学生发放慰问金和助学金。历届政协委员、澳门恩平同乡会会长冯活灵率队，为良西中学贫困学生发放助学金。澳门杰人会会长胡红梅委员多次率队到大田镇等地助学。政协委员、澳门立法会议员、澳门江门青年会郑安庭会长，到良西、大田、那吉和横陂镇慰问贫困户。岑永生委员出资邀请省人民医院专家回乡义诊赠药，梁赞委员十多年如一日每年多次回乡济困助学，卢宝恩、吴虹云等委员长期扶困助学。委员吴小菊，冯水权、岑福裕分别捐款帮助良西镇月水村、大田镇民围村的两位吴姓孤儿学生建新房。

【政协文史工作】 2015年，为庆祝中国人民抗日战争暨世界反法西斯战争胜利70周年，征集、撰写、编辑出版了《恩平文史》第42期《抗战胜利70周年专辑》，收录恩平民众抗战为主的文章共42篇，其中包括《李旦旦传奇：从银幕飞向蓝天》等，是市本年度市纪念抗战胜利的主要图书之一。同时，完成了《2014年度恩平市政协年鉴》的编撰工作。

中共恩平市纪律检查委员会

【纪检监察概况】 中共恩平市纪律检查委员会与市监察局合署办公。2015年8月，完成第二轮机构调整，内设机构有办公室、党风政风监督室、第一纪检室、第二纪检室、第三纪检室、第四纪检室、案审室、信访室、宣教室和案管室，加挂“市委党廉办、市政府纠风办”牌子，派出机构有3个纪工委（监察分局），核定行政编制44名，雇员4名。出台反腐倡廉建设目标任务和分工有关制度，签订层级责任书，推动各级党组织充分履行主体责任。制定印发《党风廉政建设主体责任清单》和《纪检监察机关“一案双查”流程图》，建立镇级党风廉政建设责任追究月报制度，将责任追究报告范围延伸至镇（街）、村（居）。年内，对7个单位党委（党组）和14名领导干部实行责任追究。

【2015年全市反腐倡廉工作大会暨市纪委十二届五次全会】 2015年2月3日召开，会议审议通过《依规治党，正风肃纪，深入推进党风廉政建设和反腐败斗争》工作报告。市委书记李灼冰出席会议并作重要讲话。

【全市领导干部党纪政纪法纪教育培训班】 8月31日举办，市四套领导班子成员及各部门单位领导班子成员共500多人参加培训，市委书记李灼冰作题为“加强纪律建设，把纪律和规矩挺在前面”的辅导报告。其间，组织市四套领导班子成员及各部门单位“一把手”前往江门市廉政法治教育基地参观学习。

【纪律案件查处】 2015年，全市纪检监察部门受理信访举报投诉300件，立案106件，同比增长32.5%，办结率98.5%；镇级办案覆盖率连续11年达到100%；重点查处了大田镇林业站工作人员索贿受贿案等社会影响较大的案件。全市有102名党员干部受到党纪政纪处分，其中科级干部10人。通过信访办案，为46名党员干部澄清是非，回访教育受处分党员干部45人。开展农村基层党员干部违纪违法问题集中查办专项行动，成效显著。全市共排查线索407条，立案190件，其中纪检监察部门立案94件，主动交待问题18人，纠正和查处了一批侵害群众利益的问题。

【专项整治纪律和作风突出问题】 开展整治收送“红包”礼金、违规公款吃喝、违规打高尔夫球、违规使用公车等突出问题的专项行动，全年实施信访函询9人（次），约谈9人（次），诫勉谈话17人（次），问责处理10人（次）。坚持暗访、曝光、查处、追责“四管齐下” 的常态化监管机制，抓住重要时间节点，切实加强对违反中央八项规定精神以及“四风”方面突出问题的监督执纪问责。全年开展暗访96次，时长438小时，查处公车私用、违规操办婚丧喜庆等作风方面问题3件。组织开展“守规矩、敢担当、正风气、促发展”为主题的全市机关作风建设活动，严格考评及评选“管理创新奖”，机关和干部作风明显改进，执行力不断提高。

【执法和效能监察】 2015年，督查市级重点招商项目32项，协调解决一批困难和问题，有效推进项目建设。通过行政审批电子监察系统，监察行政审批事项7246项，办结率97.6%；受理行政效能投诉43件，办结率100%。

【创新党内监督机制】 2015年，参照省委巡视组的做法，对公有资产、矿产资源和建设工程三大领域开展专项巡查，发现问题线索17条及一批突出问题，对4名党员干部立案审查，及时整改一批存在问题。巡查工作得到省委巡视组和江门市纪委充分肯定。开展各级党组织主要负责人述责述廉述德活动，有96人现场“三述”并接受评议，260人书面“三述”，实现市、镇、村三级全覆盖。建立完善领导干部操办婚丧喜庆事宜报告制度，报备核查63（人次）。组织50名新提拔科级领导干部进行集体廉政谈话，开展廉政法规考学，签订廉政承诺书。开通“恩平清风”微博，构建媒体舆论阵地，发挥宣传引导作用。编印《恩平纪检监察》14期、《舆情信息》5期，报送信息47篇，被各级媒体采用刊发宣传稿件72篇。

【纪检监察机关自身建设】 2015年，落实“三转”要求，完成纪检监察机关新一轮内设机构调整工作，合并2个职能科室，增设第四纪检监察室，纪检室总数达到4个，进一步增强了办案力量。强化对基层纪委（纪检组）的领导，巩固镇（街）纪委规范化建设成果，建立健全报告工作、定期述职、约谈汇报等制度，切实提升基层纪委履职能力。组织举办全市纪检监察业务培训班，选派4名纪检监察干部到上级纪委跟班学习，参加上级纪委各类业务培训30多人次。及时发现和纠正干部队伍中的不良倾向和苗头问题，立案查处纪检监察干部3人。

民主党派·群众团体

中国民主同盟恩平市委员会

【中国民主同盟恩平市委员会概况】 民盟恩平市委有盟员182人，其中2015年新增2人。民盟恩平市第八届委员会由9位委员组成，其中主委1人，副主委2人，下设一个总支，十一个支部，办事机构设民盟恩平市办公室，工作人员3人。2015年，恩平市民盟盟员担任市人民政府副市长1人、市政协副主席1人，江门市人大代表2名、恩平市人大代表2名、恩平市人大常委2名、江门市政协委员1名、恩平市政协委员12名、恩平市政协常委3人；一批优秀的盟员分别担任市职教中心、恩平一中、市华侨中学、市鳌峰中学、恩城中学及其他部门单位中层领导职务。民盟利用盟员担任各级职务、当选人大代表、政协委员的身份，参加人大、政协会议以及调研视察等平台参政议政，为市经济社会发展献计出力。1月，市“两会”召开期间，盟员人大代表提交议案3案，盟员政协委员提交提案23案。市政协会上，盟员张海霞、陈炼扬和麦琴爱三位政协委员在抢咪即席发言，提出《关于加大改革力度，推进职教中心加快发展的建议》《关于重提开发恩城响水龙潭旅游景区的建议》《关于加大发展绿色健康农产品的建议》等议案，受到与会领导和委员的好评。从8月份开始，恩平民盟每月向中共恩平市委统战部送提案3至4条。盟员陈炼扬、冯和锦、冯瑞萍评为市政协优秀政协委员。

【民盟自身建设】 4月份，8位盟员到广东省社会主义学院学习5天；6月份，民盟专职副主委唐思明在北戴河培训学习7天；7月份，民盟恩平市委会办公室主任、市政协常委等盟员在北京社会主义学院学习9天；8月中旬，盟员冯和锦在广东省社科院学习4天。经过各级的学习培训，盟员骨干的政治素质有新提升。

【民盟重要活动】 年内，在冯和锦美术馆举办民盟书画家画展；组织民盟书画家赴横陂中学进行书画挥毫活动，到君堂镇敬老院义诊送温暖；到大田镇文化站互动，进行现场即席挥毫活动；到大田中心小学开展“农村教育烛光行动”。

【盟员文艺创作】 2015年，卢从文、李柏仍、黄奇运、郑添强、吴瑞卿、冯万福、冯瑞萍、徐彩霞、张海霞、薛月荷、林远女、冯和锦、冯齐笑、麦琴爱、李杰龙、梁国凡16位盟员在文艺创作、社会科学研究、教学改革领域有较高造诣，成果丰硕，有37项次荣获各级奖项，其中国家级12项次、省级8项次、地市级9项次、县级8项次。2015年7月，恩城年乐夫人学校李柏仍的论文《浅谈以社会主义核心价值观引领初中思想道德教育》荣获广东省中小学优秀德育科研成果论文二等奖；2015年9月，民盟恩平市委办公室主任冯和锦美术作品《清风》《雨后争流》《遐想》等作品入编《中国近现代书画名家精品集》一书。

农工党恩平市委员会

【中国农工民主党恩平市委员会概况】 现有党员119人，主要来自市卫生和教育系统，办事机关行政编制2人。2015年，进一步加强自身建设，新增党员7名；组织40多名党员到惠州邓演达纪念园参观学习；市委委员白云梅、梁雪丹参加全国人大在北戴河培训中心举办的《全国人大代表、干部培训班》学习；组织党员积极参加农工党中央举办的“学精神、学党章、学党史”知识竞赛活动，深入学习中共十八大和十八届三中、四中全会精神，习近平总书记系列重要讲话，学习中国特色社会主义理论、统一战线和多党合作的光辉历史和优良传统以及农工党党章、党史；组织党员参加中共恩平市委统战部在广东省社会主义学院举办的2015年恩平市党外人士骨干培训班学习。通过一系列的学习培训，党员政治素质和参政议政能力有新提升。2015年，机关支部被农工党中央授予“先进基层组织”；颜裕昌、梁雪丹、吴国健、白云梅、余超群、甄妙平、郑俊峰、方美燕、吴介云、凌小英等被农工党江门市委会评为优秀党员。梁雪丹荣获广东省保密工作荣誉铜质纪念章；郑仲贤作为第二完成人的项目《水通道蛋白4在急性颅脑损伤的表达及其临床意义研究》获恩平市科学技术奖三等奖；陈简庆作为第一完成人的项目《原发性高血压患者微量白蛋白尿与糖代谢异常的相关性研究》获恩平市科学技术奖三等奖。

【农工党参政议政】 2015年，恩平市农工党党员担任市人大副主任1人，市政协副主席1人，江门市人大代表3人，恩平市人大常委1人，恩平市人大代表1人，江门市政协委员1人，恩平市政协常委1人，恩平市政协委员6人。农工党党员的市级领导及各级人大代表和政协委员，认真履行职责，通过各级不同的参政议政平台，为恩平各项事业的发展出谋划策，贡献力量。健全参政议政工作机制，坚持开展“一人一建议，一支部一提案”的征集活动，围绕中共恩平市委、市政府的中心工作和社会热点、难点问题，开展各项考察调研活动，其中专题考察调研活动5次。通过调研活动，撰写一批调研报告和人大、政协提案议案。其中在市政协大会上的专题发言1篇，集体提案4件，人大代表、政协委员个人议案和提案约10件。

【农工党社会服务】 2015年，深入君堂镇黎塘村委会开展计划生育工作帮扶调研，支持计生工作帮扶经费21000元。响应农工党中央的号召，募集资金1460元，支持农工党第一次全国干部会议会址的维修和布展工作；精准扶贫工作成效显著，帮扶大田镇和君堂镇的贫困家庭增加收入实现脱贫目标。

市总工会

【市总工会工作概况】 市总工会内设办公室、组织宣传部、权益保障部、经费审查办公室、财务部，在编人员13人。下属单位有市困难职工帮扶中心，在编人员3人，工人文化宫，在编人员4人。2015年10月13日，市总工会在圣堂镇举办农民工入会集中行动攻坚战仪式，现场有120多名农民工签名入会。至年底，全市新建立工会组织18家，新增入会的农民工10550人。全市有1家基层工会获“全国模范职工之家”称号，2家基层工会获“全国模范职工小家”称号，1家企业被评为“江门市十佳书香企业”，3家基层工会被评为省级“职工书屋”。

【市总工会第十四届第六次全体委员（扩大）会议】 2015年3月20日召开，总结2014年工会工作情况，研究部署2015年的工作任务。会议选举杨丽雅为恩平市总工会副主席，选举李永慈为市总工会第十四届经费审查委员会主任。

【欢送劳模】 4月24日，市举行劳模欢送仪式，市委副书记杨建平，市人大常委会副主任、市总工会主席徐兆赞及市总工会全体工作人员出席，欢送市2015年全国和广东省劳动模范赴北京、广州参加表彰大会。

【庆“五一”职工趣味运动会】 4月28日，在市体育馆举行来自市(省、江门市）直机关及基层工会等20支代表队共300多名运动员参加运动会。

【工会维权维稳工作】 2015年5月20日，举办《广东省企业集体合同条例》专题辅导讲座，提升各基层工会指导企业开展工资集体协商能力，推动工资集体协商制的落实，至年底，市企业工资集体协商文本已签订296份，覆盖企业1231家，覆盖职工5.9万人。6月初，开通了市总工会“微信公众号”，实现网站与手机内容全天候互动，及时倾听职工的呼声，切实维护职工的合法权益。全年为职工群众办理“职工医疗互助保险”1560份，办理“女职工安康保险”476份，为3名患病者办理了理赔，最高赔付金额有1.5万元，全年赔付保险金达4.5万元，累计赔付总金额达31万元。年内，全市建立10个“爱心妈咪小屋”，全年办复职工来信来访4宗，涉及职工527人次。妥善处理4宗上访事件，维护了职工的合法权益和社会的和谐稳定。

【劳模管理】 2015年，扎实做好劳模管理、服务和评选推荐工作，弘扬劳模文化和劳模精神有新作为。春节前夕，市委市政府领导慰问困难劳模2名。劳模评选、推荐工作有新成效。市蓝海农业科技公司总经理黄海燕获全国劳动模范称号，恩城一小教师梁艳凡、大槐镇金山温泉茶厂厂长李玩庆获广东省劳动模范称号。“五一”期间，市总工会与恩平电视台联合制作劳模特辑，大力宣传劳模先进事迹。5月初，位于西门社区的恩平劳动广场搭成，是宣传学习劳动文化、弘扬劳模精神的窗口和阵地。中秋节前夕，组织慰问帮扶劳模130多名。10月份，组织全市6名全国劳模，91名省、江门市级劳模到市人民医院进行免费体检。

【开展扶贫济困活动】 2015年，通过介绍就业、帮助创业等措施，15户特困职工实现脱贫，实现家庭年人均收入6000元以上的目标。投入资金9.5万元，75户特困职工获生活救助。开展工会“金秋助学”活动，投入20.6万元，有特困职工和环卫工人子女87人获资助读书。筹集资金15.2万元，走访慰问困难职工、困难劳模、困难党员529人次。春节期间，向环卫工人发放慰问金5万元。“三八节”期间，开展“关爱女工”活动，走访慰问14户困难女职工，共发放慰问金8400元。

【开展劳动竞赛活动】 10月27日，市人社局、市金融办公室、中国人民银行恩平支行、江门银监分局恩平监管办事处联合举办恩平市银行系统职工技能比赛，黄银青、曾淼彦、王婉纯3名同志脱颖而出，被市劳动竞赛委员会授予“恩平市岗位技术能手”称号。“安康杯”劳动竞赛活动深入开展，参加活动的企业351家，职工38437人。

【工会干部培训】 2015年4月，举办工会财务和经审业务培训班，全市各基层工会主席、财务人员和经审委员共230多人参加培训班。11月份，在省总工会干部学校举办“恩平市总工会干部业务培训班”，全市各基层工会主席参加培训。12月份，举办“广东省职工医疗互助保障计划培训班”，市直有关单位工会主席、企业的工会主席及市总工会机关同志近210人参加培训。

共青团恩平市委员会

【共青团组织概况】 团市委加挂市青年联合会、市义工联合会牌子，内设办公室、组织部、宣传部，工作人员公务员编制7名，雇员1名。全市有基层团委29个，团工委3个，团总支1个，团支部863个；团员人数20762名；兼职团干部513名。2015年，在全市共青团员、广大青少年中深入开展“社会主义核心价值观”、“我的中国梦”和“从严从实，向上向善”主题教育活动，传播青春正能量，全面推进青年思想政治工作，团的各项工作取得新的发展。

【青少年思想道德教育】 2015年，开展“红领巾相约中国梦”“争当向上向善好青年”“奋斗的青春最美丽”等一系列主题教育实践活动共计50多场。举办“我的青春我的梦”五四晚会、恩平青年音乐欢乐节、“奔跑吧，青年”、“爱•勇气•在一起”联谊活动等系列青年文化活动，把青年从团外吸引到团内。开展选树“优秀少先队员”“乡村好青年”等评选活动，在青年群体中发挥榜样引领作用。实施“青网计划”，“广东青年之声”工作有序推进。共青团官方微博微信“恩平共青团”关注人数达2万多人。

【团组织建设与队伍建设】 深入开展“百县千乡”分类示范创建、“科技文化活动月”和“青春建功庆新春”活动，全年举办各类团干培训班4场，参训团干300多人次，推进“固本强基”工作。举办恩平市少先队工作优秀个人评选PK赛，全市18名优秀少先队辅导员同台竞技，学习推广优秀辅导员的先进经验和做法。全年新增直属团组织10家，在机关团建中，成功“推优”入党达50多名。

【促进青年就业创业】 2015年，成立恩平市青年企业家联合会委内瑞拉分会；组织市电商创业青年代表赴开平市参加2015江门市青年电商培训班；组织市10多名优秀青年、创业团队参加广东省创新创业创富大赛和广东省学子返乡创业致富“领头雁”培养计划。

【志愿服务活动】 2015年，举办恩平市义工联合会第二次会员大会，63名会员当选恩平市义工联合会第二届理事会理事，通过恩平市义工联合会章程（第一次修正案）；大力推进“志愿服务一条街”“关爱留守儿童”“交通劝导”“亲子义工”等志愿服务品牌。至2015年年末，全市有注册义工1.67万，各类志愿服务队150多支，志愿服务时数达115565小时，服务群众超过4万人次，推进文明城市创建，志愿服务向社会化发展。

【助学帮扶活动】 开展南粤会亲活动，全年资助贫困家庭学生70多人，资助金额35000元；组织粉业联盟义工服务队成立仪式暨关爱助学活动，共募集资金10000多元，捐助小学生50多名；澳门江门青年会等社团分别到良西、那吉、大田、横陂四个镇开展入户助学慰问活动，向良西镇雁鹅小学和龙山小学捐赠一大批教学办公物资和小学生学习用品。

妇女联合会

【妇女工作概况】 市妇联内设办公室、组织宣传部、妇女儿童权益部，挂靠单位有市妇女儿童工作委员会办公室，市妇联机关工作人员编制7人。2015年，全市有镇（街）妇联11个，妇委会19个，村（居）民委员会妇代会（妇联）174个。市四套领导班子均现有女性领导，11个镇（街）党政班子女领导干部配备率90.9%；市党政职能部门领导班子女干部配备率58.82%，其中正职12人；全市副科级以上女干部96人，其中副处级以上女领导干部4人；全市在编女公务员578人，占全市公务员总数24.48%；全市有女党员5485人，占全市党员总数23%。

【市妇联十二届二次执委会议】 2015年4月1日召开，审议通过题为《适应新常态 把握新机遇 团结带领广大妇女谱写恩平巾帼事业新篇章》的工作报告，向恩城街道石联村委会颁发了第一期广东省“妇女之家”优秀示范点证书，向2014年度江门市恩平市级“巾帼文明岗”单位颁发了牌匾。

【恩平市首届家庭文化节】 启动仪式3月18日在冯如广场举行；组织开展“重温激情岁月”金婚银婚祝福、“美丽恩平，幸福绽放”家庭植树、“顺德农商银行杯”女性摄影大赛、“情浓五月，感恩母亲”母亲节网上祝福征集、“十大最美母亲”评选、“巧手展才艺，花语颂文明”艺术插花比赛、“激情创业，美丽蝶变”女性创业交流、“好家风、好家训”征集和“秀缤纷厨艺，品精彩生活”首届妇女厨艺展示等一系列主题活动。家庭文化节的设立和开展一系列活动，被评为江门市妇联工作创新优秀奖。

【巾帼文明岗与示范基地创建】 全市打造“巾帼文明岗”示范点9个，其中，省级2个，江门市级4个，恩平市级3个。市蓝海农业科技有限公司和市祥兴养殖专业合作社养殖基地分别被评为“全国巾帼现代农业科技示范基地”和“江门市巾帼创业示范基地”，9月22日，“全国巾帼现代农业科技示范基地”揭牌仪式在蓝海农业科技有限公司隆重举行。

【文明家庭创建活动】 “平安家庭”“书香家庭”“最美家庭”创建活动全面推进，大槐大朗、沙湖成平村委会创建江门市儿童友好社区取得明显成效。梁富源家庭被评为省“优秀书香家庭”，郑秀琼家庭被评为江门市“十大最美家庭”，梁富源、冯俊荣家庭被评为江门市优秀“最美家庭”。

【开展妇儿扶贫济困活动】 2015年，筹措资金8万元，援建单亲特困母亲安居房2间。成功举办2015年“端午情暖困境儿童”慈善包粽活动，600多名巾帼志愿者参与，包粽6000多条，筹集善款近8万元。新招募“爱心父母”150人，筹集爱心款近10万元，帮扶全市160多名困境儿童。开展农村妇女“两癌”检查活动，为全市5000名35—64周岁农村妇女提供宫颈癌和乳腺癌免费筛查。举办“同享暖冬”巾帼义工爱心集市活动，60多名义工为那吉镇300多名困难群众送去2000多件衣服和棉被等大批物品。争取多方支持，为5名患“两癌”贫困妇女提供15000元医疗救助金；为15名困难母亲提供7500元援助金；为大田镇32名困境学生发放助学金17000多元；为君堂镇29名困境儿童发放助学金29000元和棉衣、书包、食品、生活用品等爱心物资一批。

【妇女基层组织建设】 2015年，全市各镇（街）成功创建1个以上“妇女之家”示范点。恩城新塘社区“妇女之家”定为江门妇联基层组织建设的示范点。大槐大朗、沙湖成平、圣堂三山村委会扎实推进广东省“妇女之家”示范点建设。山泉湾酒店成立“妇女之家”，成为市首家私营企业“妇女之家”。村（居）妇代会改建妇联试点工作启动，恩城新塘社区、沙湖南闸村委会率先完成改建。

恩平市工商联合会

【工商联概况】 市工商联加挂“恩平市总商会牌子”，内设办公室、组织联络股，在编人员6人，雇员1人，临聘人员3人；下辖10个镇级商会，12个行业商会，有个体会员2100多名，企业会员600多家。2015年，着力做好服务会员，维护会员合法权益工作，引导非公有制经济人士诚信合法经营，推进全市非公有制经济持续稳定健康发展，被评为广东省“五好”县级工商联。

【工商联重要活动】 2015年1月14日，广州市工商联、广州市外商投资企业商会考察团一行12人到访，市委副书记、政法委书记郑少强，副市长董照杰，市委统战部部长冯文峰，市委统战部副部长、市工商联党组书记伍国勇，市工商联副主席莫小君等陪同考察活动。6月3日，市女企业家联谊会揭牌成立，广东泉林旅游开发股份有限公司执行董事、市工商联主席谭文超，市委统战部副部长、市工商联党组书记伍国勇，市委统战部副部长吴锐品，市妇联主席梁素贞，大田镇镇委副书记、镇长张玉婷，市工商联党组成员、秘书长黎树良等出席揭牌仪式。9月16日，省工商联党组成员、副主席庄建儿，江门市工商联副主席梁学帅率10人调研组到市调研“五好”县级工商联创建情况，市政协副主席、统战部部长冯文峰，市工商联副主席莫小君、秘书长黎树良等陪同调研活动。11月19日至20日，市政协主席卢国壮，工商联主席、广东泉林旅游开发有限公司执行董事谭文超率市青企联、女企联、电商协会、深港恩平商会、电声行业协会、旅游协会、个体劳动者协会等代表组成的调研组一行50人到广州、佛山，考察调研广东省恩平商会在广州、佛山的会员企业，并与广东省恩平商会签订战略合作协议。

【履行服务会员职责】 2015年，协助会员企业融资贷款，到户贷款总额达1.91亿元，有效缓解会员企业资金困难；积极引导会员企业参加各类展销会，开拓产品市场；协助会员解决经济权益纠纷案件5宗，涉及金额150多万元；引导会员积级参与慈善公益活动，会员全年募捐善款800多万元。

恩平市文学艺术联合会

【市文学艺术概况】 市文联下辖文学协会、书法协会、摄影协会、美术协会、音乐协会、舞蹈协会、戏曲协会。2015年，会员总人数726人。年内，有1人加入国家级协会、6人加入省级协会、20人加入江门市级协会。2015年，市文联主办的《恩平风采》，全年发表文艺作品560多篇（件）；纯文学报《山稔花》刊登市文艺爱好者作品，重点发表新人新作，培养文学新人。

【文艺创作有新成果】 2015年，美术协会禤任聪漆画《岁月》入选广东省第四届漆画作品展；文联主席冯儒发的对联书法参加由新世纪华人华文联合会主办的“纪念抗战胜利七十周年华人华文、诗词、对联、书法大赛”获二等奖；戏曲协会卢坚强小品《悔恨》获“全国优秀反邪教文艺节目”二等奖，粤剧小品《笔筒米也要教子读书》荣获全省中小学生艺术汇演三等奖；音乐协会会员阮楚婷获“同饮一江水”2015年广东打工者歌唱大赛“年度总冠军”；摄影协会徐卫良作品《团团圆圆庆开渔》获广东省“最美三农”摄影大赛优秀奖；美术协会李杰龙水彩画《曾经的风景》获“2015广东水彩画大展”优秀奖；谭国锋作品获第二届中国（岳阳）黄茶文化节诗联征集活动入围奖；朱池德《溪流（外一首）》和《街道清洁工》和吴凤占《乘客（外一首）》和《来不及相识》发表于《人民日报海外版》；舞蹈协会会员杨越娣创作的群舞《异国风情》《炫舞》获中国国际艺术教育协会举办的第九届优秀艺术特长生才艺大赛二等奖；摄影协会会员有15幅作品在江门市28届摄影艺术展览中获奖。

【文艺活动丰富多彩】 举办新春书画摄影作品展览，活跃新春文化氛围；组织舞蹈、音乐、戏曲协会会员200多人（次）先后参加市慈善公益文艺演出、市社科普及暨“创文”宣传文艺进农村演出、纪念抗战胜利70周年文艺晚会演出和参与“2015南粤幸福活动周”等文艺活动，举办“庆祝建国66周年暨纪念抗战胜利70周年”书画摄影展览和“纪念中国抗战胜利70周年”征文大赛。省作协副主席杨克、中国作家采风团先后到访，开展文艺交流，宣传推介恩平。摄影家协会与侨星国际、泉林黄金小镇、恩城街道办、城管局等单位联合举办摄影比赛，宣传市“创文”、城市建设和经济社会发展新成果。市文联与市委宣传部、市广新局在市艺术中心成功举办“姜忠书画展”和“墨缘书韵”梁鼎铭、冯向农、颜裕昌书法展览，免费向群众开放，弘扬书法艺术，宣传“创文”成果。

恩平市残疾人联合会

【市残疾人工作概况】 市残联内设机构有办公室、服务中心和康复中心，下辖肢残人协会、聋人协会、盲人协会、智残亲友协会和精残亲友协会，机关在编人员10人，其中行政编制6人，事业编制4人。全市各镇（街道办）残联设专（兼）职理事长和专职委员各1名；全市174个村（居）委会残协会，配备了1名残疾人专职委员。2015年，全市共有各类残疾人3万多（其中已办理二代证10751人），占全市总人口的6.65%，分布于11个镇（街）。利民残疾人综合服务中心全年投入12.7万元，分别为158人提供了居家康复服务，为65名残疾人开展居家养护服务，为85名残疾人进行居家职业训练，为47户残疾人家庭进行居家无障碍改造。全市有48名适龄重度残疾儿童获送教上门教育服务；发放助学金7.15万元，扶助146名残疾人就读，其中九年义务教育129人，高中阶段教育13人，高等教育4人。残疾人基本服务状况和需求专项调查顺利完成，登记调查问卷9233份，录入9233份，调查登记率和录入率均达到100%，全面摸清全市残疾人基本服务状况需求。

【残疾人社会保障】 2015年，依托市残疾人扶贫就业培训基地举办了2期电子电声技术培训班，培训残疾人49人。投入培训经费1.5万元，联合农业部门在横陂镇郑达君种养殖基地举办了一期农村种养殖技术培训班，培训150人。通过培训，提高残疾人就业能力和自食其力能力。全市有3175名困难残疾人获生活津贴，发放标准1200元/年，发放总额381万元；有3824名重度残疾人获护理补贴，标准1800元/年，发放总额688.32万元。享受生活津贴和护理补贴人数同比分别增加256人和332人。贫困精神残疾人门诊服药救助标准由每月50元提高到100元，贫困精神残疾人住院救助标准由每期2000元提高到3000元。

【助残与康复服务】 2015年，完成白内障复明手术1000例（其中免费手术400例）；投入近12万元为残疾人免费发放轮椅、拐杖、坐厕凳、助行器等一系列辅助器具233件，为68名视力残疾人提供装配助视器服务，为10名残疾人提供假肢安装服务，资助18名残疾儿童免费装配矫形鞋（器）；投入资金11万元为48名贫困听障残疾人开展助听器适配筛查、免费采集耳膜、装配助听器等服务；投入38.5万元资助110名肢体残疾人进行机构康复训练；投入约30万元资助25名0—6岁残疾儿童进行基本康复教育；投入近40万元为460名贫困精神病患者免费送药，资助药费标准为100元/月（2015年6月份起）；投入14万元，资助急性期发作且年纪较轻、急切需医治的精神残疾患者入院治疗48人次，并利用康园中心为病情稳定的患者提供工疗、娱疗服务，创造条件帮助他们回归社会；投入约72万元推进阳光家园建设，恩城新塘社区康园中心投入使用，为恩城街道办16至60岁精神病康复者、智力残疾人和重度肢体残疾人提供日间照料、康复功能训练、职业技能培训和庇护性就业等服务。

【残疾人文体竞技成绩优异】 2015年，市残疾人吴凯瑶、吴杰彬被选入省残疾人乒乓球队集训。市残疾人代表队参加江门市第六届残疾人运动会，获得一等奖2名，二等奖3名，三等奖2名。组织康园中心学员参加“我秀我快乐”江门市残联系统社区康园中心展能活动，表演舞蹈——《国家》荣获二等奖，独唱《感恩的心》及歌伴舞《姑娘我爱你》获得优秀奖。残疾人郑伟胜参加第三届广东省残疾人曲艺大赛荣获三等奖；残疾人吴君波参加第四届“阳光.和谐”江门市残疾人事业美术、书法、摄影展作品油画《苍河·高原·几么人家》荣获特等奖。

法治

FA ZHI

政法委及综治

【政法委与社会治安综治概况】 市委政法委与市委维稳办、市综治办合署办公，内设政工办公室、政法委办公室，挂市国安办、市法学会牌子，工作人员18人。2015年，深入开展矛盾纠纷排查调处，围绕深茂铁路征地、陶瓷行业环保问题、建筑企业欠薪、农村土地承包、“三资”管理等重点领域及涉法涉诉和涉军群体开展排查化解工作。全市综治工作服务平台共受理矛盾纠纷1508宗，调处成功1424宗，成功率达94.4%；群众来信来访198宗，办结174宗，办结率达87.9%。开展涉军、涉农、涉劳资、涉环境、涉房地产、涉金融六大领域专项治理，江门市交办的11宗突出矛盾问题全部化解。年内，市本级共落实领导包案49宗，化解39宗，有2宗转司法程序，化解率为79.6%；防范邪教取得新成效，全市无重大邪教事件发生。

【平安恩平创建】 2015年，创建平安恩平十大工程54个项目顺利推进，全力编织“五张防控网”，构建中心城区街面治安防控网、农村地区治安防控网、单位内部治安防控网、公共服务场所治安防控网和治安视频监控网，全市已建成二类治安视频监控点4845个，社会治安立体化防控体系进一步完善。全市网格化管理工作实现100%全覆盖，高于省和江门市85%覆盖率的要求。实现一村（社区）一法律顾问目标，公共法律服务均等化100%全覆盖。出台《关于建立我市重性精神病患者救助、治疗、康复、管控体系的实施意见》，推进医疗场所和精神卫生福利场所建设，精神疾病防治网络建设进一步加强。对大槐镇大槐圩和横陂镇大享村等社会治安重点地区挂牌整治，取得了较好成效。

【严打整治行动】 开展“3+2”专项打击整治行动，破获一批涉黑恶、涉盗抢、涉毒、涉诈骗、涉非法集资案件。年内，共接到有效警情2890宗，同比下降18.5%；全市发生各类刑事案件1899宗，同比下降12.8%。公安机关组织了整治娱乐场所、特种行业等专项治理活动，加强对流动人口、治安复杂场所的管理与检查，对“黄赌毒”活动进行不间断的打击查处。是年，全市共查处赌博案件236起1084人，查处吸食软性毒品474人，收戒吸毒人员785人，破获贩毒案件76宗82人，打掉贩毒团伙5个。依法严惩严重刑事犯罪，市检察院批捕刑事案件249件349人，审查起诉刑事案件267件375人。市法院受理刑事案件270件，审结265件，判处各类犯罪分子425人。

公　安

【公安工作概况】 市公安局内设指挥中心、国内安全保卫大队、刑事侦查大队、交通警察大队、治安管理大队、巡逻警察大队、经济犯罪侦查大队、出入境管理大队、政工室、监督室、法制室、警务保障室，下辖看守所、强制隔离戒毒所、拘留所和桥峰、河南、新塘、江南、良西、圣堂、牛江、那吉、沙湖、东成、君堂、横陂、大槐、大田等14个派出所，共29个副科级机构，编制467人，现有民警523人。2015年，着力开展“平安恩平”和“3+2”专项行动，进一步完善反恐预警机制、应急处突机制和矛盾纠纷排查调处机制建设，完满完成抗战胜利70周年纪念活动维稳安保任务。全年共排查、化解社会不稳定因素苗头15起，社会不和谐因素明显减少，全市社会政治大局总体平稳。

【打击刑事犯罪】 2015年，创新严打整治工作措施，坚持全警动员，全警参与，落实责任、强化督导、完善奖惩，发挥多警种多部门联动，捆绑作战，推动“3+2”专项行动深入开展，打击涉毒、涉黑恶、涉盗抢、涉诈骗、涉非法集资专项行动取得明显成效，全市警情和刑事发案大幅下降。全年共接到有效警情2890宗，同比下降18.5%，其中刑事警情1546宗、治安警情1344宗，同比分别下降16.4%和20.8%；全年发生各类刑事案件1899宗，同比下降12.7%。

【打击经济犯罪】 2015年，与金融、工商、税务、技监等部门紧密配合，联合开展惩治非法集资、惩治整治制假售假、惩治假币，惩治整治银行卡网上非法买卖、猎狐2015、惩治食品安全犯罪等专项行动。全年共受理经济案件17宗，立案22宗，破案22宗，抓获违法犯罪人员22人，其中刑拘14人，逮捕11人，有力维护了市场经济秩序。

【缉毒禁毒斗争】 2015年，加大对涉毒娱乐场所的整治力度，提高吸毒人员管束率，禁毒工作成效显著。全年共破获涉毒案件76起，抓获涉毒犯罪嫌疑人82人，其中破获千克以上特大毒品案件4宗，破获贩毒团伙5个，缴获各类软性毒品19994.51克，海洛因1415.55克。7月27日，成功侦破一宗特大贩毒案，抓获涉嫌贩毒人员5人，缴获可疑毒品K粉11682克，毒资34万元，涉案车辆2辆。年内，查处吸毒人员1259人，收戒吸毒人员785人，同比上升21.1%。

【监所管理】 2015年，市看守所共收押各类犯罪嫌疑人431名，戒毒所共收押戒毒人员545人，收押行政扣留人员624人。全面深化勤务模式改革，推进监管系统信息化建设和监控联网建设，完善所内医疗卫生工作制度、管教制度、值班巡视制度等一系列工作制度，监所安全管理水平有新提升。全年监所在押人员非正常死亡事故为零，两所在押人员揭发犯罪线索236条，从中破获案件95宗，抓获各类违法犯罪嫌疑人62名。

【社会治安管理】 2015年，组织开展缉枪治爆专项行动，加大对全市旅馆业、娱乐服务业、特种行业、危爆物品、出租屋、流动人员和重点人口管理力度，提高对“人、屋、车、场、网”等治安要素管控的科技含量。全年共录入流动人口信息 15595人，录入出租屋信息294间，建档294间，与出租屋主签订治安责任保证书294间。全年群死群伤的重大恶性事故为零，社会治安明显好转。

【出入境管理】 2015年，推广应用预约受理服务、增设自助签证一体机，开通急事急办通道、实行老幼病残孕人士优先，出入境管理和服务水平有新提升。全年共办理申请出国护照9954人次；港澳旅游定居17850人次；赴台探亲、旅游255人次；外国人签证和居留许可395人次；为群众急事急办75人次。组织开展清理“三非”外国人专项行动，共清查拘留“三非”外国人48名（其中越南47人，缅甸 1人），遣送出境36人。开展因私出国（境）证件专项治理工作，备案股级以下在职干部7704名，企业法人或领导人员91名，安全、涉密等重要岗位人员20名，“裸官”的配偶或子女3名，其他人员858人；排查违规持有因私出国（境）证件的11人，瞒报持有因私出国（境）证件的10人，未经组织批准擅自因私出国（境）的22人，未按审批要求擅自变更因私出国（境）行程、日期等的7人，瞒报因私出国（境）情况的8名，审批因私出国（境）事项把关不严的19例。

【户政管理】 2015年，积极推行“邑门式”行政服务改革，提升服务水平。全年共办理户籍审批业务6947份，注销重复（虚假）户口231人，换（领）二代证28241人，办理临时身份证20400个，制发居住证 11800个，编制门（楼）牌号1761个，登记流动人口信息15595人、出租屋信息294间，签订出租屋治安责任保证书294份。

【公共网络安全管理】 2015年，全年共出动警力241人次，检查整改网吧39家（次）；共处置网上有害信息3965条，查处在网上发布恐怖言论、谣言等违法信息的嫌疑人3人。

【110接处警和巡警工作】 2015年，110接处警系统完成升级改造，报警系统直接接入江门市局指挥中心接处警系统服务器，各基层派出所安装了网上接处警系统；投入185万元，建成350兆无线集群对讲系统，配备车载设备27套、手持设备150台；投入20万元，购置移动警务终端设备197套，基层派出所和一线执法单位的指挥调度能力有新提升。

【警务督察】 2015年，组织开展现场督察活动25次，检查基层所队60个次，检查社会单位、场所23个次，现场查纠整改问题6个，提出督察建议12条；开展网上督察480小时，网上督察单位108个次，网上督察警情1155宗，网上督察案件1534宗。撰写监督简讯13期，撰写督察通报4期。共办理群众投诉信访件37件，办结37件。查处民警违法违纪案件8宗17人，其中移送检察机关查处的民警违法案件2件8人，诫勉谈话9人，通报批评5人。开展队伍建设示范点创建活动和争先创优等活动，公安工作整体素质和拒腐防变能力有新提升。全年有1名干警荣立个人二等功，1个单位和3名干警受到省级表彰，6个单位和18名干警荣立三等功，1个单位和18名干警受到江门市公安局的表彰，4名干警受到市委、市政府的表彰，10个单位和55名干警受到局的表彰嘉奖。年内，对36名副科级干部进行了岗位调整，3名优秀基层派出所民警提为副所长，12名民提为警正股级干部。

道路交通安全管理

【道路交通安全概况】 市公安局交警大队下设行秘股、车辆管理所、交通事故处理中队、侦查中队、城区中队、机动中队、圣堂中队、沙湖中队、大槐中队9个单位，现有民警75人。2015年，道路交通安全管理以“保畅通、促安全、压事故”为总目标，扎实落实各项交通安全管理措施，有效维护道路的安全与畅通，全市道路交通安全形势保持平稳态势。

【交通秩序综合治理】 2015年，召开各职能部门预防道路交通安全联席会议，督促各成员单位发挥职能作用，齐抓共管，严格落实预防道路交通事故安全工作措施；以国道沿线为重点，对全市主干道路和农村道路实行24小时联勤。年内组织开展摩托车、三轮车、泥头车、拖拉机等重点车辆专项整治，联合相关职能部门和各公安部门各警种开展专项行动34次；深入开展“打非治违”集中整治交通违法统一行动、道路交通安全“秋风行动”等重点

整治行动，共查获各类交通违法行为65562宗，其中酒后驾驶16宗、醉酒驾驶17宗；查扣各类交通违法车辆8330辆。

【交通事故查处】 2015年，全年发生道路交通事故204宗，死亡32人，受伤249人，直接经济损失14.94万元；生产经营性道路交通事故死亡6人；一次死亡3人以上的较大交通事故为零，交通事故结案188宗，结案率92.2%，追究刑事责任24人，吊销驾驶证21人。

市公安森林分局

【森林公安分局概况】 为市林业局直属副局级行政单位，行政上由市林业局领导，业务工作接受市公安局指导；内设政秘股、法制股、治安股（加挂“刑警队”牌子）。

【主要工作】 2015年，共查处林业行政案件13宗，刑事案件11宗，滥伐林木案件9宗，违章用火6宗，改变林地用途5宗，野生动物刑事案件1宗，处理各类案件违法人员22人次，违法单位4个，有效维护森林资源和林区社会治安秩序。

检察

【监察概况】 恩平市人民检察院内设办公室、政工科、纪检组、反贪污贿赂工作局（含侦查科）、反渎职侵权局、职务犯罪预防科（含中共恩平市委预防职务犯罪工作委员会办公室）、侦查监督科、公诉科、民事行政检察科、技术科、计划财务装备科、监所检察科、控告申诉检察科（含举报中心）、法警大队、案件管理中心和派驻沙湖检察室、派驻圣堂检察室、派驻大槐检察室。在编检察人员57人，其中检察长1人，副检察长3人，检委会委员11人，检察员31人，助检员4人，书记员17人，司法警察3人，无法律职称干部2人，工勤人员6人。2015年，受理公安机关提请批准逮捕刑事案件249件349人，批准逮捕182件233人，决定逮捕1件1人，不批准逮捕66件116人；受理公安机关移送审查起诉刑事案件267件375人，经审查，向法院提起公诉227件306人，不起诉8件9人，报送江门市检察院审查起诉20件39人。其中批捕涉黑涉恶案件25件49人，毒品案件44件54人，盗抢案件50件71人，诈骗案件27件34人，非法集资案件5件6人；起诉涉黑涉恶案件27件63人，盗抢案件47件58人，涉农案件18件35人。办理社会影响较大的沙湖、牛江聚众斗殴系列案，依法提起公诉3件18人，取得较好的社会效果。

【职务犯罪侦查】 2015年，共受理涉嫌贪污贿赂等案件线索17件，经初查，决定立案侦查7件10人，其中属贪污3件5人，受贿3件3人，单位行贿1件2人。其中，五万元以上不满十万元的1件1人，十万元以上不满五十万元的5件8人，五十万元以上的1件1人。通过办案，追缴回赃款和非法所得130多万元，为国家挽回经济损失260多万元，成功追捕1名犯罪嫌疑人归案，劝返1名犯罪嫌疑人投案自首。全年受理渎职侵权案件线索6件，经初查，决定立案侦查滥用职权案件3件3人。

【职务犯罪预防】 2015年，推进市预防职务犯罪法治廉洁教育基地建设，将中山公园精心打造为预防职务犯罪主题广场。着力打造特色预防文化，开展预防职务犯罪微小说征文大赛，向领导干部发送廉政短信，向有关发案单位发出检察建议书8份，开展预防调查8件，提供法律咨询80多次，开展警示教育和预防宣传32场次，提供行贿犯罪档案查询129次，到有关单位举办法治廉洁专题教育讲座6次，受教育人数达1000多人。

【监所检察】 2015年，配合清仓查仓221次，制止违反监规26人次，纠正不安全隐患1件，参加狱情动态分析会11次，对在押人员谈话教育87次。加强对未成年在押人员法律咨询教育和“阳光检务”宣传教育，落实换押制度，纠防超期羁押，主动预警催办防止超期羁押79人。进一步抓好减刑、假释、暂予监外执行检察监督，加大跟踪回访考察力度，考察“五类人员”99人。深入开展社区服刑人员脱管、漏管专项检察活动，专项考察罪犯72人。依法开展纪念中国人民抗日战争暨世界反法西斯战争胜利70周年特赦工作，对6名符合特赦条件的罪犯同步监督，全面完成特赦工作任务。

【控告申诉与举报】 2015年，开展举报宣传周活动，全年受理群众来信来访25件，为来访群众提供法律咨询101人次，受理公民和单位举报线索15件。

【民事行政检察】 2015年，办结民事生效裁判监督案件18件，民事执行监督案件9件,督促履职案件5件，检察建议案件1件，发出再审检察建议18份，执行检察建议6份，督促履职检察建议5份，改进工作检察建议1份。

【检察案件管理】 2015年，共接收案件660件，接收卷宗1633册，移送案件641件，移送卷宗1639册，安排律师阅卷51次，接待律师案件查询94次，公开案件程序性信息677件，重要案件信息17件，法律文书224份，办理辩护与代理预约24件，对业务部门案件质量评查25件，有效发挥检察机关“窗口”部门的作用。

【派驻检察室工作】 2015年，派驻沙湖、圣堂、大槐三个检察室充分发挥农村基层法治重要阵地作用，共自行收集涉嫌职务犯罪案件线索15条，协助初查涉嫌职务犯罪案件15件，走访有关单位和群众670次，成功化解矛盾纠纷15件，协助成功化解矛盾纠纷18件，为群众排忧解难21件，深入有关单位开展职务犯罪预防9次，开展社区矫正法律监督47次，为群众提供法律咨询服务104次，开展法治宣传254次，发放法治宣传资料2000多份。

法 院

【审判概况】 市人民法院内设办公室、政工科、纪检组、司法行政装备管理科、审判管理办公室、书记员管理办公室、立案庭、刑事审判庭、民事审判第一庭、民事审判第二庭、民事审判第三庭、行政审判庭、执行局；直属单位有司法警察大队；派出机构有恩城人民法庭、圣堂人民法庭、沙湖人民法庭。现有在编干警95人，其中政法专项编制78人，法官33人，政府雇员17人，临时聘任人员29名。2015年，市人民法院受理各类案件1950件，审结1768件，审结率90.67%，为创建平安恩平、法治恩平以及广东省文明城市提供了有力司法保障。市法院全年有4个集体、21名个人获各级表彰、奖励，市法警大队被省高院评为警务工作规范化建设“一级警队”。

【刑事审判】 2015年，共受理刑事案件276件，刑事案件审结265件，审结率96%，判处犯罪分子425人，有24名罪犯判处五年以上有期徒刑。依法惩治危害公共安全和故意伤害、抢劫、强奸、枪支犯罪、非法拘禁、盗窃、诈骗等严重侵犯人民群众生命财产安全的犯罪行为，审结相关案件143件，判处罪犯169人。审结腐败犯罪、非法集资、制售毒品、网络犯罪、食品药品领域制假售假、破坏环境资源等领域犯罪案件58件，判处罪犯67人。依法审结市首宗环境污染案、突开车门致人死亡案、冯某夫妇重大非法吸收公众存款案、君堂“泥头车”侧翻致4人死亡案等一大批社会影响大的案件。受理农村基层干部违纪违法案件11件13人。探索以审判为中心诉讼制度改革，发挥庭审对查明事实、认定证据、保护诉权、公正裁判的决定性作用，严格落实刑事被告人着便服出庭、繁简分流、非法证据排除、证人和鉴定人出庭等新要求，共有10名证人出庭作证，适用简易程序结案174件，同比上升123%。对情节较轻、有悔罪表现的被告人，依法从宽处理，判处非监禁刑130人，非监禁刑适用率为31.6%。加强少年审判工作，完善审判方式，强化涉罪未成年人帮教，共对8名未成年人犯罪档案进行封存，严格保护未成年人合法权益。

【民商事审判】 2015年，受理各类民商事案件1680件，审结1503件，调撤结案609件。审结婚姻家庭、抚养继承等案件389件，交通事故、教育、医疗、住房等案件362件，农业承包、劳动争议、农资纠纷等案件66件。妥善审理了凌某销售假化肥农药致他人37亩椰菜花大面积绝收案、涉市公有资产管理有限公司下属多家公司欠薪案、汇盈、正德等多家陶瓷企业欠薪案等一大批案件，保障农民、工人的合法权益。强化环境污染民事案件审理，依法审理中国联通恩平分公司信号发射基站放射性污染案。依法妥善审理涉港澳台、涉侨案件，审结案件62件。审结破产、民间借贷、金融借款合同、信用卡、股权转让、股东知情权、金融不良债权追偿、挂靠经营等案件328件，和谐化解恩平汽车总站系列挂靠经营案、小岛市场经营合同纠纷，妥善审理景瑜陶瓷、新域陶瓷、江洲房地产公司破产案、涉恩平市被关闭20家城乡信用社金融不良债权追偿案、滕华房地产公司民间借贷案等。全年发出司法建议24份，收到书面反馈8份。

【行政审判】 行政审判实现与行政区划适当分离，恩平市辖区行政诉讼案件划归开平市人民法院管辖。恩平市人民法院协助开平市人民法院做好案件审理的相关工作。非诉行政执行案件集中到江海区法院审理，恩平市人民法院主要为江海区法院审理恩平辖区行政诉讼案件提供便利和服务。2015年，恩平辖区无行政案件和非诉行政执行案件发生。

【执行工作】 2015年，共受理执行案件771件，执结718件，执行到位标的额1.29亿元，同比上升45.4%。推行涉诉资产集中拍卖，降低买受人成本，接受社会监督。加快推进财产线索网络查控专线建设，深化网上“点对点”查控执行机制。稳步推进“点对点”全国法院网络查控系统建设。强化涉民生案件执行，稳妥推进骏隆制衣厂、水泉湾酒店、正德陶瓷、汇盈陶瓷等系列欠薪案的执行进程。全面落实执行信息公开、人大代表见证执行制度，确保执行过程透明公开，接受社会各界监督。加大执行救助，向29名困难申请人发放救助金16.8万元。严厉打击规避、抗拒执行行为，6人被限制出境，司法拘留17人。加大对“老赖”曝光力度，多渠道曝光“老赖”身份信息386人次，限制“老赖”高消费，将48名被执行人纳入失信被执行人名单，其中31名银行贷款申请受限。

【司法公开】　2015年，新增涉诉信访案件、裁判文书上网公开、诉讼文书电子送达等项目，常态化运行司法公开三大平台，实现审判流程、裁判文书、案件执行信息应公开全公开，有效保障社会和当事人知情权、监督权、参与权。全年，可供当事人查阅信息的案件达3955件，在裁判文书公开平台和中国裁判文书网同步公开裁判文书1947份，上网率为92.8%。与恩平广播电视台联合制作《恩平政法》2期，在《南方日报》《羊城晚报》等主流媒体上发表普法案例新闻稿85篇，其中“依托网络推进司法公开”稿件被《江门日报》头版头条刊载，宣传效果良好。善用自媒体，官方微博直播典型案件庭审13次，官方微信推送各类信息491条，首次举行新闻发布会，向社会介绍法院信息化建设和司法体制改革进展，增进社会对法院工作的认同。举办预防职务犯罪等主题公众开放日7次，党员干部、人大代表、中小学生共145名受邀近距离感受司法审判。

【司法改革】　2015年5月1日起，全面实施立案登记制改革，坚持有案必立、有诉必理，保障当事人诉权。诉讼服务大厅、门户网站、12368司法服务热线“三位一体”诉讼服务模式建设顺利推进。深化涉诉信访改革，强化“诉访分离”，建立网上申诉信访平台，畅通信访案件入口和出口。全年共接待并反馈群众来访28次39人，群众来信22件，“12345”政府热线、“12368”司法服务热线、院长信箱42件。大力推行诉前联调，全年共开展诉前联调培训5场，和谐化解纠纷2132件。健全简易程序和小额速裁机制，快速审结案件996件。启用诉讼文书电子送达系统，为当事人及诉讼代理人免费提供送达电子邮箱，减轻群众诉累，着力破解送达难题，诉讼文书电子送达率居江门全市法院第一位和居全省基层法院前列。7月1日，圣堂人民法庭审判权运行机制改革试点正式启动。按照“1名法官+1名法官助理+1名书记员”配置2个审判单元，下放裁判文书签发权，实行主审法官、合议庭办案制，细化人员职责分工，落实办案责任制，让审理者裁判，由裁判者负责。试点半年，2个审判单元审结案件141件，与上半年相比增长95.83%，简易程序案件开庭后一周内结案，无一超审限、无一被改判、无一被投诉。加快法院信息化建设步伐，4个科技法庭全面改造升级，全年使用259次，实现每庭必录目标。启用视频会议系统配合上级法院远程视频开庭，启用视频会议系统配合上级法院远程视频开庭。稳步推进网络司法拍卖进程。新审判大楼信息化工程建设稳步推进。瞄准人民法院信息化3.0版，制定信息化建设五年发展规划（2016—2020）实施方案。

司法行政

【司法行政概况】　市司法局内设机构有政治工作办公室(与纪检组和办公室合署)、基层工作管理股、社区矫正工作股、公证律师管理股、法制宣传教育股（与市普法办公室合署）、法律援助处，下设公证处、公职律师事务所，派出机构有11个镇（街）基层司法所。局机关在职干部职工33人（国家公务员23人、参公管理人员2人、职工7人、政府雇员1人），临聘17人；基层司法所工作人员32人（司法行政编制公务员25人，社区矫正工作人员6人，镇

临聘1人）。2015年，充分发挥公证、律师、法制宣传、法律援助、人民调解、社区矫正、安置帮教各项职能作用，推进法治恩平、平安恩平、幸福恩平建设。

【公证服务】 2015年，共办结各类公证9729件，其中涉外公证6397件，国内民事公证3092件，涉港澳台公证269件，帮助有关单位和当事人挽回或避免经济损失185万多元，协助引进外资民资590多万元。

【律师服务】 建立市、镇（街）、村（居）三级公共法律服务网络，全面推进"一村（社区）一法律顾问"工作。2015年，律师为村（社区）提供法律服务2244件，其中提供法律咨询1546人次、协助审查村（社区）签订合同39份、举办法制宣传388场、调解各类矛盾纠纷28件、出具法律意见书4件，其他法律服务237件。

【法律援助】 2015年，办理法律援件171件，其中刑事指派76件，公民申请95件，为群众解答法律咨询487件次，免费为群众解决法律问题658件，接受群众来访365人次，为农民工追回欠薪和人身损害赔偿款共2113万多元。其中为市秦陶建材陶瓷有限公司93位员工提供法律援助，追回欠薪144万元。

【民主法治镇（居）创建活动】 2015年，创新农民法治论坛，以歌舞、小品、法律知识有奖问答等新形式，让群众积极参与互动，宣传普及法律知识，推进民主法治镇（街）、村（居）创建工作的深入开展。江门市依法治市办，在恩平召开现场观摩会，推广恩平经验。至2015年年末，全市基本完成民主法治镇(街)的创建任务。全市有8个村(居)委会被省司法厅、省民政厅授予全省民主法治先进村(居)委会，有4个镇(街)被江门市依法治市工作领导小组授予江门市首批法治镇(街) 创建活动先进单位。圣堂镇区村村委会被司法部、民政部授予全国民主法治先进村委会。

【社区矫正与安置帮教】 2015年，进一步加强社区矫正智能管理系统建设,完善智能管理系统电子档案，在管理教育、网上审批、心理测试评估、网上请销假等方面的，智能化管理工作实效和水平有新提升。2015年，全市在矫社区服刑人员200人，其中在册接收的社区服刑人员113人，接收释解人员154人，帮教率100%，安置率90.3%，刑释解教人员顺利融入社会。

【基层司法】 2015年，全市11个镇（街）人民调解中心和人民调解委员会规范化建设任务全面完成，投入运行，实现全市矛盾纠纷"大调解"工作网络体系全覆盖。组织开展农村基层违纪问题查办专项行动，为群众解决热点、难点或基层较大矛盾纠纷38件。进一步落实《人民调解个案补贴管理办法》，实行调解个案补贴制度，有效提高人民调解员的工作积极性。全年，共调解各类矛盾纠纷2107件，调解率100%，调解成功率99.6%，推进涉农、劳资、环保等领域专项治理，维护了社会和谐稳定。

政府法制工作

【政府法制概况】 市法制局内设综合办公室和政府法律顾问室。2015年，顺利完成"1+3"清单编制工作，推行权力清单制度，依法公开权力运行流程。市法制局通过定时检查、情况通报、实地督办等多种形式，推进"1+3"清单行政执法职权的落实。

成立市政府法律顾问室，出台《恩平市建立政府法律顾问制度实施方案》和印发《2015年度恩平市政府规范性文件制定计划》，法治政府建设扎实推进。

【行政执法综合法律知识培训】 2015年，举办“行政执法人员综合法律知识培训班”，邀请了江门市法制局的法律专家对《中华人民共和国行政许可法》《中华人民共和国行政处罚法》《中华人民共和国国家赔偿法》《中华人民共和国行政复议法》《中华人民共和国行政诉讼法》和《中华人民共和国行政强制法》等法律进行解读。全市34个行政执法部门共276名执法人员参加了培训考试，通过率78%。全年办理了申领和年审行政执法证148个，执法人员持证上岗制度进一步规范。

【行政诉讼应诉和行政复议】 2015年，市法制局代理市政府为被告的行政应诉案件4件，案件主要涉及土地纠纷等方面，已审结4件，全部判决驳回，胜诉率100%。办理行政复议申请3件，被申请人涉及城管、人社和住建局。其中撤销2件，维持1件。注重查清案件事实，审查具体行政行为的合法合理性，维护了人民群众的合法权益。

地方武装

人民武装部

【市人民武装部概况】 市人武部内设机构有军事科、政工科、后勤科和民兵武器装备仓库，干部编制8名，职工14名。2015年，按照“理论武装求实效、战斗力建设求突破、从严治军求深化、基础建设求过硬、综合保障求效能”的工作思路，科学统筹，狠抓落实，人武部全面建设科学发展稳步推进。

【思想政治建设】 2015年，深入开展“三严三实”专题教育，整顿和开展“学习践行强军目标、做新一代革命军人”主题教育活动。组织全体干部职工到冯如纪念馆参观学习；组织干部职工与恩平籍华侨代表座谈交流“强军梦”；与冯如后人开展以“忆历史、谈变化、梦未来”为主题的交心活动；组织专武干部和民兵骨干到鳌峰山烈士纪念碑重温入党誓词；举办以“我心中的强军梦”为主题的演讲比赛以及开展纪念“抗战胜利70周年”一系列活动。政治工作服务保障成效明显，2015年，分别在中央电视台（1次）、《解放军报》（2次）、《战士报》（2次）、《广东武装》（3个整版）恩平人武部的相关工作作了专题报道。

【军事训练】 2015年，组织全体专武干部和民兵预备役人员开展“战斗力标准大讨论”活动，增强备战打仗的意识。4月下旬，配合江门军分区抓好市民兵轻舟分队训练比武竞赛活动，荣获军分区训练比武竞赛总分第二名，推进轻舟分队抢险救灾能力建设。11月份，参加军分区组织的年度考核，所有课目均达到大纲要求，干部职工的综合能力有新提高。

【国防教育】 2015年，组织市各级领导干部300多人次过“军事日”活动，了解部队战备、训练、生活情况，熟悉国防形势，强化国防观念，提高党管武装的责任意识，进一步增强各级抓好国防后备力量建设的紧迫感和责任感。8—9月，市人武部抽出60多名专武干部和民兵骨干支持学校军训，进行国防教育。全年有近1500名学生受训。

【民兵预备役工作】 3月中旬，组织全市专武干部集训，部署开展民兵组织整顿。按照

“就地组建、就地训练、就地执行”的原则，圆满完成全市2200名基干民兵和68034名普通民兵组织整顿任务；5月底6月初，组织民兵营长业务集训，提升新任职民兵营长开展武装工作的能力；11月份，协助江门军分区举办仓库保管员保密员集训，受到军分区首长高度肯定。

【征兵工作】 2015年4月，市征兵工作领导小组成立，武委会、国动委会议召开，部署征兵工作。实行“阳光征兵”，坚持廉洁依法征兵。开通举报电话和设立举报信箱，征兵工作在组织和群众的监督下，公平、公正、公开地进行。2015年，全市征集新兵140人，其中大学生士兵33人，占23.6%，恩平市连续38年无责任退兵。

【爱民行动】 2015年，驻点圣堂镇进职村，开展新一轮扶贫“双到”工作，采取扶持发展种、养殖业等方式，村集体经济和村民经济收入同步提高，基本实现脱贫目标。5月29日晚，横陂镇黄竹郎村被洪水包围，有3名群众被分散围困。人武部接报后迅速派出民兵轻舟应急分队、医疗救护分队队员，火速赶往黄竹郎村，展开救援工作，连续奋战4小时，顺利将受困群众转移至安全地域。

消 防

【消防概况】 恩平市公安消防大队1981年建队，2015年，有人员77人，其中现役官兵29人、地方民警3人，专职及合同制消防员45人，主要装备有执勤消防车9辆（2015年新购置1辆），其中多功能主战消防车1辆，水罐车4辆，水罐泡沫车2辆，抢险救援车1辆，22米登高平台消防车1辆。全年接警270宗，其中火警98宗，出动消防车356辆次、消防人员1964人次，抢救被困人员176人，疏散人员809人，抢救财产价值204.1万元，1人受伤，同比火灾宗数上升24.5%，财产损失下降88.86%，财产直接损失41.99万元，同比下降86.64%。恩平市火灾形势连续多年保持相对平稳，无较大以上火灾事故发生。恩平公安消防大队连续3年荣获“全省基层建设先进中队”和江门市“执勤岗位练兵先进大队”等荣誉。

【火灾防控】 2015年，坚持开展常态化日常检查、网格化排查、专项行动和联合检查，全年共检查单位2337家，发现火灾隐患1900处，督促整改1884处，发出责令改正通知书1490份，整改火灾隐患1884处，处罚41.45万元，拘留6人。

【消防安全专项治理】 2015年，江门市挂牌督办的横陂镇重点地区火灾隐患整治工作顺利开展，加强消防安全知识宣传，抓好隐患排查整治、建立专职消防队、增设市政消火栓。经过1年的治理，横陂镇顺利摘牌。年内，消防大队联合教育、民政、安监和卫计等部门先后开展了对23间学校、13家养老院、12家易燃易爆危化品场所、14家医疗机构等单位的消防专项排查整治。对51家重点单位、124家劳动密集型企业以及夏季易发生火灾的工厂、企业、人员密集场所共62家单位进行了消防检查，督促整改存在问题，消除了火灾隐患。51家重点消防重点单位“四个能力”建设全部达标。

【建筑消防安全审核验收】 2015年，共办理消防安全行政许可151宗，其中建设工程消防设计审核65宗，建设工程消防验收50宗，建设工程消防设计备案抽查23宗，建设工程竣工验收消防备案抽查13宗，开业前消防安全检查28宗。

经济

JING JI

市人民政府行政服务中心

【市人民政府行政服务概况】 市行政服务中心内设办公室、协调股和热线管理股，挂靠单位有市民意信息处理中心、市“12345”政府服务热线领导小组办公室、市“马上办”办公室，在职在编人员9人。至2015年，行政服务中心首期服务大厅共两层，总面积1900平方米，有32个部门（单位）进驻办公，其中职能部门26个，中介服务机构6个，设办事主窗口65个，后台窗口28个，工作人员101人，核定行政许可和一般事项259项。2015年，受理审批事项127928件，其中承诺办结事项28083件，即办事项97515件，即办率76%。简政提速迈上新台阶，被评为市2015年“文明单位”。

【行政服务中心二期工程顺利推进】 市行政服务中心二期（扩建）工程位于市人社局大楼后面，工程占地面积2349平方米，计划兴建六层办公大楼，建筑面积约9556平方米，2015年4月上旬动工建设，总体进展顺利。

【推进政府服务热线“智能化”】 12345政府服务热线系统于2014年10月完成了升级改造，2015年成立民意信息处理中心，实现与江门市热线信息系统数据对接，每天的接件、转办、办理情况等数据能够实时上传到江门。是年，热线办共接市民来电4608个，受理有效事项共1949宗。

【“马上办”顺利运行】 2014年9月，成立的市“马上办”，顺利运行，在协调解决重点项目在行政审批过程中遇到的难题，推进项目落地建设等方面取得明显效果，为教育创强47个50万元以上基建项目的报建进行了跟踪督办，加快项目落实。

【“邑门式”行政服务改革顺利推进】 2015年10月8日，市推进“邑门式”行政服务改革工作动员大会召开，部署开展“邑门式”并联审批改革任务，以恩平园区为试点，建立“一窗受理、一表填报、一次性录入、专人协办、统一发件”的工作模式，实行“一站式受理”，信息一次性采集，办理部门全程共享。恩平园区涉企项目和政府性资金投资项目实行优化行政审批流程，压缩审批时限，其中企业投资项目（房地产类除外）并联审批30个工作日内完成；政府性资金投资项目并联审批50个工作日内完成；工程建设项目竣工联合验收7个工作日内完成。以良西镇为试点，推进镇级“邑门式”行政服务改革工作。通过改革，各职能部门逐步不再单独设立业务服务窗口，镇（街）公共服务中心设置综合窗口和公安窗口，接受辖区群众各类办事，可办事项470项（其中综合窗口办理事项356项，公安窗口办理事项114项），公安专窗可办理户政、出入境、驾驶员年审、违章处理等业务，实现“一窗”能办多件事，切实解决群众办事难、跑多趟问题。

发展与改革

【市发展和改革概述】 市发展和改革局内设机构有办公室、投资股（加挂“市重点项目督查办公室”牌子）、综合业务股（加挂“市农村经济动态监测点”牌子）、能源和资源股（加挂“社会发展股”牌子）、国民经济动员办公室、价格收费管理股、价格检查股（加挂“市价格检查分局”“市价格举报中心”牌子），工作人员编制24人。2015年，推进“邑门式”行政服务改革，实现市镇村三级公共服务平台联动对接，108项基本公共服务全覆盖。全面公布实施“1+3”清单及涉企收费目录清单。完成全市党政机关和参公管理事业单位公务用车制度改革，全市参改单位保留公务用车337辆，封存待处理车辆200辆，节支录率约11.58%，市财政从2015年10月份起发放市直参改人员公务交通补贴。深化商事制度改革，全市新登记各类市场主体2643户，同比增长20.68%。深化价格改革，实现商业用电与普通工业用电同价，居民用水阶梯式水价格稳步推进。县级公立医院综合改革全部完成，同步取消药品加成，医疗服务价格整体水平下降10%。《恩平市“十三五”发展战略与发展思路研究》《恩平市“十三五”产业结构优化调整和转型升级研究》《恩平市国民经济与社会发展第十三个五年规划纲要（初稿）》完成编写，上报市委市政府。年内，向国家发展改革委报送农村经济动态信息130篇，被采用刊发47篇。农村经济动态监测点连续6年被国家发改委评为优秀单位。

【深茂铁路恩平段线路和站场建设顺利推进】 2015年，深茂铁路恩平段总长度约28公里，路桥涵调整优化工作全面完成，红线征地总数1780.11亩，已完成全部红线用地的丈量工作，签订征地协议面积1749.89亩，完成交地面积1729.21亩，占征地面积98.86%，可进场施工用地约1715.46亩，占应交地面积98.07%。完成房屋丈量33436.93平方米，签订拆迁协议面积30121.25平方米，拆除面积26800.15平方米，拨付征地款18662万元。

【通用机场项目协议签订与规划申报和招商引资】 多次邀请广州军区、民航中南管理局、省发展改革委等有关领导专家到恩平市实地勘察冯如通用机场选址，为通用机场选址和申报工作出谋划策。2015年3月11日，中航通用飞机有限公司与江门市政府在北京签订《战略合作协议》，双方将联合在冯如故里建设“爱飞客”航空综合体。年内，加强与中航工业通用飞机有限公司、中化岩土公司、美中航空公司等单位联系，推进市通用机场申报和建设运营。

【重点项目建设】 2015年，申报江门市重点项目12个，项目计划总投资额160.6亿元，落实建设资金30.74亿元，2015年计划投资23.89亿元。争取省、江门市在产业规划环评以及用地指标等各方面政策支持，重点项目建设顺利推进。全年实际完成投资26.87亿元，完成年度计划投资的112.5%，比时间进度快12.5个百分点。

【向上级争取资金支持】 2015年，共向上级申报争取专项资金扶持项目9个，已到位资金45109万元。其中，市2015年度省级水利基建投资计划项目2个，总投资31901.36万元，争取省补助到位资金21280万元；锦江灌区续建配套与节水改造工程总投资25571万元，争取到位资金18748万元；洪滘海堤加固工程总投资6330.36万元，争取到位资金5081万元，有效缓解市基础设施和社会事业投入不足的压力。

【市场价格管理】 2015年，全年收到32宗出租车违规乱收费投诉。经查实，罚款3000元，退款518元；全年共收到价格举报投诉81宗。经核实，退回多收消费者款项3508.5元，罚款3000元；全年受理各类价格鉴定395件，总鉴定值227301.2万元。其中：公安、检察机关委托的赃物价格鉴定212件，总鉴定值约220万元；新建商品房价格认证11件，总鉴定值约22.6000亿元；交通事故车辆毁坏价格认证160件，总鉴定值约181万元；其他价格认证12件，总鉴定值约2.2万元。

【推进行政审批制度改革】 2015年，取消行政审批项目12项，下放到镇的行政审批项目共2项。《恩平市投资准入负面清单》完成编制，共涉及13个门类46个行业大类142个行业中类，共列771条禁限事项。其中，禁止准入事项483条，限制准入事项288条。

审 计

【审计概况】 市审计局内设机构有办公室、法规审理股、财政审计股、行政事业审计股、绩效审计股、经济责任审计股，工作人员在编17人。2015年，完成审计项目18个，提交审计报告和审计结果报告34篇，查出管理不规范金额61504万元，发现非金额计量问题33个，移送违纪违法问题线索5条，提出和被采纳审计建议75条；首次向社会公告审计报告2篇（恩平市2014年棚户区改造资金管理和使用情况的跟踪审计报告、恩平市2014年城镇保障性安居工程的跟踪审计报告）；审计“1+3”清单出台，全面梳理审计权力清单58项，向社会公开行政指导类2项、行政检查类19项、行政处罚类4项、行政强制类3项、其他14项，监管清单16项。市审计局被市评为2015年度机关作风优秀单位；恩平市2013年度本级预算执行和其他财政收支情况审计和2013年度地方税收征管情况审计两个审计项目，2015年11月，被江门市审计局评为2014年度优秀审计项目一等奖。

【预算执行审计】 2015年4月7日至6月29日，对恩平市2014年度本级预算执行和其他财政收支情况进行审计，重点审查财政总会计和财政专户、社会保险基金（征收、上解户）、农业综合开发资金、最低生活保障资金等11个财政专项资金会计专户的资金收支情况，审查出管理不规范金额47704万元，其中未按规定纳入预算管理金额5247万元，审计发现2014年末上级补助沉淀资金达8.3亿元。如实披露了决算草案编报不真实不完整，披露了非税收入和政府性基金收入未能足额解缴国库、虚列上级补助资金支出、上级补助资金支出进度缓慢、个别投资项目建成后利用程度不高或缺乏后期管养等问题，并相应提出了审计建议意见，督促盘活存量资金，提高财政资金使用绩效。市审计局长余超群在市十五届人大常委会第26次会议上作2014年度本级预算执行和其他收支情况审计工作报告，接受审议，促成市政府制定出台财政存量资金处置办法，收回2012年前的存量资金5276万元进行统筹安排。

【经济责任审计】 2015年，共完成经济责任审计项目11项，查出管理不规范金额11836万元，提交审计报告和结果报告22篇，提出和落实审计建议46条。如实披露相关单位车辆资产账实不相符、部分工程项目竣工结算未经市财政投资评审中心审核和超范围、超限额使用现金等问题，客观公正、实事求是地作出评价。落实审前征询工作，先后发出和收回审前征询函44份，回复市拟提任干部5批65人任前征询。

【跟踪审计】 2015年，对市稳增长，促改革，调结构，惠民生防风险政策落实情况进行跟踪审计。选取洪滘海堤加固达标工程、农村生活垃圾收运和处理、2015年度新农村公路路面硬化建设、高标准农田建设、棚户区改造、市养老服务业、科技创新以及工业转型升级政策措施落实情况等作为重点跟踪项目，先后发出和报送阶段性审计报告6份，如实披露了市污水处理厂二期工程、市高标准农田建设项目、个别道路工程建设项目和棚户区改造项目进展偏慢，镇级敬老院入住率及养老服务专业水平低、护理人员未持证上岗、养老机构未引入医疗和社工服务、未获得消防许可或备案等问题，分析了原因，相应提出了审计建议意见，分别向市政府和上级审计机关报送了审计结果。经跟踪督促整改，使4个存在问题在整改期限内均得到不同程度的整改。

【审计调查】 对农村集体“三资”管理情况进行专项审计调查，摸清市“三资”家底。审计调查结果显示，市农村集体“三资”管理工作取得了一定成效，到2014年末全市农村集体土地资源1074662.18亩、资产29524.09万元、集体资金20049.19万元。审计调查发现，有88个村委会集体资金库存现金超过规定的限额，涉及金额达753万元、支出凭证不规范不完整金额达291万元。部分镇村存在支付征地补偿款相关资料不全、未执行年度财务预决算制度、财务公开不及时和在集体资产、资源管理方面存在清产核资不到位、存在账外固定资产、未按规定评估后发包、交易通过平台率低和合同不规范等问题。在实施审计调查过程中，向市纪委报送涉嫌违纪违法问题线索5条。

【审计智库】 2015年列席政府常务会议，就政府相关议题提出审计建议意见20条，得到市领导的认可；参加相关工作协调会，就深茂铁路征地、规范小型工程发包、推动计生相关政策、公务用车改革方案的出台、储备粮轮换价格等提出了审计合理化建议，发挥了审计智库作用。

【内部审计】 2015年，全市拥有内审机构24个（其中专职机构4个），内审人员174人（其中专职人员3人），完成审计项目247个，其中财务收支审计项目189个，效益审计项目9个，经济责任审计项目36个，内部控制评审项目1个，信息系统审计1个，基本建设审计项目6个，其他5个，审计总金额28598万元，实现增收节支26万元，提出建议意见被采纳238条。市内部审计协会被评为三A级。

统计管理

【统计工作概况】 市统计局内设秘书股、工商农贸股、综合法制股（挂“恩平市统计普查中心”牌子），直属事业单位有市城乡社会经济调查队，在编公务员11人，事业编制3人，雇员1人。2015年，围绕统计“三个提高”（提高统计能力、提高统计数据质量、提高政府统计公信力）的目标，企业一套表联网直报等统计发展改革全面推进，进一步加强市统计机构规范化建设，向全市11个镇（街）统计站配置了一台价值一万多元的打印复印一体机，充实基层统计的基础设施。镇（街）统计基础建设不断完善，基本上达到“五有”（有机构、有人员、有场所、有设备、有经费）和“六化”（统计管理制度化、统计调查合法化、统计手段现代化、统计服务优质化、统计教育常规化）的要求。统计基层基础建设取得明显成效，市统计事业发展迈上新台阶。

【统计信息化建设】 2015年，统计基本单位名录库、企业一套表制度、数据采集处理软件系统和联网直报系统的统计“四大工程”建设进一步优化，先后配置了路由器、防火墙、交换机等网络设备，恩平市局到江门市统计广域网和政务外网的链路带宽达到10M以上，11 个镇（街）及恩平工业园区的统计人员都可以通过VPN（即虚拟专用网络）客户端登陆到市统计局的VPN设备，实现对省、江门市统计广域网（统计内网）的接入，基层统计人员可直接登陆系统进行网上直报工作，减轻了基层统计的工作负担，有效地提高工作效率。

【统计信息公开与服务】 2015年，利用《恩平统计月报》，每半月报送一次《统计信息快报》，透过恩平市信息网或江门日报（恩平版）公开有关统计工作动态信息10多篇，接受社会公众各种统计咨询100多人次。

【统计调查】 2015年，有序推进全市公路运输能源消费调查、规模以上工业企业减量统计调查、市新设立小微企业和个体经营户跟踪调查、国民经济动员潜力调查、外商投资企业网上联合年检、江门市规模以下工业抽样调查、市规模以下服务业抽样调查、粮食产量抽样调查，禽畜抽样调查、非公制企业人才资源调查、小微企业税收减免政策落实情况调查、旅游及相关产业消费结构一次性调查、年度调查单位审核确认等专项调查。市城乡社会经济调查队开展城乡一体化住户调查、机关作风建设满意度测评调查和行政许可事项改革意向抽样调查。2015年10月16日，全市全国1%人口抽样调查清查摸底工作启动，至11月15日，圆满完成全市的入户登记工作。

【统计监测与考评】 2015年，全市经济面临较大下行压力，市统计局认真执行《江门市经济运行预警信号发布暂行制度》和《加强国民经济核算科学统计专责制度》，进一步改进和完善季度GDP生产核算，加强内部相关专业的协调与外部相关部门单位的沟通，加强对统计数据的月度监测和分析，积极加强全市经济社会发展形势的研判和对镇级经济工作的绩效评价。

国土资源管理

【市国土资源管理概况】 市国土资源局内设办公室、土地利用测绘股、土地规划与耕地保护股、地质矿产管理股、执法监察大队、市不动产登记局，下辖11个镇（街）国土资源所、测绘队、广东恩平地热国家地质公园服务中心、市地价评估事务所、市土地开发中心、市不动产交易登记中心，托管单位有市土地储备中心。2015年，市土地交易项目39宗，总成交额10621万元，交易土地总面积385164平方米（578亩）。其中出让交易18宗，面积332353平方米（498.5亩）成交金额9034万元；转让交易21宗，转让土地面积52811平方米（79.5亩），转让成交金额1587万元。是年，恩平市国土资源局在全省2014年度土地执法监察考核中获得省政府通报表扬，获省奖励用地指标150亩；被评为全国国土资源管理系统“六五”普法先进单位和广东省第二次全国土地调查工作县级先进集体。

【耕地保护与土地开发】 2015年，恩平市耕地保有量任务为38293公顷。根据土地变更调查数据，确认2015年年初全市耕地总面积39329.46公顷，其中可调整地类4331.86公顷。

至2015年年底，全市耕地共减少89.03公顷，其中可调整地类面积减少6.99公顷,全市耕地总面积39240.43公顷，耕地面积数超过上级下达的耕地保有量指标。

【地籍管理】 2015年，全市累计办理各类土地登记1942宗，其中共核发国有土地使用证、集体土地使用证266宗，抵押登记221宗，抵押权注销登记131宗，土地使用权注销登记30宗。2015年9月，恩平市不动产登记局挂牌成立，为恩平市国土资源局内设机构。同年11月，设立恩平市不动产交易登记中心，为恩平市国土资源局下属正股级、公益三类事业单位，负责全市土地、房屋、林地、草原（含牧草地）、海域等不动产登记的受理、审核、登簿和发证和房屋交易的技术性和事务性工作。

【测绘管理】 2015年，完成1730宗土地测绘任务；完成恩平市领导机关工作用图编制项目中《恩平市地图》及《恩平市中心城区图》的编制；恩平市数字县（区）地理空间框架建设项目有序开展。

【闲置土地处置与“三旧”改造】 2015年，按照“政府主导、储备优先、兼顾各方利益”的原则，稳步推进东安水泥厂、耀丰纺织厂改造、原平石镇府改造、广平化工厂改造、旧站一带改造、河南双桥旧城改造等项目的开发建设，全年盘活闲置土地393亩，新增改造面积19.78亩。中心城区主干路网两边的商业旺区纳入“三旧”改造范围。整合资源、建设基础设施、整治城市环境等工程，改善城市营商和人居环境。

【节约集约用地】 2015年，进一步完善项目用地准入机制。对发展前景好、无环境污染、占地少、高技术含量、高附加值的产业，尤其是支柱产业，优先保证项目所需的土地供应。引导产业集聚，以集中促集约发展。至2015年年底，全市办理农转征手续523.13公顷，供地面积319.51公顷，供地率达到61.08%。深茂铁路、环城快速路等道路用地的供地手续加快推进。

【矿政管理与地质灾害防治】 2015年，矿政管理进一步规范化，对全市17个采矿权开展矿产开发利用年度检查，完成年度矿产资源补偿费征缴，成功出让采矿权1个，注销采矿权1个，出台《恩平市2015年度地质灾害防治方案》，市国土资源局增设地质环境股，指导矿山企业编制《矿山突发性地质灾害应急预案》，与矿山企业签订《恩平市矿山企业地质灾害责任书》。开展全市涉及农村学校、农村危房的地质灾害隐患点排查与整治工作。投入资金38.8万元，整治沙湖镇上凯村鸡啼营地面塌陷地质灾害隐患点。按照《恩平市绿色矿山创建工作实施意见》，扎实推进“矿山变绿”“绿色矿山”建设。

【土地执法监察】 全年立案查处违法用地36宗，面积96.19亩，占用耕地28.69亩，其中11宗为农村建房违法用地， 1宗为工矿仓储用地，1宗为占用河岸采沙，23宗为其他违法用地，共发出行政处罚决定书36份。清查非法采矿行为3宗，立案查处3宗，其中行政处罚2宗，处以罚款7万元；移送司法机关1宗，追究刑事责任1人。全年受理涉土、涉矿信访件30宗、来访15宗，办结45宗，办结率达100%。其中，受理江门市局转办15宗，市“12345”政府服务热线转办4宗，市行政效能投诉中心转办1宗，市综治信访维稳中心转办3宗，市信访局转办1宗，市纪律检查委员会转办2宗，群众直接来信

4宗。

【“全国土地日”纪念活动】 2015年，市国土资源局举办别开生面的活动，纪念全国第25个“土地日”。在文艺晚会的歌词、舞蹈中，融合国土知识元素同时拍摄录制恩平国土“小苹果”宣传片，通过微信、网络平台发布，引起广泛的关注，收到较好的宣传效果。

安全生产监督管理

【安全生产监管概况】 市安监局内设机构有办公室、综合协调股（加挂市安全生产委员会办公室）、安全生产应急救援指挥中心、监督管理股、执法监察股（加挂“执法监察大队”牌子），在编人员18人（其中行政编制10名、执法专项编制8人）。各镇（街）安全监督机构进一步健全，在编人员共45人。

2015年，全市发生安全生产事故304宗，同比上升27.73%；死亡34人，同比下降2.86%；受伤250人，同比上升34.41%；经济损失229.93万元，同比下降59.72%。全市安全生产形势稳定向好。在江门市政府对各市（区）2015年安全生产责任制考核，恩平市被评为优秀等次。

【安全生产月活动】 2015年，开展安全生产月活动与“安康杯”竞赛和“平安恩平”创建活动结合，大张旗鼓宣传安全生产，提升全民安全素质。在安全生产月活动期间，共悬挂标语、横幅523条，LED宣传238条，电视台播出安全生产专题、常识、公益广告85条，发放有关安全生产宣传材料3万余份，展出宣传展板23块，组织宣传咨询活动32场次，接待群众现场咨询3万余人次，受教育群众约5万多人次，播放宣传光碟、录像35场次。举办各类安全培训班23期，参加培训人数2130人。组织指导事故应急演练26场，参加演练人数5620多人。

【安全生产监督检查常态化】 2015年，市领导多次主持召开安全生产工作推进会、协调会议，先后9次带队到陶瓷建材、人员密集场所、建筑施工工地等重点领域开展安全检查。市政府主要负责人与各镇（街）、负有重要监管职责的部门共56个单位签订了2015年安全生产责任书，促进安全生产责任“五个全覆盖”的落实。

组织开展职业危害、危化品使用、建筑施工、特种设备、陶瓷企业等5个重点行业领域安全生产专项治理，消除隐患，持续提升安全管理水平。

加强职业卫生监管，开展电镀等六类重点行业职业病危害专项治理，六类重点行业的工作场所职业卫生状况明显改善，维护劳动者健康权益。

【企业安全标准化创建】 企业安全生产标准化建设稳步推进，有317家（规上企业89家，规下企业209家）企业成功创建企业安全标准化三级达标企业，超额完成江门下达的创建任务，有3家企业正申请开展创建二级标准化达标，恩平汽车总站已取得安全生产标准化一级证书。

市场监督管理

【市场监督管理概况】 市场监督管理局机关内设机构有办公室、人事监察股、装备财务股、法规股、登记注册股、企业监督管理股、消费者权益保护股、商标广告管理股、市场规范管理股、特种设备安全监察股、计量股、质量股、标准化股；直属行政单位有市场监督执法大队；派出机构有9个市场监督管理所；挂靠单位有市消费者权益保护委员会、个体劳动者协会和私营企业协会，全系统核定行政编制150人。2015年，共立案查处各类行政违法案件148件，市场经济秩序明显有好转。市场监督管理局分别评为恩平市机关作风建设优秀单位，市直机关管理创新奖第二名，市文明单位、综治和平安创建工作优秀单位、重点项目考评优秀单位、党委系统信息工作优秀单位；驻市行政服务中心登记窗口被授予广东省“巾帼文明岗”称号、恩平市“共产党员先锋岗”称号；团总支被授予“广东省五四红旗团支部”称号，义工服务队获“恩平市先进义工组织”称号。

【市场监管体制改革】 2015年3月18日，工商行政管理体制调整移交协议签订仪式举行。江门市工商局党组成员、支队长胡振雄，恩平市委常委禤缵灵分别在移交协议书上签字；4月28日，恩平市流通环节食品安全监管职能划转交接仪式在市政府东五楼会议室举行，市委常委、常务副市长禤缵灵出席会议并作讲话，市府办、市工商局、市食药监局负责人及相关人员参加仪式。食品流通领域监督职能由工商局划转食药监局，同时划转13名公务员及28个编制到市食药监局。5月26日，江门市质监局和恩平市人民政府签订了质监行政管理体制调整交接协议书。标志着市工商局、质监局正式划归恩平市政府管理。9月2日，恩平市市场监督管理局成立暨领导干部任职会议召开，宣布撤消原市工商局、质监局，组建成立市场监督管理局，将原市工商局、市质监局职责划入市市场监督管理局。

【工商登记改革】 2015年9月10日起，实施“五证合一、一照一码”登记制度改革，将工商、质监、税务等五部门核发的证照，整合为“一张营业执照和一个社会信用代码”，简化了登记程序，缩短了办理时间，为企业、群众带来更多便利。至2015年12月底上，共发出“五证合一”营业执照505张。

【实行四项业务“同城通办”改革】 企业登记注册、消费维权、户外广告审批、“12315”投诉举报等四项业务实行“同城通办”，允许服务对象自主选择五邑地区四市三区任一工商机关办理业务。其中，对外商投资企业实行“一局多点、远程核准”的登记模式，实现“同城受理、网上授权、异地审批、网上办结”，有效破除企业登记注册的管辖区域限制，方便企业（服务对象）就近办理业务。全年办理江门市“同城通办”外资企业业务109宗；办理恩平市“同城通办”登记业务46宗，户外广告事项24件，消费者投诉类案件2宗。

【整顿和规范市场经济秩序】 2015年，先后组织流通环节食品、箱包皮具、汽车配件打假、燃油助力车、超标电动自行车、手机及配件产品质量抽检以及国庆中秋专项执法等专项整治行动85次，检查市场98个次，检查经营主体3641户次。全年组织安全生产监督联合行动6次，取缔非煤矿山、非法燃气点、烟花爆竹、废品回收等无证无照经营户45户；立案查处无照经营案件59宗，案值42.33万元；向食药监、安监、文化等部门共发出46份函件，通报407户无证经营情况，引导办理营业执照2109户。按照《广东省流通领域商品质量抽查检验工作规范》的要求，对18宗商品抽检及销售不合格商品立案查处，涉案金额15.2万元。强化信息管网工作，全年网上巡查各类市场主体共1.8万户次，巡查率97.92%，发放电子标识53个，入库341户。组织开展春节期间流通领域食品安全专项整治行动，立案查处食品类违法案件9宗，涉案货值17.93万元。

【商标广告合同管理】 2015年，继续实施商标品牌战略，助推企业转型升级。全年新增驰名商标1件，广东省著名商标5件。至2015年年底止，全市企业共持有有效注册商标2769件，驰名商标2件，广东省著名商标9件；进一步规范广告发布行为，年内发出《户外广告登记证》160件（其中同城通办24件），受理户外广告变更登记30件，指导企业发布“创文”等公益广告150幅；开展2014年度“守合同重信用”公示活动，公示企业77家。恩平市莱茵电子新科技有限公司被工商总局认定为国家级“守合同重信用”企业。

【消费者权益保护】 2015年，受理群众申诉举报、消费者投诉、咨询电话共1082个。其中受理消费者投诉157宗，涉案金额61万元，成功调解结案145宗，结案率92.37%，为消费者挽回经济损失43万元。

【个私协会工作】 2015年，进一步推进非公经济党建工作，全市11个个协办事处党支部组建“恩平个体劳协党建群组”微信平台，搭建“群组化”党组织架构。召开恩平市个体劳动者协会第六届、私营企业协会第四届代表大会，按程序进行了换届选举，产生了新一届恩平市个私协会理事37人，钟玉庭当选市个体劳动者协会理事会会长，选举莫剑雄为私营企业协会理事会会长。联合圣堂镇关工委在歇马举人村校外教育活动基地举办2015年“励志育才”奖教奖学扶贫助学活动，奖励优秀教师29人，优秀学生70人，资助扶助孤儿11人，单亲家庭在读学生37人，共发放助学资金76300元。

【产品质量监督】 2015年，全市工业产品定期监督检验55批次，其中合格46批次，不合格9批次，不合格产品发现率19.56%。对抽检不合格的企业，及时发出《责令整改通知书》。通过召开电声行业质量整治和培训会议、约谈企业负责人、为企业提供技术指导等多种方式，强化电声企业质量主体责任意识，音视频（电声）产品质量总体水平明显提升。

【计量工作】 2015年，完成计量器具检定22441台(件)，其中周检6358台（件），强检16083台(件)，强检率94%；帮助1家企业办理二级计量保证体系确认，3家企业通过三级计量保证体系认证；对全市21个集贸市场、25家农村医疗卫生机构、计划生育服务站的强制检定计量器具进行了免费检定。全年共计免费检定计量器具10274台（件），免收检定费72万，受惠企业183家。

【标准化工作】 2015年，共组织156人次到52家企业开展宣传标准化法律法规和相关的标准化工作，举行标准宣贯大会2次，学习人数100多人，办理企业产品标准化修订40个，办理商品条形码8份，有7家电声企业参与电声产品相关国家标准的修订工作，国家标准修订项目立项书，顺利通过第一次答辩会。

【组织机构代码工作】 2015年，新办组织机构代码597家，换证858家，变更552家，废置109家，年报3143家，办理数字证书108个。

【特种设备安全监察】 2015年，全市登记在册的在用特种设备有3059台（套），全年新增特种设备636台（套）。全市登记的特种设备使用单位630家，已开展现场监督检查190

家，占使用单位总数30.2%。制作《特种设备现场安全监督检查记录》190份，发出《特种设备安全监察指令书》27份，发现并督促整改安全隐患65项，检查重点监控特种设备使用单位17家次。出动检查人员78人次开展危险化学品和易燃易爆物品检查。检查单位26家，其中小区瓶组站11家，陶瓷企业10家，加气站1家，易燃易爆企业4家。全市在用电梯共805台，已确立使用管理权者数794台，确权率98.63%，已购买保险电梯数716台，投保率88.9%。

食品药品监督管理

【食品药品监管概况】 市食品药品监督管理局内设机构有办公室、规划财务股、政策法规股、综合协调股、食品生产股、食品流通监管股、餐饮服务监管股、药品与医疗器械监管股、保健品与化妆品监管股以及稽查局，局机关核定公务员编制73名，政府雇员21名。派出机构设置沙湖、君堂、大田、大槐、横陂食品药品监督管理所，每个监管所负责两个镇辖区的食品药品监管工作。全系统基层在编干部职工共68人。2015年，食品药品体制改革稳步推进。6月，市食药监局接管工商局食品流通环节监管职能及13名公务员；沙湖、君堂、大槐、大田、横陂等5个基层监管所挂牌成立，基层监管队伍全部组建到位。至12月，每个基层监管所配备执法执勤车辆1辆，执勤摩托车2辆，计算机一批。食品药品监管重心下移到基层。至12月，全市11个镇（街）组建食品安全办公室，配备186名镇村食品药品协管员，形成了市、镇（街）、村（居）三级监管网络。全市食品药品安全形势稳中向好。食品药品监管“1+3”权责清单完成编制，全年办结餐饮服务行政许可409宗、食品流通行政许可406宗、药品经营许可 134宗、医疗器械经营许可 8宗、保健食品经营许可38宗，监督检查“四品一械”企业单位5450家。

【食品药品安全专项整治】 开展各项食品药品安全专项整治行动，惩治制售假冒伪劣食品药品、无证经营专行为，惩治食品生产经营非法违禁药物、违禁化学物质和使用非食用物质等突出问题。行动中，全面清理江西同济中药生产的不合格中药饮片，立案查处2家不依法召回不合格中药饮片的药品零售店；立案查处1家化妆品经营店销售非法添禁用物质的产品，有效净化了食品药品市场消费环境。

【食品药品抽检抽验】 2015年，引入第三方检测机构，定期或不定期地对米及米制品、面及面制品、桶装水、食用油、肉类及肉制品等产品开展风险监测，助推抽检质量提升。全年共开展食品生产、流通和餐饮服务食品抽检309批次，不合格24批次，月饼专项抽检32批次，协助上级食品药品监管部门抽检食品134批次；药品抽检90批次，不合格19批次，靶向命中率为21%；中药饮片抽检18批次；开展药品评价性在线抽验10批次，合格率100%；药品快筛快检274批次，呈阳性4批次。

【食品药品监管执法办案】 出台《恩平市食品药品监督管理局行政处罚案件查办制度（试行）》《恩平市食品药品监督管理政府服务热线办理工作制度》，理顺执法办案工作机制；与市公安局、市场监管局、市城管局等部门的联合执法，全年共立案查处各类食品药品案件122宗，结案111宗，罚没款30多万元。2015年江门市食品药品稽查工作督查考核排名，位居江门四市三区首位，获颁年度《优秀案例》牌匾。

【食品药品安全宣传培训】 2015年，在恩平电视台设食品药品安全专题节目，反复播出；在恩平信息网上开辟“食品药品安全最前线”专栏，在各镇（街）设置大型食品安全宣传栏，并利用户外LED广告栏不间断播放食品药品安全信息，全年共播出各类食品药品安全电视专题报道28期，食品药品安全知识广告12000频次。在“3·15”国际消费者权益日、“食品安全宣传周”开展8次大型户外普法宣传活动。利用机关政务网、“食品药品安全最前线”专题网、政务微博等网络新媒体，公开各类有关食品药品安全的政务信息86条，行政许可信息50条，各类通知公告54条。组织企业义工、食品药品协管员和群众代表联合开展食品药品安全知识“进企业、进校园、进社区”、创文宣传进铺入户等活动。食品药品安全社会共治建设上迈新台阶。

国有资产管理

【国有资产管理概况】 市资产办内设综合股、资产监管股、发展改革股、金融工作股，工作人员事业编制15名；下辖市行政事业资产管理中心，工作人员事业编制20人。2015年出台《市构建投融资和国资运营主体方案》深化国资改革，推进国有资产资源有效整合，构建新型国有资本运营和监管平台。组建恩平市城市投资开发建设有限公司、恩平市产业园区开发建设有限公司，改组公有资产经营有限公司，开展投融资对接，对米仓工业园区、城市交通建设等重点项目，通过向金融机构融资推进建设，构建真正独立自主运行的国资运营主体。委托中介评估机构对即将租赁期满的470多宗资产进行评估，并通过网络发布或现场张贴公告等方式向社会公开竞投招租，提升资产增值率。全年完成行政事业性国有资产经营性资金收入1993万元，同比增长3.5%。

【市公有企业管理改革稳步推进】 完成市第二水泥厂改革。通过法院处置资产分配、市财政借款和本系统内统筹等多种方式筹集改制资金305万元，妥善解决467名职工（含退休人员）的拖欠工资、一次性经济补偿金、补缴职工养老保险、一次性医疗保险、补发住院费及已故职工抚恤金、偿还职工借款等遣散安置费用。市外资发展总公司改革遗留问题妥善解决。通过拍卖资产变现，筹集改革后续资金80万多元，妥善安置员工65人。制订《恩平市新华书店改革重组方案》，稳妥推进恩平市新华书店的改革重组。

【金融业有序发展】 至2015年12月31日，市共有银行业金融机构10家，营业网点59个。信贷业务稳步增长，本外币存款余额214.8亿元，比年初增加5.28亿元，增长2.52%。贷款总量大幅增长，本外币贷款余额62.10亿元，比年初增加10.95亿元，增长21.4%。开展“平安金融”创建活动，中国工商银行恩平支行等10家金融机构被评为“创建平安金融达标单位”，创建达标率91%。

公共资源交易

【公共资源交易概况】 市公共资源交易中心位于市人社局后座，是市政府公益一类事业单位， 2014年10月21日批准设立，2015年

7月1日建成运行，内设机构有办公室、政府采购服务部、工程建设交易部、土地矿业与产权交易部及信息技术部，编制人员15人。设置受理大厅、拍卖大厅、抽签室、机房、2个会议室、3个开标室、4个评标室、答辩室、电子监察室、纪委执法室、档案室、2个专家休息室、业务室及洽谈室。配置系统平台设备、机房、电子监察、音视频监控、安防监控、门禁系统、信息显示系统、会议音响设备等硬件及网上交易平台等。7月1日，市政府采购中心、建设工程交易中心、产权交易服务中心、土地交易中心（矿业权交易中心）分别进场办公，进场项目12项。至2015年12月30日，公共资源交易完成交易项目402项，交易总额35712.88万元，增收892.5万元。

【政府采购】 2015年7－12月，完成政府采购招投标业务323宗，预算金额7437.09万元，实际成交金额6967.81万元，节约资金469.28万元，节约率6.31%。

【建设工程交易】 2015年7－12月，完成建设工程招投标业务58宗，预算金额23644.89万元，实际成交金额23234.03万元，节约资金410.86万元，节约率1.74%。

【土地与矿业权交易】 2015年7－12月，完成土地交易14宗，成交金额5408.64万元，溢价10万，溢价率0.19%；完成资产交易7宗，底价100.04万元，成交金额102.4万元，溢价2.36万元，溢价率2.36%。

【公共资源交易网络平台建设】 2015年12月，与江门市公共资源交易中心签订《借用江门市公共资源电子交易系统（土地与矿业权交易子系统）协议》，标示着恩平市土地与矿业权网上交易正式实施。

农林水·科工商务

农 业

【农业概况】 市农业局内设机构有办公室、畜牧兽医局（副科级，加挂市饲料工作办公室牌子）、农村经济体制与经营管理股（加挂市农民负担监督管理办公室牌子）、计划财务股、人事培训股、科教与信息股（加挂市菜篮子工程办公室、市绿色食品办公室牌子）、种植业管理股（加挂市植物检疫站、种子管理股牌子）、农业机械化管理办公室、政策法规股、农业综合开发办公室、市扶贫办公室（加挂市老区建设办公室牌子）、海洋与渔业管理股。局机关工作人员编制47人。直属行政机构有广东省渔政总队恩平大队（加挂广东省海监总队恩平大队、广东省渔业船舶检验局恩平检疫站牌子），下辖事业单位有恩平市动物防疫监督所、恩平市农机推广服务中心、恩平市农业技术推广服务中心、恩平市农业科学技术研究所、恩平市农产品质量监督检验测试中心、恩平市植物保护站。2015年，全市农村经济总收入191.21亿元，比上年（下同）增长11.42%，农民人均可支配收入10716.1元，增长11.44%。农业“五个十大”、社会主义新农村建设、美丽乡村建设以及农村综合开发、高标准农田基本建设稳步推进。至2015年年末，恩平拥有全国粮食先进县、全国农技推广示范县、农业部耕作标准化生产示范园、全国农民专业合作示范社、广东省粮油高产创建先进单位等名片，被认定为全省4个全国“一事一议”规范管理和全省5个美丽乡村建设试点县之一。

【农业产业化与农业品牌建设】 2015

年，市蓝海农业科技有限公司、丰江农业专业合作社成功申报为江门市级重点龙头企业。至2015年年末，全市拥有农民专业合作社176家，国家级农民专业合作社示范社1家，省级示范社4家，江门市级示范社7家，省级农业龙头企业3家，江门市级农业龙头企业5家，恩平市级龙头企业7家，江门市级示范性家庭农场8家，省级示范性家庭农场2家。恩平簕菜成功申报为国家地理标志产品和评为“岭南十大养生特产”和“江门市名特优新农产品”。全市有“三品一标”农产品54个，其中，国家地理标志产品1个，广东省名牌产品1个，广东省菜蓝子基地3个，无公害农产品企业5家，无公害农产品、绿色食品认证和有机农产品共37个，广东省名特优新农产品6个，江门名特优新农产品6个。航天育种技术、冬种马铃薯产业、山泉系列大米、茨菇、深山茗茶、濑粉、菜心、基龙凤山鸡、莲雾、簕菜、辣木和牛大力等农业品牌享誉省内外。

【农业综合开发与高标准农田建设】 2015年度在东成镇、恩城街道、大槐镇实施国家农业综合开发高标准农田建设项目3个，总投资1848万元，建设高标准农田1.41万亩。完成2014年度高标准基本农田建设（下同）3.33万亩，总投资5028.3万元。其中，恩城街道禄平村0.43万亩，总投资649.3万元；恩城街道茶坑村0.25万亩，总投资377.5万元；沙湖镇水楼村0.344万亩，总投资519.44万元；沙湖镇浴水村0.466万亩，总投资703.66万元；大槐镇塘冲村0.47万亩，总投资709.7万元；大田镇北合村0.48万亩，总投资724.8万元；那吉镇黄角村0.4万亩，总投资604万元；东成镇祝荷村0.49万亩，总投资739.9万元。成功申报2016年度国家农业综合开发土地治理项目2个，争取财政资金1350万元，计划建设高标准农田0.9万亩。

【种粮补贴与政策性水稻保险】 2015年，全市落实兑付农资综合直补61138户、445847.11亩、32992686.14元；种粮直补61138户、445847.11亩、3566776.88元；中央农作物良种补贴61138户、445847.11亩、6687706.65元。政策性水稻保险早造参保面积434113.34亩，参保率99.06%。马铃薯、玉米、甘蔗等小险种参保试点效果显著。

【生猪屠宰管理】 全市有生猪屠宰场12个，分布全市各镇（街）。2015年，开展生猪屠宰执法检查行动25次，出动执法人员80人次，惩治取缔私宰窝点5个，查处违法案件5件，取缔私屠滥宰窝点5个，立案5个，收缴不合格私宰生猪产品5601斤，处罚违法人员5人，罚没金额2.36万元。是年，全市屠宰场屠宰生猪19.5万头，抽检生猪样本15442份，合格率100%，屠宰环节重大质量安全事件为零，市民吃上“放心肉”。

【一事一议财政奖补与名村示范村创建】 2015年，全市实施“一事一议”财政奖补项目215个，投资总额3610.3万元。其中，各级财政奖补资金1143.75万元，占31.68%，成功创建恩平市级名村示范村5条，江门市级示范村2条。至2015年，全市有名村示范村46条。沙湖镇水楼村、恩城石青村、君堂镇黎塘村、大田镇农民聚居社区美丽乡村（社区）创建试点顺利推进。君堂镇黎塘村“黎塘碉楼文化广场”建设，获省美丽乡村建设补助资金100万元支持。

【科教兴农与农技推广服务】 2015年，由14名专家、78名技术指导员和780名科技示范户组成的农技推广团队成立，着力把市六大主导产业的28个主导品种、18项主推技术推广到全市。通过邀请专家讲课以及组织外出参观学习先进种养技术等形式，培训农技人员900多人次。全年举办各种农业技术培训班91期，受训农民6800多人次。通过培训，农民的种养水平有新提升。

【种植业】 2015年，继续推进国家和省粮食高产创建示范片建设。全市粮食种植面积48.3万亩，总产25.9万吨，其中，水稻种植面积43.7万亩，总产量15.7万吨，增长1.3%；春收马铃薯4.6万亩，总产10.2万吨，产值2.448亿多元。

【畜牧业生产与防疫】 2015年，全市肉类总产量5.0万吨，增长21%；生猪饲养量、存栏量、上市量分别为79.6万头、30.1万头和49.5万头，分别增长27.5%、16.2%、36.5%；耕牛饲养量、存栏量、上市量分别为12186头、11103头和1083头；山羊饲养量、存栏量。上市量分别为4039头、2113头和1926头；禽类饲养量、存栏量、上市量分别为1071万只、338万只、733万只，分别增长22%、50%、12%。全年开展动物疫情巡查12400人次，巡查畜禽养殖场10700场次，查处违反动物防疫案件5宗，监督处置乱丢死畜禽10宗；注射猪瘟疫苗108万头份，免疫率100%；注射口蹄疫疫苗96万毫升，免疫率100%；注射蓝耳病疫苗91万头份，免疫率100%，注射高致病性禽流感疫苗986万羽，免疫率100%；现场采集禽咽喉、泄殖腔拭子、血清765份检测，未发现阳性样品。全市开展生猪产地检疫49.5万头，屠宰检疫19.5万头，禽类产地检疫733万只，屠宰检疫66万只，共签发动物检疫证明22万份。

【农业机械推广】 2015年，受理农户购买农机申请315份，出具“农业机械购置补贴确认通知书”315份，农户签订“承诺书” 630份，受益户数198户，实际补贴的各类农业机械475台套。全年购机补贴总指标542万元（第一批450万元、第二批92万元）。全年购机实际补贴203.494万元，占购机补贴总指标37.55%，已结算122.628万元，占中央补贴总指标结算比例22.63%。

2015年8月20日，市谷物烘干推广培训现场会在沙湖镇举行。江门市农业局农机化办主任梁浩彬、江门市农业机械推广站站长梁伟光出席了现场会。全市11个镇（街）农办主任、农机专业合作组织成员以及种粮大户等共80多人出席现场会。联合收割机、手扶插秧机、谷物烘干机等先进农业机械已逐渐在全市推广应用。至2015年年末，全市有谷物干燥机械32台/557吨，年干燥谷物能力3.0078万吨，占市水稻总产量的17.5%。

【水产养殖业】 2015年，全市水产养殖总面积95545亩，总产量4.5万吨，增长6.8%，总产值9.6亿元，增长8%。全市淡水养殖面积山圹水库、鱼塘84550亩，占水产养殖总面积的88.5%。其中淡水鱼塘养殖面积42546亩，占淡水养殖总面积的50.2%。淡水养殖总产量为32361吨，总产值36670万元。全市承包、租赁、开发鱼塘面积50亩以上的水产养殖户有150多户。全市海水养殖面积10995亩，产量12683吨，产值59342万元。其中咸围养殖占29.6%，牡蛎（蚝）吊养占30.6%，鱼塭养殖鱼虾占39.8%。养殖品种主要有乌头鲻、鲈鱼、盲槽、基围虾、斑节对虾、锯缘青蟹、蚝等。全市滩涂开发总面积8000多亩，养殖品种主要有牡蛎（蚝）、青口螺等水产品。

林 业

【林业概况】市林业局内设办公室、营林股、林政股、市森林防火指挥部办公室和林权争议调处办公室，行政人员编制12名，雇员编制4名。挂靠单位有市绿化委员会办公室，与营林股合署办公。下辖单位有市公安局森林分局（副局级）大田木材检查站，人员编制9名；市林科园，人员编制10名；市森林防火消防大队，临聘人员15名。

至2015年，市辖区内共有林业用地面积141.5万亩，其中11个镇（街）林业用地97.32万亩（不含河排、西坑林场、七星坑省级自然保护区）。全市生态公益林面积55.4万亩（其中河排林场15.02万亩、西坑林场6.37万亩），占林业用地面积39.15%；商品林（用材林）面积86.1万亩，占60.84%。全市森林覆盖率47.04%，林地绿化率96.74%。全市林业主要树种有桉类10多种、松类5种、相思类5种和其他乡土树种几十种；全市有个体林业户2000多户，个体造林面积60万亩，有林产企业198家，主要经营木材加工和销售。积极开展林权抵押贷款业务。全市已办理抵押贷款107宗，抵押林地面积11.84万亩，林权抵押贷款1.37亿元。

【商品林建设】 2015年，全市实施造林作业面积3.33万亩，其中人工造林0.83万亩，采伐迹地更新2.5万亩，中幼林抚育8万亩，容器育苗400亩，培育苗木350万株。全市参加各类义务植树17万多人次，种植桂花、樟树、凤凰等名贵景观树种约35万株。至2015年年底，全市商品林面积86.1万亩。其中桉树、湿加松为主的速生丰产林面积29.6万亩，占商品林面积的34.4%。加勒比松、湿地松改良代、湿加松、尾叶桉U6、马占相思、南洋楹等优良树种，种植面积占造林总面积95%以上，其中有短轮伐期速生丰产林30万亩，用材林30万亩，松脂林10万亩，优质经济林4万亩。

【森林防火管理】 1月9日，市成立江门市第一支县级森林消防队伍——恩平市森林消防大队，配备人员15名，实行半军事化管理。市森林防火物资储备库库房面积约150平方米，主要储备物资有水车一辆、运兵车一辆、风力灭火机39台、油锯5台、割灌机5台、水泵6台、二号扑火工具1500多把等。2015年，全市现有专职护林员168人，兼职护林员62名，分布在各个镇（街）及重点林区。

水 务

【水务概况】 市水务局内设机构有办公室、人事股、计划财务股、法规与水资源管理股、建设与管理股、水保农水股、机电管理股，挂靠单位市有人民政府三防指挥部办公室、市水库移民办公室，直属股级事业单位有市水政监察大队、市水务财务结算中心、市水利工程建设服务中心和恩城水闸工程等15个管理处。市属中型水库有宝鸭仔、西坑、青南角、良西、凤子山、马山水库；小型水库有大带、茶山坑水库；水闸有恩城、塘洲、东成、江洲水闸；灌区有河排灌区、江北水陂；水陂有阵湾水陂。市属水利工程大多建有水电站。水务局机关在编工作人员23人，基层单位在职职工559人，全系统共有党员336人，其中局机关25人，基层单位311人。

2015年，全市共完成水利建设项目投资13679.34万元（其中中央投资3860.72万元，省投资4805.62万元，江门市投资133.1万元，恩平市自筹4472.3万元，镇村及群众自筹407.6万元）。完成土方76.40万方米，石方8.20万立方米，混凝土6.95万立方米。完成农村安全饮水工程12宗，山塘除险加固19宗，完成民生重点水利工程及水闸、水陂、渠道等小型农村水利工程加固维修一批，修复水毁工程57处，加固堤防10.512公里，疏浚河道60.5公里，干、支、斗、毛渠清淤432.4公里，改善灌溉面积2.08万亩，新增除涝面积0.098万亩，新增旱涝保收面积1.09万亩。

【水利工程建设】 2015年，着力抓好重点民生水利建设，完成洪滘海堤加固达标工程、13宗农村小水电增效扩容电站工程，三防视频会商系统延伸到镇（街）项目以及恩平市山洪灾害防治非工程措施建设项目。小型农田水利重点县和锦江灌区续建配套与节水改造等工程，全部完成年度计划任务。《村村通自来水建设规划》修订完善；《恩平市水利发展“十三五”规划》完成编制。

至2015年，全市已建成水库86宗，总库容73019万立方米，其中大型水库1宗，中型水库6宗，小I型水库19宗，小II型水库60宗；小山塘160宗，1万亩以上中型以上灌区5宗，江海堤围31宗158公里，大中型水闸14宗，水电站104宗。建成“五小”工程有小堤防31宗，小灌区520宗，小泵站190宗，小水陂224宗。全市共有耕地面积58.48万亩，其中水田33.81万亩，旱地14.1万亩，水浇地10.58万亩。全市自流灌溉面积33.81万亩，提水灌溉面积10.58万亩。有效灌溉面积44.38万亩，有效灌溉率75.89%。

【水政与水资源管理】 2015年，加大水利法规宣传力度，投入近3万元，举办水法规现场咨询活动，制作宣传横额12条，发放水法规宣传笔记本5000本，发放宣传单5000份，发放宣传录像带500张，发放宣传环保袋4000个，张贴宣传画报200张，出动宣传车20辆次。贯彻落实建设项目水资源论证制度，强化取水许可管理工作，对1宗用水户开展水平衡测试，开展全市饮用水源地与中型水库水质监测和中心城区饮用水源地综合整治，确保饮用水安全。

【水库除险加固】 2015年，完成山塘除险加固工程19宗，塘洲水闸、江洲水闸除险加固工程完成立项，恩城水闸除险加固工程立项积极推进。凤子山水库除险加固工程、西坑水库除加固工程、列入国家专项规划8宗小型病险水库除险加固工程、列入省专项规划的5宗小型病险水库除险加固工程、山塘除险加固等工程的竣工验收工作顺利推进。

【水库移民工作】 恩城等8个镇（街）共15590名大中型水库移民的直补资金已完成发放，发放补助资金总额935.4万元。列入市大中型水库特困移民安居工程建设的水库移民共293户，计划投入补助资金759.5万元。至2015年12月止，完成危房改造的特困户135户，其中124户已通过验收，发放补助资金322万元。完成大中型水库移民村公共基础设施工程223宗，完成投资2437万元。

【灾情与“三防”工作】 2015年，全市累计平均降雨量1999毫米，比多年同期减少12%。全市蓄水工程蓄水总量3.65亿立方米，比多年同期减少4%。1至4月份，平均降雨量271毫米，比多年同期减少30%，其中4月份，全市平均降雨94毫米，降雨严重偏少。全市耕地受旱面积达25815亩（其中20607亩属中轻度受旱），横陂镇受旱面积达15000亩，横陂墟及周边数条自然村饮水供水出现断续现象，全市因旱人畜饮水困难人数达1.5万人。5月8日8时至5月12日，受强降雨影响，全市平均降雨量达276毫米，其中横陂镇洪滘降雨量达414毫米。恩城、横陂、大槐、沙湖、君堂、圣堂等镇

（街）出现短时受浸和个别排洪渠因遇超标准洪水出现短时漫顶。全市受灾人口11420人，紧急转移737人，全市直接经济损失达6294.5万元，其中农业损失2651.4万元，工业交通运输业损失2967.6万元，水利设施损失597.5万元。10月3日8时至10月7日8时，受第22号台风“彩虹”及其残余环流影响，全市普降大雨到暴雨，累计平均降雨量达251毫米，其中锦江水库降雨量达358毫米，全市受灾人口1664人，紧急转移1235人，直接经济损失783.6万元，其中农业直接经济损失654.3万元，水利工程水毁直接经济损失129.3万元。

市三防办配备专职工作人员5名；各镇（街、场）配备2-3名的专职工作人员，设立三防办专门工作用房，落实水利工程防汛责任制。全市所有大、中、小型防洪工程的防汛安全责任书签订435份；市三防视频会商系统已完成网络线路和终端设备安装，进入试运行中。《恩平市防汛防旱防风防冻应急预案》《恩平市城市防洪应急预案》《恩平市横陂镇洪滘海堤抗洪抢险救灾应急预案》和86宗中小型水库防汛抢险应急预案、14宗大中型水闸防汛抢险应急预案、22宗堤围工程防汛抢险应急预案、160宗山塘工程防汛抢险应急预案等三防预案，完成编制或修订。修订完成县级山洪灾害防御预案1项、镇（街、场）级山洪灾害防御预案13项、行政村山洪灾害防御预案174项；全市已落实一支由武警、武装部基干民兵以及干部群众共2460人组成的防汛抢险队伍。在5月份防御特大暴雨和10月份第22号台风“彩虹”工作中，共启动Ⅳ应急响应2次，将危房户、五保户、孤寡老人等共1972人提前转移到安全地带。

气象

【气象概述】 市气象局、气象台局台合一，内设机构有办公室和业务服务股，直属机构有市防雷设施监测室，下属企业有市云安防雷工程有限公司和市突发事件预警信息发布中心，加挂市人工影响天气中心牌子。机关干部员工29人，其中有高工1人，工程师10人；大学本科学历18人，大专学历9人。2015年，恩平市气候影响评价属一般年景。年平均气温22.7℃，与常年相比偏高0.2℃；年降雨量为2327.3毫米，比常年偏少8.8%；年日照时数为1823.8小时，与常年的1626.3小时相比，偏多12%；年平均相对湿度为85.3%，为历史新高。年平均风速为1.7米/秒，与历史平均值相等，属于正常年景；雾日数为41天，与常年相比偏多2倍。

【恩平气候特点】 2015年，冬雨明显偏多、入汛迟、强对流及强降水天气偏多、夏季高温少雨、11月持续偏暖。冬季冷空气势力一般，低温阴雨天气少，无明显霜冻天气。1月、2月、12月各出现了一次暴雨天气过程。3－4月降水明显偏少，4月20日的强对流天气导致大田镇一村民被雷击身亡；5月多强降水天气，其中6日普降暴雨，导致全市开汛，16－18日连续三日普降暴雨到大暴雨，局部特大暴雨，全市范围内出现不同程度灾情。夏季（6－8月）气温偏高，高温天气多，降水量偏少5成左右。9月天气正常；10月3－6日受台风“彩虹”环流影响，全出现大风和暴雨天气过程，各地受灾明显；11月天气持续和暖少雨，气温明显偏高，火险指数不断攀升。年内共有4个热带气旋登陆或擦过广东，其中台风“彩虹”对恩平造成明显影响，台风影响个数明显偏少。

【气象观测】 2015年7月， MDOS平台正式使用，配合省气象局完成MODS平台的各项参数设置和系统调试工作；11月起，新的ASOM系统开始使用，新旧平台的应用正常衔接；年内，协助国土部门在旧址对GPS水汽站的设备进行升级改造，并安装了一套GNSS北斗接收站;新增“回南天”自动监测站、紫外辐射监测站、城市路温自动监测站等众多新型装备，提高了观测密度和数据应用时效，对中小尺度天气、重大灾害性天气的监测能力有新提升。

【气象服务】 2015年，出台《恩平市气象公共服务白皮书》《恩平市停课工作细则》及印发通知公布第一批气象灾害防御重点单位名单，气象服务覆盖社会各个领域，全年共发送重大气象信息快报39期，气象专报94期，其中为农用气象服务专报52期，春运专报18期，其他专项服务24期，天气新闻稿75份，发布决策应急短信313条，并按不同标准及时发布68次预警信号；启动暴雨Ⅳ级应急响应1次，台风Ⅲ级应急响应1次，台风Ⅳ级应急响应1次。年内完成恩平气象网页的建设，增强了网页信息公开、互动交流和新闻资讯的功能，天气实况、气象服务、热点新闻、气象新闻栏目等更好的实现气象信息实时共享。

【气象科普】 2015年1月22日，“防灾减灾气象科普知识读书角”在鳌峰山顶休闲文化室建成。对外开放；组织开展“3·23”世界气象日活动，防灾减灾宣传周活动，广泛宣传普及气象知识。9月份，在飞马广场播放气象宣传片、免费派送气象科普知识手册、 宣传扇子等多种方式向广大市民宣传气象知识。

【农村气象灾害防御建设】 2015年，全市11个镇（街）应急气象办公室气象信息显示屏接收终端完成安装，全市151个村委会和95个灾害易发区或自然村安装预警信息“大喇叭”246套，为农村地区防御暴雨天气和台风发出预警；全市十一个镇（街）共建设中尺度区域自动气象站23个，自动站布点密度为73平方公里/个。年内，新增渔船业主直通式气象信息服务用户共155户，新增水产养殖直通式气象信息服务用户372户，市蓝海农业科技有限公司的温室大棚内安装了一套农业气象自动观测站，观测要素包括温度、湿度、气压等，农村公共气象服务能力以及农村气象灾害防御的科技水平有新提升。

【气象现代化建设】 2015年，新气象探测基地建设顺利推进，主体工程基本完成；完成恩平新气象观测场、业务用房室内装修及智能化系统配套工程的设计及招投标工作。出台《恩平市落实〈广东省全面深化气象管理体制改革实施方案〉细则》，推进市气象服务体制、气象业务科技体制和气象管理体制改革进程。年内增设气象公共服务中心；市突发事件预警中心增加3名事业编制，预警中心总编制达到6人，完成1个编制人员招聘进岗，预警中心编制人员4名，气象专业队伍建设进一步加强。根据江门市政府印发的“实现气象现代化考核评分办法”的规定，恩平气象自评得分79.32分，等次达到基本现代化。

【防雷减灾】 全年防雷检测单位335个，发出检测报告335份，易燃易爆场所的检测率达到100%；年内发生雷害12宗，伤亡1人。防雷装置设计审核65项，竣工验收86项，气球审批21项。防雷安全设施列入《恩平市2015年度安全生产责任制考核实施方案》考核内容之一。年内开展防雷现场执法10人次，发出防雷装整改意见书5份。

科工商务

【科工商务概况】 市科工商务局内设办公室、行政审批服务股、经济运行与产业发展股、企业服务股（加挂恩平市中小企业局、恩平市民营经济发展服务局牌子）、科学技术股（加挂恩平市地震局牌子）、产业技术股、信息化股、无线电与通信管理股（加挂恩平市无线电管理办公室牌子）、商贸流通股、能源与循环经济股、外资外贸股和口岸管理股，在编人员57人（其中公务员编制40人，雇员7人），下辖市生产力促进中心（在编2人）、市无线电监测站（在编 2人）和市信息中心（在编 6人）。挂靠单位市科学技术协会，事业编制5名。其中，主席1名（由科工商务局局长兼任），常务副主席1名（副科级），秘书长1名（股级）。2015年，全市规模以上工业总产值142.99亿元，同比下降2.4%；规模以上工业增加值33. 5亿元，同比增长2.1%。其中，陶瓷行业实现规模以上工业总产值79.29亿元，同比下降10.18%；纺织服装行业实现规模以上工业总产值24.91亿元，同比增长1.26%；麦克风电声器材行业实现规模以上工业总产值12.01亿元，同比下降1.07%。全市完成技改投资9.92亿元，其中重点技改项目（年产值5000万元以上）完成投资7.09亿元。2015年，42个机械装备制造项目落户机械装备产业园，合同投资额49.1亿元。全市先进装备制造业工业增加值为3.62亿元，同比增长8.9%。先进装备制造业完成投资26.4亿元，同比增长56.9%。

【节能降耗与清洁生产】 2015年，市全社会用电量242456.5万千瓦时，同比下降8.94%，其中全市工业用电量185039.2万千瓦时，同比下降14.41%；强化成品油市场管理，完成全市43家加油站“成品油零售经营批准证书”年检换证资料审核上报工作。出动85人次，开展石油库和油站各项专项检查22次。2015年，全年单位GDP能耗下降6.43%，完成电机能效提升任务量11.01万千瓦（含淘汰、新建、改造），占总任务的173.6%。其中完成电机改造量6.18万千瓦，争取省财政补贴资金618万元，重点行业企业清洁生产审核稳步推进，广东嘉俊陶瓷已取得省级清洁生产企业证书，粤怡化工通过省清洁生产审核验收，华新水泥清洁生产审核工作开始启动。

【工业产品市场开拓】 2015年4月1日至8日，全市有217家企业参加第十三届中国（广州）国际专业灯光、音响展览会以及广州（国际）演艺设备、智能声光产品技术展览会，参展展位面积共20250平方米；8月19日，全市有24家企业参加北京专业灯光音响展览会；10月14日，全市62家企业参加上海专业灯光音响展览会，首次在上海国际展览中心中央广场搭建“恩平市电声行业协会”展台，展示恩平的扩声系统、无线系统、无线乐器系统等名优特新产品；有7家麦克风及电声器材企业抱团参加118届广交会；有近10家企业分别参加法兰克福专业音响灯光展、印度孟买专业音响灯光展、香港电子展等境外大型专业展会，有部份工业产品成功开拓了国外市场。

【小微企业“双创”实施】 出台《恩平市小微企业创业创新工作实施方案》，明确恩平工业城小微企业创业创新基地、恩平市现代农业小微企业创业创新基地建设项目总体规划定位和建设目标；恩平市邦华电子有限公司与周边4家企业成功整合，打造恩平市麦克风电声器材创业创新基地，被认定为江门市第一批小微企业创业创新示范基地。恩平市中小企业服务中心、恩平市立新税务师事务所有限公司、恩平市立新会计师事务所、广东义轩律师事务所等4家企业认定为江门市小微企业创业创新签约服务机构。2015年12月初，市政府分别与广州大学和淘金集团签署合作意向书，推动“淘金创谷”项目、“产学研”项目建设，中国电子商务协会青年电商创业委员会恩平分会和恩平市产学研创新示范基地宣告成立。

【网络（网站）建设】 2015年，举办三期全国政府网站普查工作培训班，指导和督促各普查单位网站普查工作，完成50个普查单位网站的调查摸底、信息填报、检查整改，顺利完成第一次全国政府网站普查工作。年内，分别开设了科普之窗、防震减灾、“梦娃”系列动画视频以及信息网农村淘宝专题、纪念抗日战争胜利日宣传、保密宣传、征兵专题等专题推广报道；完成城管创建园林城市网站、再生资源协会网站、电视台首页视频广告、公共资源交易中心网站、恩平文明网、环保局网站空气质量日报公开平台、科工商务局、纪检监察网网站改版、各单位3+1清单链接、信息兴农网改版等。开通“恩平信息网”微信公众号，有近3000人关注。

【政务党务信息化】 市涉税信息交换与共享平台的建设顺利完成，可共享目录97项，涉税信息共享量达三千多条。网上办事大厅恩平分厅二期建设拓展完善，举办培训班，提升全市174个村（社区）公共服务站全体工作人员网上办事技能； “大民政”项目市行政服务中心“邑家园”及“侨都之窗”项目顺利推进。推进农村信息化及光纤城市建设，成功创建牛江镇“光网示范镇”。

【无线电检测管理】 2015年，无线电管理日常行政执法监督检查共出动90多人次，走访单位达30多家，处理通信问题投诉15起。加强通信基站管理，现时最齐全的站址资料通信基站数据库初步建成，为查处“伪基站”提供有效的技术支持。

【电子商务概况】 2015年10月8日，市电子商务协会成立，成员单位有广东康盛投资有限公司、华新水泥（恩平）有限公司、百卓鞋业（恩平）有限公司、恩平市上格电子有限公司、广东集雅电器有限公司等公司，首批入会会员人数55人。

【农村淘宝发展】 2015年8月10日，恩平市政府与阿里巴巴集团签订农村淘宝项目协议，10月10日，市首批37间农村淘宝村级服务站正式开业；开业当天，全市农村淘宝村级服务站下单达4500多单，交易额达45万多元，创造广东省农村淘宝县域开业当天最高订单记录。10月28日，市农村淘宝服务中心开业，截至2015年12月底，市农村淘宝村级服务站下单达48000多单，成交额达540多万元。

【科技创新】 2015年，市获省级科技项目立项2项，获江门级科技项目立项12项，恩平市级科技计划项目立项22项，恩平市科学技术奖项目24项，江门市级科技金融扶持资金贷款贴息项目1项，科技创新券后补助项目2项。至2015年，全市有效的国家级高新技术企业9家，江门市级7家，有13个产品通过高新技术产品认定。市有效的各级工程研发中心共15家，其中省级3家，江门市级12家。组织4家企业参加2015年江门“科技杯创新创业大赛”，市蓝海农业科技有限公司的“中国航天品种的繁育与示范推广”项目成功进入决赛，获得“最便民利民科技创业奖”。

【知识产权保护（专利申报）】 2015年，全市专利申请量339件，其中发明专利申请56件，实用新型专利申请104件，外观设计专利申请179件；授权量271件，其中发明专利19件，实用新型专利89件，外观设计专利163件。全市有效发明专利56件。全市R&D（研发费用）投入约2.36亿元，约占全市GDP1.5%。

【防震减灾】 深入开展“‘5·12’防震减灾宣传周”活动，在恩平电视台、广播电台播放防震减灾公益广告15次，发放宣传单张15000张，在市政广场大型电子屏幕上反复播放防震减灾科普知识；5月6日，市科工商务局、市应急办、市教育局等部门联合在恩城第四小学开展地震应急避险演练活动，参与人数1600多人；地震安居示范村建设顺利推进，恩城街道桄榔一村和品冲村成功创建江门市农居地震安全建设示范村，恩城街道江南居委会（社区）成功申报创建省和国家级地震安全示范社区。完成全市防震减灾应急基础数据采集及建库工作，修订完善2015年恩平市地震应急预案，全年开展地震知识展览8次，地震知识竞赛2次，其他宣传活动6次；投入5万多元，建设地震避难场所87000平方米，可容纳人数11万人。

【科普工作】 2015年，市科协组织各学（协）会、科普示范镇（街）、社区（村）及学校开展各种科普宣传活动10多次，参加活动人数达2万多人次。首次承办大型科普活动——广东省“中国流动科技馆巡展”（恩平站）活动，参加活动人数1.5万人次。

【利用外资】 2015年，全市合同利用外资11519万美元，同比增长5.18%，完成江门下达任务的103.07%；实际利用外资6010万美元，同比下降16.76%，完成江门下达任务的100.17%。

【外贸进出口】 2015年，共审批加工贸易企业经营状况及生产能力证明18家，审核外商投资企业联合年报126家，企业实际年检率98.41%。年内，新办外贸经营者备案登记9家，变更登记11家，外贸经营主体进一步壮大。市进出口总额46050万美元，增长4.46%。其中，出口36355万美元，增长4.86%，进口9695万美元，增长2.98%。

【实现保口岸目标】 2015年，争取华昌、嘉俊等陶瓷企业以及出口业务较大的锦兴、金丰等企业在恩平报关，千方百计提升口岸货运量，全年口岸进出口货物31044吨，实现“保口岸目标”。其中，进口货物5477吨，同比增长33.98%，出口货物25567吨，同比下降55.04%。

江门产业转移工业园恩平园区

【江门产业转移恩平园区概况】 恩平园区管委会内设机构有办公室、规划建设股、招商股、经济运行股；直属单位有招商服务中心和财务结算中心。2015年，规划建设股加挂安全生产监管股牌子，招商股加挂恩平市招商办公室牌子，招商服务中心加挂商务协调中心牌子。恩平园区管委会有工作人员83人，其中公务员编制12人，事业编制22人，雇员11人，临聘10人，临时工27人，挂职1人。恩平园区规划总面积889.06公顷，其中，2015年成功申报批准发展产业集聚区474.13公顷，其中园区周边片区65.2公顷、圣堂片区约44.07公顷、大槐片区约154.13公顷、东成片区约210.73公顷。恩平园区划分为电子信息、机械制造和生活、行政服务区等3个功能区，产业定位为电子信息、机械制造产业和新能源、新光源、新材料等先进制造业和战略性新兴产业，计划开发建设总投资16.2亿元。至2015年12月底止，恩平园区开发面积已达85%以上，引进项目122个，其中，已建成试投产项目76个，在建项目40个，筹建项目6个，合同投资总额125亿元，从业人员6000多人。2015年实现规模以上工业增加值7.63亿元，同比增长16.1%；产业固定资产投资完成20.24亿元；实现税收（全口径）2.51亿元，同比增长12.3%。分别荣获广东省“2014年度产业园环保专项检查”优秀等次，2014年度省产业园建设管理考评优秀等次第1名，被省工业园协会评为五星级服务园区。

【园区基础设施建设】 至2015年，建成园区道路13条，总长23公里。电子信息和机械制造两大功能区基本实现“五通一平”，路网、电网、给排水及污水处理管网等基本实现全覆盖。220千伏孟槐变电站动工建设，恩平工业城小微企业创业创新基地启动建设，中小企业孵化基地建成投入使用。广东道氏公司博士后科研工作站成立，创新驱动能力增强。设立园区开发建设有限公司，园区融资平台完成搭建。园区生活配套区繁星小镇项目建设启动，钢材贸易市场、仓储中心、九年义务制学校、医院、公共交通等生产生活配套项目规划建设稳步推进。

【园区招商引资】 成功举办2015年恩平市投资推介会暨小微企业“双创”基地启动仪式，现场签约12个项目，涉及机械装备制造、小家电、新能源、农业、旅游、文化以及电子商务等产业，计划投资总额达44.5亿元。恩平市人民政府、恩平市机械行业协会、沈阳机床股份有限公司三方战略合作框架协议以及恒钢公司与西班牙尼古拉斯集团签订战略合作协议成功签订，致力打造中欧先进智能装备制造业产业基地。

【机械制造区建设顺利推进】 与佛山机械装备行业协会合作，以“园中园”模式设立的机械装备园区建设顺利推进。2015年，有14个先进机械装备组团项目建成试投产，5个项目完成设备安装。广东宝索智能精密加工中心和恩平市恒钢智能柔性大型复合加工中心揭牌成立。

供销合作商业

【供销合作商业概况】 市供销合作社内设办公室、人事股、财审股、综合业务股，工作人员16人，下辖3家企业、5个基层中心社，全市供销社系统在职员工132人。2015年，深入贯彻落实国务院《关于深化供销合作社综合改革的决定》深化供销合作社综合体制改革，全系统综合实力、服务能力和发展活力进一步增强，经济效益和社会效益明显提升。全年全系统购销总额3.56亿元，增长23.6%，其中总购进1.82亿元，增长21.3 %；总销售1.72亿元，增长22.1 %。

【供销商业经营网络建设】 2015年，整合全系统资源，推进经营网络建设和农产品示范基地建设，组建农产品社区连锁店2家、“农超对接”专业合作社1家；完善农资配送中心1家，布设安全规范化烟花爆竹经营网点65家。按标准化建设的1000多平方米烟花爆竹储存仓库，更新了消防设备，安装电子监控设施。全系统组织供应各种化肥、农药2.83万吨。基层社与当地村委会建立的农产品基地，带动农民种植农产品5700亩，助农增收。总建筑面积7000多平方米的农资农产品交易中心建成作用。该中心配备交易、仓储、质检、技术信息交流等功能设施，已有2家农资企业入驻，经营面积4500平方米。

【农民专业合作社建设】 至2015年，全市已建立农民专业合作社28家，入社社员1448户。有3家专业合作社定为省供销社示范社。大田供销社与锦泉农产品专业合作社合作，创新耕作模式、创新服务范围，成功打造300亩无公害农业种植示范基地，带动当地发展优质水稻等特色农产品3000亩，助农增收850万元。

【为农综合服务】 至2015年，以专业合作社、农资流通协会、基层社农资门店为依托，为农民提供实用技术信息和产供销服务，打造诚信经营的农资放心店33家，其中农资放心示范店1家。大田、圣堂、横陂等社通过建立蔬菜等农产品基地，实现销售额1.3亿元，同比增长26.3%。在马铃薯收获期间，联系组织外地客商在良西镇等地设点收购，共收购马铃薯2500多吨，市马铃薯销售难问题得到有效缓解。创建农村综合服务社14个，为农民提供农资、农产品、日用消费品等服务。江南基层中心社的米仓综合服务社根据农村特点和农民生产生活需要，探索开展各类新型服务，尽量满足农民各种需求，打造了农村社区综合服务平台，被推荐参加省供销社农村综合服务社“五星级”社评选。

烟草专卖

【烟草专卖概况】 市烟草专卖局(分公司)设营销部、专卖办、综合管理部，现在职员工76人。2015年，经济运行质量持续向好，市场管理基础不断夯实，各项综合管理工作全面协调发展，各项经济指标创历史新高，卷烟市场规范有序发展。

【烟草卷烟销售】 2015年，销售卷烟21035箱，增长6.3%，超出全年计划865箱；销售收入5.12亿元，增长13.63%；实现税利1.42亿元，同比增长30%；单箱销售收入28425元，同比增加1859元，比江门市平均（27542元）多883元。卷烟销量、销售收入、税利、重点品牌、单箱结构、一二类烟销量以及双喜卷烟销量等指标的增幅位居江门市前列。

【烟草专卖管理】 保持卷烟打假高压态势，全年查获涉烟案件120宗，查获各类违法卷烟86.2万支，市场净化率达到98.35%。

粮油购销

【粮食工作概况】 市粮食局内设机构有办公室、人事股、财会股、业务股和督查股，核定事业编制19人，在职人数25人；属下国有独资性质的企业有恩平市粮食储备管理公司、恩平市恩州粮食购销有限公司，实行独立核算、自负盈亏运营。2015年，粮食仓储建设与规范化管理、粮油储备与轮换、粮食流通市场监管以及粮食应急保障等工作全面完成。小麦入库5000吨，100%完成新增储备粮收储任务；完成地方储备粮4603吨（稻谷）及地方食用植物油的轮换任务，市粮食工作实现持续、健康、稳定发展。

【粮油仓储设施建设与规范化管理】 2015年，投资27.6万元，在市粮食储备库生产综合楼后边空地新建一个简易车棚，建筑面积364平方米，储备库仓储配套设施进一步完善。建立仓房油罐等设施的标准编码，完善仓储设施档案，强化对仓储设施的监督管理和科学利用。在江门市粮油仓储规范化管理检查考评中，恩平市粮食储备管理公司被评为达标企业，达到优秀等级。

【粮食流通管理】 2015年，市政府重新修订和实施《恩平市粮食流通市场监管联合执法实施方案》，在重大节假日和重要时段，组织开展粮食收购、储存、运输、加工、销售等方面的联合执法检查，有效规范粮食经营者的经营行为。全市59家粮食加工和销售企业坚持按月上报《粮食收支平衡月报表》，做好社会粮食流通统计和经营台账。在辖区内选定6个价格监测点，实行采价登记，为政府实施粮食宏观调控提供可靠数据。以多种形式与粤西、粤北等省内粮食主产区建立和巩固长期稳定的购销协作关系，促进辖区粮食流通发展。全市粮食充裕，市场供求稳定。年初，社会粮食库存5.7万吨（原粮，下同），全年粮食供应14万吨，全年粮食需求13.4万吨，年末社会粮食库存6.3万吨，实现粮食供求平衡。

【粮食应急保障与军粮供应】 2015年，重新修订《粮食应急预案》，粮食应急加工、供应、运输系统等环节有章可循。市粮食风险基金实际到位资金885.44万元，比江门市下达粮食风险基金规模增加418.44万元，增加89。6%。对7家粮食应急加工厂和2个应急大米代储点的粮食数量、质量、卫生、轮换、账务等情况的检查，坚持每半个月检查一次，保障重大自然灾害或突发事件发生时的粮食应急供应。市消防、武警的军粮供应由市粮食局属下粮食储备管理公司负责，做到严格执行军供制度，军供手续，严把质量准入，切实做到“保质、足量、安全”。军粮供应实行统一稻谷粮源、统一大米包装、统一大米质量、定点加工大米、定点采购食用油和面粉的“三统一两定点”的办法，从质量、数量、品种及供应时间等方面进行规范化管理。

财政·税务

财 政

【财政工作概况】 市财政局在编人员87名，其中行政编制41名，内设机构有办公室、法规税政股、预算股、国库股、综合股、行政政法股、教科文股、工贸发展股、农业股、经济建设股、社会保障股、外经金融股、会计股、绩效评价股、行政事业资产管理股（公务用车管理股）、政府采购管理股、监督检查股、财政征收管理分局、人事教育股；下属事业单位有恩平市财政国库集中支付中心、恩平市非税收入征收管理中心、恩平市财政投资评审中心、恩平市财政信息管理中心、恩平市财政票据监管中心；委托财政局管理的有恩平市投融资管理中心、江门市住房公积金管理中心恩平管理部。

2015年，面对经济下行压力持续加大、发展环境复杂多变以及政策性减收因素增多等不利因素影响，全市各级和财税部门主动适应经济发展新常态，积极深化财政改革，落实财政政策措施，充分发挥财政职能作用，综合运用财政资金和政策手段，加大稳增长、调结构工作力度，市财政收入实现持续稳定增长。地方一般公共预算收入98898万元，完成年初预算的100.77%，增长2.03%（按自然口径增长3.79%），其中：税收收入74873万元，增长2.41%，完成年初预算的99.47%；非税收入24025万元，增长0.86%，完成年初预算的105.05%。

【促产生财与开源增收】 2015年，投入6022万元加快推进恩平工业园区集聚区扩园以及电子信息和机械制造两大功能区基础设施建设，投入880万元扶持市中小微企业发展；市企业向上级申报补助项目共49个，获得补助资金8873万元。全年拨付5500万元完成锦江湿地公园、鳌峰公园升级改造，建成城市绿地、体育公园、社区公园以及南堤西路、沿江西路等市政工程，提升城市品位，推进城市经济发展；投入5833万元，加快推进环城快速路等重点项目的建设，交通设施日趋完善；投入资金6875万元，推进高标准农田建设、农综开发和中低产田改造，促进现代农业的发展。安排种粮直补、良种补贴、农资综合直补等补贴资金3663万元，调动农民种粮积极性。投入200万元，推动与阿里巴巴电商合作，建立37个农村淘宝服务站，解决农村产品买、卖难问题。加大对大项目应缴非税收入的督查督办力度，全力追缴企业、项目未缴纳税费，实现征收非税收入24025万元。继续实施《恩平市2014—2016年镇级财政管理体制实施方案》及两个园区封闭运行管理方案，全市镇级公共财政预算收入63911万元，占全市公共财政预算总收入的64.62%。

【预算规范支出】 2015年，全市地方一般公共预算总支出277168万元，其中转移性支出29145万元，包括体制上解支出3491万元，出口退税专项上解支出1491万元，专项上解支出5049万元，安排预算稳定调节基金16984万元，地方政府一般债务还本支出2130万元。重点加强对城乡医保、义务教育、环保等民生重点项目资金投入的量化评价，提高资金使用绩效。出台《恩平市镇级国库集中支付改革实施方案》，从2015年9月起，将全市11个镇（街）纳入市财政国库集中支付管理体系，建立和完善以国库单一账户体系为基础、资金缴拨以国库集中收付为主要形式的镇级财政国库管理制度。政府采购管理监督体系和财政投资评审机制进一步完善，全年累计实施政府采购556宗，采购预算金额为13001.63万元，实际支出12177.79万元，节约823.84万元，节约率6.33%。全年共审核财政投资工程概、预、结算1369宗，送审金额14.92亿元，审定金额13.83亿元，核减金额1.09亿元，核减率7.35%。

【财政监督】 2015年，盘活各领域“沉睡”的财政资金，增加资金有效供给。全市收回238笔专项资金0.53亿元；消化财政存量资金6.045亿元，消化率88%，一般性转移支付资金检查工作被省财厅被评为优秀等次。严格控制“三公”经费规模，减少行政性经费及各类消耗性支出，全年全市“三公”经费同比下降3.45%。

【社保资金征收监管】 2015年，分别征收企业职工基本养老保险基金30363 万元、职工基本医疗保险基金15502万元、失业保险基金1688万元、工伤保险基金693万元、生育保险基金649万元、机关事业单位养老保险基金1010万元。全年，拨付社会保障和就业资金41378万元，拨付医疗和卫生资金39432万元。

【会计从业人员资格管理】 2015年，会计从业人员调入8人（省内4人，省外4人），调出27人。组织会计从业资格考试6期，参考672人次，实考508人，合格185人，合格率27.5%，基本达到全省平均水平。举办2015年会计人员继续教育培训，培训会计人员约2880人。举办市2015年农村财会人员财政支农政策培训班，各镇（街）财政所、三资办、村委会财务相关人员共计349人参加培训。

国家税务

【国税概况】 市国税局内设机构有办公室、人事教育股、监察室、政策法规股、征收管理股、收入核算股、纳税服务股、税源管理一股、税源管理二股、税源管理三股；下辖直属机构有稽查局；事业单位有信息中心；派出机构有圣堂税务分局、沙湖税务分局、大田税务分局、大槐税务分局、横陂税务分局。在职干部员工125人（含1名挂职干部），协税员56人。2015年，组织税收收入58107万元（详见附表）。其中国内税收收入57402万元，下降2.42%，完成全年收入任务的100.18%；市库收入12010万元，下降3.89%，完成全年收入任务的100.08%。

2015年恩平市国税税收收入情况表

金额单位：万元

项　目	2015年
税收收入合计	58107
其中：中央库	42803
省　库	3295
市　库	12010
一、国内税收收入	57402
1.消费税	60
2.增值税	41726
3.企业所得税	9891
4.个人所得税	0.05
5.车购税	5725
二、海关代征税收收入	704
三、文化事业建设费	42.39
四、出口产品退税	17000

【国税征管改革与服务】 2015年，出台《恩平市国家税务局关于实施税收风险管理的工作方案》，合理划分各层级、各部门税收风险管理工作职责，合理配置税收管理资源，采取有差别的风险应对手段防控税收风险，进一步提高征管效能，促进纳税遵从。5月1日起，试行《全国税收征管规范（1.0版）》，全面推进税收现代化。7月1日起，试行《国家税务局地方税务局合作工作规范（1.0版）》，转变税务机关职能、持续开展“便民办税春风行动”。9月1日起，推行“一照一码”登记制度改革，推进简政放权、便利市场准入、激发市场活力，服务大众创业、万众创新。

【国税征收执法】 2015年，市国税局扎实开展征收执法和督察内审工作，制订《广东省恩平市国家税务局权责清单》，明确征收执法职权；积极开展税务行政处罚裁量权执行率考评，规范征收执法行为；贯彻落实税收执法案卷评查标准，提升征收执法质量。切实做到以事实为根据、以法律为准绳，遵循合法、合理、公平、公正、效率的原则，注重法律效果和社会效果相统一。

【税务稽查】 2015年，坚持抓好税收专项稽查和日常稽查工作，有效地遏制涉税违法案件的发生。全年稽查补收674.30万元，其中辅导自查补收361.31万元。

【国税信息化建设】 2014年12月31日始，市国税局进行金税三期工程优化版应用系统（以下简称“金税三期优化系统”）与综合征管软件2.0版系统（简称CTAIS2.0）的切换，2015年1月8日，金税三期优化系统正式单轨上线运行，税务网络安全保障体系进一步完善，信息系统全年安全稳定运行。恩平国税信息化管理和服务水平有新提升。

地方税务

【地税概况】市地税局内设办公室、人事

教育股、监察室、征收管理股、税政股、纳税服务股和稽查分局。下辖城区、东成、圣堂、沙湖、大槐、大田6个税务分局，在编干部职工136人，协税员23人。2015年，坚持依法治税，坚持改革创新，税收治理能力有新提升。全年共组织税收收入9.3346亿元，增长6.5%。其中市级税收收入6.28亿元，增长3.7%，增收2241万元；社保费收入48468万元，增长0.37%，增收181万元，促进恩平经济持续平稳较快发展。市地税局被评为恩平市“机关作风建设优秀单位”。

【地税征收实现历史性突破】 2015年，面对经济增速放缓的大气候，地税征收工作采取多项措施，全力化解各种困难和矛盾。大力推广应用电子办税大厅，开通电子办税大厅440户；涉税和信息交换与共享平台5月20日投入使用，有30家单位参与数据交换，共取得5493条涉税信息，累计增加税收收入1078万元；存量房交易价格评税系统顺利推进。利用存量房系统进行住宅房产交易568宗，评估调增交易额3646万元，调增税款404万元，调增幅度82%。非住宅交易40宗，评估调增交易额1128万元，调增税款179万元，调整幅度153.92%。积极探索“分级分类”纳税评估新模式，全年实施评估53户（次），其中日常评估47户（次）、专项评估6户（次），纳税评估入库金额4105.12万元，占税费入库数的5.13%。全年累计组织税费收入151950万元，首次突破15亿元大关，增长4.49%，增收6534万元。其中税收收入93346万元，增长6.5%，增收5695万元，市级收入62823万元，增长3.7%，增收2241万元。

【社保费征收稳中有升】 2015年，贯彻落实各项社保费优惠政策，完善综合治税机制。依托市涉税信息交换与共享平台，实现缴费信息及时比对；启用征管系统“核定最低参保人数”的功能，严格审核把关，防止用人单位随意减员，确保人数稳定。全年累计社保费收入48468万元，增长0.37%，增收181万元。

【依法治税成效显著】 2015年，全年应对1宗诉讼案件，市地税局行政负责人出庭应诉。全年办理备案减免25886户，减免金额3147万元； “五证合一、一照一码”商事制度改革顺利实施，全年共办理“五证合一”登记户数20户；开展惩治涉税违法犯罪稽查活动，对1户企业立案查处，对6户未按规定开具发票的企业进行了处罚；推进欠税强制执行机制实施，全年共清理欠税4664万元，其中本年新欠入库4139万元，历年欠税入库525万元。

【纳税服务水平有新提升】 2015年，启用24小时自助办税厅，实现全天候自助办税，缓解纳税高峰期的压力。全面推广移动纳税服务平台，实现移动预约办税、涉税资讯推送、网上办税互动；举办税企座谈会及税法宣传培训辅导班，对全市参加企业所得税汇算清缴的420家企业进行纳税辅导；开通微信公众平台，已关注用户219户，向纳税人传送政策、图文信息17条，解答各类咨询30余人次；通过各种途径受理纳税人的咨询、投诉、举报、建议等各类事项29780余人次，办结率达到100%；发布门户网站信息、温馨提示、涉税通知等共92条，累计发送48889人次；深度整合6个地税基层分局的排队叫号机、评价器、视频监控、音频监控无线Wi-Fi阅读等硬件设备。

金融

银行业

【恩平银行业概况】 中国人民银行恩平支行内设机构有办公室、会计国库股、综合业务股、外汇管理股(加挂国家外汇管理局恩平市支局牌子)，恩平人行共有职工33人。2015年，全市有银行业金融机构10家、营业网点59个。全市银行业坚持“稳中求进”的总基调，认真执行稳健货币政策，着力改善辖区金融生态环境，不断强化金融基础设施建设，着重提升普惠金融服务水平，促进了辖区经济金融平稳健康发展。至12月末，全市银行业本外币各项存款余额214.81亿元，比年初增加5.29亿元，增长2.52%；本外币各项贷款余额62.11亿元，比年初增加10.95亿元，增长21.41%。

【金融机构规范经营】 2015年，加强对辖区新设金融机构开展综合执法检查，检查内容包括银行卡领域金融消费权益保护、征信业务、反假货币业务、人民币收付业务、支付结算业务、国库业务、外汇管理业务、落实金融业重大事项及重要信息报告业务等8项业务，进一步规范辖区金融机构经营行为，促进金融宏观调控和金融稳定目标有效落实。以“平安金融”创建为抓手，强化金融案件防控机制建设，筑牢金融综治责任防线，辖区金融综治工作深入开展，实现无涉密案件、无刑事案件、无经济案件、无涉枪案件、无集体上访的“五无”目标，为支持地方经济发展创造了安全的金融生态环境。多次召开金融机构专题会议，布置落实存款保险制度，及时核实恩平地方法人机构保费基数，督促及时足额缴纳保费，《存款保险条例》有效落实，平稳实施。

【强化外汇管理】 2015年，加大对国际收入申报数的核查力度，提高申报数据质量。1—12月，非现场核查辖区9家外汇指定银行，涉及间接申报业务41234笔，合计金额70234万美元，核查覆盖率100%；现场核查恩平中行、恩平工行、恩平建行、新会农商行4家辖区银行，共核查涉外收支9796笔，金额25684万美元。完成对恩平锦兴纺织印染企业有限公司和利兴强（恩平）纺织有限公司等两家购付汇重点企业的专项核查工作，督促企业主动调节外汇收支行为，自觉控制和调整流出型外汇业务。联合顺德农商银行恩平支行举办主题为“顺有道、赢无限”外汇业务交流会，辖区23家涉外企业参加了交流会；9月24日，举办外汇业务知识培训班，辖区9家外汇指定银行共30多名业务人员参加培训。经过培训，进一步提高银行合规经营意识和从业人员水平，推动外汇业务创新，引导企业善用外汇产品规避汇率风险，促进辖区外向型经济发展。

【提升金融服务水平】 2015年，会同市金融办、市科工商务局、江门产业转移工业园恩平园区管委会联合发文，建立健全江门产业转移工业园恩平园区中小企业融资联席会议制度，及时发布重要经济信息，指导园区银企进行融资需求和金融产品服务对接，建立政府协调指导、金融机构主动服务、企业诚信发展的“三位一体”联动机制。积极争取增加辖区金融机构支农再贷款额度，有效支持生猪养殖、马铃薯种植、特色蔬菜开发、塘渔等产业扩大发展，扶植聚泉、基龙等农业龙头企业做大做强。出台《恩平市信用镇、信用村建设方案》，选定大槐镇及其辖下大朗村为信用镇、村建设试点，扎实推进信用镇、村建设。做好小微企业所得税退税工作，激发纳税人的创业热情，减轻其税收负担，为辖区经济发展提供了税收保障。定期编发《恩平辖区金融数据一览表》和金融运行分析，用金融统计数据诠释信贷投放状况，有效发挥“窗口指导”作用，引导银行机构不断调整和优化信贷结构，促使各银行机构在做大资产业务的同时，降低信贷风险，提高资产质量。至12月末，全市银行机构不良贷款率为0.19%。

中国工商银行股份有限公司恩平支行

【中国工商银行恩平市支行概况】 内设营业部、市场信贷部和办公室，有干部职工134人，下辖12个二级支行、分理处和储蓄所。2015年，面对经济金融的新常态，加快经营转型，推进业务稳健、安全运营。2015年年末，人民币各项存款余额76.03亿元，同比负增长5.4%，其中储蓄存款余额64.95亿元，对公存款余额11.08亿元。各项贷款余额11.28亿元。

【提升资产业务风险可控性】 落实贷前双人实地调查和支行贷审会制度。对超过50万元以上的贷款，先由支行贷款审查小组讨论通过后才上报分行审批。实行客户在监控录像下签名、双人见证制度以及落实贷后管理工作，每天由风险经理监控贷款的还款情况，对未及时还款的客户进行介入，电话提醒客户及时还款。加强与公安、法院等职能机构的联系，依法诉讼追收。加强安全保卫和信息系统安全稳定运行，抓好年度内控、员工操守评价工作，全年重大差错事故和违法违纪案件为零。

【拓展中间业务】 继续做好市财政统发工资，代收水、电、电视费等代理业务，加大对基金、保险、理财产品和外汇理财产品的营销，着力开展电子银行、银证通、银关通、银行卡等中间业务，以纸黄金、贵金属递延、实物贵金属等贵金属业务为抓手，大力发展信用卡业务，扩大客户群体，夯实中收基础，实现中间业务收入的持续稳定增长。

中国银行恩平支行

【恩平中行概况】 恩平中行内设营业部、业务发展部和贸易金融部，设网点11个，其中市区7个，沙湖、君堂、江洲、圣堂各1个，员工154人。2015年，大力拓展中小企授信业务，推动资产业务上新台阶。全年中小企一般公司客户数26户贷款余额18639.9万元，同比净增10519.18万元，实现中小企净增额及客户数均比2014年翻一番。人民币贷款总余额118133万元，信贷质量总体向好，不良比率0.34%。营业净收入16280万元，同比增长2.79%，完成率94.70%。

内控案防工作进一步加强，实现全年无案件、无重大风险事件、无安全事故的平安年。

【中行中间业务】 2015年，创新金融服务管理模式，综合运用各种产品组合，积极优化行内客户金融资产结构，全面推动“华侨金融管家”的品牌建设，抓住“侨”字做文章，以侨商卡、西联汇款等特色产品带动存款业务的发展，扩阔了中收的来源，全年实现中间业务收入4051万元。

【国际结算与对公跨境人民币业务】 2015年，国际结算进出口结算总量31490万美元，增长35.4%；对公跨境人民币结算业务总量8.34亿元，增长43.54%。

中国农业银行股份有限公司恩平市支行

【恩平农行概况】 恩平农行内设综合管理部、业务管理组、客户组、资产处置组，下辖1个支行营业部、3个社区银行、1个自助银行。2015年，深入实施农行江门分行党委提出的“恩平振兴”发展战略，为市民提供存款、贷款、理财、外汇、代理基金、保险及代收代付等全方位金融服务，各项工作不断取得新进步，恩平农行形象有新提升。

【农行业务发展】 2015年，新增对公账户40多户，其中成功拓展多个重点机构账户；新增个人账户超1万户。至12月31日，本外币各项存款余额19529万元，同比增加8812万元，超额完成分行下达任务，中间业务收入157万元，完成分行下达任务。个人住房按揭业务实现零的突破，至2015年年末，发放个人住房按揭贷款13笔，金额255万元。

【网点建设与合规控险经营】 东门路、腾飞街、江洲圩3个社区银行2015年年底前开业，全功能网点侨星支行立项通过上级行审批，行址已与业主签订租赁合约。坚持党建引领，将合规控险摆在工作首位，党风、行风明显好转，员工队伍战斗力明显提升，实现安全营运，全年事故为零。

中国农业发展银行恩平市支行

【中国农业发展银行恩平市支行概况】 恩平农发行内设办公室、会计结算部、客户业务部。2015年，贯彻落实国家粮食产业和购销政策，全力支持辖区粮油收储业务，全年累计发放县级储备粮贷款3003万元，为促进辖区粮食事业的持续稳定发展作出新贡献。

【农发行信贷业务】 2015年，在做好粮食政策性业务的同时，充分发挥政策性金融机构职能作用，全年发放中长期贷款8000万元，支持地方经济发展，实现政银双赢。2015年年末，各项贷款余额23593万元，比上年年末增加8044万元，增长51.73%；各项存款余额10947万元，比上年年末增加653万元，增长6.34%；日均存款余额7984万元，同比增加2905万元，增长57.19%。

中国建设银行股份有限公司恩平支行

【中国建设银行股份有限公司恩平支行概况】 内设综合管理部和业务部，下辖4个营业网点，其中市区3个、君堂镇1个；设立4个附行式自助银行、5个离行式自助银行，92个助农取款服务点，有干部职工54人。2015年，通过打造民生金融、移动金融、智慧银行优势，助推智慧城市建设，各项业务快速发展。2015年，各项存款余额12.55亿元，其中储蓄存款余额9.44亿元，对公存款余额3.11亿元；各项贷款余额3.35亿元。

【信贷业务全面转型】 把握辖区新产业、新业态、新经济带来的市场机遇，深入推进小微企业信贷业务向“小额化、标准化、集约化、综合化、网络化、智能化”发展。先后推出“FIT粤”“政银保”“税易贷”“邑科贷”等新型品牌产品，加强产品创新和应用，并落实各项扶持政策，为辖区企业提供多样化、综合化的金融服务，不断加深与政府、企业平台的合作广度和深度。信贷风险控制坚持按章办事、按流程操作。不断创新贷后管理方式，提高贷后管理的有效性和针对性，严格控制不良贷款和逾期贷款，实现信贷业务安全规范经营。

中国邮政储蓄银行恩平市支行

【中国邮政储蓄银行恩平市支行概况】 2007年12月20日正式挂牌成立，内设综合管理部、个人金融部/三农金融部、公司业务部。下辖20个服务网点，覆盖辖区农村行政乡镇，网点数量居辖区金融机构之首。2015年，恩平邮行人民币各项存款余额433287万元，比2014年增长5.49%；各项贷款余额38009万元。

【金融业务拓展】 2015年，新增深茂铁路征地款项目、卫计局营收款归集项目、供电保证金支付担保项目等业务，存款业务迈上新台阶。

【内控管理】 着力加强精细化管理，用制度约束员工，强化案防、合规、反洗钱等规章制度的执行，提升了内控水平，年内没有重大安全隐患案件发生。

恩平汇丰村镇银行

【恩平汇丰村银行概况】 2009年3月19日成立，是江门五邑地区的首家外资银行，内设机构有业务发展部、零售业务部、信贷风险管理部、营运部、合规部、财务部，现有从业人员38人。恩平汇丰银行坚持立足恩平当地农村市场，不断推出与恩平当地特色对接的存贷款产品，各项业务步入稳健发展的轨道。

【经营业务发展】 2015年，成功推出公司客户网银业务，继续为农户、个体工商户的生产经营者提供无抵押贷款。至2015年年末，累计发放贷款6.27亿元，其中企业贷款3.86亿元，个人小额贷款2.41亿元，有效地缓解辖区农户和小微企业贷款难问题。

【慈善公益活动】 恩平汇丰银行在注重自身发展的同时，积极参与慈善公益活动，先后举办“汇丰杯乒乓球赛”“汇丰敬老计划”“学生成长计划”“关爱留守儿童夏令营活动”等活动，回报社会。2015年“汇丰村镇银行学生成长计划”第三年度活动，为恩平一中、恩城中学共30名贫困优秀学生每人捐赠2000元奖学金，为两所学校的高中班举办3场理财讲堂和金融理财知识征文比赛。提供资金1万多元，在良西中心小学举办“关爱留守儿童夏令营活动”，为30多名留守儿童每人送上礼品和礼金。

顺德农商银行恩平支行

【顺德农商银行恩平支行概况】 内设机构有综合部、运营及风险管理部、信贷管理部、小微企业金融部、零售业务部、公司业务部，设6家二级分支机构、3家离行式自助银行，全行员工17人。2015年，坚持以支持“三农”和中小微企业发展为已任，着力为辖区实体经济提供优质金融服务。2015年年末，人民币存款余额71357万元，同比净增945万元，同业占比3.46%。人民币贷款余额107247万元，同比净增14089万元，同业占比17.28%。连续两年被授予江门市“A级纳税人”牌匾。

【严控信贷风险】 坚决执行贷前、贷中、贷后全流程风控模式；压降信贷集中度。至2015年年末，支行最大10家客户贷款余额32487万元，占各项贷款比例30.29%；单一集团客户贷款余额25527万元，单一集中度23.8%，均未超过监管指标。2015年，支行不良贷款余额37万元，不良贷款率为0.03%。

【加大对实体经济的金融支持】 2015年，贷款余额107247万元，其中，涉农贷款余额78342万元，同比净增5778万元，小微企业贷款余额35748万元。在客户中，农林牧业户数占总比高达42%。积极配合恩平市政府招商引资工作，全力支持机械行业落户恩平工业园。至2015年末，支行已与37家入园企业中的24家建立合作关系，授信总额约3.6亿元，贷款余额2.9亿元。2015年7月，恩平市机械协会成立，支行被授予“高级金融顾问”，与协会签订战略合作协议，支行授予协会成员企业5亿元的贷款额度，用于协会成员企业产能升级、技术改造等，推助恩平装备制造业企业做大做强。

新会农商银行恩平支行

【新会农商银行恩平支行概况】 2014年6月，新会农商银行恩平支行成立，是新会农商银行首家跨地区分支机构，内设营业部、业务部、综合部、营业网点2个，有员工24人。2015年，新会农商银行恩平支行坚持践行“服务中小微企业、服务社区、服务三农”的真诚承诺，推进各项金融业务稳步、健康发展。至2015年12月末，各项存款时点余额11874.92万元，比年初增长5911万元，增长率100.89%，其中单位存款时点余额为7653.39万元，个人存款时点余额为3274.73万元，结构性存款时点余额为946.80万元。各项存款日均余额为10448万元，比2014年增长7743万元。各项贷款余额4.59亿元，比年初增长2.96亿元，增长率182.68%，其中小微企业16670万元，涉农贷款1205万元，单位贷款为34809万元，个人贷款为11163万元。外币日均存款9.83万美元，比年初增加9.66万美元，增长96.6%，国际结算量47.11万美元。

【特色金融业务】 新会农商银行恩平支行开业以来，先后推出开卡免工本费、免卡年费、免汇款手续费等独家优惠，推出“金葵树”理财、“乐安家”楼宇按揭贷款、“优易贷”个人汽车消费贷款、“共赢贷”个人综合消费贷款等金融产品，为恩平市民安居乐业提供最优质的产品和服务。年内推出“归侨创业贷”创新贷款产品，助推辖区华侨回乡投资创业。

【普惠金融服务】 2015年，把金融服务的重点放在支持农户发展和中小微企业发展，贷款投放的产业涵盖造纸、印刷、运输、装修、机械、汽车销售、个人、金属铸造、食品加工等，每笔贷款投放额度一般集中在100万元—500万元区间。在积极助力恩平地方经济发展的同时，坚持“源于社会、回报社会”的真诚承诺，热心公益，包括大力支持恩平市“文明餐桌行动”主题活动，举办“爱心助力，‘薯’来运转”企帮农大行动，以及参与各类义工义卖活动、爱心助学活动等。

江门融和农商银行股份有限公司恩平支行

【江门融和恩平支行概况】 2014年6月6日正式挂牌开业，内设经营部、营业部和综合部，从业人员16人，是江门融和农商银行设立的首家异地分支机构。开业一年多来，致力于服务“三农”和全力支持辖区实体经济发展，推进普惠金融建设，信贷业务实现平稳健康发展。

【融和信贷业务】 2015年，先后推出卡贷宝、融和精英贷、融和消费贷和农业“政银保”等信贷产品，为各类农业经营主体提供优质的融资、结算等综合金融服务，不断创新服务“三农”模式，拓宽支农惠农服务内涵，进一步促进恩平市农业现代化进程。至2015年年末，贷款余额18973万元，其中“政银保”贷款400万元，养老贷8万元。

【参与慈善公益事业】 携手恩平市关心下一代工作委员会，资助多名贫困学子求学。2015年冬季，向恩平市400多名环卫工人和飞鹅塘社区多名贫困老人送上御寒用品。参与慈善公益事业活动，企业知名度有新提升。

中国人民财产保险股份有限公司恩平支公司

【财产保险概况】 财产保险恩平支公司内设机构有经理室、综合部、理赔分部、销售业务部，营业网点6个，员工70多人。2015年，经营机动车辆保险、企业财产保险、家庭财产保险等400多种险种，坚持“以人为本、诚信服务、价值至上、永续经营”的经营理念，为恩平的经济建设、社会稳定、人民安康提供高效优质保险服务，市财产保险事业稳步发展。

【经营业务稳步发展】 2015年，保费收入5704.08万元，同比增长27.1%，增收1216.34万元，赔付金额2428.43万元。

【财险主业稳定增长】 机动车辆保险是财险的主业，2015年实现保费4522.23万元，增长24.68%，增收895.07万元，车险收入占保费收入79.28%；非车险保费收入1181.85万元，增长37.33%，增收321.28万元。

中国人寿保险股份有限公司恩平市支公司

【中国人寿保险恩平支公司概况】 内设总经理室、个险销售部、银行保险部、团险业务部和客户服务中心等部门，在沙湖、君堂、大田等乡镇设有营业部或营销服务部，公司从业人员600多人。2015年经营主营险种有：人寿保险、健康保险、意外伤害保险等各类人身保险业务，兼营车辆保险、企业财产保险、产品责任保险、家庭财产保险等财产保险业务，全面满足客户在人身保险、财产保险领域的保险保障和投资理财需求。

【保费收入大幅增长】 2015年，实现保费收入24240.8万元，比上年（下同）增长43.7%。其中寿险新单保费14307.1万元，增长117.8%；寿险新单期交保费3107.7万元，增长47.4%；10年期以上首年期交保费1957.8万元，增长53.5%；短期险保费965.7万元，增长15.4%；意外险保费657.6万元；增长17.3%。

【保险给付赔付】 2015年，办结客户满期给付保险1787件，给付保险金额11018万元；派发恩平客户分红保险红利金额2014.9万元；办理各类保险赔案赔付金额1372.4万元。

华林证券恩平营业部

【华林证券恩平营业部概况】 坚持以客户需求为导向，依托公司集中的销售服务和集中的资产管理配置两大平台，为恩平市提供优质、安全的财富增值服务，证券业务实现稳定增长。2015年，证券交易量357.71亿元，增长245.69%；托管资产总额14.61亿元，增长27.26%；实现营业收入4484.6万元，增长165.04%。

【推出特色证券业务】 传统的证券业务和“富贵竹系列”“金鹰定增系列”“汇智财富集合资产管理计划”“风信子固定收益凭证系列”“私募基金”以及“融资融券、股票质

押、约定购回式证券交易、股票期权、灵融通小额质押回购”等个性化证券信用交易服务及金融衍生产品业务有新发展。2015年，创新推出移动端免下载开户平台、智信理财师网络投顾平台、营销人员二维码展业平台等行业领先项目，并获得互联网证券试点、保证金消费支付、网上开户优化试点等创新资格，满足多层次客户的投融资需求，促进证券业务的持续稳定发展。

【推出特色服务】 建立客户服务体系，营业部客户服务做到内容个性化、服务标准化，整体服务流程可控、过程可监测。相继推出“金梧桐”系列服务和“智信360”资讯产品。营业部设投资顾问，每周不定期组织新股民入市风险教育培训、每季度邀请著名分析师到营业部为客户做投资策略报告等服务形式，为客户提供风险防范、投资基础理论等方面的指导。

基础设施

交 通

【交通运输概况】 市交通运输局内设机构有办公室、财务审计股、规划基建股、运输管理股、安全监督股、人事法制股、执法监督股（加挂市交通运输局综合行政执法局牌子）；直属单位有市交通管理总站、地方道路管理总站、港航管理所、交通服务咨询中心、锦洲汽车检测站。挂靠单位有市交通战备办公室。局机关行政编制15名，执法专项编制21名，下属单位事业编制72名。2015年，《恩平市综合交通规划》完成编制；全年交通基础设施建设项目12项，总投资1.06亿元，其中上级部门补助资金3715万元。至2015年，恩平公路通车里程1605公里，其中高速公路51公里，等级公路937公里（三级以上公路363公里），公路密度为94.54公里/百平方公里。1300多公里的农村公路路面完成硬底化建设，实现从“镇村通”到“村村通”的飞跃。

【地方公路桥梁建设与养护】 2015年，投入3149.3万元，新建、改建地方公路9.579公里，新（改）建桥梁1座、69延米。其中，投资520万元建设乡道Y577线长38米、宽15米的良西水利桥；投资576.8万元改造乡道Y562君黄线全长1.601公里的君堂至塘安段工程；投资3174万元改造县道X534马稔线全长6.533公里马坦至沙湖圩段工程。村道C132罗陂线K0+569南坑水电站桥改建工程、乡道Y566线区村至龙湾段改造工程以及乡道Y582圣六线圣堂大桥至县道X559段改造等工程先后建成或动建设。

市地方公路养护全年共投入 521万元。其中投入229万元，完成县道X534马稔线沙湖镇至圣元村段路13.654公里的面维修工程。全年县道好路率达95%，乡道好路率达92%。

【公路运输】 2015年。全市有营运车辆1813辆、18321.17吨位；客车192辆、7379座位。全市有客运班线169条，其中跨省1条，跨地市68条，市内跨县25条，市内通镇75条。恩平汽车总站由三级站场升格为二级站场；西门汽车客运站由简易车站升格为四级站场；全市运输企业完成货运量2200万吨，货运周转量61350万吨公里，客运量数563万人，客运周转量43780万人公里。

【水路运输】 2015年，原恩平市船务总公司因自有运力不足，被注销《水路运输许可证》，恩平市誉航船务有限公司开始筹建。

恩平港有生产通用码头泊位5个，1000吨级以上泊位4个，其中公用码头1个，杂货1个，外贸泊位1个，货主（粤丰文华）1个。已停用的3000吨级以上原油泊位1个。总里程44.5公里、总投资3.7亿元的镇海湾航道疏浚工程进入招投标阶段。

【交通综合行政执法】 2015年，运政执法共检查站场（客、货）、危运企业、驾培学校57次，抽检维修档口、危运车辆42档（车）次，检查涉嫌非法营运车辆120辆次，查处运政违章案件95宗。治超执法，检查车辆331辆次，查获违法超限超载车辆326辆次，卸货车辆237辆次，卸货总吨数7431.67吨。路政巡查总公里里程15151公里，清理路障32立方米，督促拆除公路控制区内违章建筑、恢复公路原貌1宗，阻止在公路上打谷晒谷16宗。全年交通综合行政执法，实现“零错案”“零”行政复议”和“零行政诉讼案件”。

【城区公共交通建设】 2015年，《恩平市城区公交专项规划（2015－2030年）》完成修编；新增公交车10辆，推进恒大、平塘、石联首末站和1、2、3号公交线站亭（包括标志标线、禁停警示桩等）配套建设，3条线路共154个公交线站点配套；全面推广公交IC卡应用，3条公交线路全面实现IC卡刷卡，60-65周岁老人、在校生享受5折优惠，65周岁以上老人、国家重点抚恤定补对象享受免费乘车，惠及广大市民。

【车辆技术维护与审检】 2015年，全市汽车摩托车维修业户385家，其中汽车一类1家，汽车二类11家，三类167家，摩托车维修212家，从业人员共936人。全年完成汽车检测量2370辆次。客运车和出租车二级维护率100%；货车维护率49.8%；客车、出租车审检率100%，货运车审检率49.8%。

公 路

【江门市恩平公路局概况】 江门市恩平公路局内设机构有办公室、人事监察股、计划财务股、安全股、工程管理股、养护管理股、路政管理股、收费管理股。2015年6月，组建江门市恩平公路局养护中心（加挂江门市恩平公路应急养护中心牌子）下设恩城、大田公路养护站。恩平公路局管养恩平辖区公路里程170.286公里，其中国道44.590公里，省道125.696公里，管养桥梁2935.4延米/76座。2015年，投入资金3958.3万元，完成辖区内国道、省道（含桥涵）的管理、养护、维修、改建和管养路段的大中修任务，确保公路安全畅通。

【辖区国、省道工程建设】 2015年8月，省道276线朗底至大田段路面改造工程（K79+488～K87+378）开工。至年底，完成水泥混凝土路面单幅约12公里、水泥砼路面单边约15公里，累计完成投资约1800万元。10月，对国道325广南线K130＋819～K170＋409下行路面应急处置维修，整体加铺改性沥青混凝土罩面，全长约21.14公里，完成投资1593万元。11月，省道367冲恩线恩平大槐路段路面大修工程（K80+500～K86+727）进场施工，至年底，累计完成投资约140万元。还投入资金92.8万元完成G325线恩平段连珠江二桥左幅加固施工和G325线蒲桥水毁维修施工。

【辖区省养公路养护】 2015年，以迎国检为抓手，全年投入332.5万元，用于路面的日常小修保养和中修项目建设。完成省道369线分水坑至阳春交界路段安保工程；完成G325线K150+000－K162+300段和K144+680－K144+780段路面维修、S367 线K72+792－K80+000段路面维修、S276线K103+459－K138+981段路面维修，清理边沟、排水沟823.4千米，修整路肩981700平方米。完成公路绿化工程，修剪路肩草219500平方米，修剪路树150.2千米，补种花和树木共435棵。全年对所辖路段76座桥梁的限载质量和名称信息进行更新补充，共设置桥梁限载质量牌146块、桥梁牌135块、大中桥梁信息牌32块。

【路政管理】 2015年，累计巡查301天，出动907人次，巡查公路累计43759公里；办理、在办许可案件9宗，收取公路赔补偿费81234元；处理路产索赔13宗，收回路产赔偿费20415元。投入资金90万元，新增和翻新标志标线，其中新增和翻新各类标志牌235块、示警桩312根，翻新、标划标线9800平方米。联合交通综合行政执法局及政府开展路域环境整治，共出动108人次，拆除G325线恩平段利用路灯灯柱设置的非公路标志528块，其他各类违法非公路标志85块，合共991平方米；开展专项行动5次，清理G325线公路用地和建筑控制区杂乱共计26处约780平方米，清理恩平大桥桥底堆积物30立方米，驱赶露宿者5人次。

【规费征收】 2015年，通过在恒安检测站和恩平市行政服务中心设置缴费窗口等便民措施和创新服务，较好完成车辆通行费（年票）征收任务。全年共征收车辆通行费834.15万元，缴费车辆10636台。

汽车运输

【恩平汽车运输概况】 恩平汽车总站内设办公室、客运部、保修厂、物流中心、江门市交通国际旅行社恩平营业部、车队、电算中心、综合部、人力资源部、计财部、稽查等职能部门，从业人员388人。经营省内外长短途公路班车客运、省内外包车客运、客运站经营、普通货运、小件快运、国内外旅游、二类机动车维修、物业出租等，是安全生产标准化一级达标企业。2015年，实现客运量431.69万人，客运周转量27585.46万人公里；货运量1.85万吨，货运周转量311.79万吨公里。2015年春运40天，完成客运量33.84万人次，安全生产总体平稳。 荣获“广东省工会女职工工作先进集体”“江门市级交通安全文明示范车队”荣誉称号。

【客货运经营】 2015年，自有客运班线27条，其中省际线路1条、市际线路17条、县际线路4条、县内乡镇线路5条，拥有客车139辆，平均日发班次近400班，日发送旅客约4500人次。货运物流业务有新发展，新购置1辆承重3.5吨的柴油叉车和1台承重3吨的手动叉车，物流从业人员30多人、物流网点3个、营运货车8辆，开设货车零担、整车运输、中转全国货物以及客运班车托运、五邑通速运业务。承接各类大型展会展品运输业务，增加出货量和仓储。

【汽车运输基础设施建设】 2015年，进一步完善二级站配套设备设施和申报资料，站场等级由三级站升级为省二级B类汽车客运站，10月26日顺利通过省汽车客运站专家组的职场考检验收。投入资金1929.12万元，更新“黄标车”34辆，提前完成“黄标车”报废任务。进一步健全站场安保监控体系基础设施建设，“平安车检”创建顺利通过恩平市平安办复核验收。6月10日，“恩平市创建平安交通示范点”揭牌仪式在汽车总站举行。

邮 政

【恩平邮政概况】 恩平市邮政局内设综合部、金融部、邮务部，下辖7个营业处、10个乡镇支局以及广东省邮政速递物流有限公司恩平市分公司。 2015年3月16日，中国邮政集团公司广东省恩平市分公司挂牌成立。2015年，邮政业务（含物流）收入8289万元。2015年，完成横陂支局、沙湖支局的装修整治和东成支局的迁址改造工作，新增和更换CRS自助设备12台，改善了网点服务环境。开展各类安全知识培训和道路交通安全、消防、守库押钞、外包工程等安全生产专项检查活动，落实金融业务检查管理办法和从业人员违规积分管理办法，物防、技防的能力有新提升。

【邮政业务】 2015年，新开办新媒体业务、代理腾讯广告、国地税“双代”，中邮证券等新业务与。全年函件业务量107.22万件；包件业务量6.96万件；特快专递业务业务量1.84万件；汇兑业务量0.77万笔；订销报纸和刊物累计数653.23万份；机要业务量3535件；集邮业务量4万枚。

【邮政储蓄】 2015年，全市辖区邮政储蓄网点市区7个，乡镇10个，金融自助设备机49台，实现网点金融自助设备全覆盖。全市邮政储蓄年末余额32.13亿元。

【投递网建设】 至2015年年底，全市有48条邮路，总里程数达3846公里。实施邮件、书报刊投递大提速。积极完成党报党刊的发行和投递工作。

中国电信恩平分公司

【恩平电信概况】 营业网点遍布全市各乡镇，有自营电信营业厅11个、合作营业厅4个。至2015年年底，拥有固定电话用户10万户，移动用户7.6万户，宽带用户6.8万户。全年业务总收入1.1亿元（税后），创近三年来新高。

【电信网络建设】 至2015年年底，恩城中心区域实现光纤宽带无条件受理，中国电信50兆以上大带宽覆盖3万用户 。完成一代AD用户退网升光工作。全年新增光纤接入能力47504线，现有宽带接入端口容量达10万个，Internet出口总带宽102G。着力推进FDD-LTE4G网络建设，完成161个L网新建基站的开通，138个基站入网。已建3G/4G基站186座，Wi-Fi及AP270个，4G网络覆盖全市城乡。

2015年5月，与牛江镇合作启动“光网示范镇”创建工作，助推恩平市“互联网+”行动落地。至2015年年末，牛江镇完成建设光端口5030个，铺设光缆10.3万纤芯公里， 全镇光纤宽带网络覆盖率达100%，宽带用户光纤使用率超9成，成功创建江门市首个“全光网镇”。

【推进信息化】 2015年，为政府和企业信息化水平提升提供优质服务，开通重点防火单位用户的“消防E通”项目，与市农业局合作，为500多名农技人员、农技推广员、种养大户开通手机“农技宝”应用，为农村淘宝村级服务站提供高速和稳定的光纤网络接入，助推市农村淘宝项目落地。建设江门教育视频网，接入省教厅优质教育资源云，并通过电信宽带及电信电视（平台）送达辖区千家万户，为民服务能力不断增强。全年网络安全运行，圆满完成各项通信保障任务。推出“光纤4G” 综合上网解决方案，向客户主推“169双百兆”套餐，电信用户可以同时享受百兆光纤和百兆4G带来的全新高速上网体验。2015年，举办1000多场光纤使用便民登记活动，加快光纤宽带和电信电视的普及步伐。

中国移动通信广东公司恩平分公司

【中国移动恩平分公司概况】 内设综合部、市场部、网络部和三个中心、三个乡镇区域，在岗员工138人。2015年，全力推进4G跨越式发展，为在网用户提供“不换号、不登记、快速换卡”的“两不一快”的便捷服务和引领4G演进发展，推出了多样化的套餐供用户选择，包括4G上网套餐、4G商旅套餐、4G飞享套餐、4G流量王、4G大众卡等套餐服务。

【便民利民服务】 全面落实“用户为根，服务为本”的企业服务理念，满足用户需求。开通包括实体营业厅、“10086”热线、网上营业厅、手机营业厅、短信营业厅、终端维修等多渠道的便捷服务。全力打造“和生活”服务平台。平台内容涵盖无线政务、医疗保健、交通旅游、求职就业及购物优惠等多项服务，以满足广大市民不断增长的信息消费需求。推出广东移动“10086”微信公众号，为用户提供办理业务、优惠咨询、话费查询、余额查询等服务。

中国联合网络通信有限公司恩平分公司

【恩平联通概况】 内设综合室、营销室、集团客户中心、建维中心，下辖3个营服中心、5个营业厅，在岗员工51人。2015年，以4G为引领，实施五年战略规划，推动通信业的发展模式的转型。至2015年，恩平联通拥有移动用户100433户、固网及宽带用户17584户，全年实现业务总收入4989.76万元。

【通信网络建设】 2015年，大力建设4G网络，通过基础资源共享，农村偏远区域实现3G信号无缝覆盖，共新开通入网LTE站点79个，升级改造U900站点95个，室分15个，宽带项目竣工交维25个，新增FTTH端口近3500个，城区宽带资源覆盖率达到98%，恩平主要乡镇及工业园区实现资源到达。推进网络优化工程，重点开展3G/4G协同优化、信号干扰污染整治、4G极速优化等一系列专项网络优化工作，初步建成的LTE4G网络覆盖恩平城区、乡镇及高速公路、国道、省道，可提供高达150兆比特每秒的无线宽带接入服务。

【联通业务拓展】 2015年，推出“沃.4G+超人卡”“畅聊王”“4G本地王套餐”“4G自由组合套餐”“智慧沃家套餐”“宽带融合套餐”“高清影视”“移动监控”等面向企业和公众服务的产品与信息化应用。首推“智慧沃家套餐，一份套餐，全家共享”。2015年12月，恩平联通与大槐镇人民政府合作，在辖区内主要干道和镇街建成视频监控点八个，为“平安恩平”创建提供有力支撑。成功中标全省工商局移动执法项目，为恩平工商局提供执法终端30户，实现外勤执法对信息数据的查询和传输。

城乡建设·环境保护

住房和城乡建设

【住房和城乡建设概况】 市住房和城乡建设局内设机构有办公室、人事股、建筑市场和工程管理股、技术信息管理股（加挂市散装水泥办公室、市墙材革新与建筑节能办公室、市房屋安全鉴定办公室牌子）、住房保障和房屋管理股（加挂市安居工程领导小组办公室、市房屋拆迁管理办公室牌子）、房地产和产权管理股（加挂物业管理股牌子）、城乡建设股，下辖市建筑工程质量安全监督站、市建筑工程质量检测站、市房地产交易登记中心、市房屋租赁管理中心、市建设工程设计审查中心、市住宅专项维修资金管理中心，恩城、北郊、河南、大田、那吉、沙湖、圣堂、横陂、君堂房管所及市保障性住房物业管理所。全局共有工作人员109人，其中局机关公务员23人、事业单位人员79人、雇员7人。2015年，市住房和城乡建设事业有新发展，农村生活垃圾收运按照"户收集、镇转运、市处理"模式全面运营；建筑施工实现安全生产零事故；保障性安居工程建设稳步推进，宜居村庄创建试点通过验收。

【建筑业平稳发展】 至2015年，全市有建筑企业8家，其中一级资质家，二级资质2家，三级资质5家，监理单位1家以及设计单位2家。全市建筑企业拥有专业技术职称的人员共747人，其中工程类高级职称人员16人、中级职称人员133人、初级职称人员598人；一级注册建造师15人，二级注册建造师84人。二级注册建筑师6人，二级注册结构工程师资格2人，总监理工程师6人，专业监理工程师资格5人，专业监理员9人，小型项目负责人86人，全市施工企业机械设备总数604台（件），净值8019万元，其中各类起重机械（载人施工电梯、井字架、塔吊等）87台，运输车辆147辆，搅拌设备98台，挖掘机73台。全年在建工程278项，总建筑面积358.7万平方米，同比下降1.8%；实现建筑业总产值7.5亿元，同比下降38.19%。

【房地产市场有新变化】 2015年，商品房新开工面积23.29万平方米，同比下降46%；累计完成投资总额13.61亿元，同比下降45%。全年共发放商品房预售许可证33个，许可预售商品房面积57.12万平方米；商品房(含商铺)实际销售面积29.17万平方米，销售金额13.08亿元，住宅销售均价4110元/平方米。

【保障性住房建设】 2015年，共建设保障性（公共租赁住房）335套，其中新开工260套，基本建成75套，总投资3513万元。包括位于恩平工业园区公共租赁住房大楼，总建筑面积12207平方米，共170套，总投资2500万元；位于大槐圩租赁住房大楼，投资1231.15万元六层、100套，已完成主体框架工程。建成后，以出租方式，集中解决华侨农场危房改造困难户的安居问题。年内，共分配公租房253套，发放廉租住房租赁补贴81户，中心城区住房困难群众的住房难问题得到有效解决。

【村镇建设与环境专项整治】 2015年，投入资金312.2万元，完成121条村（其中新增9条）整治任务，改造道路6.49公里，改造排水沟渠0.6公里，安装路灯12盏，改造危房13间，改水180户，改造家庭卫生厕所41个。宜居村庄试点村沙湖镇上凯村委会和牛江镇横眉村委会莲开村，多方筹集资金进行"五改"及环境整治，村容村貌焕然一新。全市11个镇（街）农村生活垃圾收运处理全部启动"户收集、镇转运、市处理"模式。东成镇以购买社会服务模式，实现全镇农村生活垃圾收运处理全覆盖。镇级污水处理设施建设稳步推进。

【农村泥砖房改造与老旧危房整治】 2015年，经普查鉴定，全市农村有泥砖房3419间，总面积33.98万平方米，其中C级危房

（严重损坏或局部危房）2320间，D级危房（整体危房）971间。全市有老旧危房236间，面积5.8万平方米，其中全危房77间，面积1.33万平方米；局部危房159间，面积4.47万平方米。按照省委省政府的相关政策界定，全市确定“最急需改造的泥砖危房”对象1350户，列入2015年改造的450户已完成改造任务，最急需、最困难群众的基本住房得到有效保障。对老旧危房实行分类处理，动态监管。

城乡规划

【城乡规划概况】 市城乡规划局内设机构有办公室、规划股、监察股、村镇股、申办股，下辖单位有城乡规划管理执法大队和城乡规划设计院。全局工作人员50人，其中公务员编制13人，事业编制在编人员12人，规划设计院在岗人员25人。2015年，《恩平市中心城区城市绿地系统专项规划（2014－2030）》通过市政府审批；《恩平市中心城区山体保护规划（2014－2030）》《恩平市中心城区蓝线规划》启动编制;其中《恩平市中心城区蓝线规划》已通过市规划委员会审议；召开《恩平市生态控制线规划》《恩平市养老设施布局专项规划（2014－2030）》专家评审会。列入编制计划并启动前期工作的项目有《恩平市环城快速路周边地块控制性详细规划》《恩平市水利制件片区控制性详细规划》《恩平市锦江新城（南区）控制性详细规划》以及《恩平市西铁新城片区分区规划与核心区控制性详细规划》《鳌峰山风景区周边地块控制性详细规划》《恩平市中山公园周边地块控制性详细规划》等规划，逐步实现中心城区控规及重要区域城市设计全覆盖。

【村镇建设规划】 2015年，全市有151条行政村全面铺开新农村建设规划工作，其中136条行政村的村庄整治规划编制基本完成，15条行政村进入招标阶段；《2014年村庄整治规划编制》已通过验收，报市政府审批。

【项目报建与规划管理】 2015年，办理房地产项目报建27宗，用地9宗；大型工业项目报建51宗，用地14宗；办理中心城区私人报建325宗，用地116宗；村镇报建103宗，用地93宗；其它集体报建40宗，用地14宗；规划条件核实222宗。实现行政性收入4769.16万元，罚没收入20.66万元。

【规划监察与执法】 2015年，出台《恩平市城乡规划局行政处罚自由裁量权暂行规定》和《恩平市城乡规划局行政处罚自由裁量量化标准》，跟踪执法管理建设项目204宗，督促违章建筑补办规划许可16宗，督促违章自行整改6宗，发出调查通知书 20份，责令整改76宗，违章拆除处理2宗，拆除处理面积21平方米，办结行政执法处罚案件共15件。受理办结涉及城乡规划投诉、来信、来访案件48宗。其中“12345”热线办34宗投诉，维稳中心转办4宗、信访局转办3宗、市人大常委会转办1宗、市纪委转办3宗、来访1宗，市府转办1宗、市行政效能投诉中心转办1宗。

城市综合管理

【城市综合管理概况】 市城市综合管理局（简称市城管局）内设办公室、财务管理股、市政园林管理股、市容环境管理股（加挂“市燃气管理办公室”牌子）、综合管理股（加挂“行政审批服务股”牌子），行政编制17名（含行政执法专项编制7名）。下辖单位有城市监察大队（副科级事业单位）、鳌峰公园管理处（副科级事业单位）、城市综合管理财务结算中心、生活污水处理管理中心、街灯管理所、市场物业管理站、市政园林管理所、环境卫生管理处等8个事业单位及市政建设工程有限公司，事业编制78名，在职人员830多人。2015年，着力推进鳌峰公园、锦江湿地公园、社区公园的升级改造工程和西门湿地公园三期工程建设，中心城区各大公园观赏性和功能有新提升；镇级公园、主题公园和村（居）公园建设步伐加快，年内已完成了3个镇级公园、5个森林公园、44个村（居）公园建设；大松岭公园、原点公园、航天文化公园的前期规划完成编制。全年投入资金3600多万元，

推进城市道路网络建设。主要包括南堤西路（侨中至水利制件厂）、锦江国际新城30米路（锦江大道至金坑河段）、沿江西路（大钟楼至发改局段）、六合村道路、桥园西桥梁维修加固、五里营村道路（新平北路至锦江大道段），总里长3700多米。完善新建道路街灯安装。分别在南华街、飞鹅东街、英贤街、美华西、米仓二路、大松岭（平石至电大）等多条新建道路安装街灯100多套；完成锦江河两岸动感光源亮化灯饰安装4000多米，在吉祥南路住宅区、金刚小区、长安南路、水头坪小区等较为偏僻街道和内街小巷安装150多盏“民心灯”。年内共维修路灯达3000多盏，升级更换城区路灯300多套，保持了路灯设施完好率达到95%以上，主要道路亮灯率达到98%以上。

【生活垃圾填埋场建设】 樟木坑生活垃圾填埋场（一期）工程建设顺利推进，2014年12月，通过竣工验收备案；2015年7月，通过环评验收；9月，通过省无害化验收定级；开始系统整体运营。分选车间环评、分选车间建设、渗沥液处理系统设备扩容、风评、能评、垃圾场填埋库区垃圾整合等后续工程有序开展。

【生活污水处理及配套管网工程建设】 中心城区和牛江、圣堂、大田、东成、良西等五个镇级污水处理厂及配套管网工程建设加快推进。至2015年年底已完成规划、环评、可研、用地预审、地质勘察、节能评估、立项、初步设计、建设投资成本分析、运营成本分析和施工图设计、施工图审查、招标限价审定、招标文件确定等前期工作。五个镇级污水处理厂与城区污水二期工程捆绑打包一起招标。

【创建广东省文明城市】 2015年，大力整治恩新路、新平路、东门路等34条主要街道的乱摆乱卖、乱停乱放、乱倒乱丢、乱搭乱建、乱写乱贴、乱拉乱挂等“六乱”行为，共处理违章案件5800多宗，清除“牛皮癣”小广告5万多张。年内清运处理生活垃圾共8万多吨；在城乡结合部、城中村的主要路段放置大容量垃圾桶200多个，清理城区卫生黑点的建筑余泥、堆积杂物等共670多处约2700多吨，清理“四害”孳生地12万多平方米，打捞锦江河河面漂浮物、水浮莲共2800多吨。

【创建广东省园林城市】 2015年，实施绿化提升工程。在锦江大道高速公路出入口路段铺植湾草共11000多平方米、种植黄金叶、龙船花等花卉30000多株，种植海南红豆、小叶紫薇、黄花风铃等100多棵；在工业一路种植黄金叶、野牡丹、米兰等30000多株，整体绿化率和美化水平明显提升。开展认种认建活动，共向社会和个人筹集绿化资金20多万元，种植桃花500多棵，分别命名青企林、家庭林、爱心林、企业林组合成为主题桃花园。至2015年年底，

城区绿化覆盖率达40.5%，绿地率达35.2%，人均公园绿地面积达15.45平方米，绿化三大指标达到了广东省园林城市标准。12月中旬顺利通过省“创园”考核专家组的考核验收，成功创建广东省园林城市。

【城管依法行政】 深化行政审批制度改革，完成“1+3”清单的编制工作，涉及行政审批事项17项，投资准入审批事项4项，市场监管事项4项，行政执法事项等共计143项。按照《恩平城管局行政审批工作规范》，全年共承办行政审批事项共389件，办结率100%。全年受理城管服务热线、网络舆情等渠道反映的事项共780多宗，办结率为98%。

环境保护

【市环境保护概况】 市环境保护局内设办公室、法规与宣教股、污控生态股、环评管理股、环境监察分局，下辖单位有市环境监测站、环境科学研究所和环境信息中心。2015年，着力抓好环境综合整治工作，推进生态文明建设，推进污染减排，市环境污染现状和环境质量明显改善。全年开展地表水、河涌、镇级饮用水源常规监测项目26项，市饮用水源江南干渠常规监测项目65项，获得监测数据4803个。据监测数据分析，镇级饮用水源达到国家Ⅱ类水质标准，集中式饮用水源江南干渠达到Ⅰ类水质标准，恩城水厂、义兴测点达到Ⅱ类水质标准，古塔大桥、恩东大桥达到Ⅲ类水质标准，六湾河、仙人河、将军咀、公仔河等河涌水质为劣Ⅴ类。环境空气质量日报优良率96.0%，年平均AQI指数为54，其中二氧化硫、二氧化氮、可吸入颗粒物年日平均值分别为0.021毫克/立方米、0.027毫克/米、0.057毫克/立方米，均符合《环境空气质量标准》（GB3095－1996）二级标准；全年共采集水样29个，其中酸雨数为0个，降水pH均值为7.2。

【污染控制与整治】 2015年，着力抓好禽畜养殖场污染治理和燃煤锅炉整治，20个规模化养殖场已逐步污染治理设施，城市建成区7个锅炉已完成锅炉改造。“黄标车”淘汰工作顺利推进。全年受理营运和非营运“黄标车”淘汰补贴207辆，共发放补贴211.9万元。全市已淘汰“黄标车”1170辆，占江门下达淘汰任务的124.34%，完成率居江门四市三区之首，其中淘汰2015年底前注册的营运黄标车537辆，完成率102.29%。

【水环境整治与监督】 2015年，出台《锦江流域河（段）长责任制考核断面水质监测评价办法（试行）》《锦江流域河（段）长责任制实施方案（试行）》强化锦江水资源常规环境监测和流域水污染企业环境监督，确保达标排放。集中式饮用水源地江南干渠测点和锦江河自来水厂断面每月一测；古塔大桥、恩东大桥和义兴断面逢单月监测。

【建设项目环评管理】 2015年，全年受理环评业务事项304项，审批134项，退回3项，办结率100%。环境影响评价审批75宗，其中报告书7宗，报告表68宗，登记表59宗；验收项目122宗，其中建设项目73宗，建筑验收49宗。全市有近50家企业完成清洁生产评估，进入清洁生产审核验收环节。

【环境投诉与执法】 2015年，办理环境投诉来电138件，来访233件，来信5件，处理率为100%。立案查处各类环境违法案件，有3家企业责令停产整顿，有14家给予罚款处理，处罚金额55万元，查封企业4家，限产1家，依法下达整改通知书49家。

供 水

【供水概况】 恩平市供水有限公司内设机构有行政部、财务与山泉水部、供水部、工程部，下属企业有恩平市长虹市政工程有限公司、恩平市长虹消防工程有限公司、恩平市七星坑山泉有限公司、恩平市一品泉供水有限公司以及由公司控股的恩平市瑞丰小额贷款有限公司。企业员工总数400多人。2015年，供水事业实现规模化、多元化经营，经济效益和社会效益同步提升，全年实现总收入10005万元，其中供水销售收入3877万元，占总收入38.75%，全年交纳税收352.8万元，同比增长16.5%。

【供水基础设施建设】 2015年，铺设供水主干管道总长43540多米。其中，DN100－DN160给水管道21000多米、DN200－DN300给水管道12000多米、DN600－DN1000给水管道9100多米。中心城区的荣华街、河南安居街、沿江路工商新村等16处的供水管网完成配套改造，改善了供水条件。二期制水工艺续建工程2015年11月竣工，投入试运行。至2015年年末，制水能力达到12万立方米/日，有效改善城乡供水状况。

【农村改水工程建设】 2015年，沙湖、牛江改水工程6月竣工通水，总投资7050多万元，安装供水主干管道总长17800多米。牛江、沙湖村镇居民和沙湖镇陶瓷工业园等区域的用水难问题得到有效缓解。西坑水厂的建设有序推进，取水浮船建成投入使用。投入资金约800万元，推进大槐、东成、圣堂、君堂、良西等镇共60条自然村的改水工程建设，完成54200多米给水管道安装，受惠人口约1万人。

【综合经营业务发展】 2015年，承接金沙时代广场、富杨楼、幸福金岸、江南富湾第二期、竣景花园等楼盘及恩平一中宿舍楼、大槐幼儿园、东安中学宿舍楼、飞鹅圹小学等单位的给水、消防工程，以优化工程设计方案，以优质的服务、精良的施工技术赢得社会信誉。

“一品怡”矿泉水技术改造，提高产能，提高产品质量，新建旋转式吹瓶生产线，获2015年市科技进步奖，产能提高2倍多，质量相对稳定，市场占有率有新提升。年内开发了阳江、东莞、佛山等新市场，外销出口至帕劳共和国。

供 电

【供电事业概况】 恩平供电局内设机构有综合部、安全监管部、财务部、配电部、营业部、计划建设部、党群工作部，下辖恩城、江南、东成、沙湖、君堂、大田、横陂、那吉、牛江、圣堂、良西、大槐等供电所以及恩城配电运维中心。在编干部职工475人，全员持证上岗。至2015年底，全市有变电站16座，其中500千伏变电站1座，220千伏变电站2座，110千伏变电站13座，总容量为181.4万千伏安，全部实现无人值守方式运行。市内有500千伏输电线路总长约115.352千米，220千伏输电线路总长约191.285千米，110千伏输电线路总长约289.442千米，35千伏输电线路总长约26.884千米。 全市有10千伏配电线路1841.35千米，其中架空线路1640.25千米，电缆线路201.1千米；配电变压器3058台，其中公用变压器1575台，容量45.004万千伏安，专用变压器1483台，容量80.95万千伏安。全市用电户数约22万户，其中大工业用电约183户，非工业普通工业用电约14048户，商业用电约14559户，农业用电约5241户，居民用电约193391户，稻田排灌、脱粒用电约2735户。当年总供电量24.14亿千瓦时，售电量23.85亿千瓦时。实行商业用电与普通工业用电同价，电费回收率99.999%，同比降低0.001%。

【电网建设】 2015年，完成电网建设投资7048万元（技改1312万元、基建5736万元）。新建（在建）220千伏孟槐变电站，规模为内变电容量360兆伏安，220千伏线路长75.1千米，按双回共塔架设，共用铁塔104基；110千伏线路长52.1千米，按双回共塔架设，共用铁塔90基，全线位于恩平市境内。年内，市中低压配电网基建项目81项，投入资金10517万元，新建或改造10千伏线路33.97千米，其中电缆线路5.04千米，架空线路28.926千米；新建或改造电缆分支箱5台；新建或改造10千伏柱上开关8台；新增或更换变压器67台，容量15365千伏安；新建或改造台区82个；新建或改造低压线路275千米；新建或改造低压配电柜74面；新建、改造低压无功补偿4920千乏。中低压配电网抗风加固项目11项，投入资金1155万元，改造线路37.598公里，其中电缆线路1.578千米，架空线路36.02千米。

【安全生产与应急管理】 2015年，结合不同的施工现场制订安全重点工作督导计划12份，明确相关检查要点；全年共督查施工作业现场962个，100%纠正违章行为118单；成立恩城运维中心，实行缺陷专业化管理。运维中心联合管理人员及班组长等技术骨干开展4次监察性巡视，发现紧急缺陷数16项，重大缺陷数78项，一般缺陷115项。全年共发现设备缺陷3118项，同比提高21.5%，消缺率84%，同比提高8个百分比。雷击导致的跳闸、接地同比下降33%，中压线路故障同比下降18%。本年度实现安全生产零事故，全年安全运行365天，累积安全运行8996天。

文化事业

WEN HUA SHI YE

文化

【文广新事业概况】 市文广新局加挂市版权局牌子，内设机构有办公室、社会文化艺术股、文化文物市场和文化事业管理股、广播电影电视管理股、新闻出版和版权管理股、市文化市场综合执法队。局机关行政编制9名，执法专项编制6名，直属单位有市文化馆、市图书馆、市博物馆、市新华书店、市粤剧团，挂靠单位市文联。2015年，市文化馆新馆竣工启用，按照国家一级馆标准建设，顺利通过省文化厅检查评估。市图书馆新建立6个分馆。完成图书馆多功能报告厅维修改造工程和完善设施设备。启动圣堂镇、恩城街道办文化站、那吉文化站工程建设。按照省一级站标准，完成8个镇文化站改扩建工程。完成50个村（社区）电子阅览室和83个村（社区）文化室设备配送工作。实施农家书屋提升工程，对全市151家农家书屋出版物进行补充更新。

【群众文艺创作有新成果】 原创作品粤剧表演唱《抗战情侣》参加2015年全省粤曲私伙局大赛获好评；小品《悔恨》代表广东省参加全国反邪教文艺作品网上展演，在中国反邪教协会主导建立的反邪教主题网站“凯风网”展播；相声《人在征途》获得广东省群众文艺作品评选曲艺类三等奖。组织开展“纪念抗战胜利70周年”为主题的书法、美术、摄影征集活动，征集各类作品400多件，举办优秀作品展览。组织参加江门市“纪念中国人民抗日战争暨世界反法西斯战争胜利70周年”文艺歌会荣获优秀奖；组织歌手参加“同饮一江水”2015广东打工者歌唱大赛荣获年度总决赛冠军；组织作品参加群众文艺作品评选，其中1件作品获省三等奖，2件作品获江门市一等奖，2件作品获江门市二等奖，4件作品获江门市三等奖。原创节目《雨中》（小品）被江门选送参加全省第八届群众戏剧曲艺花会的比赛。

【文化遗产保护】 着力做好第二批广东省非物质文化遗产生产性保护示范基地申报工作。组织省级“非遗”项目参加文博会交流推介。开展“文化遗产进校园”和“非遗”公益传习活动15场（次）。在国际博物馆日和世界文化遗产日，组织举办《中国文化遗产保护》图片展览和茶坑石雕刻技艺精品展等7项活动。着力抓好江门市级代表性传承人补助资金申报工作，分别有2人成功申报省级、江门市级代表性传承人补助资金。旧县署维修全面完成。省文化厅支持专项资金170万元维修县公立图书馆（省级文保单位），前期维修工作已启动。

【文化市场管理】 2015年，进一步加大文化市场执法监管力度，对网吧、电子游戏室、演出场所以及学校周边等场所和地区，加强周末、节假日以及午夜巡查监管。全年组织开展专项行动12次，出动执法人员320多人次，着力查处“六合彩”非法出版物，打击文化市场违法经营行为，净化文化市场。

广播电视

【广电事业概况】 恩平广播电视台内设机构有办公室、总编室、纪检监察室、计划财务中心、人事管理中心、新闻中心、电视中心、广播中心、广告中心、技术中心、微波站（发射中心）、网络中心，基层广播电视站有牛江站、沙湖站、君堂站、大田站、圣堂站、横陂站、大槐站。至2015年年底，全台有员工200人，其中，本科以上学历 64 人，初级以上专业技术人员85人。专业技术人员中，正高级职称 1人，副高级职称 1人，中级职称30人，初级职称 53人。台党委下设6个党支部，党员144人。2015年，开办广播栏目有《恩平新闻》《音乐早班车》《味不可挡》《hello微博》《喜出望外》《越唱越流行》《影视金曲汇》《超级家访》《今夜心情》等16个；开办电视栏目有《恩平新闻》《社会聚焦》《侨情传真》《三农天地》《快乐时空》《鳌峰视野》《恩平政法》《恩平人闯天下》等。全市有线数字电视网络4000多公里，覆盖全市城乡147个村（居）委会2000多条自然村。全市电视用户数9万户，机顶盒发放量11.5万台，高清覆盖率57%。正式开通数字电视付费包服务，设立新媒体部，免收五保户等困难家庭的收视费137万元。2015年，恩平广播电视台被市评为机关作风建设满意单位，综治和平安创建工作被评为良好等次，微波站被评为省一级微波站。

【恩平新闻栏目有新特色】 2015年，《恩平新闻》分设《社会聚焦》《侨情传真》《三农天地》《创文曝光》《鳌峰视野》等小栏目。全年共播出恩平新闻2760条，与“创文”有关的新闻484条，民生新闻216条。《社会聚焦》播出136篇、《侨情传真》播出70篇、《三农天地》播出96篇、《创文曝光》播出279篇。《社会聚焦》栏目播出《男子欲跳楼轻生，消防民警奋力营救》《骗子假装结账换钱，商场被骗1700元》《锦电双桥护栏受损存安全隐患》《女子下晚班在家附近遇劫 被刺成重伤》、新闻追踪《沙湖河水黑发臭 群众意见大》《空调外机热浪吹进卧室 两邻居闹矛盾》《认住这7家小食店，以后吃东西要记得闪开！》等新闻引起了社会的广泛关注。

【新媒体平台强势宣传】 2015年，恩平广播电视台微信公众号以图文视频并茂、形式多样、风格清新的“创文”宣传贴子受到海内外恩平人的热情关注和追捧，有两条“创文”内容的原创作品阅读量达到全国水平，《恩平，你让其他城市怎么混》阅读量达到10万多人次，获海内外恩平乡亲广泛转发和好评，在当周全国县级广电微信排行榜名列单条亚军。作品《认住这7家小食店，以后吃东西记得要闪开！》24小时内阅读量达到10万多人次。

【上级媒体采用恩平新闻稿】 2015年，上级媒体采用播出恩平新闻稿共763篇，其中中国国际广播电台粤语国际《华声资讯》网页播出11篇，中央电视台播出4篇，广东电视台播出7篇，江门广播电视台播出741篇。《恩平谋划和推进“一铁、三高、一航道、一机场”》《冯如故里将建“爱飞客镇”航空综合体》等新闻，被中国国际广播电视台粤语国际《华声资讯》采用，分别于2015年3月12日、13日播出；《江门市首个农村淘宝将在恩平建设》，广东电视台新闻频道5月29日播出。

【广播电视获奖作品】 2015年，恩平广播电视台有27件广播电视原创作品分别在全国、省和江门市获得41个奖项，有5篇论文在国家级和省级刊物上发表。由张欣、冯长征、黄芬撰写的《当“四风”吹到“舌尖”上》获全国县级广播电视评析作品〈广播消息〉一等奖；由秦双、吴慧红、李立平、吴健星撰写的《山洪中的生命通道》获全国县级广播电视评析作品〈电视新专题〉二等奖。由陈超炯撰写的论文《浅谈电视记者如何做好暗访新闻》

《新形势下年轻记者如何做好新闻宣传工作》在《中国影视文化》杂志上发表。由张欣、冯长征、黄芬策划、编辑的《中国第一侨乡》获全国城市宣传片与公益广告及节目创优评析金奖；由苏锦凡、陈超炯、梁正中、周晓营策划、编辑的《侨情传真》栏目获全国城市台创新栏目奖。

档案工作

【档案事业概况】 2015年，探索新形势下档案事业发展的新途径，突出服务主题，档案史志基础设施、基础业务信息化建设有新举措，全年投入98多万元，添置业务和技术用房办公设施设备，馆库硬件配置日超完善；完成以“走进恩平”为主题的固定展览厅的布展和完成荣誉实物厅的装修和布展工作。档案馆综合实力有新提升，档案史志事业发展稳步推进。

【档案资源建设】 2015年，出台《恩平市档案馆收集档案资料范围实施细则》，界定档案收集范围，拓宽档案资源渠道。全年接收81个全宗单位文书档案3414卷，新增专门档案4595卷，其中接收4个全宗单位专门档案450卷进馆，重新规范整理破产企业等会计档案4145卷；接收重大活动档案纸质资料4册24份，照片64张，光盘4张；接收全市各类活动照片档案300张，进一步丰富了馆藏。

【档案鉴定】 成立档案开放鉴定工作领导小组，抽调专门力量，分批对馆藏满30年共9870卷档案进行鉴定。有4899卷档案鉴定完成，并征求单位意见，符合条件的档案共48卷；有3000多卷档案鉴定完成复审。

【依法治档】 组织开展档案执法检查和档案法制宣传活动，对全市已实现档案目标管理的部分单位及2014年复查未通过的单位共38个单位开展复查工作。配合江门市档案局依法对那吉镇和恩平市林业局档案管理工作进行了全面复查。通过复查认定，提升相关单位档案管理水平，巩固和发展档案目标管理成果。

【档案信息化建设】 出台《恩平市档案局档案信息化建设实施方案》，投入3.5万元购置电脑、扫描仪、打印机、刻录机等数字化加工场所设备，推进“存量档案数字化”和“增量档案电子化”。完成馆藏50万页文书档案数字化及500张照片档案数字化工作。利用电子文件数据中心平台开展电子文件在线接收试点，档案信息化管理水平有新提升。

【档案利用与服务】 2015年，共接待档案查阅者840多人次，电话查询57多人次，网上查阅100多人次，提供档案资料2500卷（册），涉及内容主要是劳资、社保、福利、就业等纠纷问题。

【档案宣传活动】 2015年“国际档案日”期间，组织全市档案工作人员100多人参加档案法律法规有奖知识竞赛，参观“走进恩平”档案展览，进行现场抽奖活动；举办图片展等一系列活动，纪念抗战胜利70周年。“同心赴国难、热血铸忠魂——纪念中国人民抗日战争暨世界反法西斯战争胜利70周年江门抗战专题巡回展”在恩平市档案馆展出期间，全市86个单位党员干部及群众4800人次到场参观，取得较好的宣传效果，提升了档案工作知名度。

【志史工作】 《中国共产党恩平历史二卷（1949—1978）》通过广东省委党史办、江门市委党史办审核定稿，正待付印。《恩平年鉴（2011—2013）》完成编纂付印。年初，《恩平年鉴（2014）》一年一鉴组稿工作启动。至年底，基本完成组稿工作。完成《江门年鉴（2015）》恩平市条目的撰写、上报工作。

卫生·教育

WEI SHENG · JIAO YU

卫生

【卫生事业概况】 市卫生和计划生育局（简称市卫计局）内设机构有办公室、人事股、规划与财务股、信息与统计股、政策法规与监督股（加挂“行政审批服务股”牌子）体制改革股（市深化医药卫生体制改革工作领导小组办公室）、公共卫生股（加挂“卫生应急办公室”、“市爱国卫生运动委员会办公室”牌子）、医药股、考核评估股、流动人口计划生育服务管理股，局机关行政编制32名。至2015年，全市有医疗卫生机构239家，医疗机构病床位数共有1380张，全市卫生计生从业人员2294人。其中，卫生技术人员有1638人、执业助理医师849人，注册护士789人。全市每千常住人口执业医师1.701人，每千常住人口注册护士1.58人，病床使用率62.8%，其中市直医院81.78%，基层卫生院28.93%。卫生村创建顺利推进，沙湖镇乌石莳村、东岸村，牛江镇马龙塘村成功创建省卫生村，恩城街道顶冲村委会莲庄村成功创建江门市卫生村。至2015年年末，全市有江门市卫生村19条，省卫生村17条。

【公立医院综合改革全面实施】 2015年，在市人民医院医改试点的基础上，五邑中医院恩平分院、妇幼保健院按公立医院综合改革方案，启动调整医疗服务价格，2015年11月1日起全面取消药品加成。政府办二级以上综合医院优先配备使用基本药物。市人民医院基本药物共有706个品规，占药品总数的71.96%，基本药物收入占全部药品收入的比例为50.1%，五邑中医院恩平分院880个品规，占药品总数的67%，基本药物收入占全部药品收入的比例为48.94%，妇幼保健院237个品规，占药品总数的69%，基本药物收入占全部药品收入的比例为53.6%，全市11个乡镇卫生院和3个社区卫生服务中心使用的基本药物，统一网上集中采购，对国家确定的520种基本药物和省增补的467种药物全部实行零差率销售，实现镇村一体化管理。村卫生站推进实施基本药物制度，共有141间村卫生站实施基本药物制度。市财政投入480万元，用于五邑中医院恩平分院、市妇幼保健院和人民医院实施取消药品加成、人才培养、专科建设、基础建设和医疗设备更新等补偿经费。全市已开设平价诊室的公立医院有3家，平价诊室占门诊资源数15%；全市政府办的乡镇卫生院(或社区卫生服务中心)均已使用平价药包，使用率达100%。

【医务人员培训与科研活动】 2015年，继续加强业务培训和开展科研活动，全市选送22名技术人员到上级医院进修；组织了内科、外科、妇产科、放射、检验等5个专业共3522人次参加卫生专业技术人员培训。全年开展各项医学技术科研立项及新技术新项目共20项，其中，“乌司他丁联合醒脑静治脑梗死并发全身炎症反应综合症临床研究”“紫杉醇联合顺铂静脉化疗结合紫杉醇腹腔灌注治疗晚期卵巢癌”“尿酸干预对老年高血压合并糖尿病者心功能的影响”“芪参益气滴丸对高血压病左心室肥厚、血脂异常的影响”“持续双套管冲洗负压引流治疗十二指肠外瘘的临床研究”和“小针刀、中药熏洗联合臭氧治疗跟痛症的临床研究”等获江门市卫计局科研立项，医务人员科研、学术交流不断加强，在各级各类刊物杂志上刊发医学论文70篇。

【爱国卫生运动开展】 至2015年，全市有江门市卫生镇4个，省级卫生村17条，市（地）级卫生村19条，中心城区保持灭鼠达标，全市自来水普及率达到70%，农村卫生厕所厕普及率79.61%，农村无害化厕所普及率59.48%；全市设立的群众卫生问题投诉平台有网上投诉、市长热线以及爱卫、环卫等部门热线。群众投诉处理率97%，群众对城市卫生满意率93%以上。

【无偿献血】 2015年，全市共有3029人次参加无偿献血，献血总量达60.58万毫升，100%满足辖区临床用血需求。

计划生育

【计划生育概况】 2015年，全市各级着力抓好计生整改工作，成效显著。全市常住总人口数494688人，人口出生4893人，符合政策生育率89.29%，长效节育措施落实率89.30%，多孩率3.92%，人口出生率9.81‰，自然增长率3.09‰，出生人口性别比为108.66。

【制订落实计生奖励优抚政策】 2015年，先后出台《恩平市符合条件的育龄妇女免费体检办法》《恩平市计划生育节育奖励办法》《流动人员持证生育奖励办法》《恩平市育龄妇女参加B检查环查孕活动奖励办法》。年内全市有268名对象享受了节育奖励，有16037名妇女享受查环查孕奖励，镇级财政发出奖励资金达173.1万元。凡符合政策生育的农村已扎纯女户和独生子女户的小孩初中升高中考试加5分；对符合政策生育的已扎纯生二女家庭，减免其小孩高中阶段学费50%，对已购买城乡居民养老保险（或职工养老保险），且符合政策生育的农村已扎纯女户夫妇每人每年补助120元，对已购买城乡居民医疗保险（或职工医疗保险），且符合政策生育的恩平市户籍农村已扎纯女户夫妇双方（或单方）和现家庭子女，每人每年补助恩平市城乡居民医疗保险个人自付部分的50%。几项的计生补助开支，市财政投入达139.5万元。继续推进“三结合”工作，各镇（街）结合当地资源优势，积极开展“一镇一品”项目，每年投入适量资金开展帮扶，支持计生家庭发展生产，加快脱贫致富步伐。流动人口卫生计生基本公共服务均等化试点扎实开展，工作取得较好成效。年内流动人口61014人，流入人员出生693人，出生政策符合率81.53%。

【计生动态监测调查】 2015年，市动态监测调查选点横陂镇，涉及2个村(居)委会、27条村(区段)，抽样调查人数200人。监测调查工作顺利开展，取得准确数据，差错率为零。在全省86个县（区、市）中位居第1位。

【计生宣传教育】 2015年，出台《恩平市人口和计划生育宣传教育工作实施方案》，全市投入了宣传经费303.03万元，印发宣传小册子、入户小礼品36万份；新闻媒体轮播发计生广告2482次；举办生育文化文娱晚会12场次、大型计生专题咨询宣传活动46场次；全市共发布卫生计生简讯12期，人口计生整改专题报道87期，向江门市政务网、《广东卫生计生》《中国人口报》等地市以上媒体投稿并被采纳65条次，微博年推送量479条。在全省卫生计生系统微信编辑评选活动中，获得优秀奖。

【计生依法行政与单独两孩政策实施】 2015年，全市审批再生育申请1231例，发出《社会抚养费征收决定书》853份，申请法院强制执行8例。“单独两孩”再生育审批纳入便民服务范围，全市再生育审批办结时间减少到平均12个工作日（含7个工作日的公示时间）。2015年，全市共受理“单独两孩”再生育申请286例，完成审批286例。

妇幼保健

【妇幼保健概况】 市妇幼保健院加挂“江门市妇幼保健院江门市儿童医院”牌子，内设机构有医务科、护理部和办公室，有工作人员173人（其中有编制61人），有卫生专业技术职称人员119人，其中高级职称6人，中级职称19人，初级职称94人。2015年，积极推进城乡、区域妇幼保健事业协调发展，妇幼保健服务水平有新提升，全年免费婚前检查5424人数，婚检率83.2%。开展农村妇女“两癌”检查活动，提高农村高龄妇女预防“两癌”意识。

【合作医院的建立】 2015年9月11日，江门市妇幼保健院、江门市儿童医院合作医院签约暨揭牌仪式在市妇幼院举行，标志着与上级妇幼保健机构的合作交流迈上新台阶，促进市妇幼保健事业向前发展。

【加强孕产妇和儿童系统管理】 2015年，全市孕产妇人数4164人，建卡人数4158人，建卡率99.9%；早孕检查人数4102人，检查率98.2%；住院分娩人数4163人，住院分娩率99.7%；非住院分娩人数13人，非住院分娩率0.3%；孕产妇死亡人数1人，死亡率23.9/10万；围产儿死亡率7.9‰；新生儿破伤风例数0例。产后访视人数3849人，访视率92.2%；孕产妇系统管理人数3849人，管理率92.2%。0－6岁儿童数35527人，保管管理人数34779人，管理率97.9%；3岁以下儿童13799人，系统管理人数12422人，管理率90.0%；新生儿死亡15例，死亡率3.6‰；婴儿死亡18例，死亡率4.3‰。

市疾病预防控制中心

【市疾病预防控制概况】 市疾控中心设有办公室、质量管理股、健康教育股、传染病预防控制股、艾滋病防治股、公共卫生股、综合防治管理股和检验股，在编人员44人。其中，专业技术人员41人，占比93%，大专以上学历人员27人，占比61%。2015年，共分析处理51条国家传染病自动信息系统的预警异常信息，响应率100%，调查一致率100%。审核传染病报告卡1062张，及时审核率100%。全市16个疟疾血检站共对652名“四热”病人开展疟疾监测，检测结果均为阴性。全年接到各种传染病疫情报告共8起，其中学校诺如病毒腹泻聚集性疫情1起，散发性麻疹疫情1起，新生儿破伤风疫情1起，委内瑞拉输入登革热疫情1起。全市16个犬伤门诊共报告犬伤2096例，全程接种狂犬疫苗1812人，全程接种率86.45%，无狂犬病病例报告。全市适龄儿童建卡、建证率100%。卡介苗接种率99.94%，乙肝疫苗接种率99.87%。全市报告AFP病例1例，麻疹病例5例，新生儿破伤风病例1例。全年无突发公共卫生事故发生，成功创建“无烟医疗卫生机构”22家、“健康促进示范点”5个。

【艾滋病防治】 至2015年年底，全市累计报告现住址为恩平市的HIV感染者共573例（现存活274例，其中男性186例，女性88例），其中艾滋病病人216例（现存活119例）。本年度新增报告现住址为恩平市的HIV感染者35例，艾滋病病人15例，死亡22例，艾滋病疫情呈逐年下降趋势。2015年，接受免费抗病毒治疗的艾滋病感染者和病人共135人，为感染者和病人进行CD4免费检测共147人次，病毒载量检测共100人次，登记自愿咨询53人次，接受HIV检测41人。本年度全市未发生艾滋病职业暴露事件。

【基本公共卫生服务项目规范管理】 全市建立居民健康档案401495人，建档率80.60%。建立老年人健康档案40626人，建档率72.59%。全市35岁及以上居民首诊测量血压累计人数37623人，高血压已管理人数22481人，高血压管理率37.51%，规范管理人数19753人，规范管理率87.87%。糖尿病已管理人数6730人，糖尿病管理率56.39%，规范管理人数6023人，规范管理率89.49%。2015年，全市死亡人数2588人，粗死亡率517.12/10万。其中男性1468人，粗死亡率293.33/10万，女性1120人，粗死亡率223.79/10万。死因顺位前四位分别为心脑血管疾病、恶性肿瘤、呼吸系统疾病和损伤。

【公共卫生监测】 全年共监测公共场所41间，其中旅业8间、温泉5间、游泳场所6间、美容院3间、商场6间、车站1间、理发店5间、电影院2间和公共浴室5间。共监测公用具717份，合格640份，合格率89.26%。全年共对49家医疗机构和22家托幼机构开展消毒效果卫生监测，覆盖率均为100%。其中，抽检医疗机构样品644份，合格577份，合格率89.60%；抽检托幼机构样品310份，合格204份，合格率65.81%。

【学校卫生监测】 全年共对10所学校开展学生常见病监测，体检学生17229人，视力低下发生率65.63%，沙眼发生率1.16%，营养不良发生率11.29%，龋齿发生率14.37%，肥胖发生率8.58%，贫血发生率17.03%。对全市68所实行网上直报学生缺课情况的学校开展学生因病缺课监测，2015学年因病缺课总人天数为10096人天（其中男生5980人天，女生4116人天），缺课率0.12%（其中男生0.11%，女生0.12%）。

【职业卫生与预防性健康体检】 全年共受理55家企业的委托开展职业健康监护，体检总人数9021人，同比增长24.53%。其中上岗前职业健康检查7183人，增长25.92%，未发现疑似职业病及职业禁忌症人员；在岗期间职业健康检查1829人，增长18.81%，发现职业禁忌症42人，同比增加97.62%，未发现疑似职业病人员；离岗职业健康检查9人，增长77.78%，未发现疑似职业病及职业禁忌症人员。开展从业人员健康体检8147人，同比增长14.29%。其中，公共场所从业人员体检1436人，餐饮从业人员体检5375人，食品及其他体检1336人。检出肝功能异常的109人，检出率为1.34%，复查肝功能109人，合格105人，复查合格率96.33%。发放从业人员健康证明8147张，发证率100%。开展出国人员健康体检327人，体检合格327人，合格率和发证率为100%。

市人民医院

【市人民医院概况】 医院环境优美，占地面积78384平方米，建筑面积40579.9平方米，业务用房面积2.7万平方米，设有急门诊、内科、外科、妇产科、儿科、ICU科等17个临床科室，有神经专科、颈肩腰腿病专科、心血管科、内分泌科等10多个特色专科门诊以及放射科、检验科、功能科等25个辅助科室，设有编制病床450张以及相应的病区配套设施，为国家

“二级甲等”综合性医院和爱婴医院。2015年，在职人员692人，其中编制内职工332人，临时工360人，有高级职称49人，占编制内职工（下同）14.76%，中级职称181人，占54.51%。医疗设备有西门子64排128层螺旋CT、美国GE1.5T超导型MR机、关节镜、气化电切腔道镜、电子胃肠镜、宫腔镜、进口多功能麻醉机、C臂X光机、数字化X光机（DR）、彩色B超、脑电图、全自动生化分析仪、呼吸机、运动平板心电图机、中心供氧系统、医疗信息管理系统及中央监护系统等先进医疗设备。2015年，深化体制改革，医院综合实力及服务水平有新提升，社会效益和医疗效益显著，完成急、门诊64.21万人次，同比增长15.61%；出院人数19805人，同比增长5.24%。收支比率95.5%，同比上升2.81%。总收入2.24亿元，同比增长6.73%，全年人均收入89545元，同比增长11.28%。

【医疗技术水平有新提升】 2015年，微创诊疗技术（腹腔镜、宫腔镜）有新突破，成功开展腹腔镜15例、宫腔镜17例手术，骨科开展了VSD治疗难治性创面、经皮椎体后凸成形术（PKP）治疗椎体压缩性骨折等新技术，满意效果。ICU开展新技术，运用血液灌流方法成功救治一例重度有机磷农药中毒的患者。肿瘤科开展肿瘤晚期病人的体外高频热疗治疗，疗效较好。放射科利用先进的CT、MR设备开展心脏冠脉新检查项目80人次。

【医疗科研和人才培育有新成果】 2015年，获恩平市科学技术奖有4项；江门市卫生计生局推广应用新技术新项目2项；江门市卫生计生局科研立项项目11项；江门市科技局计划项目5项；在省级以上杂志上发表科研论文42篇。年内，共安排省级继续医学教育项目1项（与江门市人民医院合作），江门市级讲座5项，单位自管40项，派出到上级医院进修学习共126人次，专业分别有内科、外科、妇产科、儿科、医学影像学科、护理等；选派24名技术骨干到江门市人民医院进修学习，相关学科的学术水平有新提升，年内，有8位技术骨干晋升高级技术职称。

江门市五邑中医院恩平分院

【江门五邑中医院恩平分院概况】 医院占地面积5270多平方米，建筑面积近2万平方米，编制病床位350张。设有急诊科、脑病科、糖尿病科、肾病内科、心病科、脾胃病科、肺病科、肝胆外科、心胸外科、肾病外科、肛肠科、骨伤科、脑伤科、妇科、产科、眼科、耳鼻咽喉科、麻醉科、手术室等临床科室，以及放射科、超声、功能科、检验科、药剂科、消毒供应中心等医技科室。有国家级农村医疗机构特色专科2个，广东省“十二五”中医重点（特色）专科2个，江门市中医重点专科1个，恩平市临床重点专科4个；为“全国颅内血肿穿刺协作医院”；外科、妇科及骨伤科已全面开展微创腔镜手术。2015年年底，医院新综合大楼竣工投入使用；投资近2000万元，购置64排128层螺旋CT、数字胃肠DR机、GE四维彩超等一大批大型医疗设备，临床诊疗水平有新提升。

【医疗业务稳步增长】 2015年，全年门急诊总诊疗人数379524人次，同比增加17004人次，增长4.69%；出院病人7701人次，同比增加720人次，增长10.31%；科研创新成果显著，获江门市级科研立项6项；恩平市科技成果奖2项；发表和交流医学论文10篇，在国家级杂志发表2篇；开展院内新技术、新项目13项。

【中医特色项目建设有新突破】 2015年，被定为“广东省中医药适宜技术推广视频网络平台培训基地”、治未病预防保健服务示范点，分别获得省中医药服务能力建设专项资金40万元和50万元；中医特色专科建设项目（骨伤科）获得省专项资金50万元；省名中医师承项目获得6万元。开设假日中医特色门诊，并成功申报江门市中医重点专科。承办“恩平市基层中医人才第二阶段培训班”，开展基层医务人员中医适宜技术培训，共有300名乡镇卫生技术人员参加培训。通过培训和考核，使全市村卫生站医生基本掌握 6 项中医适宜技术，100%村卫生站能够提供中医药服务，开展常见病、多发病中医预防保健服务。

市第二人民医院

【市第二人民医院概况】 位于是沙湖镇，为国家一级甲等医院。至2015年，在职员工126名，其中正式职工102人，临聘人员24人，有卫生技术员职称人员101人，占职工总数80.2%，其中高级技术职称人员1人，占技术人员总数（下同）1%，中级技术职称人员15人，占14.9%，初级技术职称人员85人，占84.2%，行政后勤人员占职工总数的19.2%。承担沙湖镇及邻近地区8万余人的医疗救治、基本公共卫生服务等任务，医疗业务持续稳定发展。

【市二医基础设施】 医院占地面积为12923平方米，房屋建筑面积9453.4平方米，其中业务用房建筑面积3981.09平方米，辅助用房2761.91平方米。2015年，投入10多万，新建中医康复理疗馆，购进多样设备，中医理疗服务能力有新提升。

【市二医医疗业务】 医疗设备日趋先进，拥有日本进口东芝彩超和黑白B超、美国进口的全自动生化仪及血球计算仪、十二导联心电图机、床边心电监护仪、进口纤维胃镜、经颅多普勒、麻醉呼吸机、日本进口的CR、DR、500mAX光机等大型的先进设备。医院编制病床位80张，实际开放80张，开设有内、外、妇、儿、中医、眼、耳、鼻咽喉、皮肤、激光、针灸、理疗、肛肠痔瘘等科室，各项医疗业务全面发展，医疗技术水平有新提升。外科能开展一般的外伤清创，一般浅表和骨折等的手术；内科能开展穿刺清除颅内血肿治疗高血压以及一般常见病、多发病的诊疗；妇产科能开展一般妇科疾病诊疗以及正常分娩等业务。2015年，门诊达89739人/次、住院1608人/次，业务总收入1826万元。

教 育

教育行政管理

【教育事业概况】 市教育行政管理职能部门市教育局，内设机构有办公室、人事股、计财股、普教股、招生考试办公室、督导室、职业与成人教育办公室、装备中心、中小学教研室和教育工会，机关工作人员有干部职工78人。2015年，全市有中小学（含中职学校）66所，其中小学39所，初级中学17所，九年一贯制学校1所，普通高中1所，完全中学5所，中职学校2所，特殊教育学校1所，全市保留小学教学点20个；幼儿园34所。全市学校占地总面积2209064.6平方平，校舍建筑总面积776821平方米。在校学生53035人，其中小学生30366人，初中生13731人，高中生7252人，中职生1638人，特教学生48人；在园儿童12948人。教职工5201人，其中专任教师4241人。全市有义务教育标准化学校62所。深入开展创建广东省推进教育现代化先进市、强师工程、质量提升工程、信息化工程、诚信工程活动，成效显著，中考、高考成绩明显提升。2015年参加普通高考2341人，入围1936人，比上年增加80人，总入围率同比提高2.7个百分点；重点本科入围人数97人，比上年增加42人，增长76.4%，增幅居江门市首位。依法治教、推进学前、德育教育、民办教育、职业技术教育，以及方寿林中小学生综合实践基地筹建、校车工程和平安校园建设、廉洁校园建设等工作全面稳步推进。沙湖、君堂两镇顺利通过广东省教育强镇督导验收。至2015年，全市有广东省教育强镇（街）11个，实现广东省教育强镇全覆盖，创建广东省推进教育现代化先进市顺利通过督导验收。市教育局获“恩平市2015年机关作风建设‘优秀单位’”“2015年‘恩平市文明单位’”“恩平市2015年机关‘管理创新奖’”等称号；全市学校获国家级荣誉称号9项，省级荣誉称号14项，江门市级荣誉称号34项；教师获省级荣誉称号的有41人，获江门市级荣誉称号的有94人。

【教育管理体制改革】 2015年，继续推进深化教育管理体制改革。成立恩平市教育督导责任区工作领导小组，出台教育督导责任区划分调整方案，进一步明确督学责任；出台《恩平市促进教育发展专项资金分配方案》，建立激励机制，每年设立促进教育发展专项资金600万元，其中250万元用于办好全国示范性高中， 100万元用于激励教职工的积极性和创造性，创建“四位一体”示范性职教中心建设；80万元用于促进民办学校优质发展；70万元用于奖励高考成绩突出的先进单位和个人；50万元用于奖励出色完成高中阶段送生任务的先进单位和个人；50万元用于奖励当年中小学领导班子考核成绩突出的先进单位和个人。出台实施《恩平市第九轮中小学校长、班子成员聘任及教职员聘用实施方案》《恩平市2015年中小学校长及幼儿园园长职位竞聘实施方案》，严格执行“末位退出、择优推荐、公开竞聘”原则，一批优秀人才脱颖而出。全市中小学有37名校长原岗位续聘，16名正副校长进行轮岗，新聘任校长6名；出台《关于进一步加强恩平市义务教育学校校长教师交流轮岗工作的实施意见》，建立和完善科学、合理、有序、规范的县域内义务教育学校校长教师交流轮岗机制。

【教学改革】 2015年，全市中小学分别成立17个(小学10个，中学7个)教学联盟和成立一支由140多名骨干教师组成的中小学学科中心备课组，实行“订单”式教研活动。校际教学联盟不断扩展，恩平一中先后与南海九江中学、顺德郑裕彤中学、高要二中建立联盟关系；牛江中心小学与鹤山三小结成教学联盟学校；大槐中心小学与江门范罗冈小学实施“千校扶千校”等；市内的学校之间也建立了良好的教学互助机制。加强高中星级科组评估指导，完善学校科组建设，以评估促教学教研的改革。12月29日，江门市中小学教研室组织专家对恩平一中地理、艺术科组，恩城中学数学科组，华侨中学艺术科组进行评估，并通过相应等级的认定。充分发挥名师的引领作用，组织名师到薄弱学校开展示范课、学术报告、师徒结对等活动，引领全市教师改革教学方法，提高教学水平。

【教育经费管理】 2015年，继续实行中小学“校财局管”模式，教育经费实行统一管理，集中核算，专款专用，确保经费安全运行、有序使用。出台《恩平市教育系统党政机关和事业单位差旅费管理办法补充意见》，进一步了规范财务行为，强化了财务管理，降低“三公”经费开支。教育专项资金原则上实行国库集中支付，按照项目“四制”（项目法人负责制、招投标制、合同管理制、工程监理和质量监督制）进行管理，每笔款项严格按照项目预算、资金使用计划与合同、工程施工进度和工作业务进程拨付。2015年，市教育经费总额6810万元。其中市财政拨款44797万元，省拨款15827万元，江门市拨款80万元，社会各界、港澳台及海外同胞捐款514万元，其他款项为6889万元。全年经费总支出共68107万元，其中工资支出42797万元，经费支出13783万元，专项项目支出11527万元。

【教育硬件建设】 2015年，围绕创建广东省推进教育现代化先进市，加强基础设施建设。6月9日，市委召开专题会议讨论通过《方寿林教育综合实践基地项目建设方案》，“恩平市方寿林教育综合实践基地”建设正式启动，首期工程计划拨入1500万元。市中等职业技术学校实训中心大楼占地面积2495平方米，建筑面积8334.83平方米，楼高三层，框架结构，总投资1530万元。至2015年年底，主体工程完成。全年全市新建校舍共投入资金6722.6万元，施工建筑面积56062平方米（其中新开工29202平方米），竣工建筑面积26860平方米，全年投入资金1841多万元购置信息化设备，市教育信息化装备水平有新提升。至2015年底，全市100%学校建立了学校门户网站，实现了“校校通”；教学仪器设备总值达8753.4万元。馆藏图书1723530册；9所学校被评为江门市教育信息化示范学校，4所学校被评为广东省现代教育技术实验学校。

【教师队伍建设】 2015年，组织12批720人次的中小学教师前往江门进行教材培训；组织9批170名高三教师前往江门进行高考备考培训；组织68名中小学各类名师及80名小学校长分批到广东第二师范学院学习与实地考察。通过一系列的培训学习，提高教师的业务素质。恩平一中教师孔素华和恩城一小教师梁艳凡两位教师被评为广东省特级教师，11名教师和1名校长列为省级骨干教师和省级骨干校长培养对象，恩平侨中校长郑妙群、恩城一小校长岑运洪入选江门五邑教育专家，42人列为名校长、名教师、名班主任培养对象。恩平一中、年乐夫人学校、恩城一小、海外联谊学校等4所学校相继成立了名校长、名师或名班主任工作室，通过组织开展理论培训和送课下乡、听课、评课等教研活动，使工作室成员加快成“名”。开展第三批名校长、名教师、名班主任、学科带头人和教坛新秀的评选工作。通过评选，3人被评为恩平市名校长、8人被评为恩平市名教师、8人被评为恩平市名班主任、10人被评为恩平市学科带头、15人被评为恩平市教坛新秀。出台鼓励中小学教师学历提升政策，规定凡在职的中小学、职教中心公办教师取得硕士学位证书的，除全额资助学费外，另一次性奖励1万元（用于补助旅差费、伙食费、住宿费）。市委托湖北师范学院在恩平开办硕士研究生班，有125名教师报读。举办恩平市专业技术人员继续教育公需科培训、英特尔®未来教育项目新课程骨干教师培训、恩平市中小学（幼儿园）教师PCK学科教学能力提升培训、学科教师市级远程培训等培训项目27个，培训人员达12352人次。年内，从湛江师范学院、北京理工大学珠海学院等高校招聘25名本科生、3名大专生和1名专业幼儿教师充实师资队伍。至2015年，全市教职工5201人，其中专任教师共4241人，学前教育、小学、初中、高中、特教、职中专任教师分别为759人、1558人、1236人、542人、17人、129人；专任教师学历达标分别为100%、100%、100%、100%、100%、99.2%；专任教师中具有高级职称的192人，中级职称的2683人。

【奖教奖学基金设立与发放】 2015年，由市旅外华侨、港澳同胞和社会热心人士捐资设立的“冯活灵高考奖励金”“金港·康盛高考专项奖”“锦兴教育基金”“吴年乐奖教奖学金”等发放的奖教助学金近900万元。8月25日，市金港·康盛高考奖励金2015年颁奖仪式在恩平一中学宫前广场举行，现场将状元房（市值50万元）金钥匙颁发给高考理科状元黄冈实验中学戚文杰，10万元奖励金颁发给文科状元黄冈实验中学吴文华，一批优秀学子和优秀教师团队也获得奖励。是年，金港·康盛高考奖励金发放折合人民币300万元。

【扶持民办学校发展】 按照“积极鼓励、大力支持、正确引导、依法管理”的方针，扶持民办教育健康发展，民办学校在教学教研、师资培训、资助政策、考核评估等方面享有公办学校同等待遇，市财政每年安排民办教育发展专项资金80万元，选拔优秀公办教师到民办学校从教，促进民办教育与公办教育均衡发展。2015年，全市有民办中小学校3所，学生3849人，教职工216人；有民办幼儿园22所，在园幼儿7774人，教职工825人。

【推进教育现代化先进市创建】 2015年9月6日，市创建广东省推进教育现代化先进市动员会暨庆祝2015年教师节大会举行，表彰一批教书育人先进集体和先进个人，启动全面创建广东省推进教育现代化先进市工作。11月，沙湖、君堂两镇顺利通过广东省教育强镇督导验收，实现省教育强镇（街）全覆盖。12月底，省推进教育现代化先进市创建工作顺利通过督导验收。

学前教育

【学前教育概况】 2015年，市科学谋划第二期学前三年行动计划，推进优质幼儿园建设，乐贝尔幼儿园、小岛艺术幼儿园，金太阳幼儿园、育苗幼儿园、东湖实验幼儿园、沙湖有富幼儿园、蓓蕾幼儿园通过规范化幼儿园评估督导验收，全市规范化幼儿园覆盖率达97%；博士帽幼儿园、君江幼儿园、沙湖中心幼儿园通过江门市一级幼儿园的评估验收。成功举办全市幼儿园园长业务提升论坛和一系列学前教育教研活动，市学前教育水平，有新提升。全市现有幼儿园34所，规范化幼儿园33所，在园儿童12948人，入园率93.4%，学前教育专任教师759人，学历达标率100%。

中心城区幼儿园名录

幼儿园名称	办学性质	园　长	教职工数	班数	幼儿数
恩平市第一幼儿园	公办	吴少梅	75	19	661
恩平市经委幼儿园	民办	冯　莹	44	12	402
恩平市商业局幼儿园	民办	莫玉环	42	11	379
恩平市建设局幼儿园	民办	岑少仪	20	5	153
恩平市交通幼儿园	民办	岑少玲	23	7	255
恩平市新苗幼儿园	民办	黄惠明	15	3	101
恩平市口岸幼儿园	民办	冯秀意	64	18	608
恩平市桥园幼儿园	公办	罗小巧	48	15	486
恩平市环城幼儿园	公办	陈润芳	39	12	441
恩平海外联谊幼儿园	公办	黎惠贤	36	11	430
恩平市育苗幼儿园	民办	陈杏芳	31	9	297
恩平小太阳双语幼儿园	民办	郑银风	60	16	590
恩平市明远幼儿园	民办	黄飞雁	43	12	425
恩平市博士帽幼儿园	民办	梁少芹	40	11	375
恩平市铭爱艺术幼儿园	民办	陈丽爱	43	12	421
恩平市碧桂园幼儿园	民办	潘燕霞	10	3	15
恩平市金太阳双语幼儿园	民办	岑少仪	31	8	247
恩平市乐贝尔幼儿园	民办	何蓝容	46	12	408
恩平市小岛艺术幼儿园	民办	陈秀华	14	4	114
恩平市集贤幼儿园	民办	陈燕娜	28	7	229
恩平市东安中心幼儿园	民办	黄明霞	40	11	400

九年义务教育

【九年义务教育（普九）概况】 严格实施义务教育阶段学校就近免试入学制度，恩平一中初中部、年乐夫人学校两所优质初中学校实行多校划片招生，学生自愿报名，电脑随机派位。落实“防流控辍”工作责任制，做到校长包校，教师包班，领导到位、人员到位、执法到位、责任到位、措施到位、时间到位；坚持每月一次的流动生统计，及时掌握各基层学校学生的流失情况，并在全市范围内进行通报。实行责利挂钩和“一票否决”制度，把各中小学“控流防流”工作成绩纳入政绩考核内容，作为“评优”的重要条件，凡是学生巩固率不达标的学校，其主要领导在年度各类评比中不能评为先进，年度考核不能评为优秀。把义务教育阶段学生的辍学率作为镇（街）政府领导年度工作考核的指标，强化政府职能，落实工作责任，形成齐抓共管的良好氛围；无条件接收流动人口子女就学。

【“普九”各项指标达标】 2015年，小学学龄儿童入学率为100%，小学辍学率为零，小学毕业生升学率100%；初中学龄儿童入学率100%，初中辍学率0.42%，初中毕业生升学率为95.9%。

小学教育

【小学教育概况】 2015年，全市小学39所（教学点20个），九年一贯制学校1所，专任教师1558人，小学生30366人。

中心城区小学名录

学校名称	学校负责人		教职工数	班数	学生数
	校长	副校长			
恩平市恩城街道办事处第一小学	岑运洪	陈小琼(女) 朱劲瑜 冯奕安	159	64	2729
恩平市恩城第二小学	余卓权	祝惠英(女) 张顺仪	68	35	1453
恩平市恩城第三小学	冯雪璀(女)	梁柳燕(女) 陈国财	72	37	1543
恩平市恩城第四小学	陈润芳(女)	李倩琼(女) 徐超雄	66	35	1413
恩平海外联谊学校	陈作仕	岑玉珠(女)	90	45	1922
恩平市年乐学校	林润文	杨美珍(女) 唐武源	86	41	1754
恩平市恩城凤山小学	黄直胜	冯金泉	36	18	660
恩平市恩城东安小学	吴昔儒	吴惠恩(女) 冯英华(女)	59	28	1139
恩平市恩城飞鹅塘小学	郑寿进	何苑虹(女) 梁景裕	59	29	1191

普通初中教育

【普通初中教育简况】 2015年，全市初级中学17所，九年一贯制学校1所，专任教师1236人，初中学生13731人。

全市普通初中学校名录

学校名称	办学层次	学校负责人		教职工数	班数	学生数
		校长	副校长			
恩平市东安中学	初中	冯伟良	梁艺豪 莫卫红(女)	66	15	593
恩平市旗风学校(民办)	九年一贯制	叶带群	黎健雄	29	13(小学) 5(初中)	438(小学) 137(初中)
恩平市平东中学	初中	梁照平	梁国俊 吴焕如	71	16	550
恩平市东成中学	初中	陈源波	温艺成	51	10	338
恩平市圣堂中学	初中	唐本良	甄新扬	65	14	616
恩平市恩城第二中学	初中	麦华贵	吴健东 彭文伟	98	23	1010
恩平市良西中学	初中	黄天佑	冯祖文	44	8	354
恩平市江洲中学	初中	黄色通	梁礼庭	51	12	472
恩平市沙湖中学	初中	吴活球	吴健强	56	9	398
恩平市横陂中学	初中	吴伟祥	陈国明 侯剑峰	65	13	511
恩平市大槐中学	初中	谢术能	黄荣广 林全多	64	10	425
恩平市那吉中学	初中	张金长	黄光辉	38	6	198
恩平市大田中学	初中	岑德康	梁丕图	57	13	488
恩平市鳌峰中学	初中	谭天才	吴伙荣 吴武英	95	21	939
恩平市年乐夫人学校	初中	赖春林	吴英浓 冯春威	93	24	1123
恩平市江南中学	初中	黄晓华		35	7	247
恩平市均安中学	初中	邝福芹		24	5	145
恩平市冯如纪念中学	初中	何莲华		42	10	372
恩平市体育学校	职业高中	何卫京		28	3(初中) 3(职中)	105(初中) 52(职中)

普通高中教育

【普通高中教育概况】 2015年，全市普通高中6所（完全中学5所，高级中学1所），专任教师542人，学生7252人。

全市普通高中学校名录

学校名称	办学层次	学校负责人		教职工数	班数	学生数
		校长	副校长			
恩平黄冈实验中学（民办）	完全中学	陈鼎常	吴林德 王积勤 赖小昆 聂儒世	180	57(初中) 6(高中)	2806(初中) 353(高中)
恩平市第一中学	完全中学	陈健国	吴正大 孔素华（女） 何植仓 (2014.7-2015.6)	238	6(初中) 52(高中)	215(初中) 2442(高中)
恩平市华侨中学	完全中学	郑妙群(女)	黎永成 梁毅麟 刘国杰	163	8(初中) 27(高中)	392(初中) 1454(高中)
恩平市恩城中学	普通高中	李荣辉	黄家宝 莫国才 卢新彦	166	39	1889
恩平市独醒中学	完全中学	岑树荣	梁福佐 冯坚宁	121	17(初中) 12(高中)	727(初中) 584(高中)
恩平市郁文中学	完全中学	何植仓	梁伟新 侯杏葵（女）	94	13(初中) 12(高中)	570(初中) 530(高中)

2015年高考录取情况

中学名称	报考总人数	入围总人数	报考入围率(%)	录取人数						总入围录取率(%)
				普通类				高职类	合计	
				第一批	第二批	第三批	小计			
恩平市第一中学	979	951	97.1	52	354	520	926		926	97.4
恩平黄冈实验中学	105	105	100.0	47	51	4	102		102	97.1
恩平市恩城中学	656	497	75.8	1	31	461	493		493	99.2
恩平市华侨中学	404	228	56.4	1	19	245	265		265	116.2
恩平市独醒中学	121	88	72.7		4	69	73	7	80	90.9
恩平市郁文中学	95	75	78.9		3	66	69		69	92.0
其　他	15	5	33.3			3	3	4	7	140.0
合　计	2375	1949	82.1	101	462	1368	1931	11	1942	99.6

职业与成人教育

【职业与成人教育概况】 2015年，全市职业高中2所，专任教师127人，学生1638人；应届毕业生98人，就业98人，初次就业率100%。市招生办负责全国成人高考和自学考试，2015年全市招生185人，其中本科42人，专科143人。大力发展多形式、多层次的成人教育，全市11个镇（街）均建有成人文化技术学校，其中省示范性成人文化技术学校1所，江门市示范性成人文化技术学校10所。以市职业技术教育中心和各镇（街）成人文化技术学校为主要阵地，构建成人教育网络。

特殊教育

【特殊教育概况】 2015年5月，市出台《恩平市特殊教育提升计划（2014－2016年）》提出三年内，初步建立布局合理、学段衔接、普职融通、医教结合的特殊教育体系和建立财政为主、社会支持、全面覆盖、通畅便利的特殊教育服务保障机制。2015年，全市适龄残疾儿童少年220人，其中在特殊教育学校就读48人，随班就读124人，接受送教上门服务48人，适龄残疾儿童少年入学率达100%。

职业技术教育

【市职业技术教育中心概况】 内设机构有办公室、教务处、学生工作和招生处、培训就业校企合作处、实训处和总务处，加挂“市中等职业技术学校”、“市广播电视大学”、“市教师进修学校”、“市社区学院”四个牌子。2015年，职教中心在岗教职工191人，其中在编在岗教职员134人（含市教育局干部1人）、借用市其他中学教师3人、外聘教师17人、临聘工人37人。有高级职称教师20人，占在编在岗教职员14.9%；“双师型”教师47人，占35.1%。在读学生3888人，其中全日制中职教育学生2313人、开放教育业余学生1575人。校舍建筑总面积25903平方米，新教学楼（黄球教学楼）9月份竣工并投入使用，增加课室30个。

【专业设置】 中职教育开设数控技术应用、模具制造技术、电子技术应用、电气技术应用、计算机网络技术、物流服务与管理、会计电算化、电子商务、商务英语、计算机平面设计、广告设计与制作、旅游服务与管理、酒店服务与管理、烹饪、办公室文员、染整技术、学前教育、计算机应用、会计等19个专业。开放教育开设34个专业，其中中央电大开放教育有会计学、行政管理、法学、汉语言文学（师范方向）、电子商务、乡镇企业管理、学前教育、计算机、英语、网络技术等10个专业；奥鹏远程开放教育有法学、计算机科学与技术、数学与应用数学、英语、工程管理、公共事业管理、工商管理、药学、护理学等24个专业。是年，对外培训4300多人，培训项目有旅游从业人员培训、税务从业人员资格培训、会计从业人员资格培训、电工技能培训、农村淘宝从业人员培训、专业技术人员培训、学前教育保育员培训、公职人员全员培训、班主任实务培训、新教师培训、SYB创业培训等。

【教育教学模式创新】 2015年，积极探索“三零学习”（即零学费、零生活费和零距离就业）的办学模式，扩大“订单班”办学规模，为企业定向培养订制人才，分别与南海宝索机械制造有限公司、恩平市锦兴纺织印染有限公司、锦江温泉股份有限公司、南洋莱力纺织有限公司、山泉湾温泉酒店和泉林度假区有限公司签订订单培养协议，订单班学生人数196人。与恩平市机械行业协会、电声行业协会、旅游协会和明远幼儿教育集团合作，实施“校企双元制”“工学交替”等现代职业教学机制；与沈阳机床股份有限公司、佛山南海中南机械有限公司、恩平市恒钢重工有限公司、恩宝电子有限公司、莱茵电子新科技有限公司、邦华电子有限公司、锦江温泉有限公司、歇马举人村旅游区、山泉湾温泉酒店有限公司、口岸幼儿园、经委幼儿园等30多家企业建立合作关系，建立固定校外实习实训基地40多个。企业在产、教、学、训等方面为学生提供教学、实训、就业支持，学生定期到企业实习实训或以训代学，企业师傅全程进行技术指导，实现教学内容与企业生产直接对接。

【职业技术教育新成果】 学校“四位一体”县级职教中心建设纳入省粤东西北县域中职教育转型提升项目，获省教育厅、财政厅500万元专项资金支持。梁活伦、叶春鸿分别入选省教育厅“百系列”学校德育优秀成果展示活动“百名优秀中小学教职员工”和“百名优秀中小学德育教师、心理教师”；岑建毅论文《中职学校全员育人导师制的理论与实践研究》入选“科研引领”之中小学“百篇优秀德育论文”二等奖。学校舞蹈队的舞蹈《巧女·绣》获市中小学艺术展演活动综合类艺术展演一等奖以及首届江门电视舞蹈大赛银奖。梁美燕获江门市第七届中小学美术教师基本功比赛中学组一等奖和国画人物写生组别第二名。美术装潢专业学生岑笑云作品《飞翔区域设计》获省幼儿园区域环境创设大赛暨第一届“艾考杯”学前教育专业职业技能大赛一等奖。学生参加市中等职业学校学生技能竞赛，在加工制造、信息技术、财经商贸、旅游服务等4个参赛专业类别中共有66位同学获奖。学生杨展、梁志恒、梁泽斌、张琼、郑菲菲、司徒佑许、吴毅强、梁爱莲、梁素清、杨云珍、梁光彩、郑紫清12位学生分别获江门市中职生技能竞赛电子产品装配与调试、电气安装与维修、广告设计与制作、动漫设计与制作、图像处理、会计手工、导游技能等7个项目的三等奖；岑永赞、张日廉、侯瑞旋、曾迎春、梁美燕、彭礼婵、钟平、谭娟瑜、冯洁祥、邱洪云、卢洁莹、王卿老师获优秀指导教师三等奖。13春计算机专业学生61人参加计算机操作员国家职业资格考试，中级工通过率100%；13春电脑美术专业学生参加省中等职业技术教育《美术基础》专业技能课程证书考试，合格率100%。

省工业贸易职业技术学校恩平分校

【省工贸职校恩平分校概况】 于2008年5月开办。2015年，有教职工20多人，学生200多人，有专业实验室13间，实习工厂1间。开设电子技术应用、模具制造技术、数控技术应用、机电技术应用、计算机应用、会计电算化、电子商务、学前教育、建筑工程施工等专业。

【校务活动与办学成果】 2015年9月9日上午，恩平市人民政府副市长陈百浓率领市工业园区管委会、教育局、公安局、财政局、审计局、资产办、中国银行等部门领导到校调研指导，召开庆祝2015年教师节慰问座谈会。年内，省工贸职校校长黄志泉等领导多次到校检查指导工作。先后举办校园技能文化节和校园文化艺术节，丰富校园生活，提高学生的综合素质。组织学生参加全省中职生“文明风采”竞赛，获得一等奖一名，并获得全国中职生“文明风采”竞赛参赛资格。与珠江三角洲数百家企事业单位建立了长期良好的毕业生实习、就业的合作关系，毕业生就业率保持在98%以上。

体育·旅游

TI YU · LV YOU

体育

【体育事业概况】 市体育局内设办公室、场馆股、群体股、训练竞赛股，公务员编制17人，在职15人，雇员2人、临聘5人。2015年，全市经常参加体育锻练人数达23.2万多人，占全市人口数46.8%。完成大槐、君堂镇健身广场建设，实现乡镇全民健身广场全覆盖。全市体育场地总面积1141413.19平方米，人均场地面积为2.28平方米。

【群众体育活动】 2015年，以“科学健身 全民参与”为主题，坚持大型活动与小型多样相结合，集中与分散相结合，积极组织开展多样的群众体育活动，先后举办春节球类运动会、地税杯羽毛球赛、地税杯中国象棋赛以及万人健步迷尔马拉松赛等群体活动，参与人数近2万人次。全市在国家体育总局网上注册的三级以上社会体育指导员1253人，成立11个社会体育指导员服务站，有13个体育协会，其中新增体育协会、汽车运动协会、摩托车协会，推进基层群体活动的扎实开展。

【竞技体育水平稳步提升】 坚持“选好苗子，从小培养，打好基础，系统训练”的竞技体育工作方针，加强业余体校、体育传统项目学校的建设，形成以体校为重点，体育训练项目定点学校、体育传统项目学校和体育协会共同参与的业训格局，培育一批体育后备人才，竞技体育水平有新提升。2015年组队参加江门市“体彩杯”青少年田径赛、排球赛、羽毛球赛、乒乓球赛、篮球赛，共取得金牌18枚，银牌11枚，铜牌14枚，其中青少年篮球赛包揽男女甲乙组冠军。

【国民体质测试】 配合江门市体育局在沙湖镇上凯村对210名农民进行国民体质监测。市体质测定与运动健身指导站建成启用，在市体育馆内二楼设有200多平方米的室内测试场地，通过网络可直接与省国民监测中心系统连接。利用市体质测定与运动健身指导站对市直机关单位1000名干部职工进行体质监测，圆满完成全年的测试任务。

旅游

【旅游业概况】 市旅游局内设办公室、质量与规范管理股、资源与市场开发股，在编人员11人。2015年，充分发挥温泉、生态和人文资源优势，着力打造区域旅游品牌，乡村旅游、全域旅游有新突破。全年旅游总收入39.2亿元，同比增长18.04%；入选2015旅游业“最美中国榜”，连续三年被评为广东省县域旅游综合竞争力十强，4家景区被国家旅游局评为“全国旅游价格信得过景区”，5家农家乐企业获得“中国乡村旅游金牌农家乐”称号，6个单位成功创建江门市乡村旅游示范单位。

【平安景区创建】 2015年，深入开展“平安景区”创建活动，召开或参加安全生产、消防应急等专题会议30多场次，与江门市旅游局、恩平市安监局、消防大队、海事局、交通局等部门联合举办旅游安全应急救援演练和水上救援应急演练活动2次。开展旅游安全检查10次，共排查整改各类旅游安全生产隐患31宗，整改率100%。全年旅游安全事故为零。市山泉湾温泉酒店被评为“江门市平安创建示范点”，泉林旅游开发股份有限公司被评为恩平市“创建平安景区示范点”。

【旅游基础设施建设】 位于沈海高速圣堂出入口往良西镇方向的地热国家地质公园标识工程基本完成；建设潮人径331公里，新建旅游厕所6个；良西花海世界旅游项目建设启动，良西温泉半岛项目列入江门市旅游重点招商项目。

【旅游宣传推广】 2015年，金牌簕菜烹饪大赛、紫荆花廊摄影大赛、圣堂镇“好味道”萝卜菜谱评选赛、“美丽泉乡”恩平旅游感恩惠民活动相继举办；组织旅游企业参加第十一届海峡旅游博览会、第七届中国国际旅游商品博览会、第29届香港国际旅游展、2015中国（广东）国际旅游产业博览会、广东省名特优新农产品评选推介活动暨江门名特优农产品博览会等大型展销交易会以及江门旅游推介会、江门（贵州）旅游宣传周、“30城联动江门游”和最美珠江西岸游——珠中江（昆明、贵阳）旅游推广，吉林延边“第三届旅游业融合与创新（中国·延边）论坛暨2015最美中国榜发布仪式”等旅游业界各类交流活动以及开展“30城联动江门游”福建系列团之乐游恩平等活动，配合广东电视台、江门广播电视台拍摄《簕菜美食特辑》以及亚洲电视《乐在广东》、江门烹饪协会美食等旅游特辑专题电视片。开通“恩平旅游”微博和微信公众号；编印、派发《恩平旅游》画册、《恩平旅游》折页、《地质公园导游指南》《恩平文明旅游手册》《恩平十大旅游美景》和《恩平自驾游地图》等旅游宣传资料。在广州南站视频媒体播放发布恩平旅游形象视频广告，在广州各大高速公路站点大量派发广告传单，在广东省旅游局官网、南方网、南方电视台、《南方日报》、《南方都市报》、《羊城晚报》、《广州日报》、《江门日报》、江门政务网、江门旅游网、江门旅游微信公众号等30多家媒体刊播宣传报道400多篇。

【恩平簕菜文化美食节】 开幕式4月17日在泉林度假区举行。开幕式活动丰富多彩，对“新鲜出炉”的“泉林杯”金牌簕菜菜式进行了颁奖，现场展示推介了恩平十大旅游美景、十大特色美食和金牌簕菜菜式。全市各旅游企业结合自身特色，推出簕菜美食主题活动和惠民措施，为四方游客送上了丰盛的簕菜美食和旅游文化“大餐”。

【2015年恩平温泉欢乐节】 开幕式11月27日在泉林黄金小镇那金谷举行。这届温泉欢乐节主题为“泡温泉、游乡村、品美食”。恩平市农家乐休闲旅游示范点、江门市乡村旅游示范单位、中国乡村旅游金牌农家乐和“最美中国·绿色生态、休闲度假旅游目的地城市”的授牌仪式和万泉湖环湖潮人径自行车骑行体验活动同时举行。开幕式后，2015恩平烧饼美食节、2015年冯如文化暨濑粉美食节、圣堂镇第二届萝卜文化节、那吉镇大番薯遇上腊鸭节、“美丽泉乡”恩平旅游感恩惠民活动等系列活动相继举行，活动时间从11月27日至12月底，为期一个月。活动期间，全市旅游景区（点）共举办7项特色主题活动，推出了22项旅游惠民措施，吸引了本地及周边地区大批游客参与。

主要旅游景区

【金山温泉】 位于那吉镇，景区占地0.4平方千米。泉涌区自然水温常年达80℃以上，露天泉涌300多处，日流量2800立方米，含有益人体的硫、锂、铜、偏硅酸等48种矿物质，其中氟含量达到医疗矿水标准。1998年被省政府批准为省级旅游度假区，2002年评定为国家AAAA级旅游区。

【温泉乐园】 位于那吉镇，与金山温泉毗邻。温泉乐园温泉区设有特色岩洞温泉、全新动感温泉SPA及桑拿、鱼疗池、中药池、香酒池、茶池、水疗逍遥宫等38个各具特色的温泉池，享有“南国仙泉”之美誉。泉区分有高温池、常温池和低温池。野趣园林的布局，大池小池相间，红花绿树相映，彩石亭榭布缀，曲径通幽、虫唱鸟鸣、流水轻和、古朴典雅的南国民风，浓浓的异国风情，饶有情趣。现有豪华别墅、欧陆风情山庄、西式小别墅和情侣小居近200间。园区内设有金泉酒楼餐厅，共有330多个餐位。

【帝都温泉】 位于良西镇，景区占地2.6平方千米，有30多处自喷温泉，水温高达73℃，日流量6000立方米，水质晶莹幼滑，含有偏硅酸、氟、氢、硫等多种有益人体健康的元素，是目前世界少有的滑温泉。温泉浴池100多个， 2005年被世界养生组织授予“世界温泉养生基地”，2010年被中国矿业联合会授予“中国5A级温泉度假区”。

【锦江温泉】 位于大田镇，地热矿泉日涌水量超6320立方米，经国家地质勘探部门查明可供使用量为8000立方米，远景储水量达10000立方米，水温近70度。温泉泉水富含几十种对人体健康有益微量矿物质元素中，硅酸、氟、氡均达国标命名标准和安全标准，被专家誉为“三料”温泉，具极高医疗保健价值。建有四星级宾馆、欧陆式别墅、休闲式木屋别墅，豪华会所、中餐厅、会议厅、歌舞厅、电影院、娱乐康体场馆等，客房400多间，餐位600个。2006年，被评为AAAA级旅游景区。

【山泉湾温泉】 位于大田镇，景区占地0.3平方千米，景区泉水水温达68℃，泉质为弱碱性碳酸氢钠泉，被称为“美人泉”。酒店仿东南亚建筑风格、按五星级旅游景区标准建造，拥有客房及别墅公寓共400多间，餐位1000多个餐位，设有九个容纳20－80人多功能会议厅；占地200亩的稻草人主题农场，种植多种国内外优质瓜果，园内更设有万蕊花海，垂钓区，种植区，采摘区，休憩区，烧烤区等。2014年被评定为“国家AAAA级旅游景区”。

【恒大泉都】 位于良西镇，拥10万㎡国际级配套施设，荟萃8万㎡异国温泉小镇、国际级欧陆风情酒店群、3大国际功能中心、8国风情酒吧街、双语幼儿园、小学、风情商业街、室外健身天地等，是集旅游、运动、会议、休闲、娱乐、商住于一体的旅游地产项目。泉都辖区拥有3大天然泉眼，是罕有的天然小苏打温泉。毗邻七星坑自然保护区，森林覆盖率高达70%，生态环境优越。空气中负离子含量高达4万/平方米，犹如置身于纯天然氧吧中。

【泉林黄金小镇】 位于东成镇，规划总用地面积1万多亩（其中陆地面积7000多亩，湖面面积3000多亩），已建有水禾田温泉、酒店、养生馆、植物公园、高尔夫练习场、佛恩寺、国际汽车赛场、那金谷、湾弓村湿地公园、阿洲乐园、运动汇所、居家安养示范基地、泉林地产等项目，拥有纯别墅泉林酒店、浅水湾木屋别墅和奢华养生华侨公馆等不同特色的养生主题酒店。酒店还配套有温泉、游船、垂钓、网球场、单双人自行车、野外拓展训练、会议室、KTV、泉林公社、桃花林等缤纷休闲项目。其中水禾田温泉为原生态稻田温泉，融合温泉养生文化、水禾文化、农垦文化，在享受温泉理疗的同时也能欣赏农耕景象和原生态万象湖山湖美景，是集生态、养生、运动于一体旅游度假综合体。

【歇马举人村】 位于圣堂镇，元朝至正年间立村，明、清时期培养出670多位功名人士，监生、贡生和举人以上科举功名者280多人，朝廷官员430多人，素有“举人村”之称。景区自然风光秀美，文化底蕴深厚，有功名碑林、皇帝敕命、旗杆夹、祠堂、祖训碑石等珍贵文物和男人巷、娘女巷、雄马形村场风水格局等奇特古建筑，被誉为风水村、教育文化村、功名碑林村、健康长寿村、民俗文化村。近年来，先后授予广东省生态示范村、广东省最美丽乡村示范点、广东省旅游特色村，获得“中国历史文化名村”“全国文明村”和“全国特色景观旅游名村”等称号。

社会民生

SHE HUI MIN SHENG

社会综合管理

【社会工作概述】 市社会工作委员会（简称市社工委）有成员单位24个，内设综合业务股，在编人员5名。2015年，社会建设和治理体制改革创新稳步推进，培育和发展社会组织有新进展。全市已注册登记社会组织419个，其中社会团体379个，民办非企业40个，扶持发展社工机构9个，全市平均每万人拥有社会组织8.38个；年内有506人参加全国社工资格考试95人取得助理社工师资格，全市有50多人专职从事社工工作；推进“社工+志愿者”联动，全市社工机构自建义工队7支，队员180多人。

【社工重要会议】 3月9日，市社会工作者职业水平报考动员大会召开，部署加快建设社会工作服务专业队伍建设。市社工委专职副主任何丹平出席会议并作动员讲话。4月25日，市首届社工主题论坛暨恩平市社会工作协会成立筹备会议在恩城街道家庭服务中心举行，全市各社工机构以及镇（街）、机关事业单位的社工人员出席会议。5月6日，全市社会工作会议召开，杨健平、董照杰、陈百浓等市领导出席会议。

【“养老·助残”公益创投】 3月，第二届“养老·助残”公益创投有3个项目开始实施，江门和恩平两级财政共投入175万元。恩城街道居家养老助残综合服务项目，由广州利康社工中心运营获得；牛江镇敬老院由恩平市曦望社工中心运营；恩城街道西门社区“公益温暖”行动由恩平市博雅社工中心运营。第一届“养老•助残”公益创投5月份通过江门市组委会期末评估。至12月底，恩城街道居家养老助残综合服务项目为443名重点服务对象提供上门服务11093人次，开展社区活动74节3194人参与，牛江镇敬老院开展了12场康乐活动，组织了5场义工慰问活动，服务指标累计完成6608次，恩城街道西门电话探访和上门服务1500人次，开展了12场社区活动1412人参与。

【邑家园项目试点建设】 恩城街道西门社区邑家园驻地，位于沿江路原县财政局办公楼，楼高五层，建筑面积3150多平方米，投入400多万装修改造，完善基础设施，通过公开招标，引进新会新希望社工中心运营。

【村（社区）公共服务站规范化建设】 2015年，全市174个村（社区）公共服务站共为群众办理服务149774件，其中直接办理86794件，代办28292件，约请办理21959件，指导咨询12729件，排查和受理矛盾纠纷1643宗，成功调处1556宗，调处成功率达94.7%；出台《恩平市村（社区）公共服务站工作人员业务培训方案》，围绕基本业务技能、网上办事技能、综合服务素质、社工义工知识、普法宣传教育等五个专题，对全市公共服务站工作人员进行系统培训，共举办培训班77场，培训1739人次。

【社工委重要活动】 1月7日上午，江门市社工委专职副主任李长才率调研组到市调研，为江门市第二届养老助残公益创投项目选点，恩平市社工委专职副主任何丹平陪同选点调研活动。1月13日，市社工委专职副主任何丹平率队到江门市委党校，参加江门市第二届养老助残公益创投活动推介会；3月2日下午，市委副书记、市社工委主任郑少强率领社工委、市府办、民政局、财政局等单位分管领导到市残联调研残疾人康复工作；3月5日，时任江门市委书记毛荣楷一行到恩城新塘家庭服务中心调研，恩平市委领导李灼冰、郑少强和社工委专职副主任何丹平陪同；4月3日，江门市社工委专职副主任李长才到市指导第二届公益创投项目的开展；4月16日，江门市社工委专职副主任李长才到市调研养老助残公益创投项目，分别到东成圩镇老人活动中心、东成敬老院、牛江敬老院、恩城养老助残综合服务中心、西门社区实地考察；5月28日-29日，江门市社工委组织考评小组，到市开展第一届养老助残公益创投活动项目期终评估；7月14日，江门社工委李长才专职副主任一行6人，到市调研督导第二届“养老助残”公益创投A、B、C三类项目情况。9月7日—11日，江门市创投组委会委托东莞市普惠社会工作服务中心作为“第三方”，对市的第二届养老助残公益创投活动项目进行中期评估，三个项目均评为良好； 10月30日，市委李灼冰、副书记杨健平到横陂镇横东村民综合服务中心指导工作；11月5日，恩平市市长薛卫东率队对恩城西门社区、东成顺槎、大槐大朗调研督办“邑家园”公共服务平台建设；11月12日，市委副书记杨健平率队调研市“邑家园”社会服务综合平台“三个试点”建设；12月3日上午，恩城街道居家养老助残综合服务中心揭牌仪式举行，市府办副主任范清活、市社工委专职副主任何丹平、恩城街道办副主任陈锦珠、香港利民会总干事冯祥添、广州利康家属资源中心总干事王坤，以及民政、妇联、团委、残联等单位相关负责人参加了揭牌仪式；12月29日，市委副书记杨健平率队到沙湖镇沙湖圩居委会和上凯村委会调研，确定了第三届养老助残公益创投项目选址和选点。

【民情志愿服务队活动】 3月19日，市社工委专职副主任何丹平、市民情志愿服务队联络员和唯真社工中心的代表出席江门市民情志愿队2014年工作总结会议；7月29日下午，市民情志愿服务队工作会议召开，回顾总结2014年和2015年上半年工作情况，部署2015年下半年民情志愿服务工作。民情志愿服务队全年共收集民情信息330条，其中恩平市采用194条，编报《民情信息》12期，上报江门市民情志愿服务队35条。

人力资源与劳动管理

【人力资源与劳动管理概况】 市人社局内设办公室、就业管理与失业保险股、职业能力建设股、劳动关系股、公务员管理办公室、工资福利股、规划财务与保险基金监督股、养老保险股、医疗保险股、劳动监察股。局机关工作人员行政编制25人。下辖事业单位有社会保险基金管理局、劳动人事争议仲裁院、人才交流服务中心、公费医疗服务中心、就业服务中心。2015年，着力做好公务员招录、调配、考核、登记、培训等工作，全市机关单位新录用公务员143名；办理52名公务员转任手续、140名公务员登记手续、63批次中层领导职位审核。先后，举办全市公务员职业道德教育专题培训班和新录用公务员初任培训班。全市参加公务员考核人数共2363人，全市公务员队伍整体素质有新提升。年内，大中专毕业生报到1105人，其中博士1人、硕士3人、本科335人、专科766人。在恩平市人才网上新登记的求职者1533人，新登记的招聘企业53家。至2015年底，在恩平市人才网库存登记求职者的资料共有14242人，登记招聘企业有2226家。全年，举办大型人才招聘会2场，参加招聘企业有283家次，进场求职有7569人次，初步达成就业意向2788人。有221人办理了人事代理，其中169人新办，52人续办。

【劳动就业与创业扶持】 2015年，全市城镇新增就业人数6202人，城镇失业人员再就业人数3856人，就业困难人员实现就业人数513人，促进创业331人，新增转移农村劳动力就业5520人，城镇登记失业率2.35%。市就业专项资金累计使用1106.69万元。其中，社会保险补贴656.42万元，岗位补贴134.55万元，小额担保贷款担保基金安排额度100万元，扶持公共就业服务70.66万元，小额担保贷款财政贴息65.89万元，职业技能培训及鉴定补贴56.56万元，创业资助13万元。

【劳动技能培训】 2015年，市全民提升职业技能培训30006人，高技能人才培养701人，专业技术人员培养353人，省“双转移”农村劳动力参加职业技能培训2506人。

【劳动监察】 2015年，调处劳资纠纷案件300多宗，涉及劳动者6000多人，涉及金额8000多万元。劳动人事争议仲裁累计结案率95%以上。企业网上用工平台已注册企业1635家，已备案1607家，申报1618家。

社会保障

【社会保障概况】 市社会保险基金管理局(简称市社保局)内设办公室、计划财务股、社会保险关系股、职工养老保险待遇股、城乡居民养老保险待遇股、失业保险待遇股、医疗保险待遇股（生育工伤保险待遇股）、信息档案管理股、稽核内审股。2015年1月1日起，实施《广东省职工生育保险规定》，均衡用人单位生育费用负担，促进公平就业；降低工伤保险费率，降低生育保险缴费工资和缴费费率，为企业减负；职工养老金调整，全市人均养老金增至1660元/月，比上年净增180元，职工养老视同账户利息差额补发、机关事业单位养老保险参保登记等工作顺利完成；全市70周岁以下的企业职工离退休人员养老金和城乡居保待遇统一社保卡发放；成功争取上级下拨市社会保险调剂金1.8亿元，确保全市社保金按时发放。

【社会保险参保与社保费征收】 2015年，全市职工基本养老保险月均缴费45775人，同比减少577人，减幅1.24%；全年征收职工养老保险费30362万元，同比减收2658万元，减幅8.05%。全市城乡居民养老保险实际缴费116506人，同比增加2741人，增幅2.41%；全年征收城乡居民养老保险费9411万元，同比增收7879万元，增幅514.3%。全市参加工伤保险48233人，同比增加3035人，增幅6.71%；全市征收工伤保险费693万元，同比增收110万元，增幅18.87%。全市参加生育保险43772人，同比增加3786人，增幅9.47%；全市征收生育保险费649万元，同比增收309万元，增幅90.88%。全市参加失业保险40813人，同比增加684人，增幅1.7%；全市征收失业保险费1688万元，同比增收120万元，增幅7.65%。全市参加职工基本医疗保险69128人，同比增加2673人，增幅4.02%；全市征收职工基本医疗保险费15502万元，同比增收2849万元，增幅22.52%。全市参加城乡居民基本医疗保险358435人，同比减少13580人，减幅3.65%；全市征收城镇居民基本医疗保险费20082万元，同比增收5000万元，增幅33.15%。

【城乡居民社会养老保险】 2015年，城乡居民养老保险缴费基本标准为120元至3600元

十个档次，参保人可以自主选择缴费档次，多缴多得。城乡居民养老保险待遇由基础养老金和个人账户构成，2015年7月起基础养老金调整为100元/人·月。

【城乡居民基本医疗保险】 2015年，城乡居民按每人每年90元的标准缴费参保，每年10月1日至12月31日为城乡医保下一年度缴费期。实施大病医疗保险制度，住院待遇标准，2015年城乡居民医疗保障累计最高支付限额达到30万元。普通门诊待遇标准，在门诊定点机构，医疗费用报销比例为55%，累计每人每年支付最高限额为150元。当年累计未达到最高支付限额，不能转下年度使用。门诊特定病种补助，享受28种特定病种的门诊补助。

【社会保险待遇发放】 2015年，全市月均享受职工基本养老保险待遇离退休人数26127人，职工养老保险基金支付55967万元。2015年，全市月均享受城乡居民基本养老保险待遇离退休人数56721人，城乡养老保险基金支付7455万元。全市职工享受医疗保险待遇161179人次，职工医疗保险基金支付医疗费用15728万元。全市享受城乡居民医疗保险待遇358435人次，城乡医疗保险基金支付医疗费用15114万元。全市享受失业保险待遇3546人次，失业保险基金支付580万元。全市享受工伤保险待遇365人次，工伤保险基金支付1010万元。全市享受生育保险待遇2136人次，生育保险基金支付259万元。

民政事务

【民政事务概况】 市民政局内设机构有办公室、优抚安置股（加挂“市双拥工作领导小组办公室”牌子）、救灾和社会救助股（加挂“市减灾委员会办公室”牌子）、基层政权和社区建设股（加挂“地名管理办公室”牌子）、社会福利和社会事务股（加挂“民间组织管理办公室”牌子），挂靠单位有市老龄办公室。局机关工作人员16人。下辖事业单位有市殡葬管理所、市社会救助站、市社会福利院、市婚姻登记处、市福利彩票发行中心。全市11个镇（街）的社会事务与社会保障办公室设有民政助理员。2015年，创新社会管理，实施“大民政”，底线民生和创新基层管理工作扎实开展，社会救助水平全面提升，社区网格化和“邑家园”社会服务综合平台试点建设稳步推进，社会养老服务体系建设步伐加快，市民政工作迈上了新台阶。

【优抚金与困难补贴发放】 2015年，全市重点优抚对象有2853人，全年发放优抚金1808.8万元；生活难、医疗难、住房难的优抚对象942名（次）获救助金33.2万元；参加养老保险的529名重点优抚对象获政策补贴83.8万元，困难补贴65.9万元；参加医疗保险的重点优抚对象获政策补贴75.6万元，82名患大病优抚对象给予医疗补助33.1万元；有79名困难优抚对象子女就读本科、大专获资助26.9万元。2015年，调整全市低保标准，城镇低保标准调整为每人每月550元，农村低保标准每人每月420元，城镇低保补差标准月人均374元，农村低保补差标准月人均172元。

【最低生活保障与社会救助】 2015年，全市共评定城乡低保对象5082户、9684人，共发放低保资金2450.46万元；有五保老人1534人，每人每月均发放540元生活补助金和50元零用钱，共发放供养费1054.29万元；投入

91.87万元为10208名五保、低保对象购买城乡居民基本医疗保险；全年发放40万元春夏口粮救助资金，发放20万元秋冬生活救助资金；支出医疗救助金567.91万元，救助城乡困难群众3220人（次）；支出临时救助金32.9万元，有572户临时困难家庭获救助；建立江门市城镇帮扶档案记录簿，全市89个单位和11个镇（街）分别结对帮扶307户城镇低保户766人，实行“一单位一户一责”对口帮扶；救助资金由市民政局通过银行直接拨付到个人账户，实现了社会化发放。

【社区建设管理】 2015年，以社区建设“六个强化”为抓手，全面推进城区社区建设管理工作。恩城街道西门社区网格化试点建设投入使用。恩城街道西门社区、大槐镇大朗村委会、东成镇顺槎村委会“邑家园”社会服务综合平台试点建设工作顺利推进；投入资金11.7万元，全面完成174个村（居）公开栏规范化建设工作。社区建设管理水平明显提升，全市有32个村（居）被省厅民政评为“村民自治民主管理示范村”。

【民间组织与地名管理】 至2015年，全市注册登记的社会组织共412个，其中社会团体372个（行业协会商会6个），民办非企业单位40个；全市平均每万人拥有社会组织8.24个；全市有500多人报考社会工作者资格考试，比2014年增加80人；入驻孵化基地的社会组织有15个，其中2015年新入驻的有5个，成功孵化出壳社会组织有5个，开展培训服务3次，共计培训90人次。

行政区划和地名公共服务稳步推进。制订《开平市与恩平市2015年行政区域界线联合检查工作实施方案》，联检前期工作已开展。实施行政审批制度改革，建筑物、住宅区的命名、更名事项审批权限下放至各镇（街），由各镇（街）负责受理、审核、批准等工作。年内，全市道路命名1宗、建筑物命名4宗。

【婚姻登记】 2015年，共办理婚姻登记4120对。其中国内居民结婚登记4030对、涉外结婚登记90对、离婚登记797对、补领结婚证579对，出具无婚姻登记记录证明1272份， 婚姻登记合格率100%。

【福利彩票发行】 2015年，全市电脑彩票投注站点服务水平有新提升。全年福利彩票销售额共2965.86万元,筹集公益金240多万元。

【殡葬管理】 2015年，全市死亡人数3509人，遗体火化3509具，遗体火化率达100%。从2015年6月10日起，全市户籍人口减免殡葬基本服务费用，年内，共办理减免2189单，减免金额197万元。

【老龄工作】 至2015年年底，全市有80周岁以上老人10651人，全年共发放高龄老人津贴511.16万元，全部通过银行直接发放到其个人账户。

镇（街）·场（库）

ZHEN(JIE) · CHANG(KU)

恩城街道

【恩城街道概况】 位于北纬22°11′，东经112°18′，是恩平市的中心城区，市委、市政府驻地。锦江河自西向东贯通全境，形成城市一河两岸独特优势。东邻东成镇、南接横陂镇和大槐镇、西与大田镇相连，北与良西镇和圣堂镇接壤，辖区总面积162.5平方公里，现有耕地面积62065亩，林地面积71200亩。常住户籍人口58981户，188081人。其中农业人口21031户，44000人。流动人口近6万人。下辖东门、新塘、青云、西门、河南、小岛、凤山、东安、飞鹅塘和新城10个社区（居委会）、55个居民小组，以及沙联、西安、联合、米仓、中南、南联、石栏、石联、石泉、石青、平富岗、平塘、锦岗、顶冲、茶坑、新楼、塘劳和禄平18个村委会，174条自然村、223个村民小组。恩城街道机构设置党政办、经济促进局、招商办、安全生产监督管理局、社会事务与社会保障办、农业和农村工作办、三资管理服务中心、城镇建设管理与环保局、综治信访维稳中心、组织工作办、财政所、财政结算中心、卫生和人口计划生育局、采购办和武装部，行政编制77人，事业编制40人，后勤服务人员编制14人。直属事业单位有农业综合服务中心、人口与计划生育服务中心、文体服务中心、社会事务综合服务中心。2015年，恩城街道完成公共财政收入2.4479亿元，比上年（下同）增长8.69%，完成年度任务的104.51%；合同利用外资1102万美元，增长120.40%，完成年度任务的100.18%；实际利用外资681万美元，增长594.90%，完成年度任务的104.77%；固定资产投资总额157358万元，增长9.72%，完成年度任务的105.68%；规模以上工业增加值19921万元，增长13.8%；进出口总额达21313万美元，增长16.21%，完成年度任务的101.25%；新增规上工业1个，新增限上商业企业（含大个体户）3个，扩容增效项目9个，农村人均年纯收入10062元，增长13.86%。金沙时代广场、御景湾、幸福金岸、金海湾、鼎尚房地产（华侨城）、御锦珑湾和锦绣嘉园二期等房地产项目相继建成或基本建成，城市品位有新提升。

【城区建设有新亮点】 深茂铁路4.97公里恩城段征地和交地工作基本完成，城市快速路动工建设。锦江新城商贸区10千伏三回路平富岗至商贸区工程搞输电线路已完成铺设并通电，浩华房地产三期已完成5幢商品楼建设，精文汽车商贸城二期项目已封顶。长220米的恩城南郊工业园仙河西街动工改造。金沙时代广场落成，吸引了六福珠宝、福乐多、中国黄金、真功夫等多家大型连锁商进驻，高档次综合购物中心异军突起，是中心城区建设的一大亮点；中泰农副产品批发市场建成，有78户蔬菜批发户和2间水果批发户率先进驻运营。田野农家乐度假村和香家堡梦幻花世界旅游项目顺利推进，旅游业的发展有新亮点。

【农村建设全面推进】 2015年，投入2965万元，新修建村道14.5公里，修建水渠75公里；修建自来水工程，解决238户9650人的饮水安全问题；调整农业结构1100亩农田改种经济作物，发展特色农产品；培训转移了劳动力1360人；新装路灯140盏，新装监控摄像头85支；建设“邑门式”服务中心及“邑家园”。石联、茶坑、禄平等三个村委会的高标准农田建设项目顺利完成；石联、石青、平塘、锦岗、顶冲、米仓6个村委会农业面源污染治理项目顺利推进，获世界银行贷款广东省农业面源污染治理项目督查团的好评；水稻保险参保面积19816.18亩，参保覆盖率达96.25%；有10家农村淘宝店开张营业，运营成果显著。

【社会民生事业跃上新台阶】 新塘居家养老服务中心全面运营，建立345人的义工队伍，设立“430学堂”，开设54张家庭病床，改造40户居家无障碍设施，为40人提供居家康复，60人享受到居家养护服务，“社工+义工”志愿服务模式受到上级的充分肯定。成功创投居家养老助残综合服务项目，争取项目经费140万。西门康乐服务中心及“邑家园”年底投入试运营。东安社区康园中心增设了残疾人庇护工场，家庭服务中心设置了残疾人康复设施；小岛社区为残疾人提供多项服务，为80名白内障患者免费手术，为25位残疾人送上康复医院治疗，为45人残疾人上门康复护理，为14人贫困残疾人进行无障改造，扶持15名贫困残疾人创业，救助贫困重残人员110人，为1069名贫困重度残疾人购买了社会养老保险和医疗保险，发放轮椅24辆，拐杖17对，装假肢3人，装配矫形鞋3套、装配套助听器6套，安置25位残疾人培训就业，协助13名重度残疾儿童送教上学，7名残疾人儿童学前教育就读。

【文明城市创建】 东门、新塘社区定为创文示范社区，推进创建活动开展。收回位于沿江中路“凤凰城酒吧”的五层楼房，改建为省一级标准文化站大楼。组织700多人，分成22个行动组，开展春季爱国卫生运动活动，新增垃圾收集箱200个，垃圾清运车5辆，垃圾压缩车2辆，垃圾收集点36个。分别在石青村至石泉村长约3公里的绿道路边、开阳高速恩城出口往恩城方向路边，新平北路与锦江国际大道交界边以及在市政府正门沿解放路路口长堤边等处竖立创文宣传牌，其中小型宣传牌100个，大型宣传牌3处。制作核心价值观、“善行义举榜”和创文标牌在各村（社区）及办事处机关办事窗口张贴和摆放，营造浓厚创文氛围。

【计生整改工作】 2015年，计生整改工作雷厉风行。新建大型计生宣传牌10个，更新大型宣传牌内容5个；印发《致育龄群众的一封信》10000封；印制“诚信计生•幸福家庭”海报300张；举办“诚信计生.幸福家庭”大型宣传晚会一次；开通“恩城卫生计生局”微信公众号。启动“诚信计生.幸福家庭”惠民活动，出台《计划生育节育奖励办法》《育龄妇女参加B检查环查孕活动奖励办法》《流动人口持证生育奖励办法》。制作5000份小礼品（个人美容盒）随访赠送。市直单位挂钩帮扶村委会落实计生措施计生整改荼扎实推进。

沙湖镇

【沙湖镇概况】 位于恩平市东北部，北边和东边与开平市接壤，辖区总面积250平方公里，其中耕地面积68838亩（水田57499亩、旱地11339亩）辖21个村委会，1个居民委员会，234条自然村，总人口65000多人，有华侨、港澳台同胞53000多人，分布56个国家和地区，是广东省著名的侨乡镇之一。境内设开阳高速公路出入口，建设中的中开、鹤开两条高速的终点均设在咀厚村。广东省文明镇、江门市文明镇、江门市宜居乡镇、江门市十大特色镇，是沙湖镇的名片，拥有全国文明村1条，省级文明村4条，江门市文明村18条，恩平市文明村23

条。2015年，陶瓷企业集聚区环保整治顺利推进，经济社会平稳发展。全镇完成国内生产总值(GDP)23.08亿元，同比增长3.2%；地方财政一般预算收入完成8964万元。全年共引进项目（含增资项目，下同）13个，合同投资总额4.5亿元，实际利用外资814万美元。新增限上商业企业（大个体户）2个，完成年度考核任务200%，新增规上工业企业1家。全镇15家规模以上企业实现总产值58亿元；农业增效，农民增收，农民人均年收入达10752元，同比增长8.71%。

【陶瓷企业集聚区环保治理】 沙湖新型建材工业基地有陶瓷企15家、79条生产线，先后有54条生产线停产，进行环保整治。相关企业加大环保投入，达到稳定达标排放。“煤改气”、环境保洁、绿化和蒲桥生活污水处理厂等项目加快推进，陶瓷企业集聚区环境质量明显提升。

【法治先进镇创建】 2015年，强化综治，建立完善矛盾排查机制、化解机制，全年共排查调处各类矛盾纠纷251起，调处率100%；镇综治信访维稳中心受理调处各类矛盾纠纷23宗，无“民转刑”案件发生。成功化解正德陶瓷企业停产欠薪问题，600多名工人近1000万元的工人欠薪问题完满解决。沙湖派出所刑事全年立案129宗，破54宗，破案率41.9%；受理治安案件215宗，查处130宗，查处率60.5%，抓获治安违法人员256人。全镇治安重点地区、重点地段新增了视频监控点，更新部分监控设备，全镇两类视频监控摄像枪达到170支。法治先进镇创建取得明显成效，成功创建江门市首批先进法治镇。

【沙湖圩镇品位有新提升】 投入2000多万元，完成马稔线改造工程，全长6.4公里，宽10.5米，路面重新捣制，道路两旁配套绿化、路灯，2015年9月全线通车；投入300多万元，完善沙湖圩污水处理设施及对800多米长堤西路水泥路面、行人道进行升级改造；投入资金10多万元，在园林西路及长堤西路新增路灯50多盏。镇湿地公园及圩镇一河两岸长堤建设融入当地文化和廉洁元素，提升了城镇品位。

【沙湖镇名村示范村创建】 2015年，投入1058多万元，全面完成全镇范围内的山塘堤围加固除险以及完成关村车仔渡槽工程、南坑沙田河清淤工程等水利维修工程，农村、农业基础设施水平有新提升。2015年创建名村、示范村活动成效显著，上凯村委会被评为广东省文明村，东岸村、乌石蓢村被评为广东省卫生村，土嶺村被评为江门市名村示范村，新平村、六乡村被评为恩平市文明村，安东村被评为恩平名村示范村。

牛江镇

【牛江镇基本情况】 位于恩平市东北面，地理位置北纬22°3’，东经112°25’，与沙湖、圣堂、良西、君堂四镇相邻，西北与开平市大沙镇接壤。镇域总面积12700公顷，现有耕地面积1800公顷（其中水田面积1400公顷），山地面积2666.67公顷。下辖岭南、龙湾、横眉、黄泥坦、高联、梨园、马龙塘、仕洞、莲华、昌梅、鹏昌、莲塘12个村委会和1个圩镇居委会，89条自然村，常住人口24321人，其中农业人口22826人。旅外华侨（华人）和港澳同胞3万多人，是恩平市著名侨乡。

【牛江镇名片】 “中国航空之父”——冯如的故里，中国工程院院士、中国惯性技术领域著名专家冯培德的故乡，中共恩平县委旧址所在地；恩平市的农业大镇、江门市科普示范镇、省级农业科技示范镇、省万亩优质粮基地、省区域性良种推广中心、国家级万亩水稻示范基地、国家级万亩马铃薯示范基地和航天育种示范基地院士工作站。

【牛江镇经济发展】 2015年，完成地方一般预算收入1678万元，同比负增长30.86%；完成规模以上工业总产值1.34亿元，增长11.9%；完成规模以上工业增加值1353.9万，增长10.5%；合同利用外资810万美元，完成年度任务的101.3%；实际利用外资完成420万美元，完成年度任务的105%；实际利用民资完成1.65亿元；固定资产投资完成3.91亿元，完成年度任务的102%。农村人平纯收入10466元，增长13%。蓝海农业科技、富辉纺织、日盛纺织、汇荣纺织、泰北特新材料包装等5家企业共增资1.6亿元。新引进丰盈农业科技有限公司，占地10亩，总投资3000万元，主营农产品种植、加工、销售、仓储，预计年产值可达5000万元。引进智硕经贸公司，总投资1000万元。

【牛江镇社会事业发展】 全年投入760多万元，推进社会主义新农村建设，先后完成马龙塘、横眉、高联、岭南村委会机耕路，岭南平东、平西村塘坦、塘基、村道，仕洞南安村塘坦、村道、塘基，龙湾村村道、塘坦、塘基飞机洞村道以及鹏昌东边朗村文化楼、横眉卫生站建设工程、平岭村文化楼、龙湾长乐村、横眉村卫生设施等工程。投入资金40多万元，完成圩镇街灯安装、畜牧站道路和行人道工程。市首个“光网示范镇”项目创建，牛江自来水网管工程、区龙公路牛江段主体工程以及公益创投项目牛江敬老院二期工程等项目顺利推进。

【冯如文化产业开发与航天育种基地建设】 2015年，先后投入资金400多万元，推进冯如故里旅游项目总体规划编制、宣传包装和初步建设。《冯如故里旅游开发规划草案》《恩平航空旅游发展规划草案》完成编制，完成冯如文史馆、冯如故居的改建修葺工作。整合西坑水库、河东名人山庄、白水带、炯成楼、航天育种基地、方寿林德育教育基地、郑锦波故居、莲塘“八百磅”旧址、“两个万亩示范基地”等旅游资源顺利进展。

蓝海公司航天育种基地已初具规模，拥有中国航天科普教育长廊，航天白莲荷塘45亩，航天品种水稻400多亩，供农业旅游观光，展示航天科普知识和农业科普知识。

君堂镇

【君堂镇概况】 位于恩平市的东北部，锦江河的中下游，与开平市百合镇隔河相望，距广州市170公里、深圳市270公里、珠海市200公里、长沙港40公里，325国道和开阳高速公路贯穿南北，离开阳高速出入口3公里.辖区面积102.13平方公里，其中耕地面积41800亩，山地面积2.6万亩，小I型水库6个；辖有18个村委会和2个居委会，273个村（居）民小组，有104条老区村，总人口4.8万，旅居港澳和海外侨胞5.3万多人，是恩平市著名的侨乡之一。镇委、镇政府驻地江洲圩。2015年，镇地方财政一般预算收入1691万元，固定资产投资3.546亿元，完成年度任务的103%；实际利用外资423万美元，超额完成年度任务；规模以上工业增加值增长14.2%，超额完成市政府下达任务；农村农民人均年纯收入9962元，同比增长13%。着力发展房地产业，雅鸿尚城（雅鸿水岸三期）、海峰豪庭相继开盘销售。

【“三农”工作跃上新台阶】 实施“一事一议”财政奖补项目22个，投入资金401万元，修建村道4.537公里，建设公厕、村级卫生站等公共设施项目4500平方米。简头坪村、水寨村被评为市名村示范村。投入660多万元，完成文澜大道、西边大道清湖段建设工程，解决沿线1万多人行路难问题。投入60多万元，完成山塘、水库、堤围除险加固工程。扶贫开发工作成效显著，省级重点贫困村潢步、中安村实现脱贫目标。中安村有劳动能力的 33户贫困户人均纯收入9538元，村集体经济收入19.5786万元；潢步村有劳动能力的13户贫困户人均纯收入8293元，村集体经济收入13.381万元。

【社会民生事业全面发展】 开展为期三个月城乡环境整治专项行动，解决325国道路沿线及圩镇的“脏、乱、差”。农村生活垃圾收集清运工作和镇污水处理厂建设顺利推进。至12月，设立农村垃圾收集点197个，覆盖15个村委会164条自然村，覆盖率72.6%；污水处理厂完成厂区征地和“三通一平”，护堤建设工程、综合楼、网管工程已进场施工。投入132.6万元，完成325国道君堂－马坦段、江洲水闸至君堂侨联段的路灯安装或更新维修。教育创强累计投入资金4000多万元（其中社会捐资728.4万元），进一步完善全镇教育教学设施，顺利通过省教育创强督导验收专家组验收。投入资金约82万元，新建君堂全民健身广场；计划生育整改投入经费345.65万元，扭转计划生育工作被动局面，符合计划生育率89.76%，长效避孕节育措施落实率91.59%，全年政策多孩率1.84%。累计安装治安监控摄像头330支，社会治安综合治理水平有新提升。

圣堂镇

【圣堂镇概况】 位于恩平市中部，距中心城区恩城街道15公里，东与君堂镇相邻，南接东成镇，西与恩城接壤，北与良西镇交界。325国道和省道369线横贯全境，开阳高速在辖区设出入口。辖区总面积56.65平方公里，其中耕地面积50609万亩，辖长安、进职、龙塘、水塘、区村、湴朗、三山、塘龙、根竹头、三联、歇马11个村委会和1个圩镇社区，85条自然村，全镇户籍人口2.83万人，有华侨及港、澳、台同胞近4万人。镇委、镇政府机关机构设置党政办公室、维护稳定及社会治安综合治理办公室、经济事务办公室、社会事务与社会保障办公室、农业和农村工作办公室；事业单位设财政所、农业综合服务中心、社会事务综合服务中心及文体服务中心。2015年，全镇公共财政收入1887万元；完成固定资产投资3.84亿元，同比（下同）增长39.12%；规上工业产值3.79亿元，增长15.07%；社会消费品零售额6704万元，增长18.3%；实际利用民资3.85亿元，合同利用外资905万美元，实际利用外资418万美元，进出口总额290万美元，均完成年度任务。

【实体经济发展有后劲】 2015年，新引进项目7个，合同投资总额4.6亿元。其中，合璟节能环保科技股份有限公司、俐德新型铝材机械制造公司，落户恩平工业园区（异地招商）。两个项目占地25亩，合同投资5000万元，投产后预计产值6000多万元；牧恩卫浴有限公司，占地40亩，合同投资6000万元，预计年产值5000万元；深圳市同和工贸有限公司合同投资6000万元；恩平市超藤威家居科技有限公司合同投资1500万元；圣堂粮所旧粮仓土地“三旧”改造房地产项目，合同投资6000万元。7个项目顺利推进，牧恩卫浴项目从征地到建成投产仅用9个月时间。

【“三农”工作迈上新台阶】 2015年，全镇累计投入近2000万元，推进村级基础设施建设，新建村道30多公里，修建水渠40多公里，实现村村通自来水，近2000户农户完成改厕工程，12户贫困户完成危房改造工程；投入1200多万元，创建近1万亩高标准农田基本建设示范点。新一轮扶贫“双到”工作，成效显著。投入帮扶资金近3000万元，扶持6条贫困村， 6条村的集体经济比上年翻两番，全面实现脱贫目标。三山村创新保障底线民生模式，实现家庭病床服务全覆盖。区村在全市率先选聘律师顾问，设立公共法律服务站，推进村民自治和社会管理工作，被评为“全国民主法治示范村（社区）”。“一事一议”财政奖补项目顺利实施，全年共投入256万元，建成农村公益项目13个，其中修建村道2.137公里，建设村文化广场、文化室、球场和公厕等一批公共设施项目，农村面貌大改观，三山村委会凹底村被评为市文明村。农村“三资”管理进一步规范化，全年镇村两级共举行小型工程招投标17次，完成资产交易8宗，交易总额441.1万元，增值11.2万元。

【民生事业全面发展】 2015年，圣堂文体广场建成启用，圣堂圩镇居民有了休闲场所。完成100条自然村垃圾收集、转运体系设施建设，实现垃圾清运工作无缝对接，破解了垃圾围村难题。解决20条自然村1223户的饮水难问题，实现了全镇安全饮水工程全覆盖。创建“人文圣堂”微信公众号，重点展示歇马的文化旅游资源。歇马举人村、二月花农家美食店入选中国乡村旅游金牌农家乐。举办萝卜文化美食节，为圣堂特色农产品拓宽销路，增加农民的收入。江门市怡兴制革有限公司、恩平市女企业家联谊会、侨港恩平同乡会等单位到镇开展扶困助学活动，圣堂镇第十届励志育才奖教奖学、扶困助学活动成功举办；顺利通过省教育强镇复评。2015年，圣堂镇“邑门式”行政服务中心正式启用，实现108项基本公共服务全覆盖，12个工作站共为群众办理服务3850件，受理矛盾纠纷148宗，办结率达100%。越级上访事件为零。

良西镇

【良西镇概况】 位于恩平市西北部，地处东经112’30”，北纬22’15”，西北与大田、牛江镇接壤，东南与圣堂、恩城街相连，辖区面积121.752平方公里，耕地总面积33796亩，山地面积42600亩。全镇下辖8个村委会（良东、雁鹅、龙安塘、鹤坪、松柏根、龙山、福坪、那湾），一个社区居委会，119条自然村，125个村（居）民小组，总人口23000人。镇党委下设党总支5个、党支部16个，党员754人。省道圣贵线贯穿全境，距325国道6公里，距开阳高速公路圣堂出入口4公里。全镇生态环境良好，旅游资源得天独厚，先后成功开发帝都温泉、恒大泉都，境内二十四坑水电站、大山塘和良西水库景区自然生态得天独厚，年平均气温为22.5℃，年平均降水量为2552.6毫米，日照时数为1626.3小时，环境空气质量达到国家二级标准，全年空气质量日报优良率100%。良西土地资源宜农、宜林、宜果，盛产特色农产品和优质水果，素有“四薯之乡”美誉。

【良西镇党建情况】 2015年，深入开展“三严三实”专题教育活动和开展领导干部驻点普遍直接联系群众活动，成效显著，有效解决了一批关系群众切身利益的问题。镇党委利用松柏根村委会一片耕作条件十分差的650亩土地招商引资，成功开发花海世界旅游项目，既改善生态环境，又增加了村集体和村民收入；“廉洁镇村”创建活动扎实开展，依托文化健身广场、河堤公园、竹林公园、牛良线致富路、文体服务中心等载体，将廉洁元素与自然景观、旅游景观和体育文化、法治文化有机融合，创建了包括廉洁文化广场、竹林公园、农耕文化展屋、河堤石刻、致富路、大型LED显示屏、廉洁书屋、廉洁文化画展等景点的廉洁文化教育基地。全年，新吸收党员10名，培养后备干部53名，党的基层组织建设进一步加强。

【良西镇经济发展】 着力建设打造旅游强镇，原有工业项目逐步关停，重点发展异地招商项目，已有广东宝索机械有限公司、广东粤驰钢结构工程有限公司、江门南桂起重机械有限公司等招商项目落户江门产业转移工业园恩平园区；引进玉、石、盆景、雕塑、工艺品、字画等项目，建设文化园。2015年，实现固定资产投资68650万元，完成年度任务的100.05%；公共财政预算收入4813万元，增长10.3%；规模以上工业总产值13884万元，增长4%；规模以上工业增加值 2971万元，增长5.5%；实际利用民资72770万元，增长20%，实际利用外资420万美元，完成年度任务的105%，农民平均纯收入10266元，同比增长13%。整合旅游资源，生态旅游建设顺利推进，围绕省道369线，推进恒大泉都、廉洁文化教育基地、帝都温泉、花海世界、绿野仙踪、古树茶花、名贵沉香、良西水库综合休闲旅游等项目建设，“一路一廊”旅游经济带已初具规模，旅游产业链基本形成。万亩田园风光项目已完成规划编制，以温泉旅游和Y577牛良线旅游文化长廊宫粉紫荆绿化带及沿线田野自然风光、乡村特色景观为依托，“五花一树”旅游文化长廊建设扎实推进。

【良西镇社会事业发展】 2015年，投入520多万元，修建Y577线良西水利桥和完成牛良线至湴塘等村道建设，方便群众的出行；完善文化健身广场、河堤公园、竹林公园和牛良线的旅游文化配套建设；完成良西圩镇加油站至省道369线的河道改造工程和河道路面水泥混凝土铺设工程，完成腾飞街降坡、铺设下水道和铺设水泥路面工程；完成农村危房改造16户。率先开展“邑门式”试点工作，推进社会工作站建设，落实各项便民措施，社会服务水平有新提升。

【良西镇特色农业】 继续巩固发展葛、沙葛、马铃薯、木薯的种植，保持“四薯之乡”美誉；猪仔薯、淮山薯、番薯、香芋等特色农产品有新发展，种植面积达16000多亩，优质龙眼、荔枝种植面积6200亩，香蕉3000亩，优质沉香2000亩，名贵茶花80多亩。良西镇猪仔薯评为“恩平市最受欢迎旅游特产”。

东成镇

【东成镇概况】 位于恩平市东部，与中心城区接壤，辖区土地总面积112.97平方公里。其中农用土地面积96.3平方公里，建设用地面积10.7平方公里，其他土地面积5.9平方公里。全镇户籍人口25879人，下辖1个居委会，15个村委会，173个村（居）民小组， 21条老区村。镇基层党组织有3个党总支部、37个党支部，党员1089名。旅外华侨和港澳台同胞12000多人，是恩平市乃至江门市的重点侨乡。境内G325国道、S367省道、X559县道纵横交错，交通便利。

东成镇委、镇政府驻地东成圩，机构设置有党政办公室、维护稳定及社会治安综合治理办公室、社会事务与社会保障办公室、农业和农村工作办公室、经济促进局、卫生和人口计划生育局、城镇建设管理与环保局。直属事业单位有农业综合服务中心、人口与计划生育服务中心、文体服务中心、社会事务综合服务中心。行政编制41人，事业编制29人，政府雇员7人。2015年，全镇完成工业总产值3.32亿元，其中规模以上工业增加值3928.22万元，同比增长27.6%；农业总产值4.45亿元，同比增长13.03%；实现地方财政一般预算收入8876万元，同比增长10.06%。实际利用外资702万美元，同比增长6%；实际利用民资7.66亿元。各项社会事业有新进步。

【实体经济项目顺利推进】 辖区内的泉林黄金小镇项目华侨公馆二期销售火爆，销售额达1.8亿元，那金谷景区、湾弓古村落、汽车越野基地和阿洲乐园等新旅游板块建设已初具规模。泉林旅游区全年接待游客80多万人次，成功举办2015广东丛林汽车越野挑战赛恩平站比赛等体育赛事。锦江国际新城项目购物广场的建设进入尾声，近6000平方米的跨境商品直销体验店和特大超市已开展室内装修。恩平建高实业有限公司项目首期3月份竣工试产，10月份启动项目二期建设。东城家园房地产项目竣工销售。年内，新引进项目有总投资4亿元的那金谷—淘金遗址保护及文化体验基地项目、总投资1.2亿元的恩平建高实业有限公司二期项目、投资6000万元的斯顿娱乐会所和投资2100万元的上绵湖电子加工场。增资扩产的企业有7家，增资总额6.67亿元。

【特色农业发展步伐加快】 2015年，全镇辣木种植面积达300亩，种植基地分布在四联村委会、石岗村委会和上绵湖村委会。中国航天辣木专家科研攻关组与镇辣木种植户签订协议，航天辣木科研地面选育中心项目落户东成。石桥头村委会引进外地客商投资种植新会柑近80亩；星鸿果场新种植柠檬近100亩，引进莲雾、九仙桃、释迦果和水果玉米等水果新品种，种植面积达600多亩。特色农业的加快发展，促进农业增效、农民增收。2015年，农民居民人均年收入11103元，同比增长13.19%。

【推进农村公共事业建设】 2015年，全镇完成“一事一议”财政奖补项目16个，投资总额154万元，其中财政奖补资金50万元。完成祝荷和金坑村委会高标准农田基本建设项目建设，修建三面不见土水渠18.75公里，高标准机耕路2.3公里。引进“农村淘宝合伙人”项目，镇内有3个农村淘宝服务站开业，农民足不出户可购到各种生产生活资料。投入500多万元建设长5.5公里的潮人径一期项目；投入近600万元建成Y581乡道上青线，连接金坑村委会、泉林黄金小镇、佛恩寺等地，改善旅游环境和方便周边群众出行。投入13万元，增添和更换圩镇等路段的路灯；投入150多万元，购买社会服务，推进农村生活垃圾处理和保洁工作，全镇日处理生活垃圾量13吨，“垃圾围村”的状况明显改善。农村“村村通”自来水工程加快推进，马安、帮口咀村村民用上市自来水公司的自来水。全镇社保参保率超过98%，新型农村合作医疗覆盖率达100%。年内，全镇有362人享受低保户生活补贴，向困难群众发放解困救济金和节日慰问金20多万元，向全镇12户五保户和危房户发放危房改造补贴资金共15.5万元。新一轮扶贫“双到”工作成效显著，省级贫困村上绵湖村有劳动力的贫困户年人均纯收入达9560元，村委会集体经济收入达10.5万元，实现了稳定脱贫。

大田镇

【大田镇概述】 位于恩平市西部，辖区内四面环山，中部平坦，整个地形呈盆状，属于丘陵地区，土地总面积202.36平方公里，其中耕地面积18464亩（水田12655亩，旱地5809亩）， 山地面积251000亩，下辖（石山、上南、华南、白石、黄沙、东南、朗西、朗北、北合、炉塘等10个村委会和2个圩镇居委会，156条自然村，其中老区村73条，是广东省著名的老区镇。户籍人口31400人（其中农业人口29706人）。镇基层党组织有党支部34个，党员1097人。区域内拥有锦江温泉、岑洞峡谷漂流、山泉湾温泉酒店、凤凰生态乐园、华南明园、石山铭鼓等旅游胜地。2015年，全镇完成生产总值5.5356亿元，地方财政一般预算收入2556万元。全镇个体私营企业516户（其中个体户448户、民营企业48户），民营经济增加值13837万元，上缴税收2618.5386万元，固定资产投资53860万元。旅游业持续稳定发展，年接待游客达75多万人次。

【招商引资有新成果】 2015年，引进恩平市宏鸿旅游综合项目，占地91.2亩，已进行项目规划和场地三通一平。锦云阁房地地项目规划建设联排别墅44幢和一幢商业楼，总建筑面积17199平方米，总投资8000万元，6月29日奠基仪式举行；恩平市50兆瓦光伏农业与光伏观光旅游综合利用示范项目已达成投资意向，总投资5亿元。山泉湾项目增资扩产，计划增资2500万元，新增16栋32户低层位宅，已进场施工。

【“三农”工作与民生事业有新发展】 2015年，投资462万元，完成华南、上南村委会3500亩的中低产田的高标准农田建设，铺设自来水主干管道17公里，提升供水能力，北合、石山、圩镇、白石四个村（居）淘宝店成功开办；依托合作社、种养大户等的带动，特色农产品发展步伐加快，“金田”茨菇、黄亚山香茶、象牙香占米等特色农产品成功进入江门、中山、珠海、广州、深圳等大中城市市场。农村“三资”管理工作进一步加强，全镇12个经联社（社区居委会）、154个经济合作社均全面落实村（组）账镇管及小型建设项目招投标的管理机制，年度小型建设项目招投标交易56宗，工程中标总预算价1036.6万元，比原预算减少113.1万元，减少幅度10.9%。“平安村居”和“美丽乡村”创建顺利推进，全镇12个村（居）委会全部完成网络化建设，新增治安

监控摄像头15个。完成219户危房户改造任务。向128名特殊困难家庭学生发放助学金共20万元，全年发放最低生活保险金203万元。

【计生整改有新成效】 全年出生人口390人（其中一孩212人、二孩161人，多孩17人），政策外44人（其中一孩16人，二孩20人，多孩8人），符合政策生育率89.86%，落实“四术”358例，当年长效节育措施落实率为93.3%，扭转了计生落后局面。

横陂镇

【横陂镇概况】 位于恩平市南部，地处恩平、台山、阳江三市交界，濒临南海，海岸线长21公里，是恩平市唯一的沿海镇。辖区面积200.1平方公里，其中耕地面积3.4万亩，山地面积13.8万亩，滩涂面积10000多亩，红树林8000多亩。全镇下辖19个村委会、2个圩镇社区、199个村（居）民小组，总人口4.07万人。镇基层党组织有13个党总支、84个党支部，党员1592名。水陆交通基础设施完善，省道276线穿境而过，与周边开阳高速、西部沿海高速和325国道相连。境内有3000吨级恩平港码头，海运可直航香港、澳门、广州、深圳、珠海和内地港口。2015年，镇经济社会发展总体平稳，主要经济指标有升有降。实现地区生产总值288846万元，同比下降7.28%；地方财政一般预算收入3036万元，下降24.08%；固定资产投资完成71753万元，增长22.2%；规上企业产值173195万元，下降1.43%；规模以上工业增加值40780万元，增长4.7%；实际利用外资470万美元，完成市下达任务的104.44%。

【临港新型建材工业园建设迎难而上】 4家陶瓷企业积极开展环保整治工作，全面推进清洁生产，全年实现工业产值14.85亿元，税收1800多万元。华新水泥克服原材料渠道不畅、水泥价格偏低等不利因素，推动企业正常运作，全年实现产值2.55亿元，有效拉动上下游产业发展。汇雄化工公司顶住5月中旬的特大洪水影响，短期内恢复正常生产。汇翔实业公司多渠道应对市场销售不利局面，维持企业正常运作。

【“三农”工作扎实推进】 2015年，着力抓好精准扶贫，省考核的4个贫困村集体经济年可支配收入由帮扶前的2.06万元增加到16.68万元；92户贫困户的年人均纯收入由2617元增加到11612元，全面完成脱贫任务，顺利通过省考核验收。实施“一事一议”财政奖补政策，农村基础设施建设步伐加快。投资263.65万元，建设塘莲、南华等13个村小组道路水泥硬底化、文化广场、小公园、饮水等基础设施建设等项目。“三资”管理规范化，全年完成资产交易8宗，总交易额932.2万元，增值162.2万元；31宗小型工程通过招投标，工程总造价648万元，比原预算节省投资13.5万元。

【社会事业有新发展】 农村生活垃圾处理稳步推进，投入300多万元，在S276线白银村委会路段建设8立方米地理升降式压缩垃圾站一座，配备垃圾转运车6辆、封闭式垃圾箱231个、专职运营管理人员18名，9月份投入运营；横东、横平、横南、新潮4个村垃圾分类试点工作顺利开展。投入资金500万元，回赎镇自来水厂经营权及资产，组建新的供水公司接管运营，完成备用水源建设和制水工艺更新。扎实推进“大民政”工作，投入200多万元建设横东村民综合服务中心。慈善事业有新发展，热心人士捐资19万元，资助100多位贫困学子读书。火灾隐患重点地区挂牌整治工作取得显著成效，投入60多万元，新建消防供水管网6500米及增加一批消防设备，顺利通过江门市的考核验收，摘牌销案。计生整改工作成效显著，顺利通过江门市计生工作检查验收。

大槐镇

【大槐镇概况】 加挂“大槐华侨农场”牌子,位于恩平市南部，东邻横陂镇，南接阳江市，北与江门产业转移工业园恩平园区接壤。、沈海高速、国道325线和省道冲恩线公路穿境而过，境内设深茂铁路货运站，珠三角通向粤西及广西、海南的“桥头堡”的区位优势明显提升。辖区总面积122平方公里，其中耕地面积2万多亩，丘陵山地面积7万多亩，常住人口22892人，下辖沙栏、塘冲、河湾、大槐、锦新、大朗、银水、牛山、佛良、石坳、石及、良洞12个村委会和1个圩镇居委会，121条自然村。2015年，全镇实现社会生产总值16.84亿元，比2014年（下同）增长5.51%；地方公共财政预算收入4352万元，增长6%；实际利用外资520万美元，完成年度考核任务104%；实际利用民资7.85亿元，增长180.36%；规模以上工业增加值2.1亿元，增长23%；固定资产投资6.52亿元，增长68.48%；社会商品零售总额1.87亿元，增长18.8%；外贸进出口总额3380万美元，增长148%；农村人均收入9298元，增长12%。社会各项事业有新进步，大槐镇在全市镇级经济社会发展目标责任制考核中获优秀等次，在11个镇街中总分排名第一。

【大槐镇经济发展势头良好】 2015年，新引进项目4个。其中，占地285亩、合同投资3亿元的大槐绿洲高速公路服务区项目已签约，进入征地程序；占地21亩、总投资6000万的华盛天然气项目，已进行控制性详细规划公示；占地25亩、总投资6000万元的南桥锻造项目，已办妥商务手续；占地20亩、总投资5000万元的天一达电气科技项目，已办妥商务手续。企业增资扩产力度大，百卓鞋业、奕马无纺布、集雅电器、宏兴铝材等企业增资总额达2.9亿元，进一步扩大生产规模，经济效益显著。百卓鞋业2015年完成进出口额近3000万美元，同比增长150%。重点项目建设顺利推进，占地17亩、总投资450万美元的远大橡塑制品项目已试产；投资1.5亿的汇银房地产项目完成第一期桩基础工程。深茂铁路大槐段842亩土地和近7000平方米建筑物的征拆任务全面完成，保障铁路施工的顺利进行。

【社会事业有新发展】 2015年，计生工作从严从实开展，农村生活垃圾集中收集处理工作逐步实施。建成大朗村“邑家园”综合服务平台，加快推进“邑门式”行政服务改革。落实治安“大排查”“大调解”工作机制，矛盾纠纷及时排查化解。全年共受理矛盾纠纷67件，成功化解64件，化解率95.52%。着力推进“平安细胞”工程建设，落实安全生产各项措施，抓好“三小”场所整治，实施消防安全网格化管理，全年开展专项整治检查11次，出动500多次，安全生产总体平稳，荣获江门市2015年基层安全生产先进单位。

【“三农”工作有新成果】 紧紧依靠江门市帮扶单位，推进新一轮扶贫“双到”工作，共投入资金2600万元，实施扶贫项目95个，其中新建农贸市场竣工并投入使用，为大

朗、银水、大槐3个省级贫困村带来稳定的租赁费收入，实现稳定脱贫。建成农村淘宝村级服务站1家，有效畅通“工业品下乡，农产品进城”渠道。加大新农村建设力度，大朗村委会大朗村及陂口村成功创建市文明村。投入500多万元实施28条自然村安全饮水工作，实现全镇121条自然村“村村通自来水”的目标。全面完成2012－2015华侨农场272户危房改造任务和2015年度的农村危房改造任务。

【大槐产业集聚区建设顺利推进】 至2015年底，已完成1000亩土地的平土工程、供电线路迁改工程，主要道路捣制工程进入招投标程序，超额完成市下达的集聚区建设年度目标考核任务。集聚区启动招商引资，引进天一达电气项目。该项目占地20亩，合同总投资5000万元，商务手续正在办理中。积极与佛山、中山、深圳、等发达地区的行业协会和商会沟通，力争集聚区的招商引资工作有新突破。

那吉镇

【那吉镇概况】 位于恩平市西南部，那龙河的上游，东临大槐镇，南部和西部分别与阳东县合山镇和大八镇相邻，北依河排林场，境内有省级七星坑自然保护区、地热国家地质公园、金山温泉和温泉乐园。辖区总面积260平方公里，有耕地面积22158亩（水田16012亩、旱地6146亩），总人口22000多人，辖一个圩镇居委会和潭角、那北、大莲、七星塘、那西、黄角、沙河7个村委会，110条自然村，其中老区村105条，是广东省著名革命老区镇之一。镇委、镇政府设有7个正股级综合性办事机构，在编人员59人。2015年，镇经济社会持续健康发展，完成社会生产总值49326.76万元，财政一般预算收入1579万元，规模以上工业增加值11819万元，增长0.38%，社会消费品零售总额1227万元，增长48%。成功举办首届“大番薯遇上腊鸭节”，推进旅游业发展。

【招商引资成效显著】 2015年，引进投资额达6000万元的深圳市鑫龙电机科技有限公司落户市工业园区，厂房建设已近尾声；引进投资额达3600多万元的香叶栈休闲度假项目，已动工建设；投资近千万元，占地面积300多亩的农业观光旅游项目——紫樱农庄已试业。招商项目顺利推进，镇经济发展后劲进一步增强。

【首届“大番薯遇上腊鸭节”】 2015年12月26日开幕，吸引了各方游客逾10万人次到场购物、观光，在美食、土特产一条街，购番薯、腊鸭、芋头、烧饼、蜂蜜、品美食的游客人流如潮涌一波接一波。南方电视台等主流媒体对活动进行了宣传报道，提升了那吉的知名度。

【社会事业协调发展】 2015年，那吉镇计生工作定为省检考核样本点，狠抓各项措施的落实，成效显著，当年户籍人口出生234人，符合政策生育率90.17%，出生率10.44‰，自然增长率2.81‰，出生人口性别比100∶105.26，顺利通过省、江门、恩平市三级年度考核，评为江门市、恩平市两级人口计生先进工作单位。坚持教育优先发展，加大教育投入力度，改善教育基础设施，推进教育事业的稳步健康发展，顺利通过省教育强镇复评。“平安那吉”创建工作扎实推进，至2015年年底，辖区已建立治保会、治安巡逻队各8个，在圩镇主街道及交通主干道安装视频监控点8个。镇派出所利用视频监控系统侦破案件3宗，有效打击各类犯罪活动，盗窃案同比下降30%。社会治理水平有新提升，成功创建平安村居8个，平安景区2个，平安校园2个。

锦江水库

【锦江水库概况】 锦江水库工程管理处由江门市水务局垂直管理，内设办公室、人事部、工程管理部、电力生产部、财务部，在职员工120人。锦江水库（原名河排水库）始建于1958年12月，1973年7月1日全面竣工投入使用，属大(2)型水库，集雨面积362平方公里，最大库容4．18亿立方米。水库以防洪、灌溉为主，兼顾发电（总装机容量3×6500千瓦），是调节改善潭江水质的综合性枢纽工程，控制了锦江河中、上游50%以上的集雨面积，使下游两岸80万亩农田(其中20万亩农田旱涝保收)，200多个村庄、城镇100多万人口及325国道、桥梁、高速公路等交通设施基本解除洪水灾害。2015年，库区降雨量2259．5毫米，与水库多年平均降雨量少210．5毫米，较2014年多414．2毫米。全年输出水量49478．49万立方米，基本满足下游农业灌溉用水需求。全年上网电量4900万千瓦时,完成年度发电计划75．6%。

【水库基础设施建设与维护】 2015年，完成职工宿舍、生活区道路、防汛公路、生产一线班房等维修工程，新建防汛码头仓库，对大坝、溢洪道、闸门及闸门启闭设备、廊道、自动化系统设施等定期进行维修养护，自动化控制室升级改造项目和生活区环境整治工程的前期工作基本完成。水库坝后电站机组技术改造工程通过竣工验收，正式交付使用。总投资1416万的电站综合自动化项目通过审批，进入招投标阶段。

【锦江水库水资源保护】 2015年，库区水资源保护工作常态化，全年开展巡库行动96次，出动执法人员480人次，多次制止库区违法钓鱼捕鱼行为，收缴渔具30多件；加强与周边单位的协调沟通，制止库区周边的胡乱开发，盛林生态旅游区下游开挖鱼塘和新建羊场的情况得到及时整治；在库区内树立警示牌及宣传牌，引起各界对保护水资源的重视。通过监测，6个监测站点的水质类别保持为Ⅱ类，达到了水功能管理目标。2015年6月25日，恩平市人大常委会到锦江水库调研视察水资源保护情况，锦江水库水资源保护工作得到充分肯定。

河排林场

【河排林场概况】 隶属江门市林业局垂直管理，场部内设机构有办公室、生产经营股、资源管护股、计划财务股、森林公园和自然保护区管理办公室，下设7个工区。全场编制55人，在编人员45人，编外聘用人员26人。林场辖区总面积17946．80公顷，林业用地面积16454．00公顷，蓄积60．30万立方米。生态公益林面积10992．73公顷，占66．81%；商品林面积5461．27公顷，占33．19%，森林覆盖率77．8%。

【林场动植物资源与营林生产】 林场有野生高等植物170科511属997种，其中国家重点保护（珍稀濒危）植物有华南锥、巴戟等14种；脊椎动物25目62科163种，其中国家重点保护动物有蟒蛇、虎纹蛙等23种。树种起源为人工林和天然林。人工林树种以杉、松、马占相

思、桉树为主；天然林品种多样，以乡土阔叶树为主。2015年，营林生产有新发展，迹地更新造林267公顷，中幼林抚育487公顷，义务植树8000株，自主育苗20万株，实现林业生产可持续发展。

【林区保护与锦江饮用水源保护】 严格执行野外用火申报制、森林防火期以及节假日的值班巡查制度，实现连续30多年无森林火灾。

2015年，全面完成第一重山356.7公顷的造林任务并通过林场验收。2013和2014年度抚育的幼林生势良好，经质量抽检，合格率达97%以上。全年碳汇林造林工程543.5公顷，通过省市的验收。

西坑林场

【西坑林场概况】 由江门市林业和园林局垂直管理，实行企业化经营，经济自收自支。林场编制22人，现有职工总人数28人，其中在职职工16人，长期聘用12人。场部设办公室、生产经营股、计划财务股和资源管护股；下设6个林区和6个护林站。

林场森林资源总面积5952.6公顷，林业用地面积5937.2公顷，其中生态公益林面积4249.3公顷，占林业用地面积的71.6%；商品林面积1687.9公顷，占28.4%。2015年营林生产有新发展，迹地更新34.2公顷，中幼林抚育401.4公顷，义务植树5100株。实现森林资源“双增”的目标，森林覆盖率达91.58%，林地绿化率达94.56%。

【生态建设】 2015年，继续大力抓好生态林业建设，采用补植套种乡土阔叶树种的方式，完成了115.4公顷森林碳汇重点生态工程建设和19.4公顷生态公益林改造工程，提升了生态公益林的林相质量和森林的生态功能等级。

【西坑水库饮用水源保护】 推进西坑水库饮用水源保护措施落实，分三年将西坑水库临水面第一重山833.9公顷的商品林逐步调整为生态公益林的规划开始实施。2015年，完成210.8公顷商品林的回收工作，并已按有关程序开展造林施工。

附录

FU LU

2015年恩平市获国家级授荣的集体单位

获荣单位	荣誉称号	评定单位
圣堂镇区村村委会	全国民主法治示范村（社区）	国家司法部 国家民政部
圣堂镇歇马举人村	中国乡村旅游金牌农家乐	国家旅游局
圣堂镇二月花农家美食店	中国乡村旅游金牌农家乐	国家旅游局
沙湖镇成平村委会	全国文明村	中央文明办
恩平市蓝海农业科技有限公司	全国巾帼现代农业科技示范基地	全国妇联、科技部、农业部
市国土资源局	国土资源管理系统“六五”普法先进单位	国家国土资源部
江门市锦江水库工程管理处工会委员会电力生产部小组	全国模范职工小家	全国总工会
恩平市供水有限公司工会委员会	全国模范职工之家	全国总工会
广东荣高陶瓷有限公司工会委员会	全国模范职工小家	全国总工会

2015年恩平市获省级授荣的集体单位

获荣单位	荣誉称号	评定单位
圣堂镇	广东省人口文化示范基地	广东省人口文化促进会
恩平微波站	年度目标管理一级站	广东广播电视台
恩平检察院监所科	二级规范化检察室	广东省人民检察院
恩平市公安局机关团支部	2014—2015年度“广东省五四红旗团支部”	共青团广东省委
恩平市烟草专卖局（分公司）	广东省烟草商业系统“六五”普法先进单位	广东省烟草专卖局（公司）
冯如教育基地	广东省人文社科普及基地	广东省社科联
恩平市工商业联合会	广东省“五好”县级工商联	广东省工商联
广东聚泉农业有限公司科普示范基地	江门市科普惠农兴村计划农村科普示范基地	广东省科协
恩平市沙湖镇上凯村委会	广东省文明村	广东省文明委

续表

获荣单位	荣誉称号	评定单位
恩平市沙湖镇东岸村委会东岸村	广东省卫生村	广东省爱国卫生运动委员会
恩平市沙湖镇乌石村委会乌石蓢村	广东省卫生村	广东省爱国卫生运动委员会
恩平市工商局登记注册大厅	广东省巾帼文明岗	广东省妇联
恩平市图书馆	广东省巾帼文明岗	广东省妇联
恩平市大槐镇大朗村“妇女之家”	省级“妇女之家”示范点	广东省妇联
恩平市圣堂镇三山村“妇女之家”	省级“妇女之家”示范点	广东省妇联
恩平市沙湖镇成平村“妇女之家”	省级“妇女之家”示范点	广东省妇联
江门产业转移工业园恩平园区管理委员会	五星级服务园区	广东省工业园区协会
市国土资源局	广东省第二次全国土地调查工作县（镇）级先进集体	广东省国土资源厅
君堂镇大江中心小学	广东省级“职工书屋”	广东省总工会
恩平市恩城第二中学	广东省级“职工书屋”	广东省总工会
恩平市江洲中学	广东省级“职工书屋”	广东省总工会
市人民法院司法警察大队	警务工作规范化建设“一级警队”	广东省高级人民法院
恩平市工商业联合会	广东省“五好”县级工商联	广东省工商联
恩平汽车总站	2014年度工会女职工工作先进集体	广东省总工会
市气象局	5月19至24日强降水过程气象服务先进集体	广东省气象局
广东聚泉农业有限公司科普示范基地	江门市科普惠农兴村计划农村科普示范基地	广东省科协

2015年恩平市获江门市级授荣的集体单位

获荣单位	荣誉称号	评定单位
圣堂镇歇马举人村	江门市传统文化传承基地	中共江门市委宣传部 江门市文明办
圣堂镇歇马举人村	江门市乡村旅游示范村	江门市旅游局 江门市农业局
圣堂镇歇马举人村	江门市示范祠堂	中共江门市委宣传部 江门市文明办
东成镇	江门市首批法治镇(街)创建活动先进单位	江门市依法治市工作领导小组
市反贪污贿赂工作局	三等功	江门市人民检察院
农工党恩平市委会机关支部	先进基层组织	农工党中央
市公安局法制室	集体三等功	江门市公安局
市公安局刑事侦查大队三中队	集体三等功	江门市公安局
市公安局交通警察大队	集体三等功	江门市公安局
市公安局巡逻警察大队	集体三等功	江门市公安局
市公安局沙湖派出所	集体三等功	江门市公安局
市公安局桥峰派出所	集体三等功	江门市公安局
市公安局河南派出所	江门市公安机关政治工作先进集体	江门市公安局
恩平市烟草专卖局（分公司）	江门市烟草行业先进单位	江门市烟草专卖局（公司）
冯如教育基地	江门市社会科学普及示范基地	江门市委宣传部 江门市社科联
沙湖镇吴有恒故居	江门市社会科学普及基地	江门市委宣传部 江门市社科联
圣堂镇歇马村	江门市社会科学普及基地	江门市委宣传部 江门市社科联
市食品药品监督管理局	江门市食品药品快检技术竞赛 优秀组织奖	江门市食品药品监管局
恩平市科协	江门市2013－2014年度自然科学优秀学术论文优秀组织奖	江门市科协
恩平市绿田蔬菜水稻专业合作社科普示范基地	江门市科普惠农兴村计划农村科普示范基地	江门市科协

续表

获荣单位	荣誉称号	评定单位
恩平市司法局沙湖司法所	集体三等功	江门市司法局
恩平市祥兴养殖专业合作社养殖基地	江门市“巾帼创业示范基地”	江门市妇联、江门市农业局、江门市林业和园林局、江门市海洋与渔业局
恩平市沙湖镇成平村“妇女之家”	江门市“妇女之家”示范点	江门市妇联
恩平市圣堂镇三山村“妇女之家”	江门市“妇女之家”示范点	江门市妇联
恩平市恩城第三小学	江门市“巾帼文明岗”	江门市妇联
恩平市恒安汽车服务有限公司服务大厅	江门市“巾帼文明岗”	江门市妇联
恩平市国土资源局办公室	江门市“巾帼文明岗”	江门市妇联
恩平市恩城第四小学	江门市“巾帼文明岗”	江门市妇联
恩平市沙湖镇成平村	2015年江门市“儿童友好示范社区”	江门市妇联
恩平市大槐镇大朗村	2015年江门市“儿童友好示范社区”	江门市妇联
恩平市交通运输局	2015年江门市交通运输综合行政执法工作监督检查第二名	江门交通运输局
恩平市大槐镇政府	江门市2015年安全生产监管先进单位	江门市安全生产委员会
江门产业转移工业园恩平园区管理委员会	江门市2015年安全生产监管先进单位	江门市安全生产委员会
广东道氏技术股份有限公司	江门市2015年企业安全生产管理先进单位	江门市安全生产委员会
恩平市恒安汽车服务有限公司	江门市2015年企业安全生产先进单位	江门市安全生产委员会
华新水泥（恩平）有限公司	江门市2015年企业安全生产先进单位	江门市安全生产委员会
恩平市纪委监察局	全市信息工作突出单位	江门市纪委监察局
恩平汽车总站工会委员会	江门市十佳书香企业	江门市总工会
恩平市青年企业家联合会	江门市义工服务贡献奖	江门市义工联合会
恩平市大学生联合会	江门市先进义工组织银奖	江门市义工联合会
恩平市乐恩社义工队	江门市先进义工组织奖	江门市义工联合会
恩平市民族宗教事务局	2014年度全民族宗教系统信息工作先进单位	江门市民族宗教事务局

续表

获荣单位	荣誉称号	评定单位
市食品药品监督管理局	江门市食品药品快检技术竞赛优秀组织奖	江门市食品药品监管局
市人民法院立案庭	集体三等功	江门市中级人民法院
市人民法院圣堂人民法庭	2014年“人民法庭文化建设”先进法庭	江门市中级人民法院
恩平市沙湖镇南闸村委会土岭村	江门市名村示范村	江门市农业局
恩平市人大办	江门市扶贫开发双到工作优秀单位	江门市扶贫开发领导小组
恩平汽车总站	江门市2014年度市级交通安全文明示范车队	江门市精神文明建设委员会办公室、江门市公安局、江门市教育局、江门市司法局、江门市交通运输局、江门市安全生产监督管理局
横陂镇司法所	集体三等功	江门市司法局
横陂镇安监局	江门市2015年度基层安全生产工作先进单位	江门市安全生产委员会
恩平供电局	新闻宣传先进集体	江门供电局
恩平供电局	财务系统推广先进单位	江门供电局
恩平市绿田蔬菜水稻专业合作社科普示范基地	江门市科普惠农兴村计划农村科普示范基地	江门市科协

2015年恩平市获国家级表彰的先进个人

姓名	性别	所在单位	荣誉称号	评定单位
梁凤燕	女	恩城街道顶冲村	中国“孝老爱亲”好人	中央文明办
黄海燕	女	恩平市蓝海农业科技有限公司	全国劳动模范	中华全国总工会
徐锦潮	男	恩平汽车总站	全国优秀驾驶员	中国道路运输协会 中国海员建设工会全国委员会
吴裕坚	男	恩平汽车总站	全国优秀驾驶员	中国道路运输协会 中国海员建设工会全国委员会
张锦衍	男	恩平汽车总站	全国优秀驾驶员	中国道路运输协会 中国海员建设工会全国委员会
陆文恒	男	恩平汽车总站	全国优秀驾驶员	中国道路运输协会 中国海员建设工会全国委员会
吴亮华	男	恩平汽车总站	全国优秀驾驶员	中国道路运输协会 中国海员建设工会全国委员会
梁达平	男	恩平汽车总站	全国优秀驾驶员	中国道路运输协会 中国海员建设工会全国委员会
余日成	男	恩平汽车总站	全国先进驾驶员	中国道路运输协会 中国海员建设工会全国委员会
岑恒辉	男	恩平汽车总站	全国先进驾驶员	中国道路运输协会 中国海员建设工会全国委员会
谭和南	男	恩平汽车总站	全国先进驾驶员	中国道路运输协会 中国海员建设工会全国委员会
孔健潮	男	恩平汽车总站	全国先进驾驶员	中国道路运输协会 中国海员建设工会全国委员会
谢国杰	男	恩平汽车总站	全国先进驾驶员	中国道路运输协会 中国海员建设工会全国委员会
朱　云	男	恩平汽车总站	全国先进驾驶员	中国道路运输协会 中国海员建设工会全国委员会
谭乾开	男	恩平市农业局	国家发明专利(水稻田间种水生蔬菜复合种植)	国家知识产权局

2015年恩平市获省级表彰的先进个人

姓名	性别	所在单位	荣誉称号	评定单位
吴育英		恩平市国家税务局	全省国税系统“纳税服务之星”	广东省国家税务局
刘漫莉	女	恩平市林业局	广东省森林公安“森林卫士杯”演讲比赛优秀奖	广东省森林公安局
刘漫莉	女	恩平市林业局	广东省森林公安机关第四届手枪射击比赛女子第四名，团体季军	广东省森林公安局
何国强	男	圣堂镇区村村	广东省“优秀村（社区）党组织书记”	广东省委组织部
梁志浓	男	东成镇	广东省农村优秀基层党组织书记	中共广东省委组织部
梁雪丹	女	农工党恩平市委会	广东省保密工作荣誉铜质纪念章	广东省保密局
梁凤燕	女	恩城街道顶冲村	广东省“孝老爱亲”好人	广东省文明办
邝敏华	女	市食品药品监督管理局	广东省食品药品快检技术竞赛决赛　二等奖	广东省食品药品 监管局
郑妙群	女	恩平市华侨中学	“省三八红旗手”	广东省妇联
梁富源家庭	女	恩平海外联谊学校	省“优秀书香家庭”	广东省妇联
吴庭富	男	市国土资源局	广东省第二次全国土地调查工作县（镇）级先进个人	广东省国土资源厅
黎坚宇	男	市国土资源局	广东省第二次全国土地调查工作县（镇）级先进个人	广东省国土资源厅
梁艳凡	女	恩城第一小学	广东省劳动模范	广东省总工会
李玩庆	男	恩平市金山温泉茶厂	广东省劳动模范	广东省总工会
卢健云	男	市人民法院	个人二等功	广东省高级人民法院
梁智颖	男	恩平市场监督管理局	优秀特邀监督员	广东省邮政局
吴明德	男	恩平市人大办	2015年度人民之声杂志社优秀通讯员	广东省人大常委会、人民之声杂志社
谭乾开	男	恩平市农业局	广东省农业技术推广奖二等奖	广东省农业技术推广奖评审委员
莫巧莲		恩平市老干局	广东省关心下一代工作先进工作者	省关工委、省精神文明办
管勇		恩平气象局	强台风“彩虹”及暴雨过程气象服务先进个人	广东省气象局

2015年恩平市获江门市级表彰的先进个人

姓名	性别	所在单位	荣誉称号	评定单位
张 欣	男	恩平广播电视台	五邑新闻奖年度优秀编辑	中共江门市委宣传部 江门市新闻工作者协会
林盛国	男	恩平市人民检察院	江门市“十佳”基层检察官	江门市政法委
吴靖华	女	恩平市人民检察院	全市检察机关信息工作优秀信息员	江门市人民检察院
王其海	男	恩平市人民检察院	个人三等功	江门市人民检察院
吴健壮	男	恩平市人民检察院	个人三等功	江门市人民检察院
郑剑超	女	恩平市气象局	重大气象服务先进个人	江门市气象局
苏宇龙	女	恩平市气象局	重大气象服务先进个人	江门市气象局
岑欢鹏	男	恩平市气象局	重大气象服务先进个人	江门市气象局
吴国庆	女	恩平市司法局	个人三等功	江门市司法局
梁雪丹	男	农工党恩平市委会	优秀党员	农工党江门市委会
梁凤燕	女	恩城街顶冲村	江门市“孝老爱亲”好人	江门市文明办
陈亮河	男	恩城个体工商户	江门市“助人为乐”好人	江门市文明办
岑楚华	女	良西中学	江门市“孝老爱亲”好人	江门市文明办
蔡礼迎	男	圣堂镇	江门市“见义勇为”好人	江门市文明办
岑素萍	女	恩城三小	江门市“孝老爱亲”好人	江门市文明办
邝敏华	女	市食品药品监督管理局	江门市食品药品快检技术竞赛决赛　一等奖	江门市食品药品监管局
肖展杰	男	市食品药品监督管理局	江门市食品药品快检技术竞赛决赛　二等奖	江门市食品药品监管局
梁金渠		恩平市进职蔬菜专业合作社	江门市科普惠农兴村计划农村科普带头人	江门市科协
郑秀琼家庭	女	恩城街道	江门市十大“最美家庭”	江门市妇联
梁富源家庭	男	恩平海外联谊学校	江门市优秀“最美家庭”	江门市妇联
冯俊荣家庭	男	恩城街道	江门市优秀“最美家庭”	江门市妇联
容焯威		沙湖镇人民政府	江门市2015年度安全生产监管先进个人	江门市安全生产监督管理局

续表

姓名	性别	所在单位	荣誉称号	评定单位
吴希华		恩城街道办事处	江门市2015年度安全生产监管先进个人	江门市安全生产监督管理局
黄昌莲		广东百强陶瓷有限公司	江门市2015年度企业安全生产先进个人	江门市安全生产监督管理局
叶伟智		锦江温泉有限公司	江门市2015年度企业安全生产先进个人	江门市安全生产监督管理局
杨书伟		广东集雅电器有限公司	江门市2015年度企业安全生产先进个人	江门市安全生产监督管理局
邝献祖	男	共青团恩平市委员会	全市信息工作先进个人	江门市纪委监察局
周毅坤	男	市纪委监察局	2013-2015年度江门市扶贫开发“双到”工作优秀个人	江门市扶贫开发领导小组
岑梅娟	女	共青团恩平委员会	二〇一四年度“江门市学校团队先进工作者”	共青团江门市委员会、江门市教育局、少先队江门市工作委员会
岑梅娟	女	共青团恩平市委员会	江门市优秀义工工作管理者	江门市义工联合会
梁翠华	女	恩平市义工联合会	江门市优秀义工工作管理者	江门市义工联合会
梁翠华	女	恩平市义工联合会	江门市五星级义工服务奖	江门市义工联合会
岑煦奇	男	恩平市乐恩社义工队	江门市优秀义工工作管理者	江门市义工联合会
张兆恩	男	恩平市民族宗教事务局	2014年度全市民族宗教系统信息工作先进个人	江门市民族宗教事务局
陈健华	男	市食品药品监督管理局	江门市食品药品快检技术竞赛决赛　　二等奖	江门市食品药品监管局
肖展杰	男	市食品药品监督管理局	江门市食品药品快检技术竞赛决赛　　二等奖	江门市食品药品监管局
莫妙丹	女	市人民法院	个人三等功	江门市中级人民法院
张进才	男	市人民法院	个人三等功	江门市中级人民法院
吴丽冰	女	市人民法院	2014年度“十佳基层法官”	中共江门市委政法委员会
张健均	男	市人民法院	2014年基层法院文化建设嘉奖	江门市中级人民法院
梁日稳	男	市人民法院	江门法院行政案件集中管辖改革试点工作先进个人	江门市中级人民法院
吴艳琴	女	金贵小学	江门市乡村优秀教育工作者	江门市教育局
黄伯庆	男	恩平市人大办	江门市扶贫开发双到工作优秀个人	江门市扶贫开发领导小组

续表

姓名	性别	所在单位	荣誉称号	评定单位
谭乾开	男	恩平市农业局	江门市科学技术奖三等奖	江门市人民政府
谭乾开	男	恩平市农业局	江门市优秀公务员	中共江门市委组织部 中共江门市委宣传部 江门市人力资源和社会保障局
吴忠业		市公安局	个人三等功	江门市公安局
苏翠容		市公安局	个人三等功	江门市公安局
吴松亮		市公安局	个人三等功	江门市公安局
张润新		市公安局	个人三等功	江门市公安局
冯国强		市公安局	个人三等功	江门市公安局
黄龙锦		市公安局	个人三等功	江门市公安局
苏伟青		市公安局	个人三等功	江门市公安局
谭卫华		市公安局	个人三等功	江门市公安局
袁伟军		市公安局	个人三等功	江门市公安局
陈超明		市公安局	个人三等功	江门市公安局
吴小艺		市公安局	个人三等功	江门市公安局
吴泽宇		市公安局	个人三等功	江门市公安局
莫炎文		市公安局	个人三等功	江门市公安局
吴劲腾		市公安局	个人三等功	江门市公安局
薛杰东		市公安局	个人三等功	江门市公安局
黄汉威		市公安局	个人三等功	江门市公安局
饶健华		市公安局	个人三等功	江门市公安局
刘晓军		市公安局	个人三等功	江门市公安局
门秀艳		市公安局	江门市公安机关“刑警之星”	江门市公安局
黎国灵		市公安局	江门市公安机关“刑警之星”	江门市公安局
陈香林		市公安局	江门市公安机关“刑警之星	江门市公安局
谭卫华		市公安局	江门市公安机关“刑警之星”	江门市公安局
黎国灵		市公安局	2015年度江门市公安机关十佳优秀刑事侦查员（2014年批）	江门市公安局
梁金渠		恩平市进职蔬菜专业合作社	江门市科普惠农兴村计划农村科普带头人	江门市科协

经济社会统计资料

2015年恩平市国民经济和社会发展统计公报[1]

恩平市统计局（2016年7月1日）

2015年，在国内经济下行压力较大的宏观背景下，恩平市前期直接受沙湖、横陂两大陶瓷园区部分环评不达标企业大面积停产整治的影响，县域经济增速整体出现回落。全市人民在市委、市政府的正确领导下，以“超常规”主动应对“经济新常态”的新挑战，认真对照“一季度是冰点，二季度要回暖，三季度要回升，四季度要达标”的经济工作总体要求，抓改革、造环境、上项目、惠民生，继续推进“园区、城市、旅游”三大经济，着力抓好“富民、民生、文化和社会治理”等四大工程，促使全市各主要经济指标都呈现出稳中微升的态势，经济发展基本面实现企稳回升，基本完成“十二五”规划和2015年预期目标任务。

一、综合

初步核算，2015年全市实现地区生产总值（GDP）[2]1505308万元，比上年增长4.8%。其中，第一产业增加值194812万元，增长4.1%，对GDP增长的贡献率为11.9%；第二产业增加值515142万元，增长0.7%，对GDP增长的贡献率为4.96%；第三产业增加值795354万元，增长7.7%，对GDP增长的贡献率为83.14%。在第三产业中，交通运输、仓储和邮政业增加值137474万元，增长6.4%，批发和零售业增加值87041万元，增长6.7%；住宿和餐饮业增加值86961万元，增长2.2%；金融业增加值38212万元，上升11.5%；房地产业增加值76289万元，增长30.5%；其他服务业增加值364570万元，增长5.8%。三次产业结构比例为12.94∶34.22∶52.84。全市人均生产总值30139元。

图1　恩平市GDP总量及增速图示

（2011年至2015年4季度）

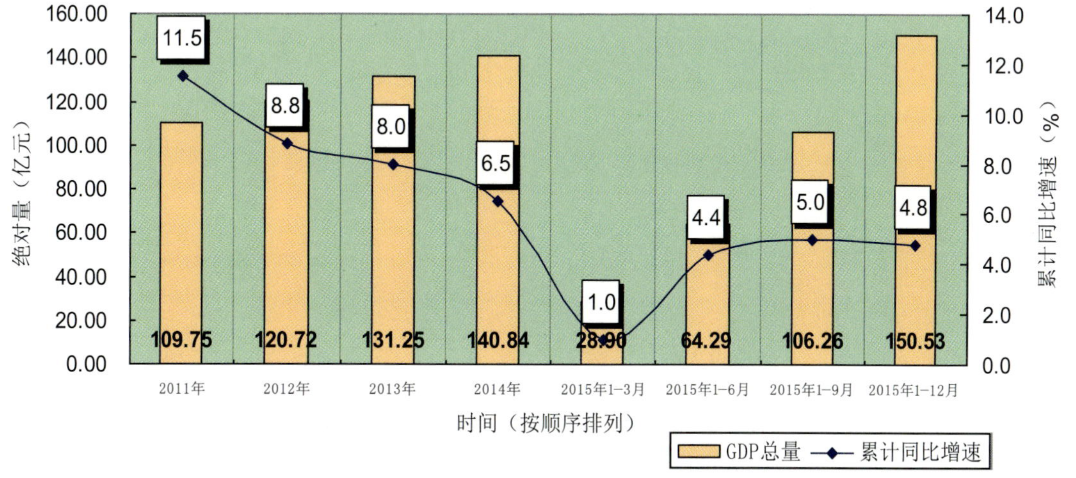

在现代产业中，先进制造业增加值69470万元，占规模以上工业增加值比重达21.0%；高技术产业增加值29879万元，占规模以上工业增加值比重达6.6%。

民营经济活力不断增强。截至2015年底止，全市共有私营企业2267户，注册资金361035.64万元；个体工商户15825户，注册资金31566万元；当年新登记私营企业351户，新增私营企业注册资金71171.62万元；当年新登记个体工商户2844户，新增个体工商户注册资金8211.03万元；全年有18户个体工商户转型升级为企业。民间投资量少额增，2015年共立民营固定资产投资项目50个，投资总额22.95亿元，同比分别下降29.0%和42.0%。

年末全市社会从业人数216963人，比上年增加4147人，增长1.95%。全年城镇新增就业人员6202人，减少0.97%，城镇登记失业率为2.35%。其中，城镇非私营单位从业人员33102人，在岗职工30942人。城镇非私营单位（不包括乡镇企业、私营企业和个体工商户）从业人员工资总额为15.53亿元，其中在岗职工工资总额为14.90亿元。城镇非私营单位从业人员年平均工资为46366元，在岗职工（含在岗劳务派遣人员）年平均工资为46820元，分别比上年同期名义增长17.5%和17.0%。

2015年末，全市金融机构各项人民币存款

图2 2011—2015年恩平市城镇非私营单位在岗职工年平均工资及名义增速图示

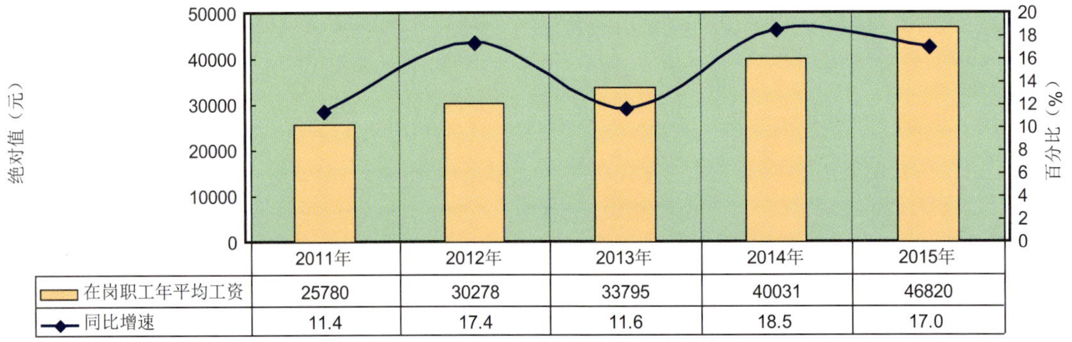

	2011年	2012年	2013年	2014年	2015年
在岗职工年平均工资	25780	30278	33795	40031	46820
同比增速	11.4	17.4	11.6	18.5	17.0

时间（年份，按顺序排列）

在岗职工年平均工资　同比增速

余额211.29亿元，比年初增长2.39%，其中住户存款余额[3]156.32亿元，比年初增长3.79%，非金融企业存款15.62亿元，比年初增长1.87%；金融机构各项人民币贷款余额62.11亿元，比年初增长21.41%，其中住户贷款35.42亿元，比年初增长27.95%，非金融企业及机关团体贷款余额26.15亿元，比年初增长13.45%。

全市证券金融机构交易额352.71亿元，比上年增长2.13倍；证券交易印花税0.17亿元，增长2.34倍；新增投资A股开户数2451户，增长3.58倍。

全市保险机构各类保险保费收入2.99亿元，比上年增长55.94%。其中，财产保险保费收入0.57亿元，增长24.0%；人寿保险保费收入2.42亿元，增长40.12%。

全年全市一般公共预算收入完成9.89亿元，增长2.02%[4]。从收入结构看，完成税收收入7.49亿元，增长2.40%；非税收入2.40亿

图3　2015年月度恩平市金融机构人民币存贷款余额变化情况表

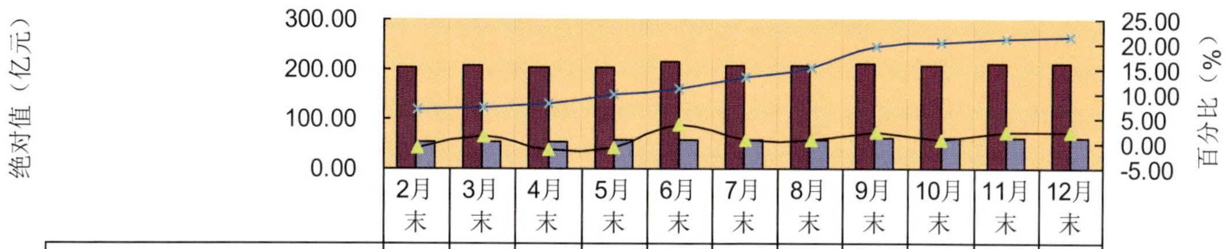

	2月末	3月末	4月末	5月末	6月末	7月末	8月末	9月末	10月末	11月末	12月末
金融机构人民币存款余额	204.8	209.1	204.2	204.9	214.0	207.8	208.0	210.8	208.1	211.4	211.2
金融机构人民币贷款余额	54.66	54.97	55.34	56.28	56.85	57.95	58.99	61.29	61.60	61.97	62.11
（存款余额）比年初增长	-0.72	1.35	-1.00	-0.69	3.74	0.71	0.80	2.19	0.88	2.46	2.39
（贷款余额）比年初增长	6.84	7.46	8.17	10.02	11.13	13.28	15.32	19.80	20.41	21.13	21.41

时点（月末，按顺序排列）

金融机构人民币存款余额　金融机构人民币贷款余额
（存款余额）比年初增长　（贷款余额）比年初增长

元，增长0.86%，纳入财政预算管理的非税收入与同期实现的税收收入之比达1∶3.12，占同期地方公共预算收入的比重为24.29%。全年全市国税地税总收入15.38亿元，增长3.36%，其中国税收入完成5.74亿元，下降2.42%，地税收入完成9.64亿元，增长7.15%。镇级财政收入6.39亿元，下降2.10%，占全市一般公共预算收入的近六成五。

全年全市一般公共预算支出安排24.61亿元，比上年增长22.43%。市本级地方一般公共预算支出用于教育、医疗卫生、社会保障和就业、保障性住房、文化体育传媒、农业水利、交通运输、节能环保、城乡社区事务等民生支出预算占地方一般公共预算支出总额的比重达到82.86%，其中，教育方面安排支出5.85亿元，占23.75%，成为“最花钱”的项目。

国民经济和社会发展中还存在很多问题，较为突出的是：在经济质量及效益方面，存在财政收支压力凸显、工业产销仍欠理想、企业效益下降较大等问题，在经济增长潜力方面，存在投资立项量少额减，房地产去库存化难，工业强引擎动力弱等问题。当然，经济堆头

图4　恩平市一般公共预算收入总量及增速图示
（2011年至2015年1—12月）

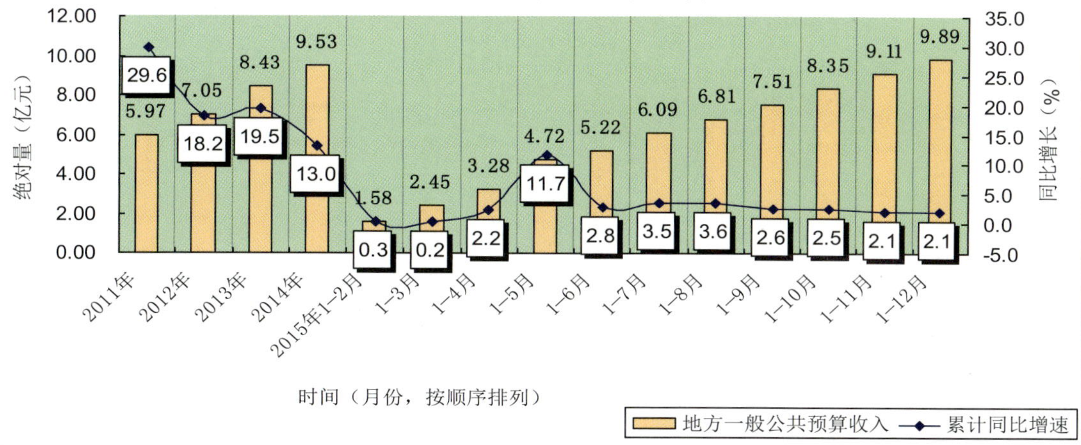

图5　　恩平市一般公共预算支出总量及增速图示

（2011年至2015年1—12月）

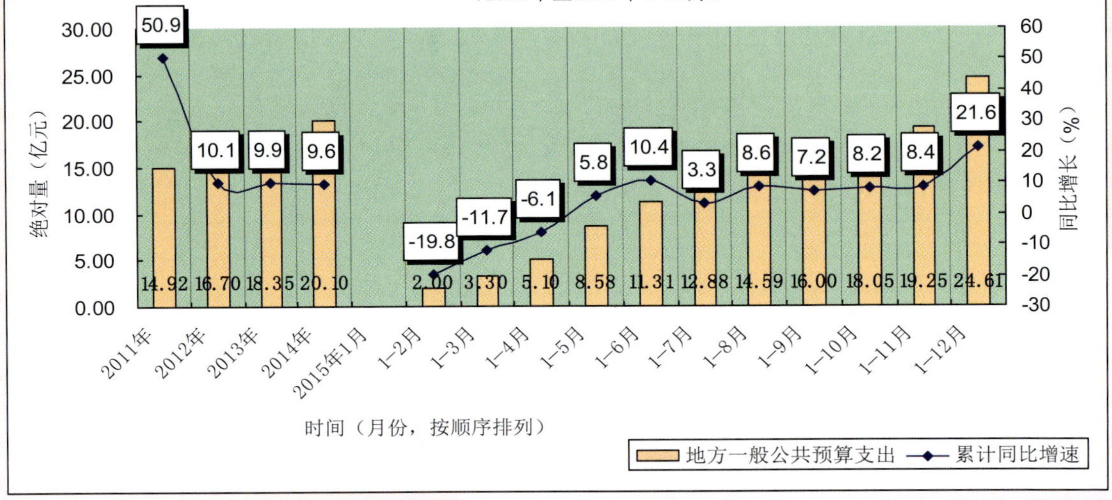

小、总量不大以及产业层次低、企业规模小、布局分散的状况仍没有得到大的改观；城乡区域发展不协调、社会事业发展滞后等问题依然存在；产业转移园区配套设施不够完善，缺乏大项目拉动，实体经济发展缺乏持续动力，着力保障和改善民生依然任重道远。

二、农业

坚定不移转变农业生产方式，大力推进现代农业加快发展。培育“五个十大”[5]，拥有国家级农民专业合作社1家，省级4家；省级龙头企业3家。实施农田综合开发项目12个，建设高标准基本农田15.44万亩，完成粮油储备任务。全年实现农林牧渔业总产值36.06亿元、农林牧渔业增加值20.51亿元，按可比价计算，分别增长4.1%和5.2%。其中：农林牧渔及服务业各类产值所占比重依次为43.8%、5.3%、21.4%、26.3%、3.2%；种植业、渔业、畜牧业对全市农林牧渔及服务业增加值增长的贡献率位列前三位，分别为45.9%、25.7%、22.7%，而其他分行业对农业增加值增长的贡献率仅为5.7%。蓝海农业被评为全国巾帼现代农业科技示范基地、航天育种示范基地，成立院士工作站。

图6　　恩平市2010—2015年农业总产值及增速图示

（2010年4季度至2015年4季度）

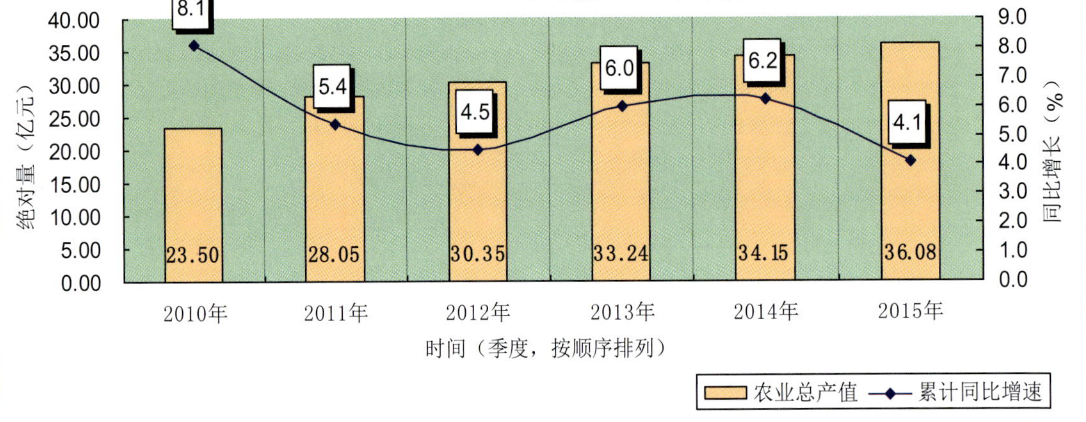

表①：　　主要农产品产量

产品名称	计算单位	2015年	2014年	比上年（±%）
粮食	吨	133595	134863	-0.94
其中：稻谷	吨	121597	123342	-1.41
花生	吨	5800	5595	3.66
木薯	吨	28332	27589	2.69
蔬菜	吨	145839	144333	1.04
糖蔗	吨	105608	100775	4.80
水果	吨	73837	68751	7.40
水产品	吨	45861	42935	6.81
生猪存栏量	头	172278	165652	4.00
猪肉	吨	20774	19975	4.00
耕牛存栏量	头	11103	13229	-16.07

恩平簕菜成为国家地理标志产品，与濑粉、牛大力等6种农产品入选省名特优新农产品。

三、工业

工业生产稳定增长。全年完成工业总产值218.29亿元，比上年增长2.1%。产业园区已成为全市工业经济发展的主战场和主要载体。其中，江门产业转移工业园恩平园区规上工业增加值达7.63亿元，同比增长16.1%，占全市规上工业增加值的22.78%。全市107家规模以上（年主营业务收入2000万元以上）工业企业实现营业收入114.86亿元，下降1.2%，其中实现主营业务收入114.50亿元，下降1.40%；每百元主营业务收入中的成本为90.24元，比上年下降0.11%；利润总额1.14亿元，下降46.2%，其中，

表②：　　主要工业产品产量

产品名称	计算单位	2015年	2014年	比上年（±%）
水泥	万吨	107.63	41.37	160.2
陶瓷	万平方米	23953	25822	-3.9
发电量	万千瓦时	12988	14450	-10.1
服装	万件	735.2	1718.3	-57.2
纱	吨	9468.9	13910	-31.9
布	万米	754.8	2408.4	-68.7

注：表中2014年、2015年的数据均为规上工业企业的“企业一套表”联网直报数据。

图7　　恩平市规模以上工业增加值总量及增速图示
（2011年至2015年1—12月）

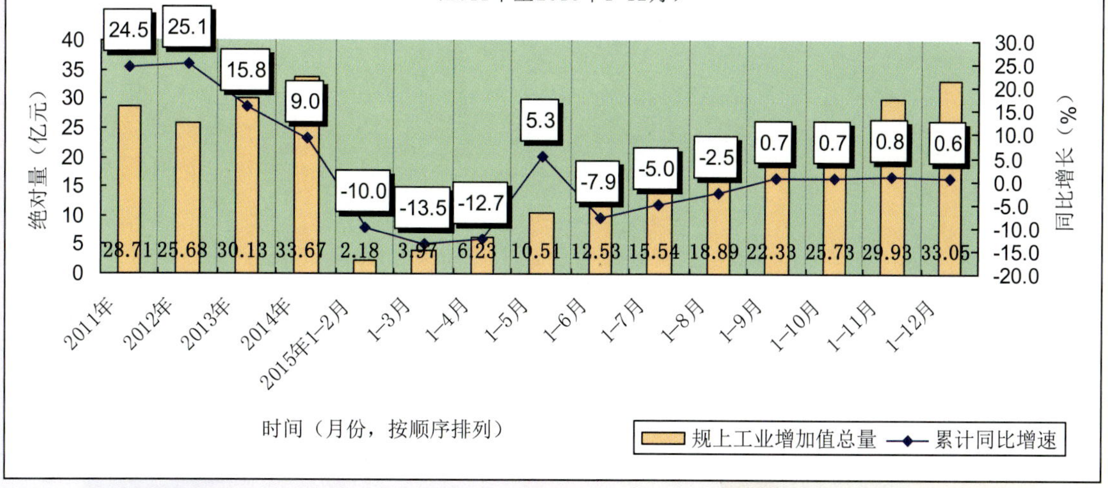

图8　江门产业转移工业园恩平园区主要经济指标变化走势图
（2012年至2015年1-12月）

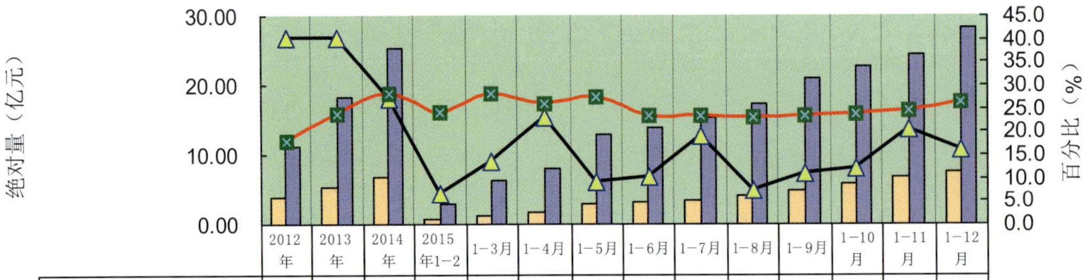

	2012年	2013年	2014年	2015年1-2	1-3月	1-4月	1-5月	1-6月	1-7月	1-8月	1-9月	1-10月	1-11月	1-12月
规上工业增加值总量	3.84	5.31	6.80	0.74	1.19	1.81	2.82	3.11	3.53	4.18	4.92	5.75	6.92	7.63
固定资产投资	11.12	18.22	25.44	2.82	6.36	7.99	12.88	13.93	15.37	17.25	21.08	22.62	24.47	28.18
规上工业增加值同比增速	40.4	40.2	27.1	6.7	13.7	22.9	9.0	10.2	19.1	7.2	10.9	11.9	20.5	16.1
固投占比	18.0	23.7	28.2	24.2	28.3	25.9	27.5	23.5	23.4	22.9	23.5	23.9	24.6	26.2

时间（月份，按顺序排列）

规上工业增加值总量　固定资产投资　规上工业增加值同比增速　固投占比

主营活动利润[6]1.11亿元，下降49.8%，以利润总额计算的利润率为1.01%，以主营活动利润计算的利润率为0.99%。

四、固定资产投资与建筑业

固定资产投资[7]保持合理增长。全市完成固定资产投资1073509万元，比上年增长19.1%。分三次产业看，第一产业投资50892万元，增长302.3%；第二产业投资642484万元，增长28.0%；第三产业投资380133万元，下降1.7%。其中，房地产开发投资完成211562万元，同比增长18.3%。全年房地产开发投资占全社会投资比重由上年的19.8%下降到19.7%。全市商品房销售面积385084平方米，同比增长100.4%，实现商品房销售额175321万元，增长89.0%。全市商品房待售面积454591平方米，增长23.4%。商品房施工面积2253118平方米，增长15.0%，商品房竣工面积204638平方米，下降51.6%。

建筑业生产保持平稳发展势头。全市资质等级以上建筑企业11个。资质等级以上建筑企业产值86169万元，比上年下降29.1%。完成房

图9　恩平市固定资产投资（不含农户）总量及增速图示
（2011年至2015年1-12月）

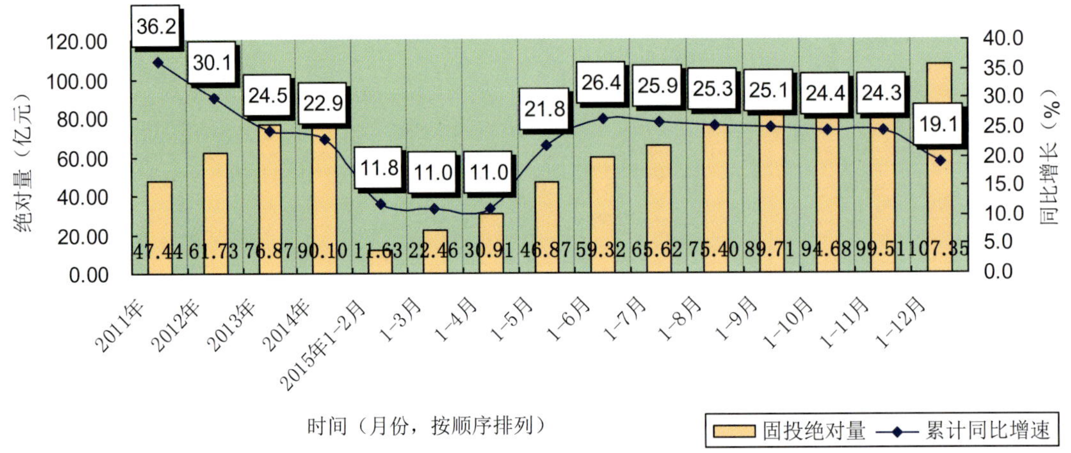

时间（月份，按顺序排列）　固投绝对量　累计同比增速

屋建筑施工面积100.93万平方米，同比下降48.9%；房屋建筑竣工面积50.7万平方米，同比上升5.4%，其中住宅类房屋建筑竣工面积6.23万平方米，下降69.3%。

五、交通运输、邮政电信

交通运输业发展平稳。全年交通运输、仓储和邮政业实现增加值137474万元，比上年增长6.4%。全市共有公共汽车23辆，出租汽车85辆，运营里程1325万公里；营运客货车1521辆，全年完成客运量563万人次，旅客运周转量43780万人公里；货运量2200万吨，货运周转量61350万吨公里。

年末民用汽车拥有量38415辆，比上年增长18.83%，年末摩托车保有量184539辆，增长15.07%。年末机动车驾驶员数量为211223人，增长10.63%。其中，汽车驾驶员数量为61668人，增长21.72%。

全年港口货物吞吐量18.30万吨。境内公路通车里程1604.452公里，其中国省干线公路总里程220.467公里，国省干线公路网密度为13.02公里／百平方公里。

邮电通信业稳步发展。全年全市邮政行业业务收入完成0.06亿元，同比增长50.0%。邮政业务中，邮政函件业务累计完成107.22万件，同比下降58.2%；包裹业务累计完成0.2万件，同比下降25.9%；快递业务累计完成8.78万件，同比增长3.43倍，报纸业务累计完成559.2万份，同比增长3.5%；杂志业务累计完成1.99万份，同比下降4.3%；汇兑业务累计完成0.77万笔，同比下降56.3%。年末固定电话用户20.70万户，减少0.626万户；年末（固定）互联网宽带接入用户10.98万户，新增2.2万户；年末移动电话用户50.83万户，减少1.83万户；其中年末4G手机用户16.49万户，年末3G手机用户[8]17.12万户。

六、国内贸易

市场消费平稳发展。全市社会消费品零售总额[9]803888万元，增长11.0%。其中批发零售业717886万元，增长10.3%；住宿和餐饮业86002万元，增长11.8%。批零住餐四大行业实现商品销售收入（或营业收入）的构成已由上年同期的1.03∶87.23∶0.36∶11.38，转变为1.21∶88.09∶0.50∶10.2，整个社消零的行业结构基本保持稳定。按经营地统计，城镇消费

图10　　恩平市社会消费品零售总额总量及增速图示
（2011年至2015年1—12月）

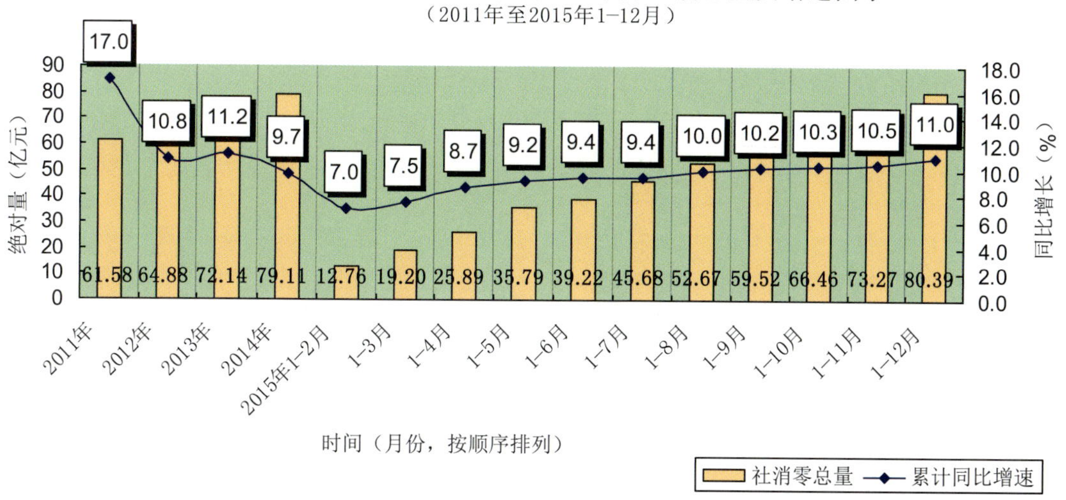

品零售额506036万元，增长11.4%；农村消费品零售额297852万元，增长8.9%。

七、对外经济和旅游业

全市新批外资项目9个，同比增长28.57%；合同利用外资11519万美元，同比增长5.2%；实际利用外资6010万美元，下降16.76%。

实现外贸进出口总额285806.18万元人民币[10]（约折合4.60亿美元），增长5.57%。其中，进口额60091.92万元人民币（约折合0.97亿美元），增长3.93%；出口额累计达225714.26万元人民币（约折合3.64亿美元），增长6.02%。从各经济类型企业出口情况看，国有企业出口57.54万美元，增长2.11%，三资企业出口23427.7万美元，增长18.48%，私营企业出口12869.8万美元，下降13.27%。

实施全域旅游，建立台开恩旅游联盟，建设地热国家地质公园标识，恒大泉都、泉林黄金小镇、山泉湾等旅游项目建设顺利。在温泉旅游的辐射和带动下，形成了以温泉旅游为龙头，以冯如文化游、古村落游、森林生态游和乡村游为主导的旅游品牌，全面推进旅游业持续快速健康发展。2015年末，有旅行社8家，全年共接待中外游客480.1万人次，比上年增长6.26%；旅游产业链总收入26.52亿元，比上年增长18.04%。恩平荣登“2015旅游业最美中国榜”，

图11 2011—2015年恩平市进出口贸易额及增速图示

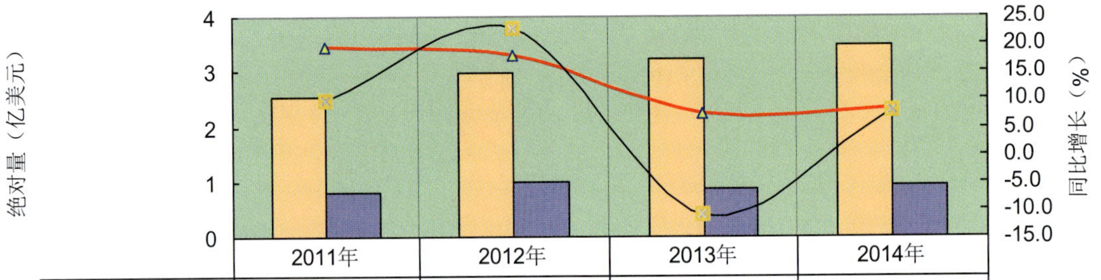

	2011年	2012年	2013年	2014年
出口额	2.53	2.98	3.21	3.47
进口额	0.8	0.98	0.87	0.94
出口同比增速	19.3	17.8	7.4	8.2
进口同比增速	9.8	22.7	−10.9	8.0

年度

出口额　进口额　出口同比增速　进口同比增速

连续三年被评为省旅游综合竞争力十强。

八、资源、环境保护与社会安全

全市全年平均气温22.7℃，与上年升高0.8℃；全年平均降水量2327.3毫米，比上年增长31.20%。全年全市总用水量2506万立方米，同比增长24.12%，其中生活用水量1484万立方米，非生活用水量1022万立方米，分别增长19.48%、20.38%。

全年全市单位GDP能耗0.7826吨标准煤/万元，同比下降6.43%，累计完成“十二五”节能目标进度任务的116.61%，其中单位工业增加值能耗下降率为2.63%。全社会用电量242456.54万千瓦时，比上年下降8.9%。其中，工业用电量185039万千瓦时，比上年下降14.41%，占全社会用电量的76.32%；单位GDP电耗1785.97千瓦时/万元，下降率13.11%。

恩平市环境质量总体保持稳定，市区环境空气质量达到国家二级标准水平，市区全年平均

图12 2011—2015年恩平市工业用电量及增速图示

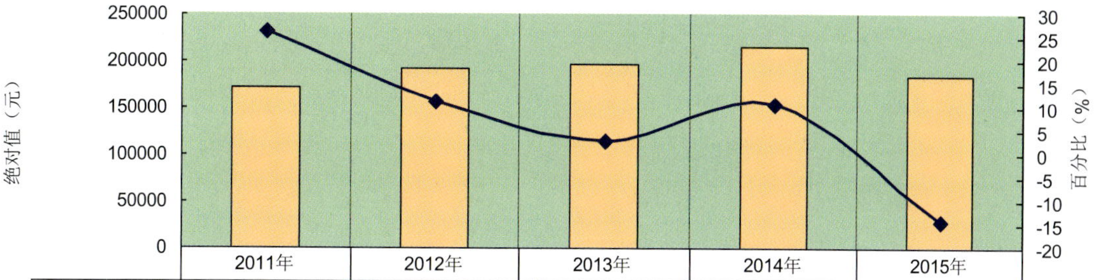

	2011年	2012年	2013年	2014年	2015年
工业用电量	172591	191928	197100	216200	185039
同比增速	26.1	11.2	2.7	10.5	−14.4

空气质量指数AQI为57，空气质量日报优良率96.71%。二氧化硫、二氧化氮、可吸入颗粒物（PM10）、细颗粒物（PM2.5）、一氧化碳日平均值和臭氧浓度日最大8小时平均值达到二级标准的天数占全年所测天数的100%。二氧化硫平均浓度0.019毫克/立方米，二氧化氮平均浓度0.021毫克/立方米，可吸入颗粒物（PM10）平均浓度0.064毫克/立方米；全年降雨pH均值为7.2，较上年有所下降，全年酸雨发生率为0；市内主要河流——锦江河水质保持基本稳定，达Ⅱ类标准；集中式饮用水源（锦江水库江南干渠）水质达标率100%，符合国家Ⅱ类标准地表水标准；城市区域环境噪声平均等效声级58.1分贝，市区主要交通干线两侧噪声平均等效声级67.0分贝，优于国家城市环境噪声标准；生活垃圾无害化处理率100%。

全年完成造林面积606公顷，有森林面积71769.5公顷（不含河排西坑林场），森林覆盖率42.4%。有自然保护区3个，面积15727公顷。

全年全市刑事立案数270宗；民事案件立案数1680宗。全年共发生各类事故304起，死亡34人，受伤250人，直接经济损失229.93万元。与上年同期相比，除死亡人数、直接经济损失分别同比下降2.86%、59.72%之外，各类安全事故发生宗数、受伤人数等两项指标则分别上升27.73%、34.41%。具体而言，工矿商贸领域共发生工矿企业职工伤亡事故2起，死亡2人，受伤0人，经济损失180万元；消防领域共发生火灾事故98宗，上升24.05%，无人死伤，与上年持平，火灾造成直接经济损失34.99万元，下降88.86%；在三大领域中，道路交通依然是全市生产安全事故的主要领域，共发生道路交通事故204起，死亡32人，受伤249人，直接经济损失14.94万元，事故起数、死亡人数、受伤人数、直接经济损失分别占全市事故总数的67.1%、94.1%、99.6%、6.5%。

全年亿元生产总值生产安全事故死亡率为0.2259（人／亿元），同比下降9.11%；工矿商贸企业就业人员10万人生产安全事故死亡率为1.70（人／10万人）；特种设备安全形势良好，各行各业在特种设备使用过程中未发生伤亡事故，每万台特种设备死亡率为0；10万人口火灾死亡率为0。道路交通事故仍是残害生命的祸首，道路交通万车死亡率为1.48（人／万车），同比下降3.48%；其中发生生产经营性道路交通事故6宗，死亡人数6人，控制在江门市

下达的年度控制指标数（7人）以内。水上交通、渔业船舶等领域实现全年安全生产“零事故”。没有出现涉及安全生产“一票否决”的事项。

九、科技教育、文体卫生

全市科技事业不断进步。截止2015年底，全市高新技术企业已达14家，其中国家级9家；江门级以上工程技术研发中心14家，其中省级3家。现有专业镇4个，其中省级1个，江门市级3个；与国内多所科研机构、院校建立产学研合作关系。

通过开展“小微双创”工作，加大科技服务企业力度，积极引导企业加大科技投入，不断提高自主创新能力，提高产品科技含量和技术水平。道氏公司成立博士后科研工作站。创新能力增强，全年专利申请339件。恩平市恩宝电子有限公司的“超低频、高保真乐器专用无线麦克风”、广东嘉俊陶瓷有限公司的“高强度仿大峡谷熔岩流层瓷质抛光砖”等6家企业的12个高新技术产品，通过了广东省科技厅下发的2015年广东省高新技术产品的认定。

教育事业持续稳定发展。全年全市国家财政性教育经费支出达6.16亿元，占GDP比例首次突破4.1%，超越了4%的国际标准。其中，市级财政投入预算内基础教育经费5.85亿元，增长13.36%。现有中小学66所，其中小学39所，初中18所，普通高中6所（其中包括国家级示范性普通高中1所，省一级高中1所，江门市一级普通高中3所），中等职业技术学校2所，特殊教育学校1所，保留小学教学点20个，幼儿园34所；全市中小学在校学生52987人，在园幼儿12948人；学前三年入园率93.2%，九年义务教育阶段适龄儿童入学率100%，适龄残疾儿童少年入学率100%。

全市现有教职工4270人，小学教师学历达标率100%，大专率75.5%，本科率34.18%；初中教师学历达标率99.6%，本科率69.92%；高中教师学历达标率88.13%，职中教师学历达标率85.86%。

2015年，全市拥有镇级文化站11个，广播站10个，影剧院2个，文化馆1个，博物馆1个，农家书屋195间，专业艺术表演团体1个，曲艺社15个；全年组织深入农村放映数字电影1812场，送电影进工厂241场，送电影进社区126场，开展文化下乡、进社区活动48场（次）；公共图书馆1个，藏书26万多册，全年读者流通人数达20万人次。以开展创建省级文明城市工作为契机，切实落实文化惠民政策，创作一批文艺精品。实现城乡有线电视数字化。

全市体育场地总面积114.14万平方米，人均产地面积2.28平方米，形成了县（区）、乡镇（街道）、行政村（社区）三级公共体育设施网络，镇级全民健身广场实现全覆盖；有体育机构24间，体育协会组织13个，23个城乡社区体育活动点，普通球场967个，体育活动室182个，已注册登记的三级以上社会体育指导员有1253人；举办综合运动会及各项赛事15次，参与人数近2万人次；经常参加体育锻炼人员24.8万人，体育人口约占全市总人口的46.8%。

年末医疗卫生机构239个。其中：医院、卫生院15个，疾病预防控制中心1个，妇幼保健院1个，各类医院床位总数1430张。卫生人员总数1838人，其中：医疗人员1460人，卫生防疫人员33人，妇幼保健人员58人。各类卫生技术人员1460人，包括执业（助理）医师849人。全年医疗卫生计生支出总计7.42亿元，比上年增长16.9%，其中市本级财政共投入医疗卫生经费合计3.74亿元，增长15.52%；投入妇幼保健经费2008万元，增长0.65%；全市农村卫生计生厕所普及率79.61%，农村自来水普及率73.00%。

顺利通过省2015年度计生考核，同时还获得2015年度流动人口监测全国第一名；创建一批省、江门市卫生村；有效防控H7N9禽流感、登革热、中东呼吸综合征等疫情。

十、人口与人民生活和社会保障

据公安部门统计，2015年末，全市户籍总人口48.94万人，其中城镇人口15.75万人，乡村人口33.19万人，总户数15.31万户，户均3.20人。按性别分，男性人口25.61万人，女性人口23.33万人。按年龄分，0－17岁人口7.93万人，18－34岁人口14.74万人，35－59岁人口17.91万人，60岁及以上人口8.35万人。人口变动情况：出生人口入户5233人，死亡注销人口3412人；迁入人口6368人，迁出人口7347人。每平方公里人口密度289人。年末常住人口[11]49.99万人，其中城镇人口25.78万人，城镇化率51.57%。

截止至2015年9月底止[12]，全市常住人口已婚育龄妇女90537人，已落实节育措施的育龄夫妇68078人，强化计生优质服务，节育率75.19%。全市常住人口出生4893人，人口出生率9.81‰，自然增长率3.09‰，计划生育率为89.29%，出生人口性别比105.86：100。

表③　　2015年末恩平市各镇（街道）户籍人口

镇别	人数（人）	镇别	人数（人）	镇别	人数（人）
恩城	176472	沙湖	59773	牛江	22728
君堂	45141	圣堂	26890	良西	23252
东成	25047	大田	31218	横陂	39427
大槐	19177	那吉	20302	全市合计	489427

居民收入逐年增加，人民生活持续改善。据恩平市城乡一体化住户抽样调查[13]资料显示，2015年全市（全体）居民人均可支配收入18348.7元，同比名义增长8.6%。分城乡看，城镇常住居民人均可支配收入16899.9元，同比名义增长9.1%；农村常住居民人均可支配收入10716.1元，同比名义增长7.5%。城乡居民收入比为1.71：1。

社会保障工作进一步强化。各项基金扩面征缴取得积极成效，参保人数不断增加。全市

图13　2009—2015年恩平市城乡居民人均可支配收入变化图示

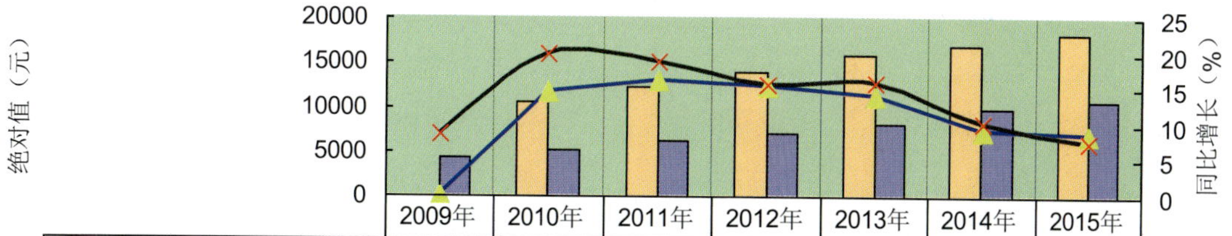

	2009年	2010年	2011年	2012年	2013年	2014年	2015年
城镇居民人均可支配收入	0	10478.28	12160	14018.81	15985.17	16899.87	18348.7
农村居民人均可支配收入	4217	5171.12	6149.18	7115.44	8245.29	9968.50	10716.1
（城镇）比上年增长	0	14.5	16.0	15.2	14.0	9.1	8.6
（农村）比上年增长!	8.6	19.8	18.9	15.7	15.9	10.2	7.5

时间（年份，按顺序排列）

城镇居民人均可支配收入　农村居民人均可支配收入　（城镇）比上年增长　（农村）比上年增长!

参加城镇职工基本养老保险人数12.79万人，比上年增长129.30%；参加失业保险人数4.08万人，比上年增长0.57%；参加职工基本医疗保险人数6.91万人，比上年增长0.52%；参加新型农村合作医疗人口数达37.14万人，参合率为74.3%；参加新型农村社会养老保险人数17.52万人，比上年减少8.81%。享受灵活就业社保补贴人数2119人，补贴金额达693.64万元。

注重保障和改善民生，社会福利事业继续发展。2015年，全市共有收养类福利事业单位12个，拥有床位1176张。城市月均低保标准升至目前的550元／人。

注释：

[1]本公报中2015年数据为初步统计数，正式年报数据详见《今日恩平（2015年）》。统计图中2010-2014年数据为年报数。

[2]地区生产总值、各产业增加值绝对数按现价计算，增长速度按不变价格计算。

[3]从2015年起，各项存款余额中，“单位存款”更名为“非金融企业存款”、“储蓄存款”更名为“住户存款”。

[4]按照财政部《关于完善政府预算体系有关问题的通知》的有关规定，从2015年1月1日起，“地方公共财政预算收入”和“地方公共财政预算支出”分别更名为“地方一般公共预算收入”和“地方一般公共预算支出”，增长速度为可比口径，即将地方教育附加等11项基金收支由政府性基金转列一般公共预算，为便于比较，在计算财政收支自然口径增幅的基础上，还计算了剔除部分政府性基金转列一般公共预算影响的同口径增幅。此增速是按“江门市政府考核口径”计算增速，实指“剔除体制调整因素后的同比口径，即可比口径”。

[5]农业“五个十大”：十大农业龙头企业、十大农业专业合作社、十大农业品牌、十大种植基地、十大养殖基地。

[6]从2013年5月开始，在利润总额下增加“主营活动利润”指标，主营活动利润＝主营业务收入－主营业务成本－主营业务税金及附加－销售费用－管理费用－财务费用。主营活动利润指标和工业生产的关系更加密切，可以更好地反映企业进行工业生产活动的经营成果。

[7]从2011年开始，固定资产投资统计的起点标准从计划总投资50万元提高到500万元，因此2011年全社会固定资产投资绝对数与2010年不可比，但比上年增速是按可比口径计算的。与此同时，月度投资统计制度将统计范围从城镇扩大到城镇和农村企事业组织，并定义为“固定资产投资（不含农户）”。

[8]3G是指第三代蜂窝移动通信系统（3rd-generation，简称3G），3G移动电话用户是指报告期末在计费系统拥有使用信息、占用3G网络资源的在网用户。2015年2月底，工信部正式向联通电信发放了FDD-LTE的牌照，标志着我国全面进入了4G时代。4G，第四代移动电话行动通信标准，指的是第四代移动通信技术（4th-generation，外语缩写：4G），该技术包括TD-LTE和FDD-LTE两种制式，TDD-LTE是移动4G，FDD-LTE是另外一种世界通行的4G，是联通和中国电信会使用的4G网络。

[9]从2010年起，社会消费品零售总额统计采用新的分组，即将经营单位所在地分组由“市”、“县”、“县以下”改为“城镇”、“乡村”；取消按行业分组，新设按“商品零售额”和“餐饮收入额”两种消费形态的分组。

[10]自2015年1月起，进出口数据改用人民币计价。

[11]常住人口是指实际经常居住在某地区一定时间的人口。按人口普查和抽样调查规定，主要包括：居住在本乡镇街道、户口在本乡镇街道或户口待定的人；居住在本乡镇街道、离开户口所在的乡镇街道半年以上的人；户口在本乡镇街道、外出不满半年或在境外工作学习的人。

[12]2014年10月至2015年9月为2015年计生考核年度。

[13]根据《中共江门市委江门市人民政府关于提高城乡居民收入水平的意见》（江发〔2008〕14号）和《关于做好农村统计抽样调查工作的通知》（江府办函〔2009〕239号）等有关文件要求，我市城镇住户调查始于2009年6月份，由50个城镇样本户组成，经过半年时间的试记账阶段，于2010年正式铺开；2011年初经过样本扩户，城镇住户调查样本单位（记账户）增至100户，分布在恩城属下的新塘、西门、河南、东门、凤山等5个具有代表性的社区居委会；全市农村住户调查始于2009年，涉及农村住户调查样本单位（记账户）100户，分布在沙湖、横陂、良西、恩城等4镇（街道）10个村。根据国家统计局改革方案要求，从2013年第四季度起，广东省启动分市县城乡一体化住户调查工作。2015年，我市原有分别开展的城镇住户调查和农村住户调查实现“并轨”，合并为城乡一体化住户调查，由抽选中的12个样本点的120户住户进行居民家庭收支情况调查。

资料来源：本公报中财政收支数据来自恩平市财政局；金融数据来自中国人民银行恩平支行；证券数据来自华林证券有限责任公司江门恩平营业部；保险数据来自中国人民财产保险股份有限公司恩平支公司和中国人寿保险股份有限公司江门市恩平支公司；公路里程、客货运量、港口货物吞吐量、港口集装箱吞吐量数据来自恩平市交通运输局；邮政业务收入来自恩平市邮政局；电话用户、手机用户、上网用户等通信数据来自中国电信、中国移动、中国联通和广东铁通等四大运营商驻恩各分支机构；户籍人口、民用汽车、社会治安等数据来自恩平市公安局；民事案件立案数据来自恩平市人民法院；外商直接投资等数据来自恩平市外经贸局；进出口数据来自江门海关；旅游数据来自恩平市旅游局；科学技术数据来自恩平市科工商务局；教育数据来自恩平市教育局；文化数据来自恩平市文化广电新闻出版局；医疗卫生、人口计生数据来自恩平市卫生和计划生育局；体育数据来自恩平市体育局；安全生产数据来自恩平市安全生产监督管理局；城乡低保、社会福利数据来自恩平市民政局；就业与失业人员、社会保障数据来自恩平市人力资源和社会保障局；造林面积、森林覆盖率数据来自恩平市林业局；环境监测数据来自恩平市环保局；年平均气温、降水量数据来自恩平市气象局；供用电数据来自广东电网公司江门恩平供电局；供用水数据来自恩平市供水有限公司；其他数据均来自恩平市统计局。

2015年恩平市国民经济和社会发展主要指标

指标名称	单位	绝对值	增减率（±%）
一、综合			
年末总人口	万人	48.94	-2.20
年末总户数（户籍）	户	153132	-2.90
人口出生率（公安部门）	‰	10.57	-0.41个千分点
人口死亡率（公安部门）	‰	6.89	0.08个千分点
人口自然增长率（公安部门）	‰	3.68	-0.49个千分点
国内生产总值	亿元	150.53	4.8
#第一产业增加值	亿元	20.04	5.8
#第二产业增加值	亿元	51.51	0.7
#第三产业增加值	亿元	78.98	7.3
第三产业增加值比重	%	52.47	2.82
人均国内生产总值	元	30139	4.6
二、农业			
耕地面积	千公顷	39.39	12.31
粮食总产量	万吨	13.36	-0.94
花生总产量	万吨	0.58	3.66
水产品总产量	万吨	4.59	6.81
果品总产量	万吨	7.38	7.40
肉类总产量	万吨	2.86	3.63
三、工业、建筑业			
全部工业增加值	亿元	46.38	0.5
规模以上工业增加值	亿元	31.14	2.1
销售收入	亿元	114.86	-4.5
利税总额	亿元	3.71	-28.8
利润总额	亿元	1.14	-52.5
综合经济效益指数	%	98.96	-2.13个百分点
建筑业增加值	亿元	5.14	1.38
四、固定资产投资			
县以上固定资产投资额	亿元	107.35	19.1
#基本建设	亿元	9.64	272.8
#房地产开发投资	亿元	21.16	18.3
五、交通、邮电			
客运周转量	亿人公里	4.38	15.75
货运周转量	亿吨公里	6.14	-4.61
公路通车里程	公里	1604.45	15.93
港口货物吞吐量	万吨	18.30	-3.17
邮政业务总收入	亿元	0.06	50.0
电信业务总收入	亿元	2.08	-1.54
年末固定电话用户	万户	20.69	-2.94
#城市固定电话用户	万户	13.18	-5.86
年末移动电话用户	万户	50.83	-3.48
电话普及率	部/百人	143.08	-3.50
移动电话普及率	部/百人	101.69	-3.65

续表

指标名称	单位	绝对值	增减率（±%）
六、国内贸易			
社会消费品零售总额	亿元	80.39	11.0
#批发零售贸易业	亿元	71.79	10.3
#餐饮业	亿元	8.20	10.8
#住宿业	亿元	0.40	39.6
七、对外经济			
外贸进出口总额	亿元	28.58	5.57
#外贸出口总额	亿元	22.57	6.02
#外贸进口总额	亿元	6.01	3.93
实际吸收外资额	万美元	6010	-16.76
合同使用外资额	万美元	11519	5.2
八、财政、金融、保险			
财政总收入	亿元	27.68	26.34
地方一般公共预算收入	亿元	9.89	2.1
财政总支出	亿元	26.26	25.96
地方一般预算支出	亿元	24.61	21.6
金融机构人民币存款余额	亿元	211.29	2.39
#住户存款（原储蓄存款余额）	亿元	156.32	-7.41
金融机构人民币贷款余额	亿元	62.11	21.41
保费收入	亿元	2.99	26.16
赔款支出	亿元	1.59	53.16
九、人民生活、劳动工资			
全体居民人均可支配收入	元	14590.7	7.6
城镇常住居民人均可支配收入	元	18348.7	8.6
城镇居民人均消费性支出	元	15255.2	23.4
城镇居民人均居住面积	平方米	51.25	43.3
农村常住居民人均可支配收入	元	10716.1	7.5
农民人均消费性支出	元	7494.86	8.8
农村居民人均居住面积	平方米	26.44	2.8
年末在岗职工人数	万人	21.70	1.95
在岗职工工资总额	亿元	14.90	2.82
在岗职工年平均工资收入	元／人	46820	17.0

恩平市委、市政府2015年工作要点完成情况

序号	工作要点	责任单位	责任人	完成情况
一、杨健平同志牵头工作（5项）				
1	落实市、镇维稳主体责任，强化社会治安综合治理，建设“平安恩平”。	政法委 法院 检察院 社工委 公安局 司法局 人社局 信访局 各镇(街)	莫礼调 李敬华 黄文 何丹平 丁医绘 冯万钿 吴先进 张国惠 党(工)委书记	**已完成**。1-12月，共排查社会不稳定因素苗头15起，全部得到及时妥善化解，没有发生影响大的群体性事件。有效警情同比下降15.4%，各类刑事案件同比下降12.7%。
▲2	构建便民利民服务平台，完善各村（居）委社区公共服务站，落实基本公共服务项目。	社工委 编办 民政局 行政服务中心 各镇(街)	何丹平 吴文广 梁裕良 郑前进 党(工)委书记	**已完成**。全市174个村（社区）已建立公共服务站，增设补齐村、社区公共服务站服务事项108项。办事指南已完成编制。已举办公共服务站工作人员业务培训班77期。
3	推进“大民政”工作，加快恩城街道居家养老助残综合服务项目（精神康复中心）、西门康乐服务中心（老人妇女儿童康乐中心）建设，完善残疾人社区康复站建设。	社工委 民政局 财政局 卫计局 妇联 残联 恩城街道办	何丹平 梁裕良 岑儒确 何玉清 梁素贞 梁健盼 禤活源	**已完成**。1、恩城街道居家养老助残综合服务项目（精神康复中心）一中心5站点硬件改造已完成。运营机构已对恩城街道18个村委会8类特殊群体进行摸底调查，入户探访433人并建立服务档案，共服务6447人次。项目已通过江门市养老助残公益创投活动组委会期中评估。 2、西门康乐服务中心（老人妇女儿童康乐中心）改造修缮工程已动工建设。引入新希望社工中心运营，已签订服务合同。已按要求做好“西门康乐服务中心增加工程”和“邑家园工程”社会综合服务平台的土建工程设计、预算。

续表

序号	工作要点	责任单位	责任人	完成情况
4	做好第七届海外联谊会换届工作	统战部	冯文锋	**已完成**。已完成海联会第七届理事会换届工作任务。
5	建设农村联谊会22个。	统战部 各镇（街）	冯文锋 党(工)委书记	**已完成**。1-12月，在市民政局登记成立农村联谊会22个。
二、叶仕钦同志牵头工作（2项）				
▲6	推动各级党委（党组）切实履行党风廉政建设主体责任，进一步健全制度、细化责任、以上率下，加强纪律建设。	纪委监察局 市直各单位 各镇（街）	梁新庭 市直各单位负责人 党(工)委书记	**已完成**。各镇（街）、市直部门单位党委（党组）与市委已签订《责任书》，已建立《镇（街）党风廉政建设责任追究情况月报制度》，已印发《关于细化党风廉政建设主体责任强化责任追究的通知》。开展农村基层违纪违法问题集中查办专项行动，共排查出问题线索407条，纪检监察机关立案94件。已召开市级“三述”活动专题会议和2015年新任科级领导干部廉政谈话会。
▲7	严格落实中央“八项规定”，持之以恒纠正“四风”，不断巩固作风建设成果。	纪委监察局 市委办 市府办	梁新庭 张永成 方瑞明	**已完成**。全市曝光通报8起违反八项规定精神的典型案例，对9人进行责任追究，其中4人被党政纪立案。对市公安局等7个党委（党组）进行责任追究，对3名违反规定的党员诫勉谈话，已有59名科级干部操办婚丧喜庆事宜进行报告。开展农村基层违纪违法问题集中查办专项行动，整治违规打高尔夫球问题，加强党员领导干部“八小时以外”活动监督管理。中秋国庆期间开展明查暗访行动23次、共114小时。已开展机关作风建设满意度调查工作和2015年度机关作风建设考评工作。

续表

序号	工作要点	责任单位	责任人	完成情况
三、禤缵灵同志牵头工作（11项）				
▲8	进一步提高社会保险各项待遇。提高城乡医保基金在定点医疗机构就医支付比例，普通门诊统筹基金累计每人每年支付最高限额由120元提高到150元，基金支付比例由50%提高到55%。及时做好企业职工养老保险待遇调整工作，确保按时足额发放；实现工伤职工住院床位费工伤保险基金支付标准提高。落实失业保险金及城乡居保养老保险基础养老金标准调整，做好待遇发放工作。	人社局 财政局 地税局 社保局	吴先进 岑儒确 梁朝晖 吴先进	**已完成**。我市企业职工养老保险人均提高184元/月，失业保险金发放标准由原来904元/月调整为1080元/月。从2015年7月1日起，已按要求提高工伤职工住院床位费工伤保险基金支付标准和城乡居保养老保险基础养老金。
▲9	深入实施全征地农民养老保障政策，完善社会保险基金预警机制。	人社局 财政局 国土资源局 农业局	吴先进 岑儒确 张红艺 余汉忠	**已完成**。至2015年12月底，我市被征地农民养老保障预存资金分配939.6万元，按时完成江门提出的阶段性工作任务。
▲10	实施机关公务员职务与职级并行制度。	人社局 组织部 编办 财政局	吴先进 钟传业 吴文广 岑儒确	**已完成**。我市已完成机关公务员职务与职级并行工资调整。
▲11	保障就业，鼓励创业。年内培训2000人，其中专项职业能力450人、初级工800人、中级工670人、高级工77人、技师2人、高级技师1人。	人社局	吴先进	**已完成**。1-12月，共培训2013人，其中专项职业能力437人、初级工882人、中级工590人、高级工90人、技师13人、高级技师1人。
▲12	配合做好中开、高恩高速征地拆迁工作。	交通运输局 国土资源局 沙湖镇	朱明君 张红艺 吴永芳	**已完成**。中开高速恩平段征地总面积595亩，已举行动工仪式。高恩高速恩平段征地总面积1071亩，已制订征地拆迁工作方案。正按中开及高恩高速业主单位要求推进征地拆迁工作。

续表

序号	工作要点	责任单位	责任人	完成情况
▲13	加快推进镇海湾航道疏浚和恩平港升级改造。配合做好大广海湾经济区起步区开发工作。	交通运输局 发展改革局 农业局 林业局 规划局 资产办 横陂镇	朱明君 陈健宁 余汉忠 岑仲平 张　帆 张儒相 何坚培	**已完成**。航道疏浚方面：已完成立项并进入施工图设计阶段，协助开展卸泥区和站房用地补偿、蚝排清点等工作。 恩平港建设方面:南侧泊位加固维修工程已申请完善用海手续，加装机械后开始试运行。
▲14	加快发展城市公交，推进产业园区公交首末站、枢纽站、主要旅游点和公园等公共场所上落站的用地和规划建设，完善现有公交站点建设。	交通运输局 公安局 城管局 规划局 资产办	朱明君 丁医绘 何辉明 张　帆 张儒相	**已完成**。已编制完成《恩平市公共交通规划（2015-2030）》，各旅游线路站点已完成初步规划设置。已完成恩平园区内站场、站点建设规划。购置15辆新能源车辆和新线路运营方案已获市政府批准。正进一步完善城区1、2、3号公交线站亭配套建设。
15	推进市汽车客运站迁建项目。	交通运输局 国土资源局 规划局 恩城街道办 圣堂镇	朱明君 张红艺 张　帆 禤活源 侯光裔	**已完成**。已与江门汽车集团就新汽车客运站迁建项目达成共识，并签订《建设意向书》。
16	推进省道276腰那线恩城绕越线一级公路建设。	交通运输局 发展改革局 国土资源局 公路局 规划局 恩城街道办	朱明君 陈健宁 张红艺 钟毅文 张　帆 禤活源	**已完成**。已更名为“省道S276腰那线恩平段改线工程”，已完成工程立项，并列入省2016-2017建设计划项目库，项目前期工作正在推进。
▲17	抓好安全生产工作，坚决遏制较大以上事故发生。	安监局 负有安全监管职责部门 各镇（街）	钟东成 负有安全监管职责部门负责人 党（工）委书记	**已完成**。1-12月，全市工矿商贸企业无发生较大以上生产安全事故，发生2起一般等级生产安全事故，造成2人死亡。
▲18	完成国道325线大槐段、省道276腰那线大田段、省道367冲恩线东成段路面改造工程。	公路局 交通运输局 东成镇 大田镇 大槐镇	钟毅文 朱明君 岑仲纯 梁少云 岑安林	**基本完成**。国道325线大槐段路面改造工程已完工。省道276线朗底至大田段路面改造工程进展顺利。省道367冲恩线恩平大槐路段路面大修工程正在开展施工围蔽、灰土拌和站基础建设、涵洞开挖等工作；省道367冲恩线台山冲蒌至恩平恩城段路面大修工程纳入PPP项目实施，已上报招标文件核备及工程量清单审核，将进行招标排期。

续表

序号	工作要点	责任单位	责任人	完成情况
四、李润娇同志牵头工作（7项）				
19	深入开展“文明交通、文明卫生”两大专项行动，抓好重点基础设施项目、重点测评指标及各责任单位指标任务落实，争取成为“省创建文明城市工作先进城市”。	创文办 市(省、江门市)直各单位 各镇（街）	郑坚伟 市(省、江门市)直各单位负责人 党(工)委书记	**已完成**。重点整治交通、市场、卫生、社区四大领域，已顺利完成省测评检查组对我市创建广东省文明城市先进工作城市的测评工作。
▲20	提高公共文化服务水平，深入开展文化下乡、进社区、进校园活动。全市完成放映农村公益电影1812场，送戏下乡、进社区30场。	文广新局 各镇（街）	梁绮玲 党(工)委书记	**已完成**。1-12月，组织深入农村放映数字电影2160场，送戏下乡、进社区36场。
▲21	市文化馆达到国家一级馆标准，镇（街）综合文化站80%达到省一级站标准。	文广新局 各镇（街）	梁绮玲 党(工)委书记	**已完成**。市文化馆已根据国家一家馆标准建设，并申报国家一级馆，已通过省评估组检查验收。已完成8个镇文化站改扩建工程，并完善设施设备配置。2015年共11个文化站参与评估定级，已接受省评估组检查验收，省一级站达标率90.1%。
▲22	实施教育优先，推动教育资源公平配置。城乡免费义务教育生均公用经费补助标准小学从950元提高到1150元，初中从1550元提高到1950元，残疾学生提高到不低于每年6000元。实施高中阶段残疾学生免学费政策。中等职业学校和普通高中国家助学金标准从每生每年1500元提高到2000元。市属中等职业学校免学费补助标准从每生每年2500元提高到3000元。农村义务教育阶段在校学生营养改善计划试点补助从每人每学年600元提高到800元。	教育局 财政局 各镇（街）	梁国光 岑儒确 党(工)委书记	**已完成**。已按文件精神完成。

续表

<table>
<tr><th>序号</th><th colspan="2">工作要点</th><th>责任单位</th><th>责任人</th><th>完成情况</th></tr>
<tr><td>▲23</td><td colspan="2">抓好社区大学建设，推进建立社区学院。</td><td>教育局
编 办
财政局
职教中心</td><td>梁国光
吴文广
岑儒确
莫平福</td><td>**已完成**。社区学院已挂牌成立。</td></tr>
<tr><td rowspan="2">24</td><td rowspan="2">促进教育优质均衡发展。</td><td>（1）推进沙湖、君堂教育创强工作。</td><td>教育局
沙湖镇
君堂镇</td><td>梁国光
吴永芳
李立新</td><td>**已完成**。沙湖、君堂两镇的创强工作已通过省教育强镇督导验收专家组验收，获得“广东省教育强镇”称号。</td></tr>
<tr><td>（2）启动创建省教育现代化先进市工作。</td><td>教育局
各镇（街）</td><td>梁国光
党(工)委书记</td><td>**已完成**。教育现代化先进市各项工作已基本就绪，正进行验收演练，准备迎接省验收专家组督导验收。</td></tr>
<tr><td>25</td><td colspan="2">抓好校车安全管理。</td><td>教育局
公安局
财政局
交通运输局</td><td>梁国光
丁医绘
岑儒确
朱明君</td><td>**已完成**。已完成校车服务可行性研究报告编制的采购手续，并与广东交通运输规划研究中心签订合同。已进行编制工作和现场线路勘测。《关于印发校车安全管理联席会议制度的请示》正在审批。</td></tr>
<tr><td colspan="6">**五、赵晓斌同志牵头工作（2项）**</td></tr>
<tr><td rowspan="2">▲26</td><td rowspan="2">全面公布『1+3』清单。</td><td>（1）制定公布政府权责清单，厘清市、镇（街）、村（居）权责利关系。</td><td>编 办
法制局</td><td>吴文广
李水相</td><td rowspan="2">**已完成**。我市“1+3”清单已编制完成，正式对全社会发布施行。涉及编制“1+3”清单的单位53个，权责清单、负面清单、审批清单、监管清单四个清单共计事项数为12837项。</td></tr>
<tr><td>（2）完成市场准入负面清单编制工作，进一步放开市场限制，降低门槛。完成负面清单编制工作。</td><td>发展改革局
市直有关单位</td><td>陈健宁
市直有关单位负责人</td></tr>
</table>

续表

<table>
<tr><th>序号</th><th colspan="2">工作要点</th><th>责任单位</th><th>责任人</th><th>完成情况</th></tr>
<tr><td rowspan="2">▲26</td><td rowspan="2">全面公布『1+3』清单。</td><td>（3）列明行政审批清单。按照“法无禁止即可为”“法无授权不可为”的原则，编制投资准入审批清单。对需要经过审批获得授权方可准入的投资经营活动，对应其领域、行业、产业列明准入审批的部门、审批事项名称、权属划分。</td><td>编　办
发展改革局
行政服务中心</td><td>吴文广
陈健宁
郑前进</td><td rowspan="2">已完成。我市“1+3”清单已编制完成，正式对全社会发布施行。涉及编制“1+3”清单的单位53个，权责清单、负面清单、审批清单、监管清单四个清单共计事项数为12837项。</td></tr>
<tr><td>（4）制定政府监管清单。按照“谁负责审批、谁负责监管”与行业综合监管相结合的原则，分别制定出台市场监管、分级分类管理、食品药品、社会组织等领域的市场监管清单。</td><td>市场监管局
编　办
民政局
食品药品监管局
行政服务中心</td><td>梁春光
吴文广
梁裕良
郑选宏
郑前进</td></tr>
<tr><td>▲27</td><td colspan="2">大力实施“五强书记”建设工程。</td><td>组织部</td><td>许坚武</td><td>已完成。1、村书记、主任“一肩挑”比例达96%，社区书记、主任“一肩挑”比例达100%。有87名经济能人进入村、社区“两委”班子，35岁以下人员和大专以上学历人员均有增加。书记的平均年龄51岁，具有高中及以上学历占62%。
2、共发动170多名村干部报名参加基层干部学历提高班，已有150多名村、社区干部入学就读。组织村、社区党组织书记参加省、江门和本市的集中培训。
3、从大学生村官、年轻优秀党员群众、回乡高校毕业生、退伍军人、种养能手以及经济能人中选拔近500名后备干部，新确立131名村（社区）党组织书记后备干部，并安排农村党组织书记后备干部到镇（街）各部门锻炼。</td></tr>
</table>

续表

序号	工作要点	责任单位	责任人	完成情况
六、何焕仍同志牵头工作（12项）				
▲28	协助江门市完成集中集约用海规划编制。	农业局 发展改革局 国土资源局 规划局 横陂镇	余汉忠 陈健宁 张红艺 张　帆 何坚培	**已完成**。已完成我市征求意见的收集上报工作，江门市海洋与渔业局已完成编制。
▲29	完善和扩大农业“政银保”项目。	农业局 财政局 资产办 各镇（街）	余汉忠 岑儒确 张儒相 党(工)委书记	**已完成**。2015年组织企业贷款1250万元，其中恩平基龙实业有限公司和广东聚泉农业有限公司分别在江门融和银行贷款450万元，蓝海农业有限公司贷款350万元。
▲30	依法明确全市禁养限养区，扎实推进农业面源污染治理。完成本地区畜禽禁养区限养区划分工作，并向社会公布。完成世行贷款环境友好型种植业子项目2015年度化肥农药污染治理示范工程建设任务。	农业局 环保局 各镇（街）	余汉忠 冯华杰 党（工）委书记	**已完成**。 1、已发出《关于划定恩平市畜禽养殖禁养区限养区适养区的通告》，已印发《恩平市畜禽养殖禁养区养殖污染专项整治实施方案》。 2、我市世行贷款环境友好型种植业子项目2015年度化肥农药污染治理示范工程建设项目实施面积18829亩，计划投资518万元，恩城街道办和牛江镇共18个行政村、4336户农户参与。至2015年年底，交易总额达814.2万元，补贴金额231.3万元。共举办农民培训班35期，2334人次。11月上旬，我市代表江门市在世行贷款广东农业面源污染治理项目现场会上作经验介绍。
▲31	抓好美丽乡村试点建设，推进村庄整治，创建名村示范村，建设一批宜居镇村。	农业局 国土资源局 住建局 规划局 各镇（街）	余汉忠 张红艺 任卫康 张　帆 党(工)委书记	**已完成**。恩城石青示范点项目和沙湖水楼示范点项目建设已全面完成；大田镇示范点项目基本完成。
▲32	稳妥推进农村土地承包经营权确权登记工作。	农业局 财政局 国土资源局 各镇（街）	余汉忠 岑儒确 张红艺 党(工)委书记	**已完成**。牛江、那吉两镇3个试点村25个经济社已基本完成土地承包经营权确权登记工作。

续表

序号	工作要点	责任单位	责任人	完成情况
▲33	完善农村财务监管平台和农村集体资产交易平台建设，深化农村集体“三资”管理。	农业局 纪委监察局 各镇（街）	余汉忠 梁新庭 党(工)委书记	**已完成**。争取上级资金36万元，配置服务器、电脑等硬件设施，完善农村财务监管平台和农村集体资产交易平台建设。2015年1-12月，全市进入资产交易中心交易的农村集体资产资源161宗，交易金额8970万元，增值771万元；登记理顺经济合同203份。
▲34	加快培育市级以上农业龙头企业、市级示范家庭农场和农民专业合作社。	农业局 供销社 各镇（街）	余汉忠 供销社负责人 党(工)委书记	**已完成**。2015年我市新增2个省级示范家庭农场，3个江门市级示范家庭农场，1家江门市级重点农业龙头企业。
▲35	加强生态公益林保护和商品林建设。有序推进全市饮用水源水库第一重山转为生态林计划。年内植树30万株，碳汇造林8250亩。建设生态园林示范镇（村），绿化美化乡村24条。	林业局 城管局 各镇（街）	岑仲平 何辉明 党(工)委书记	**已完成**。已印发《恩平市饮用水源水库第一重山商品林调整为生态公益林工作实施方案》，达成回收协议2852亩，任务完成率100%；完成义务植树35万株，碳汇造林8250亩，绿化美化乡村28条。
36	推进山塘除险加固工程，实施全国小型农田水利重点县项目。	水务局 各镇（街）	冯振恒 党(工)委书记	**已完成**。1、山塘除险加固工程：已完成沙岭头、陈村等19宗山塘除险加固工程，累计完成投资739万元。 2、小型农田水利重点县项目：已完成前期工作和工程监理招投标工作。已投入资金3500万元，修建涵管、渡槽、跌水、渠系放水闸、水陂等。
37	完善各种改革工作制度，协调推进各项改革工作。	改革办 人大办 政协办 纪委监察局 组织部 宣传部 政法委 发展改革局 环保局	冯春猷 刘博熙 吴永红 梁新庭 余达明 梁朝贺 莫礼调 陈健宁 冯华杰	**已完成**。已印发《恩平市深化社会体制改革主要任务及分工方案》。商事登记制度和党的建设制度不断完善，行政审批制度和公务员考核机制不断创新，农村综合改革、教育综合改革、医药卫生体制改革、文化体制改革及社会治理体制改革扎实推进，“1+3”清单编制工作顺利完成，“一村（社区）一法律顾问”全覆盖，专项巡查工作常态化开展，农村淘宝项目推广、社会信用体系建设和按法治框架解决基层矛盾工作机制初见成效。

续表

序号	工作要点	责任单位	责任人	完成情况
▲38	完善公共突发事件应急处理体系建设，提高应急管理能力。推进应急预案桌面演练和“双盲”演练的开展。	应急办	黄瑞明	**已完成**。江门市将建设统一的应急指挥平台，待平台管理软件开发完成后各市（区）子系统将融入江门市的系统中。每季度召开全市突发事件风险隐患排查和整改评估分析会。已举办应急救援桌面演练和2015年危险化学品事故应急救援“双盲”演练。
▲39	加快推动气象现代化。完成气象现代化基础建设。健全完善突发事件预警信息发布体系。	气象局	管　勇	**基本完成**。基地门卫室已完成外墙瓷砖铺贴及窗安装，预警平台设备已完成政府采购。已完成上山道路两旁山坡松木桩加拉网再绿化的加固和上山道路的修整。正进行挡土墙上栏杆施工、预警中心设备线管的预埋。
七、吴月波同志牵头工作（10项）				
▲40	开展低效企业专项排查，鼓励企业增资扩产，推动传统产业转型升级。激励引导工业企业开展新一轮技术改造，切实抓好全市亿元以上技术改造投资项目建设，重点推动全市年主营收入超5000万元以上的工业企业开展技术改造，完成工业技改投资5亿元，落实重点技改项目2个。	科工商务局 财政局 统计局 园区管委会	岑洪方 岑儒确 谭坚强 何伟劲	**已完成**。1、已完成对全市小企业排查，并出台2015年市领导对点帮扶重点企业责任分工和增资扩产项目帮扶分工等文件。2015年，增资扩产项目65个，投入资金10.5亿元。 2、2015年，全市共完成技改投资9.92亿元，其中重点技改项目完成投资7.09亿元，完成江门市下达任务的131.78%。重点落实好锦兴纺织和道氏技术2个技改项目。
▲41	完成上级下达的节能约束性指标任务。	科工商务局 发展改革局 统计局	岑洪方 陈健宁 谭坚强	**已完成**。前三季度，我市单位GDP能耗下降率7.91%，比江门市下达我市任务超出4.44个百分点。已完成电机能效提升任务量11.04万千瓦（含淘汰、新建、改造），占总任务的174.13%，其中完成电机改造量6.2万千瓦，在江门市排第一位。

续表

序号	工作要点	责任单位	责任人	完成情况
▲42	做好商事主体信息管理和公示平台、联合征信系统等一批政务信息化重点项目的建设和完善。 （1）做好商事主体信息管理和信息公示平台、市场监管平台建设。	市场监管局 科工商务局 市直有关单位	梁春光 岑洪方 市直有关单位负责人	**已完成**。商事主体登记信息已通过信息管理平台自动分发至各行政审批部门，实现手机短信通知商事主体及各行政审批部门的“双告知”。
	（2）做好联合征信系统建设。	发展改革局 科工商务局 市直有关单位	陈健宁 岑洪方 市直有关单位负责人	**已完成**。已成立市金融征信体系建设领导小组，制订《恩平市失信黑名单制度建设工作方案》，正研究制订《恩平市社会信用体系建设规划（2014-2020年）》。已按要求每季度报送项目立项数据给人民银行江门分行征信中心汇总。
43	加快培育龙头企业，以发展机械装备和电子信息产业为重点，筛选3—5家重点骨干企业，采取“一企一策”的方式，坚持科技创新驱动，扶持转型升级、做大做强。电子信息产业力争今年培育2—3家亿元企业。	科工商务局 发展改革局 统计局 园区管委会 恩城街道办 东成镇 大槐镇	岑洪方 陈健宁 谭坚强 何伟劲 禤活源 岑仲纯 岑安林	**已完成**。1、已有42个机械装备制造项目落户机械装备产业园，合同投资额49亿元，其中试投产14个。 2、以恩平市邦华电子有限公司为主，重组整合周边4家企业，打造成恩平麦克风电声器材创业创新基地（重点），并列入江门市认定的第一批小微企业创业创新示范基地，实现规上工业总产值2.05亿元。
44	推进涉税信息交换平台建设。	科工商务局 财政局 国税局 地税局	岑洪方 岑儒确 寇子杰 梁朝晖	**已完成**。涉税信息平台已完成建设和验收，已交由各业务部门应用，运行状态良好。
▲45	建立高效招商协作机制，组建专业招商队伍。	科工商务局 园区管委会 各镇（街）	岑洪方 何伟劲 党(工)委书记	**已完成**。已组建市招商办公室，科工商务局招商引资职能及人员编制已划转园区管委会，职责和人员已就位。

续表

序号	工作要点	责任单位	责任人	完成情况
▲46	加快市行政服务中心二期建设。完善"马上办"工作机制，加快项目审批。提高政府服务热线"智能化"建设水平。	行政服务中心 发展改革局 科工商务局 财政局 人社局 国土资源局 住建局 市场监管局 规划局	郑前进 陈健宁 岑洪方 岑儒确 吴先进 张红艺 任卫康 梁春光 张　帆	**已完成**。 1、市行政服务中心扩建工程：已完成五层棚面及五层8－16轴支柱捣制，正进行五层1－8轴支柱钢筋绑扎及模板安装。 2、"马上办"工作机制：每月汇总填写《恩平市"马上办"投资项目落地难情况登记表》，做好项目督办工作。 3、政府服务热线"智能化"建设：从5月开始，我市政府服务热线整合到江门热线办，由江门热线办统一考核，并实现市政府服务热线系统与江门热线信息系统数据对接。
▲47	推进服务便民，优化农村供电服务。加快农村地区供电营业厅规范化建设，实现城乡一体化、同质化供电服务，远程服务比例达90%以上。	供电局	欧阳永坚	**已完成**。已完成。各镇供电营业厅已实现一体化同城业务办理及自助缴费服务，用户可通过网上、掌上营业厅办理用电报装业务，远程服务比例达90%以上。
▲48	促进江门产业转移工业园恩平园区加快崛起，做大做强先进装备制造业。开展产业集聚发展（发展空间包括园区周边、大槐片区、东成片区和圣堂片区共7035.9亩）申报工作，争取落实相关用地指标，加强先进装备制造产业链招商引资，加快大槐片区平土、道路、污水管网等基础设施建设。	园区管委会 发展改革局 科工商务局 财政局 环保局 规划局 圣堂镇 东成镇 大槐镇	何伟劲 陈健宁 岑洪方 岑儒确 冯华杰 张　帆 侯光裔 岑仲纯 岑安林	**已完成**。 1、我市申报产业集聚发展工作已得到省经信委同意批复，面积7112亩。 2、恩平园区已引进先进装备制造产业链项目42个，总投资额49亿元。 3、向江门经信局申请2068.5亩用地指标，其中已落实批准672.5亩。 4、大槐片区已完成征地2180亩，土地平整1300亩；10KV线路、110KV、江虾线等3项供电线路迁建工程正办理招投标手续。

续表

序号	工作要点	责任单位	责任人	完成情况
▲49	创新投融资机制，推动市直国资整合。推进多层次资本市场建设，鼓励企业上市。	资产办 财政局	张儒相 岑儒确	**已完成**。 1、市直国资整合工作已完成，新组建的市城投公司、市园区公司及改组的市公有资产公司运作正常。 2、投融资工作进展顺利，市园区公司已完成4宗土地和13宗房产划转的相关登记手续，城投公司已完成第一批、第二批资产注入。 3、加快融资项目对接，城投公司成功申报争取农业发展银行8000万元土地整理项目贷款，贷款全部到位。市园区开发公司接受江门融盛公司向增资资本金980万元，已签订增资意向书。 4、致力培育企业上市资源，元星新材与川财证券签约筹备上市。
八、周解波同志牵头工作（8项）				
▲50	鼓励支持社会资本进入公共事业建设领域。	发展改革局 财政局 住建局	陈健宁 岑儒确 任卫康	**已完成**。筛选出恩平市城区生活污水处理厂及配套管网（二期）工程这1个符合条件的项目，拟上报列入广东省政府和社会资本合作（PPP）项目。项目计划总投资约11181万元，拟采用BOT操作模式与社会资本合作。
▲51	开展新能源汽车推广应用。按照《江门市新能源汽车推广应用实施方案》，完成新能源汽车推广应用任务。	发展改革局 财政局 国土资源局 交通运输局 规划局 资产办	陈健宁 岑儒确 张红艺 朱明君 张　帆 张儒相	**已完成**。已编制《江门市新能源汽车推广应用实施方案》（征求意见稿），并报市政府审核印发。
52	公布涉企收费目录清单。完成涉企行政事业性收费项目清单和实行政府定价（或指导价）管理的经营服务性收费（或中介服务性收费）项目清单的对外公布工作。	发展改革局 财政局	陈健宁 岑儒确	**已完成**。两个清单均已由江门统一对外公布。

续表

序号	工作要点	责任单位	责任人	完成情况
▲53	推进深茂铁路恩平段建设，基本完成征地拆迁。	发展改革局 科工商务局 国土资源局 交通运输局 园区管委会 恩城街道办 东成镇 大槐镇	陈健宁 岑洪方 张红艺 朱明君 何伟劲 禤活源 岑仲纯 岑安林	**已完成**。深茂铁路恩平段已向施工单位交付红线用地1729亩，完成交地比例98.86%。可进场施工用地约1715亩，占应交地比例98.07%。已完成33437平方米房屋丈量，签订拆迁协议30121平方米，完成拆除面积26800平方米。
54	加快通用航空机场规划申报工作。	发展改革局 国土资源局 交通运输局 规划局 君堂镇 大田镇 横陂镇	陈健宁 张红艺 朱明君 张　帆 李立新 梁少云 何坚培	**已完成**。冯如通用航空机场选址报告、工程可行性研究报告及飞行程序设计报告编制服务正在办理采购手续。中航通用飞机有限公司已与江门市政府签订《战略合作协议》。已同意成立恩平市冯如通用机场暨“爱飞客”航空综合体投资运营公司，统筹各项申报工作。中化岩土工程股份有限公司已现场勘测通用机场沙湖镇宝鸭仔水库选点，并召开座谈会研究机场跑道位置调整方案等事项。
▲55	深化“三边”发展战略，推动“东提西进、同城共融”，结合恩平资源禀赋研究制定更切合实际的产业规划。	发展改革局 科工商务局 国土资源局 住建局 园区管委会 旅游局 规划局	陈健宁 岑洪方 张红艺 任卫康 何伟劲 郑素红 张　帆	**已完成**。已委托有资质的公司编制《恩平市产业发展规划》，正开展规划编制前期工作。
56	完成公车改革。	发展改革局 纪委监察局 财政局 人社局 审计局	陈健宁 梁新庭 岑儒确 吴先进 余超群	**已完成**。已印发《恩平市全面推进公务用车制度改革总体方案》、《恩平市党政机关公务用车制度改革实施方案》。已完成市直参改人员公车改革，现正开展镇（街）公车改革工作。

续表

序号	工作要点	责任单位	责任人	完成情况
▲57	精准扶贫，落实《关于统筹推进我市城乡扶贫开发工作的方案》。	农业局（市扶贫办） 民政局 财政局 各镇（街）	余汉忠 梁裕良 岑儒确 党（工）委书记	**已完成**。已印发《关于统筹推进我市城乡扶贫开发工作的方案》和《恩平市统筹推进城乡扶贫开发试点工作方案》。已完成城镇307户低收入困难户的干部帮扶对接，恩平市级2000元补助款足额发放到户。已落实农村1098户贫困户的一对一帮扶，已开展两期农业技术培训班和再就业培训班。至2015年12月底，全市帮扶到户资金237.3元，平均每户2160元；全市投入资金2364.3万元，完成村容村貌建设项目142项。
九、董照杰同志牵头工作（7项）				
▲58	全面建立临时救助制度，出台低收入家庭认定办法和优惠措施。	民政局 财政局 各镇（街）	梁裕良 岑儒确 党（工）委书记	**已完成**。逐步完善临时救助制度，并将临时救助资金列入财政预算。已出台《关于印发恩平市低收入家庭优惠办法的通知》，明确我市低收入家庭认定办法和优惠措施。
▲59	推动社区网格化管理试点工作，选择1个社区进行试点，建立网格化相关工作制度。	民政局 科工商务局 恩城街道办	梁裕良 岑洪方 礽活源	**已完成**。西门社区为社区网络化管理试点，划分为4个网格管理，每个网格配备2名网格员，已建立网格化管理服务平台，现进入试运行完善阶段；已制定恩城街道社区网格化管理宣传、工作保密与网格责任人学习等制度。
▲60	大力扶持养老服务发展，年内实现每千名老人拥有床位30张；每个镇（街）建有1所以上日间照料服务设施、1个以上农村居家养老服务站或农村幸福院；养老护理员持证上岗率达到90%。引导社会养老机构与医疗机构合作，全市10%的养老机构配有医疗服务。	民政局 人社局 卫计局 各镇（街）	梁裕良 吴先进 何玉清 党(工)委书记	**已完成**。我市现有养老床位1852张，新增养老床位278张，超额完成江门下达的250张任务。已建成日间照料服务中心11个、农村幸福院14个，每个镇（街）建有1所以上日间照料服务设施、1个以上农村居家养老服务站或农村幸福院设施。组织各镇敬老院护理人员参加初级资格鉴定，确保养老护理员持证上岗率100%。全市11个养老机构有2个养老机构（福利院和牛江敬老院）配有医疗服务。

续表

序号	工作要点	责任单位	责任人	完成情况
61	推进镇（街）公益性骨灰存放设施建设。	民政局 各镇（街）	梁裕良 党(工)委书记	**已完成**。恩城、圣堂、沙湖3个镇（街）已完成公益性骨灰楼（堂）的建设，在建5座，基本完成江门下达的建设8座公益性骨灰存放设施的任务。
▲62	实施大型体育场免费或低收费开放，具备开放条件的学校体育场馆向公众开放率达50%以上。	体育局 教育局 各镇（街）	何惠湛 梁国光 党(工)委书记	**基本完成**。体育中心足球场、体育馆已实行免费或低收费开放。
63	完成大槐、君堂全民健身广场建设。	体育局 大槐镇 君堂镇	何惠湛 岑安林 李立新	**已完成**。大槐镇全民健身广场、君堂镇全民健身广场已按建设标准配备体育器材，已完成建设。
▲64	深入推进华侨农场改革发展，确保2015年底前彻底实现体制融入地方、管理融入社会、经济融入市场的“三融入”。	外事侨务局 大槐镇	吴炎稂 岑安林	**已完成**。华侨农场体制已融入恩平市大槐镇管理，管理已按照地方以及社会各级职能理顺，经济已按市场运作，工业园区建设扎实推进。
十、郑将统同志牵头工作（9项）				
▲65	加大以PM2.5、工业粉尘和城市扬尘为重点的大气污染防治力度。推动重点行业企业完成清洁生产技术改造，落实各项扬尘污染防治措施，完成上级下达的典型行业企业挥发性有机物治理任务。	环保局 发展改革局 科工商务局 财政局 住建局 交通运输局	冯华杰 陈健宁 岑洪方 岑儒确 任卫康 朱明君	**已完成**。华新水泥（恩平）有限公司已完成清洁生产审核报告编制工作，并按要求落实清洁生产方案。恩平粤怡化工有限公司清洁生产评估审核报告编制工作已完成，按报告落实全部方案，并通过清洁生产验收专家评审会，现向省经信委申请清洁生产验收公示。
▲66	按计划完成污染减排工程，确保上级下达的减排约束性指标目标任务完成。	环保局 住建局 农业局 城管局	冯华杰 任卫康 余汉忠 何辉明	**已完成**。已有13家养殖场完成主要污染治理设施建设，并形成减排台账上报江门环保。已完成锦兴厂内污水处理设施台账并上报。

续表

序号	工作要点	责任单位	责任人	完成情况
▲67	控制工业燃煤锅炉污染，全面完成上级下达的高污染燃料锅炉整治任务。	环保局 质监局	冯华杰 黄溢湖	**已完成**。城市建成区内重点淘汰锅炉项目已全部完成，并完成台账资料上报工作。
▲68	全面完成上级下达的“黄标车”及老旧车淘汰任务。	环保局 科工商务局 公安局 财政局 交通运输局	冯华杰 岑洪方 丁医绘 岑儒确 朱明君	**已完成**。至2015年12月底，发放绿标车17811辆、黄标车1387辆。淘汰黄标车1032辆，完成任务的109.67%；发放黄标车淘汰补贴207辆，共211.9万元。
▲69	向社会公开空气质量和主要河涌水质等环保信息监测情况。定期发布全市空气质量和主要河涌水质情况。	环保局	冯华杰	**已完成**。从2015年5月开始，每日在恩平市环保局网站公布前一天空气质量日报。每两个月发布一次主要河涌水质监测情况。
70	抓好陶瓷产业集聚区环保整治工作。	环保局 城管局 沙湖镇 横陂镇	冯华杰 何辉明 吴永芳 何坚培	**已完成**。两大陶瓷产业集聚区各企业的除尘、脱硫、脱硝环保治理设施均已正常运行，污染物正常排放，稳定达标。
▲71	发展温泉旅游和航空题材。（1）加快恒大泉都八国温泉小镇建设。	旅游局 良西镇	郑素红 冯锡谋	**已完成**。日本、泰国、芬兰、土耳其、意大利五个馆均已完成主体结构和天花吊顶、空调及消防设施安装等工程，内部装修工程已完成总工程量的72%，正在外墙装修。
	（2）加快泉林度假区华侨公馆二期建设。	旅游局 东成镇	郑素红 岑仲纯	**已完成**。已交付使用别墅36栋，卖出公寓240多套、别墅30多套，总销售额1.6亿元。
	（3）加快山泉湾温泉稻草人农场建设。	旅游局 大田镇	郑素红 梁少云	**已完成**。山泉湾温泉稻草人农场“万蕊花畔”花海世界、林果种植区、水田蔬菜区、休憩综合娱乐区已建成并运营。
	（4）加快航空主题旅游产品招商。	发展改革局 宣传部 旅游局 规划局 牛江镇	陈健宁 郑坚伟 郑素红 张　帆 周荣嘉	**已完成**。中航通用飞机有限公司与江门市政府已签订《战略合作协议》，双方联合在冯如故里建设“爱飞客”航空综合体。已同意成立恩平市冯如通用机场暨“爱飞客”航空综合体投资运营公司，统筹各项申报工作。中化岩土工程股份有限公司考察组已对我市通用机场选址进行实地考察，研究机场跑道位置调整方案和加快申报建设工作。

续表

序号	工作要点	责任单位	责任人	完成情况
▲72	多形式多渠道引导、抓好全域旅游工作，鼓励建设魅力小镇、生态乡村及“农家乐”示范点。打造至少1个乡村旅游示范镇、2个乡村旅游示范村、3个乡村旅游示范点。	旅游局 圣堂镇 良西镇 东成镇 大田镇 那吉镇	郑素红 侯光裔 冯锡谋 岑仲纯 梁少云 赖坚锋	**已完成**。经江门市旅游局和江门市农业局评审通过，我市已完成示范镇、示范村、示范点创建工作。我市农家乐休闲旅游示范点培育项目结果公示工作已完成，确定1家农家乐为培育项目。
▲73	推动台开恩建立旅游联盟。	旅游局	郑素红	**已完成**。台开恩旅游联盟已建立。
十一、陈百浓同志牵头工作（2项）				
▲74	深入开展民主法治镇（街）创建活动，推进社区和镇村自治体系建设，深化法律顾问或律师进村（居）工作。	司法局 法　院 检察院 人大办 政法委 法制局 各镇（街）	冯万钿 李敬华 黄　文 刘博熙 莫礼调 李水相 党(工)委书记	**已完成**。全市11个镇（街）174个村（社区）已实现法律顾问全覆盖，全市担任法律顾问律师53人，2015年为村（社区）提供法律服务2244件。全市11个镇（街）已全部达到法治镇（街）建设标准。
75	深化社区警务建设，推动便民业务前移到基层所队、社区警务室或社区公共服务站办理。	公安局	丁医绘	**已完成**。全市已建成警务室15个，配备专职社区民警15人。推进“家门口式”公安业务受理，在君堂镇设置出入境业务受理窗口，方便附近群众办理业务。
十二、吴彩堂同志牵头工作（5项）				
▲76	稳步推进市级公立医院综合改革，进一步优化整合市、镇两级医疗资源配置。全面推进市级医院综合改革。所有试点医院取消药品加成，实施药品零差率销售。改革完善补偿机制，做好医疗服务价格调整与医保支付和财政补偿政策相互衔接。	卫计局 编　办 发展改革局 财政局 人社局	何玉清 吴文广 陈健宁 岑儒确 吴先进	**已完成**。已出台《恩平市推进公立医院综合改革实施方案》，推进实施零差率销售，市人民医院、五邑中医院恩平分院、妇幼保健院三家公立医院已全面取消药品加成。已设立平价诊室6间，占门诊资源总数的15%。政府办基层医疗卫生服务机构14家，100%配备使用平价药包，100%推广中医药适宜技术。
▲77	鼓励发展优质民营医疗机构。继续支持名（中）医高级医疗专家进社区开办诊所。	卫计局	何玉清	**已完成**。拟设置一间民营医院，选址于圣堂镇原圣堂水泥厂对面。

续表

序号	工作要点	责任单位	责任人	完成情况
▲78	确保完成上级下达的人口计生任务。	卫计局 各镇（街）	何玉清 党(工)委书记	**已完成**。2014年10月至2015年9月，常住人口出生4893人，符合政策生育率89.29%，人口出生率为9.81‰，自然增长率为3.09‰，出生人口性别比为108.66（正常值为102-107）。出生人数和自然增长率均控制在江门下达指标内。
▲79	整合镇级计生服务机构与卫生院职能，基本实现农村卫生站全覆盖，提高基层卫生服务水平。			**已完成**。已印发妇幼保健与计划生育技术服务机构整合方案。农村卫生站实行公建民办，落实新建卫生站15间。通过定向培训乡医，解决乡医紧决问题。
▲80	推进农村户厕建设，完成上级下达的农村改厕任务。			**已完成**。中央、省级改厕资金仍未落实，未下达任务指标。目前，继续宣传发动各镇、街自筹资金开展改厕工作。
十三、郑成博同志牵头工作（8项）				
▲81	完成68700亩高标准基本农田建设，启动新建62900亩高标准基本农田。	国土资源局 财政局 水务局 农业局	张红艺 岑儒确 冯振恒 余汉忠	**已完成**。1、68700亩高标准基本农田已全部完成主体工程建设，已进行初步验收。 2、62900亩高标准基本农田建设项目已制定实施方案，已全面推进建设工作，现进入施工阶段。
▲82	严格实行节约集约用地。全市供地率达到60%以上；全面完成上级下达的“三旧”改造考核任务。	国土资源局	张红艺	**已完成**。至2015年12月底，办理农转征手续523.13公顷，供地面积319.51公顷，供地率达61.08%。继续深入推进2014年“三旧改造”项目，新开展恩平市旧站一带改造项目和河南双桥旧城改造项目。目前正动工建设，争取规划期内改造完成。
▲83	加快建设市污水处理厂二期，年内实现项目完工。	城管局	何辉明	**未完成**。项目已完成规划、环评、可研、用地预审、地质勘察、节能评估、立项、初步设计、建设投资成本分析、运营成本分析和施工图设计、施工图审查、招标限价审定、确定招标文件、资格预审等工作，进入招标阶段。经与江门水务局沟通，推迟项目完工。

续表

序号	工作要点	责任单位	责任人	完成情况
▲84	全市城镇污水处理率达到90%，污水处理再生水利用率超过10%。	城管局 环保局 住建局 相关镇(街)	何辉明 冯华杰 任卫康 党(工)委书记	**未完成**。目前我市中心城区污水处理率72%，待污水处理厂二期工程完成投入使用，城区污水处理率才达90%。
▲85	新建、改建村（居）公园44个，分期分批逐步推动全市所有村（居）公园全覆盖。	城管局 林业局 各镇（街）	何辉明 岑仲平 党(工)委书记	**已完成**。已完成44个村（居）公园建设。
▲86	组建管道燃气企业，启动辖区内市政燃气管网建设，完成5公里燃气管道铺设。	城管局 相关镇(街)	何辉明 党(工)委书记	**已完成**。注册组建恩平市中油燃气管网有限公司，茂恩加气站土建工程及设备安装已完成并投入使用。注册成立恩平市珠江天然气公司，在沙湖陶瓷园区铺设燃气管道5.5公里，建成LNG气化站一座。
▲87	抓好各类规划编制，以规划引领产城振兴，启动市域发展战略规划。	规划局	张　帆	**已完成**。正编制恩平市《中心城区总体规划（2010-2030）》、《生态控制线规划》等控制性详细规划及专项规划，将开展《中山公园周边地块控制性详细规划》等规划编制。《广东恩平地热国家地质公园总体规划（修编）》正进行招投标采购，《恩平市中心城区蓝线规划》已经市规划委员会审议通过。

注：

1.同一项目有多个责任单位的，排在第一位的为牵头单位（落实责任书及另有说明的项目除外）；各镇（街）排前面的，由职能部门中排第一位的负责统筹协调与督促落实。

2.带▲号的为江门市考核事项。

恩平市2015年十件民生实事完成情况

序号	工作要点	责任单位	责任人	完成情况
▲1	加强水源保护。强化锦江水资源常规环境监测。推行锦江流域主要河涌治理“河长”责任制，探索建立河涌水质保护的工作机制。（分管领导：郑将统）	环保局 国土资源局 水务局 农业局 林业局 城管局 各镇（街）	冯华杰 张红艺 冯振恒 余汉忠 岑仲平 何辉明 党(工)委书记	**已完成**。已发出《关于划定恩平市畜禽养殖禁养区限养区适养区的通告》，限令禁养区内的畜禽养殖场2016年12月31日前全部自行关闭、拆除或搬迁。锦江水库饮用水源头区域已全部划入禁养区范围。已按照《2015年江门市环境监测方案》要求开展锦江水资源常规环境监测。已出台《关于印发锦江流域“河（段）长”责任制实施方案（试行）的通知》，加强流域水污染企业环境监管。
2	加快农村改水工程，解决30000人饮水难题。3月底前完成实施方案调整。6月底前实施计划招标。9月底前上报设计文件。12月底前实施施工招标。（分管领导：何焕仍）	水务局 各镇（街）	冯振恒 党(工)委书记	**已完成**。已完成牛江沙湖农村改水，解决牛江马龙塘、仕洞等村委会1万人及沙湖镇上凯、下凯、乌石等村委会2万人改水问题。恩平市村村通自来水方案正修改完善。
▲3	推进农村生活垃圾收运和处理体系建设。全市城镇生活垃圾无害化处理率达100%。9月底前全市11个镇（街）垃圾转运站启用，生活垃圾进入市填埋场处理。年底前全市各自然村结合实际，通过“一事一议”等方式开征生活垃圾处理费。（分管领导：郑成博）	住建局 城管局 各镇（街）	任卫康 何辉明 党(工)委书记	**已完成**。全市10个镇已完成垃圾转运站建设，11个镇（街）进入转运站的生活垃圾统一收运到市填埋场处理。所有镇（街）建成区已全面开征生活垃圾处理费；生活垃圾减量达到省要求的15%目标。

续表

序号	工作要点	责任单位	责任人	完成情况
4	推进区龙线、圣六线、恩堡线（横槎段）公路建设。3月底前区龙线、恩堡线进场动工；推进圣六线施工图报批工作。6月底前完成恩堡线施工工作；进行圣六线招标工作。9月底前完成区龙线路基及桥涵施工；圣六线进场动工。12月底前完成区龙线工程；进行圣六线路基及涵洞施工。（分管领导：禤缵灵）	交通运输局 财政局 恩城街道办 牛江镇 圣堂镇 东成镇	朱明君 岑儒确 禤活源 周荣嘉 侯光裔 岑仲纯	**已完成**。区龙线、恩堡线已完工；圣六线施工队正开展路基土方及桥涵施工。
5	完成市福利院扩建工程。（分管领导：董照杰）	民政局	梁裕良	**已完成**。工程已完成土建工程，室内电气、平安紧急呼叫系统和监控系统已完成安装，供水及消防工程已完成，大楼外通道已捣制水泥，室内生活设备设置正办理购置手续。
6	完成洪滘海堤加固达标工程。（分管领导：何焕仍）	水务局 横陂镇	冯振恒 何坚培	**已完成**。已完成主体工程建设。已完成投资6500万元，累计完成土方245541立方米（含清淤）、石方41417立方米、砼方36730立方米。
▲7	加快创建省园林城市工作，推进鳌峰公园升级改造和锦江湿地公园建设。（分管领导：郑成博）	城管局 林业局 规划局 各镇（街）	何辉明 岑仲平 张　帆 党(工)委书记	**已完成**。1、“创园”工作：已通过省“创园”考核专家组验收。 2、鳌峰公园升级改造：桃花园、东门值班室升级改造、登山路中段隧洞加固、正门门楼除险加固工程已完成；潮人径沿途各观景平台及凉亭已完成设计、预算，正进行招标工作。 3、西门湿地公园三期建设：已完成。
8	完成市中等职业技术学校实训中心建设。（分管领导：李润娇）	教育局	梁国光	**基本完成**。已完成主体工程第二层（共3层），各项建设工作顺利推进，计划于2016年2月前完成主体建设工程。

续表

序号	工作要点		责任单位	责任人	完成情况
▲9	提高底线民生保障水平。（分管领导：董照杰）	城镇低保月人均补差达到374元以上，农村达到172元以上。农村低保标准提高到420元/人月。	民政局 财政局	梁裕良 岑儒确	**已完成。**已按要求将农村低保标准提高到420元/月，将低保对象月人均补差水平分别调整为374元和172元以上。
		确保五保供养标准达到上年度农村居民人均纯收入的65%以上。	民政局 财政局	梁裕良 岑儒确	**已完成。**已按要求将我市农村五保供养标准提高到6480元，达到我市上年度农村居民人均纯收入的65%。
		实现低保残疾人生活津贴和重度残疾人护理补贴分别提高到1200元/年和1800元/年。	残联 财政局	梁健盼 岑儒确	**已完成。**已落实两项补贴配套资金发放；已完成两项补贴发放的资料收集和审核工作。
		进一步提高孤儿供养水平。孤儿集中供养水平由1150元/月提高到1240元/月，分散供养水平由700元/月提高到760元/月。完成提标后资金补发工作。	民政局 财政局	梁裕良 岑儒确	**已完成。**孤儿的提标工作已于1月份按新标准执行。
▲10	完成保障性住房建设。基本建成公共租赁住房75套，新开工建设公共租赁住房260套。完成华侨农场危房改造。年内动工50户，竣工70户。（分管领导：郑成博）		住建局 外事侨务局 大槐镇	任卫康 吴炎粮 岑安林	**已完成。**1、基本建成75套公共租赁住房：已竣工验收。 2、新开工260套：第五期公共租赁住房170套已开工建设，正进行基础施工；广东嘉俊陶瓷有限公司公共租赁住房90套已完工。 3、华侨农场危房改造：通过建设100套公共租赁住房和统建20户改危房完成危房改造任务。

注：1.同一项目有多个责任单位的，排在第一位的为牵头单位（落实责任书及另有说明的项目除外）；各镇（街）排前面的，由职能部门中排第一位的负责统筹协调与督促落实。

2.带▲号的为江门市考核事项。

恩平市2015年重点项目完成情况

责任单位	序号	项目名称	已投入资金（万元）总额	年内投资	12月投资	手续办理情况	年度目标和任务	完成情况
园区管委会	1*	恩平市华南重工科技有限公司	13515	5368	652	手续完善	投资5000万元，完成1栋厂房设备安装，并投产（今年6月投产）。	**基本完成**。已完成2栋厂房和1栋综合楼主体建设，正进行厂房及综合楼装修，并订购部分设备。
	2*	恩平市广恩型材有限公司	10772	3086	267	手续完善	投资3000万元，建成1栋厂房和1栋办公楼竣工，并安装设备。	**基本完成**。已完成1栋厂房和1栋办公楼主体建设，1栋厂房正进行框架建设工作。
	3	江门市明晖数控设备有限公司	4672	2082	45	手续完善	投资2000万元，建成2栋厂房、1栋综合楼和1栋办公楼竣工。	**基本完成**。已完成办公楼、综合楼主体建设及2栋厂房主体建设，正进行办公楼、综合楼内外装修和厂区配套设施建设。
	4	江门市金丰机械制造有限公司	5510	2594	86	手续完善	投资2500万元，完成1栋厂房设备安装，并投产；第2栋厂房竣工。	**基本完成**。已完成2栋厂房、1栋综合楼及1栋办公楼主体建设，正进行厂区配套设施建设。
	5	广东元星工业新材料有限公司	4935	2149	228	手续完善	投资2000万元，建成2栋厂房和1栋综合楼竣工。	**已完成**。已基本完成2栋厂房、1栋综合楼及1栋办公楼主体建设，正进行内部装修及厂区配套建设，并订购部分设备。
	6*	广东新裕华重工科技有限公司	11463	5445	421	手续完善	投资5000万元，完成2栋厂房设备安装，并投产（今年6月投产）。	**已完成**。项目已竣工，并进行试投产。

续表

责任单位	序号	项目名称	已投入资金（万元）			手续办理情况	年度目标和任务	完成情况
			总额	年内投资	12月投资			
园区管委会	7 * ▲	广东宝索机械有限公司	36806	10299	768	手续完善	投资10000元，完成1栋主厂房设备安装，并投产。	**基本完成**。已完成1栋厂房及1栋综合楼主体建设，正在进行周边道路铺设和3号厂房、1号宿舍楼和1号精密加工厂房主体建设工作，办理厂房、2号综合楼验收手续。
	8 ▲	广东先原精密机床有限公司	6488	2093	71	手续完善	投资2000万元，完成厂区配套设施建设，进行2栋厂房设备安装，并投产（今年6月投产）。	**基本完成**。4栋厂房和综合楼、办公楼（各1栋）已竣工验收，正在进行车间设备安装。
	9 * ▲	广东汇茂电气股份有限公司	18952	2901	146	手续完善	投资2500万元，完成厂区配套设施建设，进行1栋厂房设备安装，并投产。	**基本完成**。2栋厂房、办公楼和综合楼已竣工，正在进行厂区道路铺设和厂房内水电安装工作。
	10 ▲	恩平市美力格精密液压机械有限公司	4487	1185	48	手续完善	投资1000万元，完成厂区配套设施建设，进行1栋厂房设备安装，并投产（今年6月投产）。	**已完成**。已完成1栋厂房设备安装及厂区配套设施建设，并进行试投产。
	11 ▲	恩平市大鹏机械模具有限公司	5621	1521	33	手续完善	投资1500万元，完成厂区配套设施建设，进行1栋厂房设备安装，并投产。	**基本完成**。已完成厂区配套设施建设，正在办理验收手续，并进行部分设备安装。
恩城街道办	12 *	御景湾	55260	25050	10000	手续完善	投资15000万元，第3、4栋高层商住楼建至20层以上。	**已完成**。一期1至4栋商住楼已封顶，正进行外墙装修；二期5栋已封顶；部分商住楼已开售。
	13 *	御锦珑湾（一、二期）	72100	72100	25000	手续完善	投资45000万元。完成一期7栋高层商住楼主体建设，1栋低层商业楼竣工。	**已完成**。一期3至10栋已封顶，正装修外墙；二期4栋已封顶；部分商住楼已开售。

续表

责任单位	序号	项目名称	已投入资金（万元）			手续办理情况	年度目标和任务	完成情况
			总额	年内投资	12月投资			
沙湖镇	14 *	蒲桥新型建材工业城生活污水处理厂	1110	1110	350	已完成可行性研究报告、立项、环评 报告、国土证、营业执照、规划红线图等前期 手续。	投资2000万元，完成污水处理厂综合楼、泵房、沉淀池等全部基建任务建设。	**基本完成。** 1.图纸审图已完成，现正办理施工许可证；2.CASS池、泵房、过滤池已完成主体工程；3.综合办公楼主体工程已封顶；4.在线监控设备间已完成。
沙湖镇	15 ▲	德福商住楼后续建设（原侨乡风情街）	7380	5670	440	手续完善	投资5000万元，完成3栋低层商铺主体建设，两栋高层商住楼建至8层以上。	**已完成。** 3栋低层商铺主体已封顶，外墙装修基本完成；2栋16层商住楼已封顶。
牛江镇	16 ▲	恩平市威发高科舞台设备有限公司	3895	1515	90	手续完善	投资1000万元，完成1栋厂房主体建设，安装设备并试投产。	**基本完成。** 1栋楼高二层的主体厂房已基本建成，另外1栋综合楼厂房已完成一层主体建设。
牛江镇	17	恩平市汇荣纺织有限公司	6200	4200	700	手续完善	投资4000万元。1.完善厂区综合楼、道路等配套设施建设。2.安装两条生产线并试投产。	**已完成。** 生活区综合楼框架已基本建成，配套正逐渐完善，现已正常投产。
君堂镇	18 *	恩平市金峰房地产开发有限公司海峰豪庭项目	5500	5500	0	手续完善	投资5500万元，完成4栋17层电梯商住楼主体建设。	**已完成。** 全面完成4幢共17700平方米的高层电梯商住楼建设。
圣堂镇	19 *	恩平市牧恩卫浴有限公司	7200	7200	900	手续完善	投资6000万元。1.建成1栋主厂房和1栋办公楼竣工。2.完成5个车间设备安装并试投产	**已完成。** 1、厂房、办公楼和宿舍楼已竣工；2、已完成全部设备安装并投产。

续表

责任单位	序号	项目名称	已投入资金（万元）			手续办理情况	年度目标和任务	完成情况
			总额	年内投资	12月投资			
圣堂镇	20	恩平市俐德自动化设备有限公司（原恩平市三星机械制造有限公司）	3000	3000	100	已办国土证	投资3000万元，开展厂房主体建设。	**基本完成**。已完成前期所有手续办理，已进场动工建设。
良西镇	21 *	恩平市花海世界农业发展有限公司	5270	5270	250	手续完善	投资5000万元。1.完成项目开发前期租地、立项、报批等前期手续，制定出项目开发整体方案。2.平整地面，修建项目外围墙，按规划进行景区道路、山地防火线开挖、梯级田建设。3.基本完成樱花园、时花世界、机动游戏乐园设施基础、优质农作物示范区等4个主题区建设。	**基本完成**。已完成人工湖土方工程1500平方米、长城护栏1.5公里、项目门楼基础及600平方米商场基础；已种植价值约250万的孔雀草、石竹等时花。
	22 * ▲	恒大泉都旅游城	282140	67000	6800	手续完善	投资60000万元。1.二期别墅组团29-30栋高层洋房达到交楼条件，确保年底顺利交楼。2.推进三期别墅建设达到预售条件。3.完成69-76栋洋房外立面装修。4.美食街等配套达到使用条件。5.全面推进400床酒店、运动中心、温泉小镇等内部装修建设。	**已完成**。1.一期别墅及洋房已交楼;二期别墅和洋房即将竣工；三期8幢洋房抹灰已完成，66幢别墅开始建设。2.会议中心桩基础已完成；运动中心正在装修，已完成进度65%；400床酒店正进行内部装修，已完成进度67%；温泉小镇正内部装修；楼巴及公交站室内装修已完成；商业街已完成结构和首层砌体；美食街和独立商业楼已完成室外园建，风情酒吧街结构已完成。3.已通永久用水、永久用电。4.商住楼已逐步开展销售。

续表

责任单位	序号	项目名称	已投入资金（万元）总额	年内投资	12月投资	手续办理情况	年度目标和任务	完成情况
大田镇	23*	山泉湾畔（四期）	1200	1200		已办理项目立项、用地、环评、规划报建、施工许可手续。	完成投资1500万元，完成地基打桩，开展基础建设。	**基本完成。**已完成项目立项、规划、报建、用地、环评等手续办理；已完成地基打桩，现开展基础建设。
	24	锦田度假村	3000	3000		正办理立项、用地、规划、环评、报建等手续。	完成投资2500万元，进行土地平整、初步规划等前期工作。	**基本完成。**已完成土地91.2亩出让手续，现进行土地平整、初步规划等前期工作。
东成镇	25*▲	锦江国际新城益华购物广场	155738	44000	5500	手续完善	投资40000万元。1.完成购物广场室内装修及招商引资工作。2.完善项目周边环境绿化、美化建设，并协调购物广场于2015年顺利开业。	**基本完成。**购物广场裙楼和塔楼土建工程准备验收。广场的消防工程、室内室外排水工程准备验收。室内给水、电气工程和电房土建工程、外电设备已完成。购物广场外的广场砖及附属设施已完成，广场内的电梯已完成安装，广场D区6000平方米跨境电商正在进行装修，筹备开业。
	26*	泉林度假乐园华侨公馆（二期）	133360	9200	1520	手续完善	投资8000万元。1.完成泉林华侨公馆（二期）10栋2层高，7栋3层高，10栋6层高，共336套公寓的建设及装修工程。2.完善项目周边环境绿化及道路配套设施的建设。	**基本完成。**华侨公馆（二期）已卖出240多套公寓、30多套别墅，总销售额达1.6亿元。淘金坑公园已完成门楼及酒店主楼主体工程，园内绿化工程完成约85%，古村落项目已进场动工。

续表

责任单位	序号	项目名称	已投入资金（万元）			手续办理情况	年度目标和任务	完成情况
			总额	年内投资	12月投资			
东成镇	27	恩平建高实业有限公司	9100	9100	1420	项目一期手续已完善，二期手续在办中。	投资8000万元。1.完成一期工程1栋厂房、综合楼、办公楼、配电房（共5000平方米）建设并投产。2.完成二期工程2栋厂房（共20000平方米、四层高）主体建设。	**基本完成**。1.已完成一期厂房、配电房、办公楼、综合楼主体等建设，并已安装部分生产设备进行试产。2.二期项目已完成厂房二规划报建、建设报建，已完成基础开挖，主体结构已完成至二层。
横陂镇	28	恩平市中油天然气有限公司	1000	1000	200	已办理环评手续，立项和国土证等相关手续正在办理中。	投资1000万元，完成土建工程建设，所有设备进场使用，可提供工业园陶瓷企业所需天然用气。	**已完成**。土建工程已完成，主要设备已完成安装，已具备投产条件。
大槐镇	29	齐德重型机械公司	3000	3000	0	已办理工商、税务和国土证等相关手续。	投资3000万元，完成1栋厂房主体建设。	**撤销并取消本项目考核。**
	30	远大橡塑制品公司	3500	3500	300	已办理工商、税务和国土证等相关手续。	投资2500万元，完成一至两条生产线安装，并试投产。	**已完成**。已完成设备安装并进行试投产。
	31	汇银房地产公司（首期）	5500	5500		已办理工商、税务和国土证等相关手续。	投资5000万元，完成首期两栋高层商住楼打桩和基础建设。	**基本完成**。已开展规划报建及施工报建，进行铺位及两栋8层商品房基础建设。
那吉镇	32	深圳市鑫龙电机科技有限公司	3000	3000	150	手续完善	投资3000万元，完成1栋综合楼、3栋厂房及基础配套设施建设。	**基本完成**。1.综合楼主体建设已完成。2.两幢厂房的主体建设已经完成，一间简易厂房的建设已经完成。